James Cook, James King

Des Capitain Jacob Cook dritte Entdeckungs-Reise

In die Südsee und nach dem Nordpool. Dritter Band

James Cook, James King

Des Capitain Jacob Cook dritte Entdeckungs-Reise
In die Südsee und nach dem Nordpool. Dritter Band

ISBN/EAN: 9783743395930

Hergestellt in Europa, USA, Kanada, Australien, Japan

Cover: Foto ©Andreas Hilbeck / pixelio.de

Weitere Bücher finden Sie auf **www.hansebooks.com**

Des Capitain Jacob Cook dritte Entdeckungs-Reise in die Südsee und nach dem Nordpool.

Auf Befehl

Sr. Grosbrittann. Majest. George des Dritten unternommen und in den Schiffen Resolution und Discovery während der Jahre 1776 bis 1780 ausgeführt.

Aus den Tagebüchern

der Schiffsbefehlshaber

Herren Cook, Clerke, Gore und King

imgleichen des Schiffswundarztes Herrn Anderson

vollständig beschrieben.

Aus dem Englischen übersetzt.

mit Zusätzen für den deutschen Leser, imgleichen mit einer Einleitung über Cooks Verdienste und Charakter, imgleichen über Entdeckungsreisen überhaupt

von

Herrn Georg Förster

Königl. Polnischen geh. Rath churf. Maynzischen Universitäts-Bibliothekar; der Arzneywiss. und der Philos. Doctor, Mitglied der Röm. Kaiserl. der Londner, Berliner, Madriter Societäten der Wissenschaften u. v. a. m. ic.

durch Kupfer und Charten erläutert.

Dritter Band.

Berlin

bey Haude und Spener 1789.

Inhalt
des dritten Bandes.

Zwey und dreyßigstes Hauptstück.

Reise von den Sandwichs-Inseln nach der Nordwestküste von Amerika. Bemerkungen über das gelinde Wetter bis zum vier- und vierzigsten Grad der nördlichen Breite. Geringe Anzahl von Seevögeln in der nördlichen Halbkugel. Beschreibung kleiner Seethiere. Ankunft an der Küste von Amerika. Aussicht des Landes. Widrige Winde und stürmisches Wetter. Etwas über Martin de Aguilars Fluß, und des Juan de Fuca vorgebliche Meerenge. Entdeckung eines Busens, wo die Schiffe vor Anker legen. Betragen der dortigen Einwohner. Seite 1

Drey und dreyßigstes Hauptstück.

Die Schiffe gehen den Sund hinauf, und ankern in einem Hafen. Verkehr mit den Einwohnern. Tauschartikel. Diebstähle. Errichtung der Sternwarten. Arbeit der Schiffszimmerleute. Eifersucht der Einwohner des Sundes, um zu verhüten, daß andere Stämme kein Verkehr mit den Schiffen haben sollen. Sturm und Regenwetter. Kleine Reise rings um den Sund. Betragen der Eingebohrnen in ihren Dörfern. Ihre Methode Fische u. s. w. zu trocknen. Merkwürdiger Besuch von Fremdlingen, nebst den Einführungsfeyerlichkeiten. Zweyter Besuch bey einem Dorfe. Wir müssen die Erlaubniß Gras zu mähen erkaufen. Abfahrt der Schiffe. Gegenseitige Geschenke beym Abschiede. S. 15

Vier und dreyßigstes Hauptstück.

Benennung des Sundes, Anweisung, wie man hineinsegeln muß. Beschreibung des umliegenden Landes. Witterung und Klima. Bäume und andere Pflanzen. Vierfüßige Thiere, deren

deren Felle zum Verkauf gebracht wurden. Seethiere. Beschreibung der Meer-Ottern, Land- und Wasservögel, Fische, Conchilien, kriechende Thiere, Insekten, Steine. Person der Einwohner. Ihre Farbe. Ihr gewöhnlicher Anzug und Zierrathen. Ihre Kleidung bey gewissen Gelegenheiten, und ihre häßlichen hölzernen Masken. Gemüthsart dieses Volks; Gesänge; musikalische Instrumente; Begierde nach Eisen und andern Metallen. S. 32

Fünf und dreyßigstes Hauptstück.

Bauart der Wohnungen im Nutka-Sunde. Beschreibung ihres Innern. Hausgeräthe und Geschirre. Hölzerne Bilder. Beschäftigung der Männer und Weiber. Speisen aus dem Thier- und Pflanzenreich, und ihre Zubereitungsart. Waffen, Manufakturen, und mechanische Künste. Schnitzwerk und Malerey. Kanots. Fischerey- und Jagdgeräthschaft. Eiserne Werkzeuge. Woher sie dergleichen erhalten. Etwas über Ihre Sprache, nebst einer Probe davon. Astronomische und nautische Beobachtungen im Nutka-Sunde. S. 60

Sechs und dreyßigstes Hauptstück.

Unmittelbar nach unserer Abreise vom Nutka-Sunde entsteht ein heftiger Sturm. Die Resolution wird leck. Wir segeln bey der vorgeblichen Meerenge des Admirals de Fonte vorüber, ohne sie zu untersuchen. Verfolg der Reise längst der Küste von America. Behrings-Bay. Kaye's Eiland und dessen Beschreibung. Die Schiffe legen vor Anker und erhalten Besuch von den Einwohnern. Betragen derselben; ihre Begierde nach Glaskorallen und Eisen. Sie machen einen Anschlag, die Discovery zu plündern. Das Leck in der Resolution wird verstopft. Wir segeln den Sund hinauf. Die Herren Gore und Roberts werden ausgeschickt, dessen Umfang zu untersuchen. Gründe wider eine Durchfahrt durch denselben gegen Norden. Die Schiffe kehren wieder in die offene See zurück. S. 89

Sieben und dreyßigstes Hauptstück.

Der Einbusen wird Prinz-Wilhelms-Sund genannt. Dessen Umfang. Beschreibung der Einwohner und ihrer Kleidung. Einschnitt in der Unterlippe. Allerley Zierrathen. Fahrzeuge. Waffen,

Waffen, Fischer- und Jagdgeräthschaft. Geschirre und Werkzeuge. Benutzung des Eisens. Lebensmittel. Sprache, nebst einer Probe. Thiere, Vögel und Fische. Woher sie Eisen und Glaskorallen bekommen haben. S. 114

Acht und dreyßigstes Hauptstück.

Fortsetzung der Fahrt längst der Küste. Cap Elisabeth. Cap St. Hermogenes. Unvollständigkeit der Nachrichten von Behrings Reise. Landspitze Banks. Cap Douglas. Cap Beda. Berg St. Augustin. Hofnung in einem Einbusen eine Durchfahrt zu finden. Die Schiffe fahren hinaufwärts. Unbezweifelte Zeichen, daß es ein Strom sey, dem Cooks Name beygelegt wird. Rückkehr der Schiffe den Strom abwärts. Wiederhohlte Besuche von den Einwohnern. Herr Lieutenant King landet, und nimmt das Land in Besitz. Dessen Bericht. Die Resolution bleibt auf einer Sandbank sitzen, kommt aber mit der Fluth wieder los. Bemerkungen über den Cooks-Fluß. Erläuterung über die daselbst bemerkten hohen Fluthen. S. 132

Neun und dreyßigstes Hauptstück.

Entdeckungen nachdem wir den Cooks-Strom verlassen hatten. Insel St. Hermogenes. Cap Whitsunday; (Pfingstcap); Cap Greville; Cap Barnabas. Zweyköpfige Spitze, (*Two headed point*). Dreyeinigkeitsinsel (*Trinity island*). Behrings Nebel-Insel. Beschreibung eines sehr schönen Vogels. Kodjak und die Schumagins-Inseln. Einer von den Eingebohrnen reicht uns einen Russischen Brief an Bord. Muthmaßungen wegen desselben. Felsenspitze (*Rock point*). Halibut Eiland (Meerbutten-Insel). Feuerspeyender Berg. Glücklich überstandene Gefahr. Ankunft der Schiffe zu Unalaschka. Umgang mit den daselbst befindlichen Eingebohrnen. Ein zweyter Russischer Brief. Beschreibung des Hafens Samganudha. S. 154.

Vierzigstes Hauptstück.

Fortsetzung der Fahrt von Unalaschka nach Norden. Die Inseln Unella und Akutan. Unimak. Seichte See längst der Küste. Bristolbay. Rund-Eiland. Calm-Point. Cap Newenham. Landung des Lieutenants Williamson und dessen Bericht.

richt. Rückkehr der Schiffe wegen der Untiefen. Besuch von den Einwohnern. Tod des Herren Anderson. Dessen Charakter. Eine Insel die nach ihm benannt wird. Point Rodney. Schlitten-Eiland (*Sledge island*) und Bemerkungen bey einer Landung daselbst. Kings-Eiland. Vorgebirge des Prinzen von Wales, oder westliche Extremität von Amerika. Lauf nach Westen. Die Schiffe gehn in einer Bay an der Küste von Asien vor Anker. S. 174

Ein und vierzigstes Hauptstück.

Betragen der Einwohner, (der Tschuktschen), beym Anblick der Schiffe. Unterredung mit einigen von ihnen. Ihre Waffen, ihre Bildung, ihre Kleidung, ihr Schmuck, und ihre Sommer- und Winterwohnungen. Die Schiffe fahren durch die Meerenge, jenseits, nach der Küste von Amerika hin, und schiffen nordwärts. Cap Mulgrave. Ansicht von Eisfeldern. Lage des Eiscaps (*icy cape*). Die ganze See ist mit Eise versperrt. Wir tödten und essen Wallrosse. Beschreibung dieser Thiere, und Maaße derselben. Cap Lisburne. Vergeblicher Versuch fern von der Küste durch das Eis zu dringen. Bemerkungen über die Entstehung dieses Eises. Rückkunft an die asiatische Küste. Cap North. Die Fortsetzung der Reise bleibt auf das folgende Jahr ausgesetzt. S. 188

Zwey und vierzigstes Hauptstück

Rückkehr vom Cap North, längst der Küste von Asien. Aussicht des Landes. Burneys Eiland. Cap Serdze-Kamen, die nördlichste Gränze von Behrings Reise. Ostcap von Asien; dessen Lage und Beschaffenheit. Bemerkungen über Herrn Müllers Nachrichten. Die Tschuktschen. St. Lorenz Bay. Zwey andere Bayen. Wohnungen der Eingebohrnen des Landes. Behring's Vorgebirge Tschukotskoi. Behrings genaue Darstellung dieser Küste. Insel St. Lorenz. Ueberfahrt an die Küste von Amerika. Cap Darby. Kahles Vorgebirge (*bald head*). Cap Denbigh auf einer Halbinsel. Insel Besborough. Ergänzung des Holz- und Wasservorraths. Besuch von den Einwohnern; Beschreibung ihrer Person, und ihrer Wohnungen. Landesprodukte. Spuren, daß die Halbinsel ehedem ganz vom Meere umgeben gewesen sey. Lieutenant Kings Bericht. Norton-Sund. Mondsbeobachtung daselbst. Beweis daß Herrn von Stählins Charte unrichtig sey. Plan unserer zukünftigen Operationen. S. 206

Inhalt.

Drey und vierzigstes Hauptstück.

Entdeckungen nach unserer Abreise von Nortons-Sund. Stuarts-Insel. Cap Stephens. Seichte Spitze (*point shallow-Water*). Untiefen an der Amerikanischen Küste. Clerke's Insel. Gore's Insel. Zinneninsel (*Pinnacle island*), Ankunft zu Unalaschka. Verkehr mit den Eingebohrnen und mit den Russischen Handelsleuten. Charte der Russischen Entdeckungen, die mir Herr Ismailof mittheilt. Deren Unrichtigkeiten. Lage der von den Russen besuchten Inseln. Nachricht von ihrer Niederlassung auf Unalaschka. Von den Eingebohrnen der Insel. Ihre Person; Kleidung; Schmuck; Nahrung; Wohnungen und Hausgeräth. Handarbeiten. Art das Feuer anzuzünden. Kanots. Geräthe zum Fischen und Jagen. Fische und Seethiere. See- und Wasservögel; Landvögel. Begräbnißart. Aehnlichkeit der hiesigen Einwohner von Amerika mit den Grönländern und Esquimaux. Fluthen. Beobachtungen zu Bestimmung der Länge von Unalaschka. S. 227

Vier und vierzigstes Hauptstück.

Abreise von Unalaschka. Insel Amoghta. Sonderbare Lage eines Felsen. Meerenge zwischen Unalaschka und Unella. Lauf nach Süden. Unfall am Bord der Discovery. Entdeckung einer von den Sandwichs-Inseln, Maui. Verkehr mit den Einwohnern. Besuch von Terriobu. Entdeckung der Insel Owaihi (*Owhyhee*). Mondfinsterniß. Die Mannschaft will kein Bier von Zuckerrohr trinken. Schlechtes Tauwerk. Lob der Einwohner von Owaihi. Unser Schiff (Resolution) erreicht die Ostseite der Insel, und schifft längst der Südostseite hinunter. Aussicht des Landes und Besuch der Eingebohrnen. Die Discovery vereinigt sich wieder mit uns. Langsame Fahrt nach Westen. Der Lootse Herr Bligh untersucht die Bay Karakakua. Großer Zusammenfluß von Einwohnern. Die Schiffe gehen in der Bay vor Anker. S. 266

Capitain King's Fortsetzung dieser Reisebeschreibung.

Erstes Hauptstück.

Beschreibung der Bay Karakakua. Erstaunlicher Zulauf der Einwohner. Macht der Vornehmen über das Volk. Koah, ein

ein Priester und Krieger, legt einen Besuch bey uns ab. Beschreibung des Marais zu Kakua. Feyerlichkeiten, welche bey Capitain Cook's Landung beobachtet wurden. Errichtung der Sternwarten. Große Kraft des Verbots, welches Tabu genannt wird. Anweisung, wie man in heissen Ländern Schweinefleisch einsalzen soll. Bekanntschaft mit einer Priestergesellschaft. Ihre Gastfreyheit und Freygebigkeit. Empfang des Capitain Cook's. Koahs Verschlagenheit. Ankunft des Terriobu, Königs dieser Insel. Merkwürdige Feyerlichkeit. Der König stattet Besuch ab und Capitain Cook erwiedert denselben S. 287

Zweytes Hauptstück.

Fernere Nachricht vom Verkehr mit den Eingebohrnen. Von ihrer Freygebigkeit, und ihrem Hange zur Dieberey. Beschreibung einer Faustschlägerey. Tod eines Matrosen, und Betragen der Priester bey seinem Begräbniß. Ankauf des Holzes und der Bilder auf dem Marai. Nachfrage der Einwohner wegen unserer Abreise, nebst ihrer Meynung von der Absicht unserer Ankunft. Terriobu's prächtige Geschenke an den Capitain Cook. Abfahrt der Schiffe von Owaihi. Die Resolution wird im Sturm beschädigt, und muß wieder einlaufen. S. 308

Drittes Hauptstück.

Verdächtiges Betragen der Einwohner bey unserer Rückkehr nach der Bay von Karakakua. Ein Diebstahl an Bord der Discovery, und dessen Folgen. Die Einwohner wagen einen Angrif auf eines unserer Boote, und nöthigen die Mannschaft, dasselbe im Stich zu lassen. Capitain Cook's Aeußerungen über diesen Vorfall. Ein anderer Anschlag auf die Sternwarte. Der Discovery wird ein Boot gestohlen. Capitain Cooks Maaßregeln, um solches wiederzubekommen. Er geht ans Land, um den König zu sich an Bord einzuladen. Der König wird durch seine Gemahlinn zurückgehalten und es entsteht ein Streit. Man erhält die Nachricht, daß einer von unsern Leuten einen Befehlshaber getödtet habe. Hierauf geräth alles in Gährung. Ein Befehlshaber drohet Capitain Cook, der ihn darauf erschießt. Die Einwohner wagen einen allgemeinen Angrif. Capitain Cooks Ende. Nachricht von seinen geleisteten Diensten, und Entwurf seines Charakters. S. 324

Viertes Hauptstück.

Begebenheiten welche der Tod des Capitain Cook in Owaihi veranlaßte. Tapferes Betragen eines Lieutenants der Seesoldaten. Gefährliche Lage unserer Leute auf dem Marai. Tapferkeit eines Einwohners. Berathschlagung wegen künftiger Maaßregeln. Forderung an die Einwohner, den Körper des Capitains auszuliefern. Ausflüchte und hinterlistige Aufführung des Koah, und der übrigen Oberhäupter. Freches Betragen der Einwohner. Beförderung der Officiere. Ankunft zweyer Priester mit einem Theil des Leichnams. Sonderbare Handlung zweyer Knaben. Das Dorf Kakua wird in Brand gesteckt. Unglückliche Vernichtung der Priester Wohnung. Auslieferung der Gebeine des Capitain Cook. Abreise von Karakakua-Bay. S. 343

Fünftes Hauptstück.

Wir verlassen die Karakakua-Bay, um einen Hafen an der Südostküste von Mauwi aufzusuchen. Oestliche Winde und Strömungen treiben die Schiffe westwärts ab. Die Insel Tahuraua. Beschreibung der Südwestküste von Mauwi. Fahrt längs den Küsten von Ranai, Morotai und Woahu. Beschreibung der Nordküste von Woahu. Fruchtloser Versuch, frisches Wasser zu füllen. Ueberfahrt nach Atuai, und Aufenthalt in Weymoa-Bay. Gefährliche Lage unserer Leute am Wasserplatz. Bürgerliche Unruhen in den Inseln. Besuch der uneinigen Oberhäupter. Aufenthalt auf der Rheede von Onihiau. Letzter Abschied von den Sandwichs-Inseln. S. 374

Sechstes Hauptstück.

Allgemeine Beschreibung der Sandwichs-Inseln; Anzahl, Namen und Lage derselben. Umfang und Eintheilung der Bezirke auf der Insel Owaihi (*Owhyhee*). Beschreibung ihrer Küsten und der angränzenden Gegenden. Spuren von Vulkanen. Schneegebirge, und Bestimmung der Höhe desselben. Nachricht von einer Reise ins Innere der Insel. Mauwi (*Mowee*). Tahuraua (*Tahoorowa.*) Morotai (*Morotoi*). Ranai (*Ranai*). Woahu (*Woahoo*). Atuai (*Atooi*). Onihiau (*Oneehoow*), Oriahaua (*Oreehoua*). Tahura (*Tahoora*). Das Klima, die Winde, Strömungen, Fluthen, Thiere und Pflanzen dieser Inselgruppe. Astronomische Beobachtungen. S. 390

Inhalt.

Siebentes Hauptstück.

Fortsetzung der allgemeinen Beschreibung der Sandwichs-Inseln. Die Einwohner, ihr Ursprung, ihre Gestalt. Die schädlichen Wirkungen des Awatranks auf ihre Gesundheit. Ihre Anzahl, ihre Sitten und Gemüthsart. Gründe, zu der Behauptung, daß sie keine Menschenfresser sind. Ihre Kleidung und Zierrathen; Dörfer und Hütten; Nahrung; Geschäfte und Zeitvertreib; Neigung zum Spiel; besondere Fertigkeit im Schwimmen; Künste und Manufacturen. Bildhauerarbeit. Das Kippari, oder die Kunst Zeug zu färben. Matten; Angelhaken; Seile; Salzkothen; Waffen. S. 414

Achtes Hauptstück.

Fortgesetzte Beschreibung der Sandwichsinseln. Regierungsform, und Eintheilung des Volks in drey Klassen. Macht des Erih-tabu. Geschlechtsregister der Könige von Owaihi und Mauwi. Gewalt der Oberhäupter. Zustand der niedrigen Klasse. Strafen für Verbrechen. Von der Religion und dem Priester-Orden. Der Orono. Die Götzenbilder. Gesang der Vornehmen, ehe sie Awa trinken. Menschenopfer. Gewohnheit sich die Vorderzähne auszubrechen. Meynungen der Insulaner von einem Zustande nach dem Tode. Ihre Heyrathen. Ein merkwürdiges Beyspiel von Eifersucht. Begräbnißgebräuche. S. 449

Zwey und dreyßigstes Hauptstück.

Reise von den Sandwichsinseln nach der Nordwestküste von Amerika. Bemerkungen über das gelinde Wetter bis zum vier und vierzigsten Grad der nördlichen Breite. Geringe Anzahl von Seevögeln in der nördlichen Halbkugel. Beschreibung kleiner Seethiere. Ankunft an der Küste von Amerika. Aussicht des Landes. Widrige Winde und stürmisches Wetter. Etwas über Martin de Aguilars Fluß, und des Juan de Fuca vorgebliche Meerenge. Entdeckung eines Busens, wo die Schiffe vor Anker legen. Betragen der dortigen Einwohner.

Wir waren, wie sich der Leser aus dem Vorhergehenden erinnern wird *), am ersten Februar (1778) des Abends, zufälligerweise, von der Insel Onihiau abgetrieben worden, und am folgenden Morgen hatte der Wind mich gehindert, meinen vorigen Ankerplatz zu erreichen. Da nun beyde Schiffe die nothwendigsten Erfrischungen hier eingenommen und bereits wirklich an Bord hatten; so hielt ich es für bloßen Zeitverlust gegen den Wind zu arbeiten, und machte also der Discovery,

*) Man sehe im vorhergehenden Theile Seite 415 u. f.

die noch am Lande vor Anker lag, das Signal, daß sie in See gehen sollte. Sobald sie uns eingeholt hatte, setzten wir, Montags den zweyten Februar, mit einem sanften Ostwinde, unsern Lauf von diesen neuentdeckten Inseln, gemeinschaftlich, nach Norden fort.

Am siebenten Februar befanden wir uns in 29° nördlicher Breite und 200° östlicher Länge. Hier wurde der Wind südöstlich, und erlaubte uns, den Lauf nach Nordosten, und endlich nach Osten zu richten. Dabey blieben wir, bis am 12ten der Wind allmählig nach Süden, von da nach West, Nordost, und Ostnordost herum ging, und mich nöthigte umzulegen und nordwärts zu segeln. Unsere nördliche Breite war damals 30° und die Länge 206° 15′ östlich. Allein ob wir gleich so hoch gekommen, und die Wintermonate noch nicht vorüber waren, so hatten wir doch erst seit wenigen Tagen blos des Morgens und Abends einige Kälte verspürt. Hieraus läßt sich abnehmen, wie fortdauernd und gleichbleibend, bis zum 30sten Grade auf beyden Seiten des Aequators, der Einfluß der Sonnenhitze zu allen Jahrszeiten ist. Jenseits dieser Breite findet man bekanntlich einen größern Unterschied, der beynahe gänzlich der Richtung der Sonnenstrahlen zugeschrieben werden muß, und nicht von der Entfernung abhängt.

Am 19ten in 37° nördlicher Breite und 207° östlicher Länge kam der Wind nach Südosten, und ich ließ nunmehr nach Osten, etwas nördlich, steuern. Am 25sten trafen wir, in 42° 30′ nördlicher Breite und 219° Länge, zuerst die Art Felsenkraut, deren der Geschichtschreiber von Lord Ansons Reise unter dem Namen des See-Porry (*sea-leek*) erwähnt, und die den Manilaschiffen gewöhnlich aufstößt. Auch kam von Zeit zu Zeit ein Stück Holz zum Vorschein. Hätten wir aber nicht gewußt, daß das feste Land von Amerika nicht weit von uns entfernt sey, so würden wir, nach den wenigen Anzeigen, die wir bisher von der Nähe des Landes gehabt hatten, vermuthlich auf tausend Meilen weit keines geahndet haben; denn seitdem wir die Sandwichsinseln verlassen hatten, war uns kaum ein Vogel, oder sonst irgend ein Seethier zu Gesicht gekommen.

Am ersten März, in 44° 49′ nördlicher Breite und 228° östlicher Länge, hatten wir einen windstillen Tag. Gleich darauf fand sich ein Nordwind ein, und ich segelte daher dicht am Winde ostwärts, um das Land zu erreichen, welches nach den Charten nicht mehr weit entfernt seyn konnte. Es ist merkwürdig, daß wir in dieser Jahreszeit so weit gegen Norden, und so nahe an einem großen festen Lande, noch immer gemäßigtes und gelindes Wetter behielten. Entweder mußte die gegenwärtige Witterung ungewöhnlich mild seyn, oder es ist unbegreiflich, wie der Ritter Franz Drake in eben dieser Breite sogar im Junius eine durchdringende Kälte empfinden konnte *). Dagegen spricht Viscaino, der sich mitten im Winter unweit desselben Orts befand, sehr wenig von Kälte, und erwähnt eine Reihe von schneebedeckten Bergen irgendwo an der Küste als etwas außerordentliches **). Eben so auffallend war es, daß in diesen Gewässern, verhältnißweise nur wenig Seevögel vorhanden waren, dahingegen wir sie auf der Südseite des Aequators, in eben den Graden der Breite, sehr häufig angetroffen hatten. Entweder müssen die Gattungen selbst hier sehr selten seyn, oder es muß hier keine

*) Man lese die Nachricht von des Ritters Reise in Campbell's Ausgabe von Harris's Collect. of Voyages Vol. I. P. 18. und andern Sammlungen.

**) S. Torquemada's Bericht von der Expedition des Viscaino in den Jahren 1602 und 1603; in Vanega's history of California. Engl. Uebersetzung II. Theil, S. 229 bis 308.

Ruheplätze für sie geben. Ich meines Theils glaube beydes behaupten und im Ganzen annehmen zu können, daß es jenseits des 40sten Grades der Breite in der südlichen Halbkugel, nicht nur eine größere Menge von jeder Gattung Seevögel giebt, sondern daß daselbst auch mehr Inseln zu ihrem Aufenthalt im Ocean vorhanden sind, als zwischen Californien und Japan, ungefähr in eben derselben Breite *).

Am zweyten März des Morgens schien, während einer Windstille, die See an einigen Orten mit Schleim überzogen, und man sah allerley kleine Seethierchen darin umherschwimmen. Die größten hatten eine beynahe kugelförmige Gestalt, waren von gallertartiger Substanz und gehörten in das Medusengeschlecht. Eine andere, in noch weit größerer Menge vorhandne, Gattung war weiß, schimmernd, und kleiner als die vorige. Von diesen fischten wir einige auf, und thaten sie in ein Glas mit etwas Seewasser, worin sie, so oft sie in einer gewissen Lage ruhten, wie kleine silberne Schuppen aussahen. Sobald sie aber umherschwammen, welches sie auf dem Rücken, auf dem Bauch oder auf der Seite liegend, mit gleicher Leichtigkeit konnten, glänzten sie, je nachdem sie gegen das Licht gekehrt waren, mit den herrlichsten Farben der kostbarsten Edelgesteine. Bisweilen waren sie vollkommen durchsichtig, und nahmen dann alle Schattirungen des Blauen, vom blässesten Saphir bis zum Violetfärbigen an; oft waren diese Farben mit Rubinroth oder dem rothen Schimmer des Opals vermischt, und alle glühten so stark, daß sowohl das Wasser als das Gefäß davon illuminirt war. Am helle-

*) Gleichwohl ist zwischen Neuseeland und Amerika in der S. Br. von 40 Graden noch nicht ein einziges Inselchen entdeckt worden. G. F.

sten oder brennendsten schienen die Farben, wenn man das Glas gegen das stärkste Licht hielt; hingegen verschwanden sie, wenn die Thierchen sich auf den Boden des Glases setzten, wo sie braunlich aussahen. Bey Kerzenlicht war die Farbe meistens ein schönes Blaßgrün, und im Finstern bemerkte man ein etwas schimmerndes Licht. Diese Thierchen gehören zum Geschlechte des Assels, (*Oniscus*) und Herr Anderson nannte sie, wegen der eben erwähnten und hier von ihm selbst beschriebenen Eigenschaften, leuchtende Asseln (*Oniscus fulgens*). Vermuthlich haben diese Thierchen einigen Antheil an den leuchtenden Erscheinungen, die man bisweilen des Nachts im Meere bemerkt. An eben diesem Tage setzten sich ein Paar große Vögel, unweit des Schiffes, auf die See. Einer war die procellaria maxima (P. ossifraga F.) oder diejenige Art von Sturmvögeln, welche die Spanier quebranta huessos, den Knochenbrecher, nennen. Der andre war kaum halb so groß, und schien zu den Albatrossen zu gehören. Der obere Theil der Flügel, und die Spitze des Schwanzes waren schwarz, das übrige weiß; der Schnabel gelblich, und der ganze Vogel der großen Mewe (*Larus marinus Linn*) ähnlich, doch etwas größer.

Am sechsten um Mittag, in 44° 10′ nördlicher Breite und 234° 15′ östlicher Länge, sahen wir zwey Seehunde und einige Wallfische. Am folgenden Morgen erblickten wir endlich die schon längst erwartete Küste von Neu-Albion *) ungefähr zehn bis zwölf Seemeilen weit in Nordost bis Südost vor uns. Um Mittag waren wir nur noch acht Seemeilen weit entfernt, in 44° 33′ nördlicher Breite und 235° 20′ östlicher Länge,

*) So benannte Sir Franz Drake diesen Theil der Westküste von Nordamerika. Anmerkung der Urschrift.

und das Land erstreckte sich hier von Nordost ½ Nord bis Südost zu Süden. In dieser Lage fanden wir drey und siebenzig Faden Tiefe auf schlammigem Boden; eine Seemeile weiter vom Lande hatten wir neunzig Faden Tiefe gehabt. Das Land hatte mittlere Höhe, wechselte mit Bergen und Thälern ab, und war fast überall mit Waldung bedeckt. Wir bemerkten aber keinen auszeichnenden Gegenstand, an welchem diese Gegend der Küste besonders zu erkennen wäre, ausgenommen einen Berg mit einer hohen, flachen Spitze, der uns um Mittag gerade in Osten lag. Gegen Norden hin bildete das Land eine Spitze, die ich Cape Foulweather (das Vorgebirge des bösen Wetters) nannte, weil wir in der Nachbarschaft desselben bald hernach sehr schlimmes Wetter bekamen. Dieses Vorgebirge liegt in 44° 55' nördlicher Breite und 235° 54' östlicher Länge.

Schwache Lüftchen und Windstillen wechselten mit einander ab bis um acht Uhr Abends, da ein Südwestwind aufstieg, mit dessen Hülfe wir gemach Nordwestwärts segelten, um mit Anbruch des Tages die Küste zu befahren. Allein bereits um vier Uhr Morgens setzte sich der Wind nach Nordwesten um, und brachte stoßweise Regen mit. Bis gegen zehn Uhr liefen wir Nordost; da ich aber fand, daß wir auf diesem Wege nicht fortkamen, auch nichts einem Hafen ähnliches zu erblicken war, so legte ich das Schiff um, und lief südwestlich. Das Vorgebirge Foulweather lag uns um diese Zeit in Nordost zu Nord ungefähr acht Seemeilen weit entfernt. Gegen Mittag ging der Wind mehr nach Westen herum, und das Wetter klärte sich auf, so daß wir Mondesbeobachtungen anstellen konnten. Wir berechneten, vermittelst der Längenuhr, wieder zwey und siebenzig verschiedene Reihen von Beobachtungen, die wir alle seit dem 19ten des vorigen Monats angestellt hatten, auf die gegenwärtige Zeit, und erhielten, als r mittleres Resultat, die östliche Länge von 235° 15′ 6″ die aber nach der Uhr um 14′ 11″ größer war. Dieser Länge zufolge haben wir die Lage der hiesigen Küste bestimmt, und ich zweifle nicht, daß sie bis auf nige Englische Meilen richtig ist.

Nunmehr wuchsen die Schwierigkeiten, womit wir kämpfen hatten. Der Nordwestwind stellte sich am bend wieder mit Hagel und Schlossen ein, und ob er leich am folgenden Abend etwas westlicher wurde, so ar doch das Wetter eher schlimmer als besser und dabey trübe und neblicht geworden, daß ich die Nächte hinrch mich immer vom Lande entfernen mußte. Am elfn, um 6 Uhr Morgens, kamen wir dem Lande bis uf drey Seemeilen nahe, doch war auch jetzt nirgends in Hafen zu sehen, und das Wetter blieb unsicher wie ivor. Ich mußte mich also bequemen, von neuem die ffene See zu suchen, nachdem ich hier mit fünf und funfg Faden einen schlammigen Boden ergründet hatte.

Die Gegend, der wir so nahe gekommen waren, ist on mittlerer Höhe, doch erhebt sich das Land, weiter om Strande ab, an einigen Orten mehr. Ueberall echselten Hügel und sanfte Anhöhen mit einander ab. Die letztern waren meistens ganz und gar mit hohen geaden Bäumen bewachsen, einige der niedrigen hingegen ur gruppenweise damit bedeckt; die Zwischenräume aber nd selbst der sanfte Abhang, waren frey von Waldung. Der ganze Prospekt, der im Sommer angenehm genug yn mag, hatte gegenwärtig ein trauriges Ansehen, denn ings der ganzen Küste lag überall zwischen den Hügeln, o keine Bäume wuchsen, ein allem Anschein nach sehr efer Schnee, den man an denen Stellen, die dem Strande nahe waren, leicht für weiße Klippen hätte anhen können. Auf den Anhöhen lag er nicht so tief, und och weiter landeinwärts konnten wir gar keinen gewahr erden. Folglich mußte der an der Küste wohl erst in der letzten Nacht gefallen seyn, die auch von allen bisherigen die kälteste gewesen war.

Die Küste schien in dieser Gegend in gerader Richtung fortzugehen, ohne irgend eine Bucht oder Busen zu haben. Ueberall schien ein weißer sandiger Strand sie zu begränzen, wiewohl verschiedene Personen an Bord auch diesen weißen Streif für Schnee hielten. Die beyden äußersten Enden des jetzt vor uns liegenden Landes schienen jedes eine Spitze zu bilden; ich nannte das nördliche, welches wir zuerst am 7ten gesehen hatten, und welches in 44° 6′ nördlicher Breite und 235° 52′ östlicher Länge liegt, Cap Perpetua. Das südliche Ende in 43° 30′ nördlicher Breite und 235° 57′ östlicher Länge, erhielt den Namen Cap Gregory *). Es ist dadurch kenntlich, daß es gleich vom Strande an ziemlich steil emporsteigt, und auf beyden Seiten von flachem Lande eingeschlossen wird.

Am Abend mußte ich mich, wegen des West- und Südwestwindes, nochmals vom Lande entfernen. Zu gleicher Zeit sahen wir, in S. zu O. das entlegentste Land gen Süden, jenseits Cap Gregory. Es mochte zehn oder zwölf Seemeilen weit entfernt seyn, und, wenn diese Schätzung richtig ist, in 43° 10′ nördlicher Breite und 235° 55′ östlicher Länge, oder ungefähr auf derselben Stelle liegen, wo Martin d'Aguilar am 19ten Januar 1603 sein Cap Blanco entdeckte. Hier muß ich noch anmerken, daß die Geographen, genau in der Breite, wo wir uns gegenwärtig befanden, eine große Oefnung oder eine Meerenge hinzeichnen, deren Entdeckung sie diesem Seefahrer zuschreiben, ungeachtet in seiner Reisebeschreibung weiter nichts

*) Im Englischen Calender heißt der 7te März Perpetua M. und der 12te Gregory B. Anmerk. der Urschrift.

steht, als daß er hier einen großen Fluß gesehen habe, den er wegen der Strömungen nicht habe hinauffahren können *).

Um Mitternacht stürmte es so heftig, daß wir an den großen Hauptseegeln und den doppelt eingerefften Marsseegeln beynahe zu viel hatten, und es gleichwohl nicht wagen durften sie einzuziehen, damit wir nur von dem Ufer wegkommen möchten. Der Sturm legte sich am 13ten Morgens; allein es fehlte noch viel, daß wir nun überwunden gehabt hätten, vielmehr wechselten Windstillen, gelindes Wetter und neue Stürme bis zum 21sten mit einander ab. An diesem Tage erhielten wir einen Südwestwind, und suchten uns mit Hülfe desselben dem Lande in einer nördlicheren Gegend als die vorige zu nähern. Am folgenden Morgen um 8 Uhr, da wir uns in 47° 5′ nördlicher Breite und 135° 10′ östlicher Länge befanden, sahen wir es neun Meilen weit im Nordost zu Ost vor uns liegen. Gegen sieben Uhr Abends, da wir vier Seemeilen weit von der Küste entfernt waren, und acht und vierzig Faden Tiefe hatten, ließ ich die Schiffe umlegen, um das Tageslicht abzuwarten. Ungefähr sechs oder sieben Seemeilen weit im Nord ¾ Ost erblickten wir nunmehr einen kleinen runden Hügel, der wie eine Insel aussah. Zwischen demselben und dem nördlichen Ende des Landes schien sich eine kleine Oefnung zu zeigen, und wir schmeichelten uns schon mit der Hofnung, einen Hafen anzutreffen; allein je näher wir kamen, desto mehr verschwand die Hofnung, so daß wir endlich Ursach hatten anzunehmen, die vermeynte Oefnung sey nur flacheres Land gewesen. Ich nannte daher die nördliche Spitze, die in 48° 15′ nördlicher

*) Geschichte von Californien, Engl. Uebers. 2 B. S. 292.

Breite und 235° 3′ östlicher Länge liegt, Cap Flattery (Schmeicheley). Ueber demselben liegt ein Berg von mittlerer Höhe, übrigens ist das Land allenthalben beynahe gleich hoch, mit Holzung bewachsen, und dem Anschein nach fruchtbar und angenehm. Gerade in dieser Breite haben die Geographen die angebliche Meerenge des Juan de Fuca hingezeichnet; gleichwohl erblickten wir keine Spur davon, und höchst wahrscheinlich hat sie auch nie existirt *).

Um Mitternacht richtete ich den Lauf wieder nach dem Lande hin; allein, ehe der Tag anbrach, war der Sturm, mit Regen begleitet, schon wieder so heftig, und so geradezu auf die Küste gerichtet, daß ich froh war, in offener See zu bleiben, um nicht näher getrieben zu werden. Auf solche Art hatten wir unaufhörlich mit West- und Nordwestwinden zu kämpfen. Wenn es auch bisweilen des Abends gelinder wurde, und ein südlicher Wind aufstieg, so war doch dies jedesmal nur der Vorbote eines Sturms, der am heftigsten aus Südsüdosten kam, und Regen und Schlossen mitbrachte. Kaum hatte dieser aber sechs Stunden lang gewüthet, so lösete ihn ein Sturm aus Nordwest ab, wobey der Himmel gemeiniglich heiter war. Indeß wären wir ohne jene südliche Stürme gar nicht weiter nordwärts gekommen.

Endlich, am 29sten um 9 Uhr Morgens, sahen wir wieder Land, welches um Mittag, da wir uns in 49° 29′ nördlicher Breite und 232° 29′ östlicher Länge befanden, nur noch sechs Seemeilen weit entfernt war. Hier hatte die Küste eine ganz andere Ansicht; sie bestand nehmlich aus lauter hohen mit Schnee bedeckten Gebir-

---

*) Man sehe Michael Locke's apokryphische Erzählung von dem Juan de Fuca und seiner angeblichen Meerenge, im Purchas. III. B. S. 849 und in späteren Sammlungen. Anmerk. der Urschrift.

gen, zwischen denen sowohl die Thäler, als die Gründe und Anhöhen längs dem Strande mit hohen, schlanken Bäumen bedeckt, einen ununterbrochenen Wald bildeten. Die Südöstliche Spitze des Landes ist flach, und in der Gegend derselben branden sich die Wellen an mehreren verborgenen Klippen, daher gab ich ihr den Namen point Breackers (die Spitze der Brandungen). Sie liegt in 49° 15′ nördlicher Breite und 233° 20′ östlicher Länge. Die entgegengesetzte Spitze, die ich Wood point (Waldspitze) benannte, ist hoch, erstreckt sich ziemlich weit nach Südwesten, und liegt in 50° nördlicher Breite und 232° östlicher Länge. Zwischen beyden bildet das Ufer eine große Bucht, welche ich Hope bay (Hofnungsbay) nannte, in der Erwartung, daselbst einen guten Hafen zu finden. Diesmal ward sie auch nicht getäuscht; denn indem wir uns dem Lande weiter näherten, schien in der nordwestlichen sowohl als in der nordöstlichen Ecke der Bay, eine Oefnung vorhanden zu seyn. Die erstere konnten wir diesmal nicht gewinnen, also segelten wir nach der andern, mußten aber, um dorthin zu gelangen, an einigen verborgenen Klippen vorbey, welche mehr als eine Seemeile weit vom Strande liegen. Außerhalb derselben hatten wir nur neunzehn bis zwanzig Faden Tiefe; allein kaum waren wir innerhalb derselben, so vermehrte sich die Tiefe auf dreyßig, vierzig, und funfzig Faden, mit sandigem Boden. Noch weiter hinein konnte unsere längste Leine sie nicht mehr ergründen. Bis jetzt waren wir zwar der Oefnungen noch nicht gewiß; allein ich hatte mich auf jeden Fall entschlossen, in einer so tiefen Bay vor Anker zu gehen, und wo möglich einen Vorrath von Wasser zu bekommen, dessen wir jetzt schon äußerst bedürftig waren. Endlich zeigte es sich, indem wir näher kamen, daß wirklich eine Oefnung und Einbucht vorhanden sey. Wir hatten um fünf Uhr eben die westliche Spitze derselben erreicht, als es windstill wurde, und ich ließ nunmehr alle Boote aussetzen, um die Schiffe hineinzuboegsiren. Damit waren wir aber kaum fertig, als ein frischer Nordostwind uns half, diesen Arm der See, der von hieraus eine nordöstliche Richtung hatte, weiter hinaufzufahren. Hier überfiel uns eine zweyte Windstille, und wir mußten deshalb ungefähr eines Kabeltaues Länge vom Ufer in fünf und achtzig Faden Tiefe ankern. Die Discovery befand sich noch außerhalb des Arms, und ließ daselbst in siebenzig Faden Tiefe die Anker fallen.

Gleich bey der Annäherung an diese Einbucht erfuhren wir schon, daß die Küste bewohnt sey. Während der ersten Windstille kamen nämlich drey Kanots, das eine mit zwey, das andre mit sechs, und das dritte mit zehn Männern, zu uns heran. So bald sie ziemlich nahe gekommen waren, stand einer in den letzteren Kanots auf, und hielt eine lange Rede, um uns, wie wir aus seinen Gebärden vermutheten, einzuladen, daß wir ans Land kommen möchten. Zu gleicher Zeit streute er mit vollen Händen Federn gegen uns hin *), und einige seiner Gefährten warfen uns auf eben die Art einige Hände voll rothen Staubes oder Pulvers zu. Der Redner hatte eine Kleidung an, die aus Thierfellen bestand, und hielt etwas in der Hand, womit er klapperte. Als er sich endlich müde geredet, ohne daß wir ein Wort verstanden hatten, nahmen andere das Wort, und sprachen einer nach dem andern, aber weder so lange noch so heftig als der erste. Ihrer zwey oder drey hatten das Haar über und über mit kleinen weissen Federn bestreuet, andere aber hatten an den Kopf hin und wieder große

*) Zwölf Grade südlicher bewillkommten die Einwohner dieser Küste den Ritter Drake ebenfalls mit Geschenken von Federn. Man sehe seine Reise in Campbell's ed. of. Harris, Vol. I. P. 18. Anmerk. der Urschrift.

Federn gesteckt. Nachdem sie ihre lärmende Bewillkommung geendigt hatten, blieben sie in ihren Kanots nicht gar weit vom Schiffe halten, und sprachen vertraulich mit einander, ohne im geringsten weder Mißtrauen noch Verwunderung blicken zu lassen. Von Zeit zu Zeit standen noch einige auf, die nach Art der vorigen Redner etwas hersagten, und einer sang in einer hier sehr unerwartet sanften Melodie, ein sehr angenehmes Lied, worin das Wort Haila oft als ein Schlußreim wiederholt ward. Bald nachher stieg ein Wind auf, der uns dem Ufer näher brachte, und nunmehr stießen die Kanots in größerer Menge von demselben ab, so daß wir einmal zwey und dreißig nahe am Schiffe hatten. In jedem waren sieben bis acht Personen, sowohl Männer als Weiber, von denen viele aufstanden, um, wie die vorigen Reden zu halten und zu gestikuliren. Unter den Kanots zeichnete sich eines durch sein sonderbares Vordertheil aus, in so fern auf demselben das Auge und der Schnabel eines Vogels in erstaunlichen Dimensionen gemahlt war. Der Mann, der darin saß, und den wir für einen Befehlshaber hielten, schien uns nicht weniger merkwürdig; er war nemlich auf die seltsamste Art bemahlt, und von seinem Kopfe hingen viele Federn herunter *). In der Hand hielt er einen hölzernen Vogel von der Größe einer Taube, womit er, wie der erste Redner, klapperte, dem er übrigens an Geplärr und andern Rednerkünsten nichts nachgab. So friedlich indeß unsere Gäste sich betrugen, und so wenig Ursach sie uns gaben, die geringsten feindseligen Absichten bey ihnen zu vermu-

---

*) Viscaino fand im Hafen San Diego die Californier mit schwarz und weiß beschmiert, und ihre Köpfe mit einer Menge Federn besteckt. Hist. of California. Vol. II. p. 272. Anmerk. der Urschrift.

then, konnten wir sie dennoch nicht bereden an Bord zu kommen. Was sie hatten, gaben sie sehr bereitwillig gegen das erste hin, was wir ihnen dafür boten. Dem Eisen, dessen Gebrauch sie vollkommen kannten, ertheilten sie aber doch den Vorzug. Viele von den Kanots folgten uns bis auf unsern Ankerplatz, und ungefähr zehn oder zwölf blieben den größten Theil der Nacht hindurch unserm Schiffe zur Seite. Aus allen diesen Umständen hoften wir, daß unsere sämmtlichen Bedürfnisse hier befriedigt werden, und daß wir Ursach finden würden, hier alle die Beschwerlichkeiten und verdrießlichen Zögerungen zu vergessen, welche uns die widrigen Winde und das ungestüme Wetter, seitdem wir an der Amerikanischen Küste waren, verursacht hatten.

Drey und dreyßigstes Hauptstück.

Die Schiffe gehen den Sund hinauf, und ankern in einem Hafen. Verkehr mit den Einwohnern. Tauschartikel. Diebstähle. Errichtung der Sternwarten. Arbeit der Schiffszimmerleute. Eifersucht der Einwohner des Sundes, um zu verhüten, daß andere Stämme kein Verkehr mit den Schiffen haben sollen. Sturm und Regenwetter. Kleine Reise rings um den Sund. Betragen der Eingebohrnen in ihren Dörfern. Ihre Methode, Fische u. s. w. zu trocknen. Merkwürdiger Besuch von Fremdlingen, nebst den Einführungsfeyerlichkeiten. Zweyter Besuch bey einem Dorfe. Wir müssen die Erlaubniß Gras zu mähen erkaufen. Abfahrt der Schiffe. Gegenseitige Geschenke beym Abschiede.

Die Schiffe lagen nunmehr vollkommen sicher in einem Seearm, dessen Küsten von einem gutmüthigen, und allem Anschein nach zu einem freundschaftlichen Verkehr mit uns geneigtem Volke bewohnt waren. Am folgenden Morgen ließ ich es meine erste Sorge seyn, einen bequemen Hafen zu suchen, wo wir, während unseres Aufenthalts in diesem Sunde *), unser Hauptquartier nehmen könnten. Zu diesem Ende schickte ich Herrn King mit drey bewafneten Booten ab, und ging bald hernach in gleicher Absicht in einem kleinen Boote nach. Was ich bedurfte, war bald gefunden. Ich entdeckte

*) Sund, Sound, heißt jede Bay von ungewöhnlicher Größe, die sich tief ins Land hineinziehet und zwischen Inseln in mehrere Arme theilt. G. F.

nämlich, nordwestwärts von dem Arm, worin wir uns gegenwärtig befanden, und in geringer Entfernung von unserm jetzigen Ankerplatze, einen sehr bequemen, vollkommen gedeckten, kleinen Hafen (*Cove*), der sich gerade für uns schickte. Herr King war nicht minder glücklich; er kam gegen Mittag zurück, und hatte am nordwestlichen Ufer einen noch bessern Hafen gefunden. Allein da es uns mehr Zeit gekostet hätte, die Schiffe dorthin zu bringen, so erhielt der von mir untersuchte Hafen, weil er ganz in der Nähe lag, den Vorzug. Der Tag war indessen schon so weit verstrichen, daß ich nicht hoffen konnte, noch vor Abend die Schiffe an ihren Bestimmungsort zu bringen, und sie gehörig fest zu machen; ich ließ daher diese Arbeit bis auf den folgenden Morgen anstehen. Damit indeß der heutige Nachmittag nicht ungenutzt verfliessen möchte, ließ ich die Segel von den Raaen losbinden, und den Fockmast meines Schiffes vorläufig von allem Tauwerk entblößen, um ihn hernach ausbessern zu können.

Die Einwohner besuchten die Schiffe in einer großen Menge Kanots, und blieben den ganzen Tag bey uns. Ich benutzte ihre Anwesenheit, um den Handel in Gang zu bringen, der auch von beyden Seiten mit der strengsten Redlichkeit geführt ward. Sie brachten Felle von allerley Thieren zum Verkauf, z. B. von Bären, Wölfen, Füchsen, Rehen, Rackuhns (*Raccoon*) Waschbären, (*Ursus Lotor Linn.*) Iltissen, Mardern, und vorzüglich von Seeottern, welche man auch in den ostwärts von Kamtschatka gelegenen Inseln antrift. Diese Felle waren theils ganz, theils zu Kleidungsstücken verarbeitet. Außerdem aber brachte man uns noch andere, aus Baumrinde, oder aus einer hanfartigen Pflanze verfertigte Kleidungen, ferner Waffen, nämlich Bogen und Pfeile nebst Spießen; Angelhaken und allerley Werkzeuge; hölzerne Masken von der abentheuerlichsten

Figur

igur; eine Art Wollenzeug; Säcke voll rother Ocher; ilaskorallen, und allerley kleine wie Hufeisen gestaltete ierrathen von dünnem Messing und Eisenblech, welche in die Nase hängen; endlich auch verschiedene in hölrne Griffe eingelassene eiserne Meißel. Diese eiserne Berkzeuge schienen zu beweisen, daß entweder irgend ne gesittete Nation sie vor uns besucht habe, oder iß sie auf dem festen Lande mit einheimischen Familien der Stämmen in Verkehr ständen, die eine solche Naon kennen müßten. Die außerordentlichste von ihren andelswaaren war indeß ein Vorrath von Menschenhädeln und Menschenhänden, die noch nicht gänzlich on allem Fleisch entblößt waren, und von denen sie, ie sie uns deutlich zu verstehen gaben, das übrige geessen hatten. In der That waren auch einige von dien Händen ganz augenscheinlich auf dem Feuer gewesen. Die abscheuliche Gewohnheit, die Feinde zu verzehren, uß also wohl auch hier, wie in Neuseeland und einin andern Südseeinseln, im Schwange gehen. Gen ihre Waaren tauschten sie von uns ein: Messer, Meißel, Stückchen Eisen und Zinn, Nägel, Spiegel, nöpfe, kurz alles Metall. Glaskorallen nahmen sie cht gern, und Tuch aller Art verwarfen sie ganz und gar.

Den folgenden Tag über zogen wir die Schiffe in den einen sichern Hafen, und machten sie daselbst hinten id vorn auf die Art fest, daß wir unsere Taue um die äume am Strande legten. Als unser Schiff (Resotion) die Anker lichtete, fand es sich, daß ungeachtet r großen Tiefe, dennoch Felsen am Boden lägen, elche das Kabeltau sehr beschädigt hatten. Auch die aue, vermittelst welcher wir die Schiffe fortzogen, gethen auf felsigten Grund, so daß man annehmen kann, r ganze Boden des Meeres sey hier mit Felsen besetzt. So bald wir diese Arbeit vollendet hatten, mußten die immerleute an das Kalfatern gehen, weil die Verdecke und obern Theile des Schiffes schon wieder leck geworden waren.

Das Gerücht von unserer Ankunft mußte sich schon weit ausgebreitet haben, denn es fanden sich heute eine große Menge Einwohner bey unsern Schiffen ein. Wir zählten zu einer Ze.. nicht weniger als hundert Kanots, die im Durchschnitte zu fünf Mann gerechnet werden konnten; denn wenige hatten nur drey, viele hingegen sieben, acht, oder neun, und eines sogar siebenzehn. Viele von diesen Gästen kamen heute zum erstenmale zu uns; denn sie beobachteten ihre gewöhnlichen Feyerlichkeiten und hielten Reden dabey. Das Mißtrauen oder die Furcht, welche sie anfangs gehabt haben mochten, legten sie jetzt bey Seite, kamen an Bord, und mischten sich unter unsere Leute. Diese Vertraulichkeit belehrte uns bald, daß sie eben so behende Finger hätten, als die geschicktesten Diebe in den Südseeinseln, und dabey noch weit gefährlicher wären, indem sie, mit ihren scharfen eisernen Werkzeugen, in einem Augenblick einen Haken oder sonst ein Stück Eisen von dem Tauwerk herunter schneiden konnten. Auf die Art verloren wir einen großen Haken, der zwischen zwanzig und dreyßig Pfund wog, nebst einigen kleineren, und allerley Eisengeräthe. Sie plünderten unsere Boote völlig aus, und wußten jedes Stückchen Eisen, welches des Wegtragens werth war, herauszuziehen, ungeachtet wir die Boote jederzeit bewachen ließen. Gemeiniglich unterhielt einer von ihnen den Wächter an einem Ende des Boots, während daß ein anderer, am andern Ende, das Eisen herauszog. Vermißten wir etwas, gleich nachdem es uns entwendet worden war, so kostete es nicht viel Mühe, den Dieb ausfindig zu machen, da sie bereitwillig genug waren, einander zu verrathen. Der Schuldige weigerte sich aber gemeiniglich seine Beute wieder herzugeben, so ß wir uns bisweilen genöthigt sahen, Gewalt zu uchen.

Am folgenden Tage nahmen wir unsere Geschäfte , errichteten auf einer Felsenspitze, dicht bey unserm chiffe an einer Seite des Hafens, die Sternwarten, d schickten einen Officier mit der nöthigen Mannschaft , um Holz zu fällen, und dadurch den Leuten, die asser füllen sollten, den Zugang zu demselben zu erchtern. Andre mußten von den Tannen, welche hier großer Menge wuchsen, Sprossenbier brauen. Auch ichteten wir die Schmiede, um das Eisengeräth verigen zu lassen, das zur Ausbesserung unseres Fockts erforderlich war.

Die Einwohner fuhren indessen fort uns in großer zahl zu besuchen, und von Zeit zu Zeit kamen auch mer neue Gesichter zum Vorschein. Der erste Beh zeichnete sich gewöhnlich durch sonderbare Gebräuche s. Sie ruderten nämlich, mit Anstrengung aller äfte, rund um beyde Schiffe, indeß ein Befehlshaber, er sonst ein Vornehmer, mit einem Spieß oder einem dern Gewehr in der Hand, im Kanot aufrecht stehend ganze Zeit über sprach, oder vielmehr laut und unfhörlich schrie. Diese Redner hatten zuweilen eine aske vor dem Gesicht, welche bald ein Menschenld ein Thiergesicht vorstellte, und in dem Fall hielten , anstatt eines Gewehrs, eine Klapper in der Hand. obald der Kreis um die Schiffe vollendet war, legte h das Kanot dicht an die Seite des Schiffs, und alsin begann der Tauschhandel ohne weitere Feyerlichkeit, sgenommen, daß sie zuweilen noch einen Gesang anmmten, der uns sehr angenehm dünkte.

Während dieses Verkehrs machten sie uns weiter nen Verdruß; nur mußten wir gegen ihre Dieberenen f unsrer Hut seyn. Am vierten, früh Morgens, wurn wir indeß etwas ernsthafter in Unruhe gesetzt. Un-

sere Holzhauer und Wasserschöpfer bemerkten, daß d
Eingebohrnen rund um sie her auf einmal anfingen si
bestmöglich zu bewafnen, so daß diejenigen, die kei
eigentlichen Gewehre hatten, sich mit Knütteln vers
hen, und Steine auflasen. Sobald ich davon hört
hielt ich es der Klugheit gemäß, von unserer Seite nich
zu versäumen, dabey aber bloß vertheidigungsweise z
verfahren. Wir rüsteten uns also, und die Arbeit
mußten sich alle auf dem Felsen, um die Sternwart
zurückziehen, und den Eingebohrnen den Platz, wo s
sich versammelt hatten, der ungefähr einen Steinwu
vom Hintertheil unseres Schiffes entfernt war, ung
hindert überlassen. Doch, unsere Besorgnisse ware
ungegründet; die feindlichen Zurüstungen galten keine
weges uns, sondern einem Haufen ihrer eignen Land
leute, die herannaheten, um sie anzugreifen. Unse
Freunde, die Einwohner des Sundes, bemühten si
auch aus allen Kräften, uns zu überzeugen, daß w
nichts von ihnen zu befürchten hätten. Wir bemerkte
daß sie, auf beyden Landspitzen des kleinen Hafens, Leu
ausgestellt hatten, welche um sich her sehen, und o
Kanots nach dem großen Haufen abschicken mußten, d
unweit der Schiffe versammelt war. Endlich zeigte si
die feindliche Macht an der südlichen Spitze des Hafen
in etwa zwölf großen Kanots, hielt daselbst still, un
formirte eine Schlachtordnung, während daß schon ei
Unterhandlung angefangen war. Die Unterhändle
von beyden Seiten begaben sich in Kanots zwischen beyd
Partheyen, und redeten mit einander. Der Zwist, wa
auch dessen Gegenstand seyn mochte, ward endlich ge
schlichtet; allein die Fremden durften sich weder de
Schiffen nähern, noch sonst Verkehr und Handel mi
uns treiben. Wir selbst waren also vermuthlich der Ge
genstand der Uneinigkeit, indem die Fremden an de
Vortheilen des Handels mit uns einigen Antheil zu ne

en gewünscht, die Einwohner des Sundes hingegen
h das Monopolium zugeeignet haben mochten. Hie-
n hatten wir bey andern Gelegenheiten mehrere Be-
eise, auch bemerkten wir sogar, daß nicht einmal alle
nwohner unseres Sundes untereinander einig waren,
ndern daß die schwächeren oft einem mächtigeren Hau-
n nachgeben und sich ohne Widerstand rein ausplündern
ssen mußten.

Nachmittags gingen wir wieder an unsere Arbeit,
d Tages darauf fingen wir an den Fockmast zu beta-
ln; allein einige Axthiebe, welche bey dieser Gelegen-
t geschehen mußten, zeigten uns, daß oben am Maste
schiedene Stücke gänzlich verfault waren. Wir muß-
n folglich, da wir übrigens beynahe segelfertig waren,
sere Reparaturarbeit ganz von vorn anfangen, welche
esmal noch mehr Zeit kostete als das erstere mal. Indeß
ar es ein großes Glück, daß wir diese Mängel an ei-
em Orte entdeckten, wo wir die zur Ausbesserung noth-
endigen Materialien haben konnten. In eben der klei-
en Bucht, wo die Schiffe lagen, fanden wir unter dem
reibholz einige taugliche Bäume, von denen wir einen
unserm Behufe wählten, und ohne Zeitverlust die
forderlichen neuen Stücke daraus verfertigen ließen.
m siebenten früh Morgens, hoben wir unsern Fockmast
us, und brachten ihn ans Land. Während daß die
immerleute ihn bearbeiteten, ließ ich den großen Mast
anz neu betakeln, und das Takelwerk des Fockmasts mit
iner Auswahl der besten Stücke von dem alten ausbessern.

Bisher hatten wir an diesem Orte beständig gutes
Better ohne Wind und Regen gehabt, allein gerade jetzt,
a wir der Fortdauer desselben am meisten bedurften, ver-
or es sich, und früh am achten fiel mit dem frischen
Südost wieder trübes neblichtes Wetter und Regen ein.
Nachmittags ward der Wind noch stärker, und gegen
lbend stürmte es, mit gewaltigen Stößen, von den Ge-

birgen gegen uns über, sehr heftig herab, und gerade in unsern Hafen, so daß die Schiffe, so gut sie auch befestigt waren, sich dennoch in einiger Gefahr befanden. Die Stöße folgten schnell aufeinander, allein sie hielten nicht lange an, und in den Zwischenzeiten war es vollkommen windstill. Bey dieser Gelegenheit ging es uns nach dem alten Sprichwort: ein Unglück kommt selten allein. Am Bord der Resolution war nur der Besaanmast ganz betakelt, übrigens aber so schlecht beschaffen, daß er der Gewalt dieser Windstöße nicht widerstehen konnte, sondern durch das Gewicht der daraufstehenden Kreuzstenge, unter dem Mastkorbe abbrach. Abends um acht Uhr legte sich zwar der Sturm, allein der Regen hielt noch einige Tage lang fast ohne Unterlaß an; ich ließ daher über dem Fockmast am Lande ein Gezelt errichten, damit die Zimmerleute gemächlicher arbeiten könnten. Die Eingebohrnen ließen sich indeß durch das böse Wetter von ihren Besuchen nicht abschrecken, sondern brachten uns einen ziemlichen Vorrath von Fischen, zum Glück für uns, da wir selbst bey dieser Witterung nicht im Stande waren Fische zu fangen. Es waren entweder Sardinen, oder eine ähnliche Art, nebst einer kleinen Art Brachsen, und bisweilen kleiner Kabeliau.

Troz dem Regen, wurden wir am elften mit dem grossen Mast fertig, und konnten nunmehr am folgenden Tage den Besaanmast ausheben, dessen oberer Theil völlig verfault war. An demselben Abend besuchten uns viele Eingebohrne, die wir nie zuvor gesehen hatten, und die etwas besser aussahen, als unsere älteren Freunde, von denen einige jene begleiteten. Es gelang mir jezt zum erstenmal, daß einige von diesen Gästen sich bereden ließen, in die Kajüte zu kommen; sie sahen indeß fast durchgehends alle dort befindliche Gegenstände, so neu sie ihnen auch seyn mußten, mit Gleichgültigkeit an, und schienen nicht das geringste nur einen Augenblick iher Aufmerksamkeit zu würdigen. Doch machten einige eine Ausnahme hiervon, und äußerten wirklich einen gewissen Grad von Neugier.

Montag Nachmittags ging ich mit einigen Leuten in den Wald, um einen Baum zu fällen, aus dem wir einen neuen Besaanmast machen wollten. Tages drauf brachten wir ihn an den Ort, wo die Zimmerleute den Fockmast ausbesserten, der nun meistens fertig war, und am 15ten Nachmittags wieder eingesetzt wurde. Indessen bearbeiteten die Zimmerleute den neuen Besaanmast, und hatten bereits am 16ten ein beträchtliches Stück fertig, als sie entdeckten, daß er, vermuthlich beym Fällen, verletzt worden wäre. Ihre Arbeit war also wieder gleichsam weggeworfen; und es kostete uns allen einen halben Tag, um einen andern Baum aus den Wäldern zu bekommen. Die Eingebohrnen, die sich um die Schiffe her aufhielten, betrachteten alle unsere Arbeiten mit einem stillen Erstaunen, welches wir, bey ihrer anderweitigen Gleichgültigkeit und ihrem Mangel an Aufmerksamkeit, nicht von ihnen erwartet hätten.

Am 18ten kam eine Anzahl Fremde in sechs bis acht Kanots in unsere Bucht; sie hielten eine Zeitlang stille, um uns anzugaffen, und zogen sich dann zurück, ohne heranzukommen. Vermuthlich erlaubten unsere älteren Bekannten, die zu eben der Zeit in einem stärkeren Haufen um uns her versammelt waren, den neuen Ankömmlingen nicht, mit uns Verkehr zu haben. Ganz offenbar hatten sie dabey den Alleinhandel mit uns zur Absicht; denn so oft sie auch Fremden den Zutritt zu uns gestatteten, waren sie doch immer die Faktoren oder Mäkler derselben, und wußten den Handel so geschickt zu lenken, daß ihre Waaren stets hoch im Preise blieben, indeß der Werth der unsrigen mit jedem Tage sich verminderte. Ohne Zweifel handelten auch viele von den zunächst wohnenden Eingebohrnen, mit entlegenen Familien; denn oft waren sie vier bis fünf Tage lang verschwunden, und kamen dann mit einer frischen Ladung von Fellen und Seltenheiten zurück. Unsere Leute waren nach diesen Dingen so begierig, daß sie allemal den besten Absatz fanden. Den größten Vortheil verschaften uns jedoch im Grunde die täglichen Gäste; denn nachdem diese einmal ihren Vorrath von Seltenheiten erschöpft hatten, legten sie sich auf das Fischen, und wir tauschten allemal etwas von ihrem Fange ein. Sie brachten uns auch eine ziemliche Menge Oel von Thieren (Thranöl), welches sie in Blasen aufbewahrten. Mit dieser Waare suchten sie uns bisweilen zu hintergehen, indem sie das Oel mit Wasser vermischt, oder auch ein paarmal den Betrug noch weiter getrieben, und die Blasen, ohne einen Tropfen Oel, ganz mit Wasser gefüllt hatten. Ich glaubte indeß, es sey besser, diese kleine Betrügereyen ungeahndet zu lassen, als eine Veranlassung zum Zwiste daraus zu machen. Denn von unserer Seite hatten wir doch nur lauter Kleinigkeiten gegen diese Waaren zu setzen, und es kostete uns Kopfbrechens genug, auch nur dergleichen weiter hervorzusuchen. Glaskorallen und anderes Spielwerk, wovon ich noch etwas vorräthig hatte, schätzten sie nicht sehr; um Metall war es ihnen hauptsächlich zu thun, und zwar am meisten um Messing, welches bereits mehr galt, als das Eisen. Daher war, ehe wir noch diesen Aufenthalt verließen, kein Stückchen Messing mehr in beyden Schiffen, ausgenommen was zu unsern unentbehrlichen Instrumenten gehörte. Von den Kleidern waren alle Knöpfe abgetrennt, von Kommoden und Büreaux der Beschlag abgerissen; kupferne Kessel, blecherne Büchsen, Leuchter und dergleichen hervor gelangt: mit Einem Wort, unsere Amerikaner konnten sich rühmen, ein größeres Quodlibet von ausländischen Waaren zu besitzen, als irgend eine der bisher von uns besuchten Völkerschaften.

Nachdem das Wetter vierzehn Tage, lang schlecht gewesen war, heiterte es sich endlich am 19ten auf, so daß wir unsere Stengen und Raaen wieder aufrichteten, und das Takelwerk völlig in Stand setzten. Die schwerste Arbeit war nunmehr überstanden, deshalb benutzte ich den folgenden Tag, um den Sund genauer zu untersuchen. Ich begab mich zuerst nach der westlichen Spitze, wo ich ein großes Dorf an einem sichern Hafen fand, der in neun bis vier Faden Tiefe einen feinsandigen Boden hat. Die zahlreichen Einwohner dieses Dorfes, die mich mehrentheils recht gut kannten, empfingen mich aufs freundlichste. Jeder bat mich in sein Haus, oder vielmehr in sein Zimmer zu gehen; denn hier wohnen unter Einem Dache mehrere Familien. Ich schlug die Einladung nicht aus, und wo ich hinkam, breiteten meine gastfreyen Freunde eine Matte aus, daß ich mich setzen möchte. Fast in jedem Hause waren die Weiber beschäftigt, Kleidungsstücke aus der vorhinerwähnten Pflanze oder Rinde zu verfertigen. Sie verfuhren dabey genau wie die Neuseeländer, wenn sie aus den Fasern der Flachspflanze (*Phormium*) Zeuge wirken. Andere nahmen Sardinen aus, deren ich eine große Menge in Kanots ans Land bringen, und unter mehrere Leute, nach einem Maaße, austheilen gesehen hatte. Jeder trug seinen Antheil nach Hause, um die Fische dort im Rauche dörren zu lassen. Sie werden nämlich an dünnen Reisern zuerst einen Schuh hoch über dem Feuer gehangen, kommen nach und nach immer höher und weiter ab vom Feuer, und machen für andere Platz, bis endlich die Reiser oder Ruthen, an welchen die Fische hangen, ihre Stelle dicht unter dem Dache bekommen. Sind die Fische vollkommen getrocknet, so nimmt man sie ab, und packt sie in Ballen, welche mit Matten bedeckt werden. Auf solche Art hebt man sie zum Gebrauch auf, und sie schmecken gar nicht übel. Kabeliau und andere große Fische werden auf eine ähnliche Art aufbewahret; doch geschieht dieses zuweilen ohne Feuer und in freyer Luft.

Von diesem Dorfe setzte ich meine Untersuchungen längs der Westseite des Sundes fort. In einer Strecke von etwa drey Englischen Meilen liegen, dem Strande gegenüber, eine Menge kleiner Inseln, zwischen welchen man auf guten sicheren Grunde und in verschiedener Tiefe von dreyßig bis zu sieben Faden, vor Anker gehen kann. Zwei Seemeilen weit den Sund hinauf, an dieser westlichen Seite, erstreckt sich ein neuer Arm Nordnordwest, und noch zwey kleine Englische Meilen weiter findet man einen andern, beynahe in eben derselben Richtung, vor dessen Eingang ein ziemlich großes Eiland liegt. Ich hatte keine Zeit diese Arme zu untersuchen, sie können sich aber nicht weit ins Land erstrecken, denn sogar in ihrer Mündung war das Wasser nur ganz wenig salzig. Eine Englische Meile überhalb des zweyten Arms, fand ich die Ueberreste eines Dorfs. Das Gerippe der Häuser war noch vorhanden, hingegen fehlten die Bretter woraus das Dach und die Wände bestehen. Vor dem Dorfe bemerkte ich große Fischhalter oder Wehre, aber niemanden, der darauf acht gegeben hätte. Die Wehre waren aus Reisern, und zwar einige mit engern, andere mit weitläuftigeren Maschen geflochten, je nachdem sich große oder kleine Fische darin fangen sollten. Diese geflochtenen Stücke hatten wenigstens zwanzig Schuh in der Länge, zwölf Schuhe in der Breite, und waren in seichtem Wasser, vermittelst eingerammter Pfähle, in schiefer Richtung befestigt. Hinter diesem verödeten Dorf ist eine Ebene von wenigen Morgen Landes, auf welcher die größten Fichten wachsen, die ich gesehen habe. Dieses Plätzchen fiel um so mehr auf, da die Anhöhen an dieser Westseite des Sundes im Durchschnitt ziemlich von Bäumen entblößt sind. Von hier aus fuhr ich hinüber zur Ostseite des Sundes, bey einem Arm vorbey, der sich allem Anschein nach nicht sehr weit nach Nordnordosten erstreckt. Nunmehr zeigte es sich aber, daß ich mich in der Vermuthung, das Land, unter welchem unsere Schiffe sich befanden, sey eine Insel, nicht geirrt hatte. Es war in der That eine Insel, an deren westlichen Seite eine Menge kleinerer im Sunde zerstreut lagen. Auf dem festen Lande, der Nordspitze unserer großen Insel gegenüber, fand ich ein Dorf, und stieg daselbst aus. Die Bewohner empfingen mich aber nicht so artig, wie die vorigen, welches ich großentheils einem etwas mürrischen Befehlshaber zuschrieb, der mir nicht erlauben wollte, in die Wohnungen hineinzugehen, und mir überall nachfolgte, auch zu wiederholtenmalen durch sehr nachdrückliche Zeichen zu verstehen gab, daß mein längerer Aufenthalt ihm zuwieder sey, und das ich nur gehen möchte. Vergebens suchte ich ihn durch Geschenke zu gewinnen; er schlug sie zwar nicht aus, allein sie hatten weiter keinen Einfluß auf sein Betragen. Die jungen Frauenzimmer schienen zum Theil mit unserer Ankunft weit besser zufrieden zu seyn, als ihr unfreundlicher Befehlshaber; denn sie putzten sich in aller Eile, mit ihrem besten Schmuck, versammelten sich in einen Haufen, und bewillkommten uns mit einem nichts weniger als unangenehmen Gesange.

Der Tag war unterdessen größtentheils verstrichen; also nahm ich meinen Rückweg nach den Schiffen und zwar rund um die Nordspitze der großen Insel; unterweges begegneten mir verschiedene Kanots mit Sardinen, welche man irgendwo an der östlichen Ecke des Sundes so eben gefangen hatte. Bey meiner Zurückkunft erfuhr ich, daß die Schiffe während meiner Abwesenheit Besuch von einigen Fremden gehabt hätten. Sie waren, wie sie zu verstehen gegeben, von Südosten her, jenseits der Bay, in zwey oder drey Kähnen angekommen, und hatten allerley Pelzwerk, nebst Kleidungsstücken, und andern Artikeln zum Tausch mitgebracht. Das merkwürdigste war, daß man ihnen unter andern auch zwey silberne Eßlöffel abgekauft hatte, die, nach der Fasson zu urtheilen, von Spanischer Arbeit waren, und die ihr Eigenthümer als einen Zierrath am Halse hängen gehabt hatte. Diese Fremdlinge waren übrigens, wie unseren Leuten vorgekommen war, auch mit Eisen besser versehen gewesen, als die Einwohner des Sundes.

Am 22sten, um acht Uhr Morgens, besuchten uns eine Menge Fremde in zwölf oder vierzehn Kähnen. Sie kamen von Süden herein, und sobald sie um die Ecke unserer Bucht gerudert waren, machten sie Halt, und blieben eine halbe Stunde und länger, etwa dreyhundert Schritte von unserm Schiffe, in einem Haufen beysammen. Wir glaubten anfangs, sie kämen aus Furcht nicht näher; allein eigentlich bereiteten sie sich nur auf die feyerliche Begrüßung vor. Als sie hierauf ihren Zug nach den Schiffen antraten, standen sie sämmtlich in ihren Kanots auf, und fingen an zu singen, und der ganze Haufe stimmte mit ein. Der Takt war bald schneller, bald langsamer, und während des Singens bewegten sie ihre Hände regelmäßig, oder schlugen auf Ein Tempo mit ihren Rudern an die Seiten des Kanots, oder machten sonst nachdrucksvolle Gebährden. Am Schlusse eines jeden Liedes schwiegen sie einige Sekunden lang, fingen dann wieder an, und riefen zuweilen das Wort Hu-i! im Chorus laut aus. Nach dieser Probe von ihren musikalischen Talenten, der wir mit Bewundrung eine halbe Stunde lang zuhörten, kamen sie an die Seiten unserer Schiffe, und fingen an, das was sie mitgebracht hatten, zu vertauschen. Jetzt erkannten wir unter ihnen einige unserer Freunde aus dem hiesigen Sunde, die den ganzen Tauschhandel, zum offenbaren Vortheil ihrer Landsleute, über sich genommen hatten.

Sobald die Gäste abgefertigt waren, fuhr ich mit Capitain Clerke in zwey Booten nach dem Dorfe an der

Westspitze des Sundes, wo ich bey meinem ersten Besuch eine Menge Gras bemerkt hatte. So bald wir ausgestiegen waren, ließ ich meine Leute dieses Gras abmähen, um für die wenigen Schafe und Ziegen, die wir noch an Bord hatten, einen Vorrath davon einzulegen. Ich hatte mir nicht träumen lassen, daß die Einwohner irgend eine Einwendung dawider machen würden, da wir uns in diesem Falle mit etwas versorgten, was für sie weiter von keinem Nutzen zu seyn schien, uns hingegen so nöthig war; allein nachdem sie uns, wie das vorigemal, mit allen Freundschaftsbezeugungen bewillkommet hatten, hielten sie unsere Leute bey der Arbeit an, und sagten ihnen: sie müßten zuvor Makuk, das ist, dafür bezahlen. Ich war bereits in einem ihrer Häuser, ging aber, so bald ich von dieser Weigerung hörte, hinaus auf das Feld, und fand ein Dutzend Eingebohrne, von denen jeder vorgab, er habe Antheil an dem Eigenthum des Grases. Endlich wurde ich mit ihnen Handels einig, und glaubte, nunmehr sey uns erlaubt, zu schneiden wo wir wollten; ich irrte mich aber zum zweytenmal; denn eben weil ich jene Eigenthümer so reichlich beschenkt hatte, fanden sich ihrer immer mehrere ein, so daß gleichsam jedes Hälmchen einem andern gehörte. Ich leerte in kurzer Zeit alle meine Taschen aus, um sie nur zu befriedigen, und als sie endlich sahen, daß ich wirklich nichts mehr zu geben hatte, hörten sie auf mich zu plagen, und ließen uns Gras mähen wo, und soviel wir wollten. In der That verdient es wohl bemerkt zu werden, daß ich auf meinen verschiedenen Reisen nirgends ein uncivilisirtes Volk angetroffen habe, welches so strenge Begriffe von seinem ausschliessenden Eigenthumsrecht auf alle Produckte seines Landes gehabt hätte, als die hiesigen Eingebohrnen. Sie hatten anfänglich von unsern Leuten sogar für das Holz und Wasser, welches sie an Brod schaften, Bezahlung gefordert, und ich würde sie ihnen auch nicht verweigert haben, wenn ich damals zugegen gewesen wäre. In meiner Abwesenheit hatten aber meine Arbeiter die Sache ganz anders angesehen, und sich an die Protestationen der Einwohner nicht gekehrt; und diese hatten denn auch bald mit ihren Foderungen aufgehört, sobald sie gefunden hatten, daß man unserer Seits nichts geben wollte. Allein sie hatten nur aus der Noth eine Tugend gemacht, und nahmen wenigstens in der Folge verschiedentlich der Gelegenheit wahr, uns zu erinnern, daß sie uns aus Freundschaft Holz und Wasser gegeben hätten *).

Herr Weber, der mich nach diesem Dorfe begleitet hatte, zeichnete den hier beygefügten Prospekt des Landes mit den Wohnungen. Ich untersuchte während der Zeit ihre Bauart, ihren Hausrath und Geschirre, und beobachtete das Auszeichnende der hiesigen Sitten und Gebräuche, wovon ich, mit Zuziehung von Herrn Andersons Bemerkungen, an einem andern Ort das Nöthige sagen werde. Nachdem wir beyde mit unserm Geschäfte fertig waren, nahmen wir von den Einwohnern freundlichen Abschied, und kamen Nachmittags wieder bey unsern Schiffen an.

Die drey folgenden Tage über, machten wir uns vollends segelfertig; am 26sten des Morgens wollte ich in See gehen, ward aber durch Wind und Fluth, die beyde uns entgegen waren, daran verhindert. Um Mittag folgte auf den Südwestwind eine Windstille, und

---

*) Die Eingebohrnen eines etwas mehr nördlich, in 57° Nördlicher Breite gelegenen Ortes an dieser Küste, machten es mit den Spaniern ungefähr auf ebendieselbe Art als diese, drey Jahre vor Capitain Cook, auf einer Entdeckungsreise bey ihnen vor Anker gingen. Man sehe das Tagebuch dieser Reise vom zweyten Loots der Flotte geschrieben, welches Herr Daines Barrington in seinen Miscellanies, p. 505. 506. herausgegeben hat. Anmerkung der Urschrift.

eil uns die Fluth nunmehr günstig war, machten wir e Schiffe los, und ließen sie durch die Boote aus dem inen Hafen bogsiren. Bis vier Uhr Nachmittags blieb r Wind sehr veränderlich und schwach, und wechselte it Windstillen ab; dann aber stieg ein Nordwind mit cken Nebel auf. Das Quecksilber in unseren Barometern fiel zu gleicher Zeit ungewöhnlich tief, und alles ndigte einen nahe bevorstehenden Sturm an, der aller ermuthung nach aus Süden kommen mußte. Die acht war schon nahe, und ich stand eine Weile an, ob es wagen sollte unter Segel zu gehen, oder ob ich besser äte, den andern Morgen zu erwarten. Allein meine esorgniß und Ungeduld die Reise fortzusetzen, nebst der zugroßen Ueberwindung, die es mich gekostet hätte, e so gute Gelegenheit aus dem Sunde zu kommen, unnutzt entschlüpfen zu lassen, machten weit stärkern Einuck auf mich, als die Furcht vor irgend einer unmittelren Gefahr; alle Bedenklichkeiten verschwanden vor esen wichtigeren Beweggründen, und ich entschloß ich, auf allen Fall in See zu gehen.

Die freundschaftlichen Einwohner begleiteten uns, eils an Bord der Schiffe, theils in ihren Kähnen, bis ynahe zum Sunde hinaus. Einer von ihren Befehlsibern, der sich seit einiger Zeit an mich gewöhnt hatte, ieb mit einigen am längsten bey uns. Ehe er weggen wollte, machte ich ihm noch ein kleines Geschenk, elches er sogleich mit einem Biberfell von weit größerem Werthe erwiederte. Ich konnte also nicht umhin noch ne Zugabe zu meinem vorigen Geschenke hinzuzufügen; lein meine Freygebigkeit rührte ihn so sehr, daß er mir n Bibermantel, den er anhatte, und auf den er selbst nen hohen Werth setzte, zum Gegengeschenk aufdrang. ch erstaunte über dieses Beyspiel von Großmuth, und henkte ihm, damit er nichts dabey einbüßen möchte, nen neuen Degen (*broad sword*) mit messingenem Gesäß, in dessen Besitz er sich vollkommen glücklich dünkte. Er sowohl, als mehrere seiner Landsleute, baten mich sehr dringend sie wieder zu besuchen, und versprachen, gegen meine Ankunft einen großen Vorrath von Pelzwaaren in Bereitschaft zu haben. Ich zweifle auch nicht, daß im Fall jemand diese Gegenden nach mir befahren sollte, die Einwohner Wort gehalten, und sich mit diesem Handelsartikel, welchen wir ihnen so begierig um einen so vortheilhaften Preis abgetauscht hatten, reichlich versehen haben werden.

Vier und dreyßigstes Hauptstück.

Benennung des Sundes, Anweisung, wie man hineinsegeln muß. Beschreibung des umliegenden Landes. Witterung und Klima. Bäume und andere Pflanzen. Vierfüßige Thiere, deren Felle zum Verkauf gebracht wurden. Seethiere. Beschreibung der Meer-Ottern. Land- und Wasservögel, Fische, Conchylien, kriechende Thiere, Insekten, Steine. Person der Einwohner. Ihre Farbe. Ihr gewöhnlicher Anzug und Zierrathen. Ihre Kleidung bey gewissen Gelegenheiten, und ihre häßlichen hölzernen Masken. Gemüthsart dieses Volks; Gesänge, musikalische Instrumente; Begierde nach Eisen und andern Metallen.

Bey meiner Ankunft in dieser Einbucht hatte ich sie mit dem Namen König Georgs-Sund beehrt; allein in der Folge fand ich, daß die Einwohner sie Nutka nennen. Der Eingang des Nutka-Sundes also

liegt

:gt in der östlichen Ecke der Hofnungsbay (*hopebay*)
49° 33′ nördlicher Breite und 233° 12′ östlicher
inge. Die ganze östliche Küste der genannten Bay,
in Breakers (Brandungs-) Spitze bis zum Ein-
inge des Sundes, ist mit einer Reihe verborgener
lippen besäet, welche sich etwas vom Ufer ab erstrecken,
id näher am Sunde sieht man einige Inselchen, und
elsen über dem Wasser hervorragen. Man segelt zwi-
hen zwey felsigten Spitzen hinein, welche Ostsüdost und
Westnordwest drey bis vier Meilen von einander entfernt
:gen. Innerhalb dieser Landspitzen wird der Sund um
n ansehnliches breiter, und erstreckt sich wenigstens vier
eemeilen weit nach Norden, die verschiedenen Arme
igerechnet, worinn er sich oben zertheilt und deren Lage
ir nicht genau bestimmen konnten. Da wir indeß, be-
its an ihrem Eingange, das Wasser um vieles süßer
s das Seewasser befanden, so sind wir wahrscheinlich
n den äußersten Grenzen derselben nicht mehr weit ent-
rnt gewesen. Dies bestätigt sich auch ferner dadurch,
ß die Berge, welche gegen das Innere zu an den
iund gränzten, mit tiefern Schnee bedeckt waren, da
ngegen auf den weit höheren, aber näher am Meere
legenen, wo sich unsere Schiffe befanden, keine Spur
n Schnee zu sehen war. In der Mitte des Sundes
:gen eine Menge Inseln von verschiedener Größe, von
nen die Charte, so wenig sie übrigens auf Vollkommen-
it Anspruch machen kann, einen bessern Begrif giebt
s jede Beschreibung. Mitten im Sunde, bis dicht
is Ufer, findet man von sieben und vierzig bis neunzig
id mehr Faden Tiefe. Es giebt daselbst eine Menge
äfen und Ankerplätze, die wir aber, weil es uns an
:it fehlte, nicht aufnehmen konnten. Die kleine Bucht,
› unsere Schiffe lagen, befindet sich an der Ostseite des
undes, und zwar an dem östlichen Ufer der größten
isel. Sie ist zwar gegen die See gedeckt, sonst aber

nicht sehr zu empfehlen, da sie den Südostwinden, welche hier sehr heftig stürmen, offen liegt.

Gegen die Seeküste hin ist das Land von mittler Höhe und ziemlich eben. Innerhalb des Sundes steigt es aber fast überall in hohen steilen Bergen empor, die einander gewissermaßen ähnlich sehen, in so fern sie sich fast alle in runde, stumpfe Spitzen endigen, und einige scharfe, wiewohl nicht sehr hervorstehende Kämme auf ihren Seiten haben. Unter diesen Bergen giebt es einige, die man hoch nennen könnte; andere hingegen sind nur von sehr mittelmäßiger Höhe; aber selbst die höchsten sind, so gut wie die flächeren Gegenden an der See, bis an den Gipfel mit Waldung bedeckt, hin und wieder sieht man zwar, an dem Abhang einiger Hügel, kahle Stellen; allein deren sind in Vergleichung mit dem Ganzen sehr wenige, und sie dienen nur dazu, die felsichte Beschaffenheit der ganzen Gegend anzuzeigen. An diesen Orten liegt eigentlich gar kein Erdreich, sondern eine Art von Moder, welcher aus verfaulten Bäumen und Moosen besteht, und oft mehr als zwey Schuh tief ist. Die ganze ungeheure Felsenmasse, woraus die Berge bestehen, hat, wo sie der Luft ausgesetzt ist, eine weißliche oder graue Farbe; im Bruch hingegen ist sie bläulich grau, wie jene allgemeine Felsart, welche wir auf Kerguelens Land gefunden hatten. Die felsichten Küsten sind bloße Fortsetzungen dieser Masse, und auch der Strand in den kleinen Buchten im Sunde besteht aus Bruchstücken derselben, die mit andern Steinen vermischt sind. In diesen Buchten findet man überall eine Menge Treibholz, welches die Fluth hineinführt. Die Nebel, welche die Gipfel der Berge umhüllen, und die häufigen Regen scheinen völlig hinreichend zu seyn, um die Bäche frischen Wassers anzufüllen, die man durchgehends in den Buchten antrift; denn in einem so felsichten Lande können wohl wenige Quellen erwartet werden.

ich rührt das frische Wasser, welches wir tiefer
Sunde bemerkten, vermuthlich von geschmolzenem
chnee her; denn, wie es den Anschein hat, fallen keine
oße Flüsse in den Sund, da sich sonst fremde Familien
eses Weges bedient haben würden, um zu uns in den
und herunter zu kommen *). Das Wasser in jenen
ächen ist jederzeit klar, und löset die Seife leicht auf.

Die Witterung war während unseres Aufenthalts
en so als wir sie an der Küste gehabt hatten; das heißt:
lange der Wind zwischen Norden und Westen blieb,
tten wir schönes heiteres Wetter; sobald er aber nur
was südlich war, Nebel und Regen. Das Klima ist
rigens, so viel wir davon erfuhren, ungleich gelinder,
an der östlichen Küste von Amerika unter demselben
rade der Breite. Das Quecksilber im Thermometer
l, selbst des Nachts, nicht unter 42° (Fahrenheiti-
her Scale) und stieg bey Tage oft auf 60°. In den
edrigen Gründen fanden wir keine Spur von Frost;
elmehr fing es bereits überall an zu grünen, und an
anchen Stellen war das Gras schon mehr als einen
chuh hoch gewachsen.

Die Bäume in den Wäldern sind hauptsächlich: die
nadische Fichte, die weiße Cypresse, (cupressus Thyoi-
s) die wilde Fichte, nebst zwey oder drey anderen we-
ger gewöhnlichen Fichtenarten. Die beyden ersten,
elche man in der Ferne für einerley Art ansieht, machen

*) Wie es scheint, geht man im obigen von einem verworre-
nen Begriffe aus, wenn man bezweifelt, daß Quellen in
felsichten Gegenden entspringen, und doch die Bäche vom
Niederschlag herleitet. Die Quellen der größten Flüsse
haben ihren Sitz in felsichten Gebirgsgegenden, und keinen
andern merklicheren Zufluß, als vom Niederschlag und von
der Ausdünstung. S. Bergmanns phys. Beschreib.
der Erdkugel 1 Th. S. 276 u. f. G. F.

gegen zwey Drittheile der ganzen Waldung aus. Beyd
Gattungen treiben hohe Stämme, deren Gipfel die Form
einer langen Kirchthurmähnlichen Spitze haben, in der
Nähe aber unterscheidet man sie durch die Farbe, welch
bey der Cypresse ein ungleich blässeres Grün ist, als be
der Fichte. Der Wuchs dieser Bäume ist durchgehend
sehr kräftig, und ihre Größe beträchtlich.

Sonst hat das Pflanzenreich hier eben nicht vie
Mannichfaltigkeit aufzuzeigen, wiewohl in dieser früher
Jahreszeit auch noch vieles nicht hervorgekommen war
und uns vielleicht das meiste, wegen des engen Bezirk
in dem wir nachsuchen konnten, entgehen mochte. An
den Felsen umher und am Rande der Waldungen fanden
wir das Kraut der Erdbeeren, nebst einigen Himbeer
Johannisbeer- und Stachelbeersträuchen, die sämmtlich
grünten; desgleichen einige schwarze Erlen; ferner, ein
Art Saudistel, Waldstroh, Ranunkeln mit scharlach
farbener Blüthe, zweyerley Anthericum, eines mit gros
sen pommeranzfarbenen das andere mit blauen Blumen
einige eben ausschlagende Rosensträuche, eine Menge Land
mit dreyeckigen Blättern, ein zartes Gras, eine Meng
Andromeda, und an den Ufern der Bäche etwas Wasser
kresse. Im Innern der Wälder bemerkten wir zweyer
ley Gesträuche, die wir nicht kannten; und daneb
Moose und Farrnkräuter. Von erstern gab es sieben
oder acht, von letztern drey oder vier Gattungen, welch
größtentheils in Amerika und Europa zugleich einhe
misch sind.

So wie die Jahrszeit unsere botanischen Entdeckunge
nicht begünstigte, so hielt uns auch unsere besondere Lag
ab, die hiesigen Thiere näher kennen zu lernen. Mange
an Wasser hatte uns zuerst gezwungen, hier anzulegen
unvermuthete Zufälle hatten zwar unsern Aufenthalt ver
längert, allein zu gleicher Zeit jedermann so vollauf mit
den Hauptbedürfnissen der Schiffe beschäftigt, daß a

eine Excursionen weder zu Lande noch zu Wasser gedacht
werden konnte, zumal da jedermann einsah, wie sehr der
glückliche Erfolg der Reise von der Betriebsamkeit und
dem Fleiße, womit er das ihm angewiesene Geschäft besorgte, abhängen würde. Unsere Bucht lag überdieß an
der Insel; daher bekamen wir in den benachbarten
Wäldern keine andere lebendige Thiere zu sehen, als
etwa zwey oder drey Rackuhns, Marder und Eichhörner.
Nur einmal hatten einige von unsern Leuten, die unweit
der Südostseite des Eingangs in den Sund am festen
Lande gewesen waren, die Fußtapfen eines Bären bemerkt. Unsere Nachricht von den hiesigen vierfüßigen
Thieren ist also bloß von den Fellen, welche uns die Eingebohrnen zum Verkauf brachten, hergenommen; diese
waren aber freylich oft sehr verstümmelt, und die unter-
scheidendsten Merkzeichen, die Tatzen, Schwänze und
Köpfe davon abgeschnitten, so daß wir nicht einmal zu
errathen wagten, welcher Thierart sie zugehört haben
konnten. Indeß gab es auch andere vollständigere,
welche sogleich kenntlich waren.

Die gewöhnlichsten waren Bären, Hirsche, Füchse
und Wölfe. Bärenfelle brachte man uns in großer
Menge, zwar selten große, aber mehrentheils von glänzender schwarzer Farbe. Die Hirschhäute waren seltener,
und schienen zu derjenigen Gattung zu gehören, welche
die Beschreiber von Carolina *) Dammhirsche nennen,
die Herr Pennant aber unter der Benenung, Vir-
ginischer Hirsch, als eine eigne Gattung aufführt **).

C 3

*) Lawson und Brickell. G. F.

**) S. dessen Hist. Quadr. I. No. 46. und Arctic Zoology No. 6.

Füchse giebt es hier in großer Menge, und von mehreren Varietäten; einige Felle sind vollkommen gelb, und haben bloß am äußersten Ende des Schwanzes einen schwarzen Fleck; andere sind dunkel, oder röthlich gelb, mit schwarz vermischt, und noch andere grau oder aschfarben, ebenfalls mit schwarz eingesprengt. Eine vollständige Wolfshaut, mit dem Kopfe daran, war grau. Außerdem findet man hier sowohl den gewöhnlichen Hausmarder, als auch den Baummarder, nebst noch einer lichtbraunen Gattung von gröberem Haar; die letztere ist aber seltner, und kann vielleicht für eine durch Alter oder Zufall veränderte Spielart gelten. Auch findet man das Hermelin hier, wiewohl selten, und klein, auch nicht von sehr feinem Haar, indeß ganz weiß, ausgenommen, daß der Schwanz am Ende schwarz ist. Die hiesigen Rackuhns sind von der gewöhnlichen Gattung, so wie die Eichhörner, die aber etwas kleiner sind, als die unsrigen, und längs dem Rücken eine dunklere Rostfarbe haben.

So weit waren wir von der Richtigkeit unserer Benennungen überzeugt; aber zwey andre Arten von Fellen konnten wir nicht mit gleicher Gewißheit bestimmen. Von der ersteren sahen wir kein Fell mit den Haaren, sondern nur gegerbte Häute, welche die Einwohner bey gewissen Gelegenheiten trugen, und die, nach ihrer Größe und Dicke zu urtheilen, vermuthlich vom Elenn oder Musthier (*mouse deer*) genommen waren, obgleich andere glaubten, es müßten Büffelhäute seyn. Die zweyte Gattung, welche es häufig giebt, scheint von einer Art wilder Katzen, oder Luchse zu seyn, und ist ohne den Kopf, den wir nie zu sehen bekamen, zwey Schuh und zwey Zoll lang, mit zarter Wolle, oder vielmehr einem Pelz von hellbrauner oder weißlichgelber Farbe, aus welchem lange Haare hervorstehen, die auf

em Rücken am kürzesten und schwärzlich, an den Seiten
änger und silberweiß, unter dem Bauch aber am läng-
en und mit der Wolle von einerley Farbe sind. Oft
aren aber die weißen, oder Silberhaare so häufig, daß
s ganze Fell über und über davon glänzte. Der
chwanz ist nur drey Zoll lang, und am Ende schwarz.
ie Eingebohrnen nannten diese Felle Wanschi, wo-
it sie vermuthlich auch das Thier selbst bezeichnen.
chweine, Hunde und Ziegen sind noch nicht bis hieher
kommen; ja die Einwohner schienen unsere braunen
atten noch nicht zu kennen, denn so oft sie dergleichen
Bord unserer Schiffe sahen, nannten sie sie Eichhör-
r. Unsere Ziegen hießen bey ihnen Einichtla,
lches in ihrer Sprache vermuthlich ein Hirschkalb
deutet.

Die Seethiere, die wir an den Küsten bemerkten,
aren Wallfische, Meerschweine und Robben. Die
tztern waren, wie wir aus den Fellen, die man uns
erkaufte urtheilen, von der gewöhnlichen Gattung, und
ntweder von silbergrauer, oder von gelblicher Farbe,
d zwar sowohl einfärbig als schwarzgefleckt. Das
eerschwein ist Linne's Delphinus Phocaena. Noch
chne ich in diese Klasse die Meer-Otter, weil sie sich größ-
ntheils im Wasser aufhält. Da dieses Thier in verschie-
enen Werken, besonders in den Nachrichten der Russi-
chen Abentheurer und ihrer Reisen ostwärts von Kamt-
chatka, weitläuftig beschrieben wird, so hätte ich bloß
nmerken dürfen, daß man es hier in großer Menge an-
rift, wenn wir nicht an einem Thiere dieser Art, einige
bweichung von jenen Beschreibungen wahrgenommen
ätten. Wir hatten lange gezweifelt, ob die vielen
elle, die uns die Einwohner brachten, wirklich dieser
hiergattung zugehörten, da wir uns weiter nach keinen
ennzeichen als nach der Größe, Farbe und Schönheit

des Pelzwerks richten konnten. Allein kur r unsere Abreise tauschten wir von einigen Fremden eine eben ge tödete, noch vollständige Meer-Otter ein, wovon Herr Weber eine Zeichnung, geliefert hat, nach welche die hier beygefügte Abbildung in Kupfer gestochen wor den ist. Es war ein junges Thier, das nur fünf und zwanzig Pfund wog; die Farbe der Haare war ein glän zendes Schwarz, doch hatten viele Haare weiße Spitzen welches auf den ersten Anblick dem Ganzen ein graue Ansehen gab. Die Schnauze, Kehle und Brust ware gelblichweiß oder sehr lichtbraun, und diese Farbe er streckte sich an den meisten Fellen bis auf den ganze Bauch. In jeder Kinnlade zählten wir sechs Schneide zähne, wovon im Unterkiefer zwey sehr klein, und äu serlich, an der Wurzel der mittelsten gestellt waren. In dieser Rücksicht, und darin, daß die äußeren Zehen der Hinterfüße nicht mit einer Haut verbunden sind, unter scheidet sich unser Thier von denen, welche die Russen gefunden haben; auch scheint hier eine größere Varietä in den Farben statt zu finden, als die Russen erwähnen Unstreitig hängt sie vom Alter ab. Die jüngsten haben grobes braunes Haar, und sehr wenig Pelz oder Woll darunter; so bald sie aber so groß geworden sind, wi das eben beschriebene ganze Thier, sind sie reichlich mi Wollhaar versehen, und bleiben vermuthlich in diesem Zustande, bis sie ihr völliges Wachsthum erreicht haben. Dann geht die schwarze Farbe verloren, und an ihre Stelle kommt ein dunkles Braun oder eine Rußfarbe, wobey das Wollhaar sehr reichlich ist, das lange Haar aber sich fast ganz verliert. Andere, die wir für noch älter hielten, waren kastanien braun, und einige wenige Felle waren sogar vollkommen gelb. Mit Recht behaupten die Russischen Nachrichten, dieses Pelzwerk sey das weichste und schönste in der Welt; und aus eben diesem Grunde kann die Entdeckung eines Theils von Amerika, man eine so kostbare Waare antrift, nichts weniger gleichgültig seyn *).

Geflügel giebt es hier weder viel noch vielerley. Die nigen Vögel, die wir zu Gesicht bekamen, waren chen, daß wir leicht abnehmen konnten, wie emsig en die Einwohner nachstellen müssen, vielleicht um sie essen, oder doch ohne Zweifel, um sich mit den Fe- n zu schmücken. In den Waldungen sind Krähen und aben am häufigsten, aber von den unsrigen nicht unter- ieden; ferner eine Art blauer Heher oder Aelstern **), neine Zaunkönige, welche, beyläufig gesagt, die einzigen igen Sangvögel sind; die Canadischen oder wandernden osseln, und eine ziemliche Anzahl brauner Adler mit ßem Kopf und Schwanz; diese letzteren halten sich entlich längs der Seeküste auf, allein bey schlechtem etter kommen sie auch bis in den Sund, und lassen h zuweilen auf Bäumen nieder. Nächst den vorge- nnten brachten uns die Einwohner auch theils ganze äute von Vögeln, theils nur Stücke davon zum Ver- uf, und von diesen erkannten wir eine kleine Art Ha- chte, einen Reiher, und den Alcyon, oder großen ame- kanischen gehäubten Eisvogel. Ferner giebt es einige ten, welche meines Wissens von den Naturforschern ch nicht erwähnt worden sind, oder die sich wenigstens s Spielarten auszeichnen. Dahin gehören ein paar Spechte, ein Finke, und ein Sandläufer. Der erstere

*) Herr Coxe berichtet, auf das Zeugniß des Herrn Collegienrathes Pallas, daß die Russen Felle von Seeottern mittleren Alters, und von ganz erwachsenen, zu Kiachta, für achtzig bis hundert Rubel das Stück, an die Chineser verkaufen. S. Coxe's Russian Discoveries p. 13. Anmerk. der Urschrift.

**) Vielleicht Corvus cristatus. Linn. G. F.

Specht ist kleiner als eine Drossel, sein Rücken schw[a]
die Flügel weißgefleckt, Kopf, Hals und Brust sch
lachsfarben und der Bauch olivenfarbig gelblich; m[an]
könnte ihn daher nicht unschicklich den gelbbäuchig[en]
Specht nennen. Der zweyte ist größer und zierlich[er]
von dunkelbrauner Farbe, welche, oben am Kopf au[s]
genommen, mit schwarzen Wellenlinien durchzogen i[st]
der Bauch ist röthlich mit runden schwarzen Fecken, a[uf]
der Brust ist ebenfalls ein schwarzer Fleck, und sow[ohl]
die Flügel als der Schwanz sind oben schwärzlich, un[ten]
scharlachfarben, und von dem Mundwinkel läuft zu be[y]
den Seiten ein scharlachner Strich am Halse herunte[r].
Der Finke hat die Größe eines Hänflings, und ist dunk[el]
bräunlich, unten aber weißlich, Kopf und Hals si[nd]
schwarz, und der Schnabel weiß. Der Sandläufer [ist]
ungefähr so groß wie eine kleine Taube, dunkelbrau[n]
unten, den Hals und die Brust ausgenommen, wei[ß],
und über die Flügel geht ein breiter Streif von eben die[ser]
Farbe. Auch giebt es Colibris, welche entweder ei[ne]
neue Gattung dieses zahlreichen Geschlechts, oder ei[ne]
Spielart des Trochilus Colubris, *Linn.* ausmache[n].
Vielleicht sind sie in südlicheren Gegenden zu Hause, un[d]
ziehen nordwärts, je nachdem es die Jahrszeit erlaub[t];
denn zu Anfong sahen wir keine, als aber die Zeit unser[er]
Abreise sich näherte, brachten die Einwohner eine groß[e]
Menge derselben an Bord*).

Die Vögel, welche sich auf dem Wasser und an de[n]
Ufern aufhalten, sind nicht zahlreicher als die Landvögel.
Den großen Sturmvogel (auf Spanisch *Quebranta hues-
sos*, der Knochenbrecher) hatten wir gesehen, als wir noch

---

*) Sie können sich auch wohl nur verkrochen haben, und ers[t]
bey gellnder Witterung aus ihren Schlupfwinkeln hervor
gekommen seyn. G. F.

gs der Küste segelten; eben so Mewen und Wasserra-
, die auch den Sund besuchten, und von gemein
annten Gattungen sind. Wir sahen ferner zweyerley
e Enten, eine schwarze, mit weißem Kopfe, in ziem-
großen Haufen, und eine größere, weiße mit rothem
hnabel. Desgleichen bemerkten wir die große Lumme,
r den nordischen Taucher unserer Gegenden. Ein
rmal sahen unsere Leute Schwäne über den Sund
dwärts ziehen, allein ihr Aufenthalt war uns unbe-
nnt. An den Ufern sieht man, außer dem bereits
schriebenen Sandläufer, einen kleineren von der Größe
r Lerche, der den Steinbeisser (*Tringa Cinclus*) ähn-
ist, und einen Regenpfeifer, der wenig von unserer
wöhnlichen Seelerche (*Charadrius Hiaticula*) ab-
icht.

Fische trift man hier zwar in größerem Ueberfluß an,
s Vögel; doch ist die Verschiedenheit der Gattungen
neswegs beträchtlich, wiewohl es sich damit zu andern
hrszeiten anders verhalten muß. Die Sorten, welche
r vorzüglich häufig fanden, sind: der gemeine Hering,
r aber nicht über sieben Zoll lang ist; eine kleinere Art,
Sardine oder Anchovis, doch etwas größer *) als die
h uns bekannte; ein weißer silberfärbiger, und ein
ldfärbiger, der Länge nach blaugestreifter Brachse.
ie Heringe und Sardinen kommen hier, wie überall,
ch der ihnen eignen Weise, zu bestimmten Jahrszeiten
ungeheuren Zügen an. Nächst ihnen sind die Brach-
n die häufigsten Arten; die größten Fische dieser Gat-
ng wogen wenigstens ein Pfund. Die übrigen Sorten
d insgesammt selten, nämlich eine kleine braune Art
s Drachenkopfs, (*Scorpaena*) die man auch an der

---

*) Sardine und Anchovis sind vielleicht zweyerley Ar-
ten. G. F.

Küste von Norwegen antrift, und eine röthlich bra
Art aus eben diesem Geschlecht; der Frostfisch, und
großer Fisch, der keine Schuppen, sondern statt dersel
eine zähe Haut hat. Die Eingebohrnen brachten u
gegen die Zeit unserer Abreise bisweilen auch eine kl
Art Weichfische (*Gadus*) von bräunlicher Farbe, m
weißen Flecken, desgleichen einen rothen Fisch von gleic
Größe, den einige von unsern Leuten ehedem in der Ma
gellanischen Meerenge gesehen haben wollten, und ein
dritten, der vom so genannten Stockfisch (*Gadus Me*
lucius) wenig verschieden ist. Eine Art von Seedrach
(*Chimaera*) ist ebenfalls ziemlich häufig; sie sind gen
mit dem *Pejegallo* oder Elephantenfische (*Ch. Callory*
chus?) verwandt, und ungefähr von gleicher Grö
Einige nannten sie Seewölfe. Bisweilen besuchen au
Hayfische den Sund, denn die Einwohner besaßen Zäh
von dieser Fischgattung. Endlich sahen wir noch Stück
von sehr großen Rochen.

Von andern Seethieren verdienen hier folgen
erwähnt zu werden: eine kleine kreuzförmige Meduse; e
Seestern, welcher etwas von den gewöhnlichen abweich
zwey kleine Krabben-Arten, und noch zwey Thiere, d
uns von den Einwohnern gebracht wurden, und wov
das eine dick, zähe und gallertartig, das andere glei
sam eine häutige Röhre war, die vermuthlich an den Fe
sen festgesessen hatte. Einmal verkauften sie uns au
einen sehr großen Dintenwurm (*Sepia*) oder eine Se
katze. An den Klippen fehlt es nicht an großen Miesmu
scheln und Meerohren; auch fanden wir ziemlich groß
Gienmuscheln. Von kleineren Conchylien giebt es zweyer
ley Kräuselschnecken, eine sonderbare Stachelschnecke,
krause Kinkhörner, und eine Art Landschnecken. Si
sind sämmtlich dieser Gegend eigen; wenigstens erinner
ich mich nicht, sie in irgend einem Lande der einen oder
der andern Halbkugel unter gleichen Graden der Breite

hen zu haben. Außerdem findet man noch kleine ...e Herzmuscheln, Napfschnecken, und kleine bläu... Walzenschnecken, von welcher letztern Art einige ...gebohrne, die als Fremde in den Sund kamen, ...sbänder trugen. Die Miesmuscheln waren oft eine ...anne lang, und hatten zum Theil ziemlich große, aber ...gestaltete Perlen von schlechten Wasser. Rothe Ko... ...en müssen entweder im Sunde, oder irgendwo an der ...le vorhanden seyn, den wir sahen ein Stück davon ...inem hiesigen Canot liegen.

Die einzigen kriechenden Thierarten oder Amphibien, ...he wir hier bemerkten, sind braune, ungefähr zwey ...uß lange Schlangen, die längs dem Rücken und den ...iten mit weißen Streifen gezeichnet sind. Sie halten ...n den Wäldern auf, und sind unschädlich, denn die ...nwohner trugen sie oft lebendig in der Hand. Außer... ...n giebt es auch braune Wassereidechsen, mit einem ...hwanz wie ein Aal, welche sich in Pfützen von stehen... ...n Wasser zwischen den Felsen aufhalten.

Die Insekten sind ungleich zahlreicher; denn un... ...chtet die Jahreszeit, welche ihnen günstig ist, nur ...n anging, sahen wir doch schon vier oder fünf Arten ...n Sommervögeln, von denen aber Eine unbekannt war, ...e Menge Hummeln, einige gewöhnliche Stachelbee... ...-Phalänen, (*Phalaena gr[illegible]ta*); zwey bis dreyer... ...Fliegen; einige Käfer, und [illegible] Schnaken, (eng... ...usquitoes) die in einem so waldichten Lande während ...s Sommers wahrscheinlich sehr zahlreich und überlästig ...n mögen, so wenig sie uns auch jetzt beunruhigten.

Ich komme endlich zu den Mineralien. Das Eisen ...d Kupfer, welches wir bey den Einwohnern antrafen, ...lte ich keinesweges für ein einheimisches Naturpro... ...kt; wir fanden hier nicht einmal irgend eine [illegible] von ...zen, ausgenommen eine grobe rothe Erde oder Ocher, ...mit sich die Einwohner bemahlen, und worin ver...

muthlich etwas Eisen steckt. Zu eben diesem Behuf dienen sie sich auch einer weißen, und einer schwar Farbe, deren Eigenschaften wir nicht genauer bestimm können, weil wir keine Probe davon mitgenommen h ben. Außer dem Gestein oder der Felsart, aus w cher das Gebirge besteht, und worin oft Stücke von s grobem Quarz stecken, fanden wir bey den Einwohn Geräthe aus hartem schwarzen, aber nicht sehr fest und feinkörnigen Granit; ferner einen grauen Wetzstei den gemeinen Oelstein der Zimmerleute, von gröber und feinerem Korn, nebst einigen schwarzen Bruchstück die an Dichtigkeit und Feinheit dem Streichstein we nachgeben *). Wir fanden bey den Eingebohrnen au durchsichtigen Glimmer oder das sogenannte Russ sc Glas, ingleichen einen braunen eisenschüßigen Gli mer, und einen ziemlich durchsichtigen Bergkrystall, w von sie uns bisweilen Stücke brachten. Die beyd Glimmerarten werden vermuthlich in der Nähe gefu den, denn wir sahen sie häufig; der Bergkrystall hing gen muß aus entfernteren Gegenden hergebracht werd und sehr selten seyn, denn unsere Gäste verkauften i nie anders als ungern. Einige Stücke waren achteck und schienen durch Kunst diese Gestalt erhalten zu habe

Die Einwohner dieses Theils der westlichen Kü von Amerika sind etwas unter der mittleren Größe, al lein nicht verhältnißmäßig schmal, sondern ziemlich ru und wohlbeleibt, doch ohne eben sehr muskulös zu seyn Auf der andern Seite artet hingegen ihr weicher fleisch ger Körper nicht in Corpulenz aus, sondern es gieb

---

*) Wetzstein, Oelstein, Streichstein (*whet-stone, oil-stone, hone-stone*) sind bekanntlich unbestimmte Benennungen, die sich bloß auf den mechanischen Gebrauch beziehen; ich habe sie aber, aus Mangel einer genauen Beschreibung, nicht gegen mineralogische vertauschen können. G. F.

mehr auch unter den alten Leuten manchen hagern. s Gesicht ist mehrentheils rund und voll, oft auch mit hohen hervorragenden Backen, (Jochbeinen?) welche hinaus es gleichsam zusammengedrückt oder hen den Schläfen eingefallen ist. Die Nase ist an Wurzel platt, am Ende abgerundet, und die Na-cher ziemlich weit. Die Stirn ist niedrig; die Au-sind klein, schwarz, eher schmachtend als funkelnd; Mund ist rund mit dicken runden (wulstähnlichen?) en; die Zähne sind ziemlich gut gebildet und eben, n nicht sehr weiß. Die Mannspersonen haben fast hgehends entweder gar keinen Bart, oder nur einen sehr ieu an der Spitze des Kinns. Allein dies ist keineswe-einem natürlichen Mangel zuzuschreiben, sondern der wohnheit, sich die Haare aus dem Kinn mehr oder der auszureißen. Daher sahen wir auch verschiedene, al alte Männer, mit so starken Bärten, daß sie das ze Kinn bedeckten, und mit Knebelbärten auf der erlippe, welche sich schief nach der Unterlippe herun-ogen *). Auch ihre Augenbraunen sind dünn behaart schmal; das Haupthaar hingegen steht überaus dicht, dabey grob, stark, ohne Ausnahme schwarz, und

---

*) Der Herausgeber macht bey dieser Stelle eine lange Anmerkung, um die Herren, welche den Amerikanern allen natürlichen Bartwuchs absprechen, zu einer neuen Erwägung zu bereden. Da man aber in Deutschland, auf das Zeugniß Carvers, Lerys, Neuhoffs, Desmarchais, Gumillos, Havestadts, und vieler andern Reisenden, wozu noch dieses Cookische gerechnet werden muß, längst eines bessern belehrt ist, und den Amerikanern die Bärte nicht mehr abstreitet, so haben wir unsern Lesern diese ermüdende Wiederholungen ersparen wollen. Nur dies verdient noch angemerkt zu werden, daß das Visier oder die Maske an Montezumas Rüstung, welche in Brüssel aufbewahrt wird, ein Paar besonders große Knebelbärte hat, die man in Mexico schwerlich anders als nach der Natur copirt haben kann. G. F.

hängt schlicht und gerade über die Schultern herun
Der Hals ist kurz; die Arme und Beine zeichnen
durch keine besondere Schönheit oder Zierlichkeit
Verhältnisse aus, sondern sind vielmehr etwas ungeschi
Ueberhaupt sind die Gliedmaßen (*limbs*) durchgehe
klein, krumm, oder schlecht gestaltet; die Füße hin
gen breit, und unförmlich mit sehr hervorragenden K
cheln, ein Fehler, der vermuthlich daher kömmt,
sie sowohl in den Kanots als zu Hause fast immer
ihren Schenkeln und Knieen sitzen *).

---

*) In dieser Beschreibung ist manches, das sich zu wi
sprechen scheint, und sich vielleicht doch nicht widerspri
nur muß man alsdenn annehmen, daß die Einschränkun
und Ausnahmen nicht mit gehöriger Deutlichkeit und
stimmtheit angegeben worden sind. Z. B. Es heißt
diesen Leuten, daß sie kleiner Statur, aber doch nicht sch
seyn sollen; und darin gegen das Ende, die Gliedma
wären klein, krumm und schlecht gestaltet, die Füße ge
breit und unförmlich. Mancher möchte fragen: ob, w
die einzelnen Theile unansehnlich sind, das Zusammenges
es nicht auch seyn müsse? Oder ob die Füße nicht auch u
die Gliedmaßen überhaupt gehören? Vielleicht versteht m
aber durch Gliedmaßen nur Extremitäten (Arme und B
ne,) und das bindende „überhaupt" steht müßig. Es
indeß die Frage, ob der Uebersetzer es keck wagen dürfe,
so wichtigen Fällen seinen Autor sagen zu lassen, was er n
seiner Einsicht hätte sagen sollen, oder ob es nicht besser
dem Leser lieber eine Stelle, welche von Seiten des St
und der Dialektik fehlerhaft ist, in ihrer ursprünglic
Form zu übergeben, als sich von einem Kritiker, nach A
leitung des Ludwigschen Wörterbuchs, sagen zu lassen,
habe nicht richtig übersetzt? Hier, wie in vielen ande
Stellen, scheint die Verwirrung und der Mangel an Zusa
menhang von Zusätzen herzurühren, die der vortrefli
Cook mit allzugroßer Bescheidenheit aus fremden Ta
büchern entlehnte, auch wenn sie seinen einfachen, scharfsi
tigen und unpartheyischen Beobachtungen zu widersprec
schienen. Besser wäre es auf allen Fall gewesen, He
Andersons Papiere nicht in den Text zu verweben, s
dern sie entweder unter demselben, in Anmerkungen, o
anhangsweise besonders drucken zu lassen. G. F.

Ihre Farbe ließ sich nicht mit völliger Gewißheit be-
men, weil sie stets bemalt oder mit Schmuz überzo-
waren. Wenn diese Rinde in einzelnen Fällen vor-
vohl abgerieben war, schien die Haut beynahe so
zu seyn, wie bey den Europäern, oder vielmehr
bleichen kraftlosen Anstrich unserer südlichen Völker
aben *). Kinder, deren Haut man nie mit Farbe
miert hatte, waren völlig so weiß, als die unsrigen.
r dem großen Haufen bemerkten wir zuweilen junge
von einer nicht unangenehmen Gesichtsbildung;
eigentlich war das, was diesen Eindruck auf uns
te, weiter nichts, als das diesem Alter eigenthüm-
Leben; denn über ein gewisses Alter hinaus findet
len hiesigen Gesichtern fast gar kein Unterschied statt,
errscht eine auffallende Einförmigkeit darin, und
llgemeines Kennzeichen ist eine ausdrucklose phleg-
sche Trägheit.

Die Weiber sind an Statur, Farbe und Bildung
Männern ziemlich gleich, so daß es schwer wird, sie
diesen zu unterscheiden, zumal da hier alle Reize ihres
hlechts wegfallen, und selbst in der Blüthe der Ju-
nicht eine einzige Person auf Schönheit Anspruch
en kann. Die gewöhnliche Tracht beyder Ge-
chter besteht aus einem leinenen Kittel oder Mantel,
n oberer Rand mit einem schmalen Pelzstreifen be-
der untere hingegen mit Fransen oder Quasten ver-
ist. Dieser Mantel geht unter den linken Arm,
über die rechte Schulter, wo er mit zwey Schnüren
mmengebunden wird. Beyde Arme bleiben folg-
frey, und das Kleid hängt gerade hinab, so daß die

*) Also nichts weniger als Kupferfarbe? Es wäre denn, daß man unsere südlichen Völker, die Spanier und Portugiesen, kupferfärbig zu nennen beliebte. G. F.

linke Seite bedeckt ist, die rechte aber offen bleibt o
höchstens von den Rändern berührt wird, außer we
ein Gürtel, der gemeiniglich von grober geflochtener A
beit oder von Wollenzeuge ist, den Mantel fest an d
Leib zieht, welches oft der Fall ist. Dieses Kleidun
stück geht bis an die Kniee, und über dasselbe trägt m
einen kleineren Mantel von derselben Art Zeug, welc
unten ebenfalls rund um mit Fransen besetzt ist, u
die Arme bis zu dem Ellbogen, so wie den Leib bis
Mitte bedeckt. Man könnte die Form dieses Män
chens mit einer runden Stürze, womit man Schüss
zudeckt, vergleichen; denn es ist rundum geschloss
und hat nur in der Mitte eine Oefnung, welche gen
groß genug ist, daß der Kopf hindurch gesteckt wer
kann. Auf dem Kopf tragen sie eine Mütze in G
stalt eines abgestumpften Kegels oder eines umgekehr
Blumentopfs; sie besteht aus feinen Matten, und
oben mannichmal mit einem runden oder auch spi
Knopfe, oder einem Gebünde von ledernen Quas
verziert, und unter dem Kinne mit einer Schnur fes
bunden, damit sie der Wind nicht abwehen kann. D
Männer werfen über diese Kleidung oft noch eine B
ren-Wolfs-oder Meerotter-Haut, deren rauhe S
auswärts gekehrt ist, und binden sie oben wie einen M
tel, und zwar so, daß sie bald vorn, bald hinten get
gen wird. Wenn es regnet, schlagen sie eine gr
Matte über die Schultern. Auch haben sie woll
Kleider, welche aber nicht viel gebraucht werden. D
Haar hängt gemeiniglich frey herunter; doch binden
einige, zumal wenn sie keine Mütze tragen, auf d
Scheitel in einen Schopf zusammen. Im Ganzen i
also ihre Kleidung bequem genug, und sie würde au
nicht ganz übel stehen, wenn sie nur reinlich gehalt
würde. Allein da der ganze Körper beständig mit ein
rothen Farbe von grober leimigter Ocher und Oel eing

‹en wird, so bekommt auch der Anzug seinen reichli‹
n Antheil von fettem Schmuz und ranzigem Geruche.
‹ hiesigen Einwohner waren aber nicht nur in ihrem
‹uge unreinlich, sondern es wimmelte auch in ihrer
‹dung und auf ihren Köpfen von Ungeziefer, welches
‹ nach ganz andern Regeln des Geschmacks und der
‹mlichkeit als die unsrigen, sehr ruhig ablasen und sich
‹l schmecken ließen.

‹Zwar ist schon ihr ganzer Leib mit Roth bemalt, als
‹ zur Erhöhung ihrer Reize färben sie oft noch außer‹
‹ das Gesicht mit schwarzer, brennend rother, oder
‹er Farbe, welche letztere ihnen ein scheusliches, ekel‹
‹es Ansehen giebt. Um der Farbe einen Glanz zu
‹chaffen, streuen sie Blättchen von braunem eisen‹
‹ssigen Glimmer darauf. Sie machen nicht nur in
‹ Ohrläppchen eine ziemlich große Oefnung, sondern
‹, etwas höher hinauf am äußern Rande des Ohrs,
‹ zwey andere, und hängen Stückchen Knochen hin‹
‹; oder auch auf einen ledernen Riemen genähete Fe‹
‹pulen, kleine Schnecken, wollene Quaste, oder
‹ne Kupferbleche, an deren statt sie niemals Glasko‹
‹n annehmen wollten. Bey vielen ist auch der Na‹
‹norpel durchbohrt, und entweder eine weiche Schnur
‹chgezogen, oder dünnes Eisen-Kupfer oder Messing‹
‹h in Gestalt eines Hufeisens hineingehängt, so daß
‹enge Oefnung desselben den Knorpel kneipt, und das
‹ige sich vor der Oberlippe befindet. Sie kauften uns
‹Ringe von unsern Messingknöpfen sehr begierig ab,
‹ sie zu diesem Gebrauch einzurichten. An den Hän‹
‹ tragen sie Armbänder von weißen Korallen, die aus
‹r kegelförmigen muschelartigen Substanz geschnitten
‹den; imgleichen Büschel von Riemen mit Quasten,
‹ ein breites schwarzes glänzendes hornartiges Arm‹
‹d aus einem Stück. Auch die Knöchel an den Füßen

werden mit gekräuselten ledernen Riemen, oder di
gedrehten Sehnen von Thieren verziert.

Bisher habe ich ihre gewöhnliche Kleidung und Z
rathen beschrieben; allein es giebt auch noch and
welche, wie es scheint, nur für besondere Gelegenhei
aufgehoben werden, nämlich wenn sie sich Fremden
gen und einen feyerlichen Besuch abstatten, oder w
sie in den Krieg ziehen wollen. Zuerst gehören hi
die Wolfs- oder Bärenfelle, welche zwar auf die
wöhnliche Art angegürtet werden, aber am Rande
breiten Streifen von (anderm) Pelzwerk verbrämt, o
mit geblümtem wollenen Zeuge besetzt werden, den die E
gebohrnen selbst verfertigen (S. p. 72.). Sie tragen d
gleichen Kleider entweder allein, oder ziehen sie auch
über die anderen Kleider an. Der Kopfputz besteht a
denn in einer Menge Bast oder halbgeschlagener Bau
rinde, welche sie um den Kopf wickeln, und worin sie e
Menge großer Federn, besonders Adlersfedern, steck
oder die sie auch über und über mit kleinen weißen F
derchen bestreuen, oder gleichsam bepudern. Zuglei
bemahlen sie die obere und untere Hälfte des Gesich
jede mit einer verschiedenen Farbe, und zwar so, d
die Pinselstriche oft wie frische Wunden aussehen, o
sie überziehen es auch mit einer Art von Talg, wo
Farbe gemischt ist, und bilden dann auf diesem Grun
eine Menge regelmäßiger Figuren, welche gleichsam w
Schnitzwerk aussehen. Bisweilen theilen einige d
Haar in kleine Zöpfe, deren jeder von zwey zu zw
Zollen mit Zwirn unterbunden wird; andere binden d
Haar nach unserer (Englischen) Art im Nacken, u
stecken Zweige von der Cypresse, (*cupressus thyoidei*
hinein. Schon in diesem Aufputze sehen sie in der Th
wild und wüst genug aus; aber noch weit ärger, wen
sie ihre ungeheure Verzierungen anlegen. Diese best

in einer zahllosen Menge von verschiedenen geschnitz-
Masken, welche vor dem Gesicht oder nur vor den
n Theil des Kopfs und der Stirn befestigt werden.
ige sehen aus wie Menschengesichter, haben Haare,
rte und Augenbraunen, andere wie Köpfe von Vö-
, hauptsächlich von Adlern und Sturmvögeln; viele
en Köpfe von allerley Land- und Seethieren vor, wie
Wölfen, Hirschen, Meerschweinen u. d. gl. Meh-
heils gehen diese Abbildungen weit über die natür-
e Größe der Originale hinaus; sie sind auch bemalt,
mit Glimmerblätlchen bestreuet, durch deren Glanz
Gräsliche dieser Mißgestalten noch erhöhet wird.
geht es mit dem Hange zu diesen Verzierungen so
, daß sie ungeheuer große Stücke Schnitzwerk, z. E.
Vordertheile eines Kanots auf dem Kopfe tragen,
eben so bemalt sind und weit hervorstehen. Einer,
es an einer Maske fehlte, setzte sich einen blecher-
Kessel, den er von uns erhandelt hatte, auf den
pf, um diesen Lieblingsschmuck nicht gänzlich entbeh-
zu müssen. Ob sie aber bey demselben irgend etwas
tesdienstliches, oder bloß Zeitvertreib zur Absicht
en; oder ob sie etwa ihren Feinden dadurch Furcht
agen wollen, wenn sie in den Krieg ziehen; oder ob
dadurch auf der Jagd den Thieren leichter beyzukom-
n suchen, können wir nicht entscheiden. So viel ist
wiß, daß Reisende, in einem abergläubigen und un-
senden Zeitalter, da man noch an das Daseyn unna-
licher Wesen, oder an Wunderdinge glaubte, wenn
einen Haufen so seltsam aufgeputzter Menschen gese-
hätten, ohne nahe genug zu kommen, um genauere
tersuchungen anzustellen, ihren Zeitgenossen unstreitig
geschwatzt haben würden: es gebe Geschöpfe, die zu
cher Zeit Menschen und Thieren ähnlich sähen; zu-
, da sie hier nicht nur Thierköpfe auf Menschenschul-
, sondern sogar den ganzen Körper dieser menschli-

chen Ungeheuer mit Fellen vierfüßiger Thiere bekle
gesehen hätten *).

Das einzige Kleidungsstück, welches wir bey
Einwohnern von Nutka als ein Stück des kriegerisch
Anzuges bemerkten, ist ein Mantel von dickem Leder
ledernem Unterfutter, welcher so groß ist, daß er
einer gegerbten Büffels- oder Elenshaut gemacht zu
scheint. Sie hängen ihn auf die gewöhnliche Art
und bedecken sich damit die Brust vorn bis an die Ke
wobey er zugleich hinten bis beynahe zur Erde herun
hängt. Bisweilen ist dieser Mantel in verschieden
Abtheilungen zierlich bemalt. Wegen seiner Dicke u
Festigkeit widersteht er nicht nur den Pfeilen, sonde
wie uns die Eigenthümer durch Zeichen zu verstehen
ben, auch den Speeren, und er ist ihnen folglich so
werth wie ein Panzerhemde. Im Kriege tragen sie
ner einen andern ledernen Mantel, der in wagerech
Reihen mit getrockneten Hirschklauen besetzt ist, so
jede Klaue an einem ledernen, mit Federspulen besetz
Riemen hängt. Wenn sie sich in diesem Anzuge be
gen, klingt es beynahe so, als wenn er mit Schellen
hangen wäre. Es scheint indeß zweifelhaft, ob di
Zierrath dazu dienen soll, in der Schlacht den Feind
Schrecken einzujagen, oder ob man sich dessen nur üb
haupt bey Feyerlichkeiten bedient; denn einst sahen w
bey einem ihrer musikalischen Feste, daß der Anfüh
desselben einen solchen Mantel trug, eine Maske v
hatte, und seine Klapper schwang.

In diesem wunderlichen Aufzuge macht der Anbl
dieser Menschen in der That einen schaudervollen Ei

---

*) Auf diese Bemerkung mögen sich diejenigen etwas zu ge
thun, die den Herodot verehren, und seine Wunde
nachrichten entschuldigen oder erklären wollen. Anme
kung der Urschrift.

ck, ob man gleich, wenn sie in ihrer gewöhnlichen acht und bey ihren Alltagsgeschäften sind, keine Spur Wildheit in ihren Zügen bemerkt. Vielmehr ist enn, wie ich bereits erwähnt habe, ihr ganzes We- still, phlegmatisch, unthätig und so unbelebt, daß n sie wohl nicht unter die angenehmen Gesellschafter nen kann. Sie sind zwar nicht zurückhaltend, aber nichts weniger als gesprächig; dabey ist ihr Ernst r eine Folge der eben erwähnten Gemüthsart, als r Ueberzeugung von Schicklichkeit, oder einer dahin weckenden Erziehung. Sie schienen so gar unfähig seyn, im heftigsten Anfall von Wuth, dieselbe in rten oder Gebärden hinlänglich auszudrücken *). nn sie mit einander in Streit gerathen, oder bey an- n öffentlichen Veranlassungen, bestehen ihre Reden kurzen Sätzen, oder vielmehr aus einzelnen abge- rerten Worten, die mit Nachdruck mehrmals wie- holt werden, und wobey sie eine einzige Gebärde ma- n. Diese besteht darin, daß sie den ganzen Körper as vorwärts werfen, die Kniee beugen, und zu glei- r Zeit die Arme gerade herunter hangen lassen.

Da sie uns Schädel und andre menschliche Knochen Verkauf gebracht haben, ist es leider nur allzu

*) Litten diese Wilden wirklich einen heftigen Anfall von Wuth, ohne ihn durch Worte und Gebärden ausdrücken zu können, so müßte man doch an irgend einem andern charakteristischen Zuge nicht nur das Daseyn der Wuth, sondern auch ihre Heftigkeit bemerken können; Worte und Gebärden wären alsdann hier nur Nebensache. Das dritte woran die Wuth, und zwar die heftigste, erkannt werden könnte, sind Handlungen; und freylich, wenn es schon dazu gekommen ist, würden, wie ich glaube, Worte und Gebärden den Ausdruck eher schwächen als erhöhen. Allein man wollte nun einmal so gar in der Wuth Phlegma finden, und fand, wie es öfters geht, über dem bestimmten Suchen leicht auch da etwas, wo nichts zu finden war. G. F.

wahrscheinlich, daß sie ihre Feinde mit Grausamkeit
handeln. Allein kann man ihnen wohl eine Gewohnh
welche fast alle ungesittete Völker in jedem Zeitalter u
in jedem Welttheil mit einander gemein hatten, zu
nem besondern Vorwurf machen? Wir fanden wen
stens keine Ursach, sie der Unmenschlichkeit zu beschul
gen. Sie schienen uns gelehrig, gefällig und gutar
übrigens aber, ungeachtet des herrschenden Phlegma
ihrem Temperamente, bereit, Beleidigungen zu ahnd
indeß, wie alle heftige Leute, eben so geneigt, sie b
wieder zu vergessen. An den Ausbrüchen der Leid
schaft bey den streitenden Partheyen, nehmen, so w
ich sehen konnte, die Uebrigen keinen Antheil; der St
mochte zwischen uns und einigen von ihrer Nation, o
unter ihnen selbst entstanden seyn, so blieben die Z
schauer so gleichgültig dabey, als ob sie nichts davon g
wußt hätten. Ich habe mannichmal einen von ih
toben und schelten hören, ohne daß nur einer von sei
Landsleuten diesen Lärm, dessen Ursach oder Gegenst
wir nicht errathen konnten, einiger Aufmerksamkeit
würdigt hätte. Halten sie sich für beleidigt, so äuße
sie nie das mindeste Zeichen von Furcht, sondern sch
nen im Gegentheil entschlossen, die Beleidigung zu ah
den, es entstehe daraus, was immer wolle. Sie sch
nen sogar von unserer Ueberlegenheit nichts zu besorge
sondern bey jedem Streite mit uns, um nichts wenig
als gegen ihre Landsleute entschlossen, das vermeyn
Unrecht zu rächen.

Alle andere Leidenschaften, und vorzüglich die Ne
gier, scheinen in ihnen gewissermaßen zu schlafen. W
nige äußerten irgend einen Wunsch, Dinge, die ihne
unbekannt waren und die dem wahrhaft Neugierigen au
gefallen seyn würden, zu sehen und zu untersuchen. E
genügte ihnen, sich diejenigen Waaren, die sie sch
kannten und deren Werth sie schätzten, zu verschaffe

s übrige aber betrachteten sie mit der äußersten Gleich-
tigkeit. Unser persönlicher Unterschied, unsere Klei-
 und Sitten, die von den ihrigen so weit abwichen,
ungewohnte Größe und Zusammenfügung unserer
iffe, nichts erregte ihre Bewunderung, ja nicht
al ihre Aufmerksamkeit, woran wohl ihre große In-
nz schuld seyn mochte. Dagegen äußern sie von einer
ern Seite viel Empfänglichkeit für zärtliche Gefühle,
unter andern ihr Hang zur Musik beweist. Diese
rößtentheils ernsthaft, und zwar wirklich rührend
pathetisch. Wenn sie singen, halten sie alle genau
Takt, obgleich oft ein großer Haufen zugleich mit
immte, zum Beyspiel, wenn sie uns in ihren Käh-
mit Gesang begrüßten. Der Gang dieser Gesänge
ewöhnlich langsam und feyerlich; allein die Musik
t scheint nicht so sehr eingeschränkt und einfach, wie
so manchem andern rohen Volke; vielmehr bemerk-
wir zahlreiche ausdrucksvolle Mannichfaltigkeit darin,
die Melodie hatte etwas überaus gefälliges und be-
tigendes. Außer jenen Chören sangen oft auch ein-
e Personen ein ernsthaftes Lied, wobey sie, mit der
d auf den Schenkel, den Takt schlugen. Es gab
ß auch Fälle, wo die Musik ihren gewöhnlichen feyer-
en Charakter abzulegen schien, und mannichmal ward
lebhafteres, munteres Lied gesungen, worin sich so-
ein wenig Poßierlichkeit mischte.

Die einzigen musikalischen Instrumente, die ich hier
sehen bekam, wenn sie anders diesen Namen verdie-
, sind eine Klapper und eine einen Zoll lange Pfeife
einem einzigen Loch, folglich ohne alle Modulation.
e Klapper wird beym Singen gebraucht; bey welcher
legenheit aber die Pfeife dienen mag, weiß ich nicht.
lleicht ahmen sie das Geheul oder Geschrey der ver-
edenen Thiere damit nach, wenn sie ihren ungeheu-
Maskeraden-Anzug anlegen, und darin bald diesem

bald jenem Thiere ähnlich sehen; denn ich sah einst ei
Mann in einer Wolfshaut, deren Kopf er über sei
eignen gezogen hatte, vermittelst dieser Pfeife das G
schrey, dieses Thieres nachahmen. Die Klappern
ben gemeiniglich die Gestalt von Vögeln, in deren B
einige kleine Kieselsteine sind, und deren Schwanz
Handhabe dient. Man sehe auf der folgenden Kup
tafel die Figur 1. Außer diesen giebt es auch noch
andere Art, welche unsern Kinderklappern ähnlich ist.

Im Tauschhandel mit uns suchte zwar bisweilen
hiesiger Einwohner uns zu betrügen und mit unsern W
ren, ohne dafür bezahlt zu haben, durchzugehen; a
diese Fälle waren selten, und im Ganzen hatten wir
sach, ihrer Redlichkeit das größte Lob zu geben. N
nach Eisen, Messing und nach Metall überhaupt wa
sie so begierig, daß sie der Versuchung es zu steh
nicht gut widerstehen konnten. Die Einwohner der I
seln im Südmeere pflegten in unzähligen Fällen alles
entwenden, was ihnen in die Hände fiel, ohne lange
überlegen, ob sie es auch brauchen könnten. Die N
heit des Gegenstandes war bey ihnen Bewegungsgru

---

*) Die geschnitzten Masken, welche sie, wie im Vorhergeh
den (Seite 53) angemerkt worden ist, bey gewissen Geleg
heiten, theils vor das Gesicht, theils nur vor den ob
Theil des Kopfs und vor die Stirne befestigen, stellen e
weder Köpfe von Land- oder von Seethieren, oder von V
geln vor. Damit der Leser, sowohl von dem äußern A
sehen dieser Masken als auch von der Zeichnung und A
führung des hiesigen Schnitzwerkes sich einen anschauen
Begriff machen könne; sind auf der nebenstehenden Kupf
tafel drey solcher Masken abgebildet, davon Fig. 2. d
Kopf eines Seehundes, Fig. 3 und 4 den Kopf eines Vog
vorstellen. Fig 4 ist, wie man sieht, nach hiesiger Art mit ein
Menschengesicht verbrämt, und in diesem Betracht eine A
von Arabeske. Alle diese Masken sind von Holz, Fig. 3 un
4 mit Federn, und Fig. 4 noch überdem mit grünem Tal
stein verziert.

ıg, daß sie ihn auch durch unrechtmäßige Mittel be-
ı wollten; die Triebfeder, welche sie zum Diebstahl
og, war also mehr eine kindische Neugier, als ein
olicher Hang sich eines brauchbaren Dinges, auf
für eine Art es seyn mochte, zu bemächtigen. Die
wohner von Nutka hingegen, die uns bestahlen,
nte man nicht hiermit beschuldigen; sie waren Diebe
rengsten Verstande : es Wortes; denn sie entwende-
gerade nur dasjenige, was bey ihnen einen wahren
rth hatte, und dessen sie sich mit Nutzen zu bedienen
ten. Zu unserm Glücke schätzten sie außer Metal-
sonst keine von unsern Sachen. Wäsche und der-
hen war vor ihnen völlig sicher, so daß man derglei-
, ohne eine Wache dabey zu stellen, die ganze Nacht
g am Lande lassen konnte. Höchst wahrscheinlich be-
len aber die Einwohner auch einander selber, aus
ı dem Grunde, das ist, sobald sie Gelegenheit sehen
etwas brauchbares zuzueignen. Daher entstehen
nuthlich ihre meisten Streitigkeiten, wovon wir mehr
Ein Beyspiel sahen.

Fünf und dreyßigstes Hauptstück.

Bauart der Wohnungen im Nutka-Sund Beschreibung ihres Inneren. Hausgeräthe u Geschirre. Hölzerne Bilder. Beschäftigung Männer und Weiber. Speisen aus dem Th und Pflanzenreich, und ihre Zubereitungs Waffen, Manufacturen, und mechanische Kün Schnitzwerk und Malerey. Kanots. Fischer und Jagdgeräthschaft. Eiserne Werkzeuge. W her sie dergleichen erhalten. Etwas über i Sprache, nebst einer Probe davon. Astronomi und nautische Beobachtungen im Nutka-Sun

Die beyden im Vorhergehenden angeführten Dör scheinen die einzigen bewohnten Plätze im ganzen Su zu seyn. Die Zahl ihrer Einwohner läßt sich ziem genau nach der Menge der Kanots berechnen, wel uns, am zweyten Tage nach unserer Ankunft, besucht Es waren ihrer ungefähr hundert, und in jedem, n einem sehr geringe angenommenen Durchschnitt, f Personen. Da nun aber bey diesem Besuch fast gar k Weiber, alte Männer, Kinder und angehende Jüngli zugegen waren, so würde ich die Zahl der sämmtlic Einwohner beyder Dorfschaften wahrscheinlich zu ger annehmen, wenn ich ihrer weniger als viermal die Sum unserer Gäste rechnen wollte; folglich müssen überha wenigstens zweytausend Einwohner vorhanden seyn.

Das im Eingange des Sundes belegene Dorf s auf einer Anhöhe, welche von dem Strande bis an Rand des Waldes ziemlich steil hinaufläuft. In die Zwischenraum stehen die Häuser drey Reihen tief hi und über einander, das größte vorn, und die kleine hinter demselben. Außerdem sieht man an beyden

des Dorfs noch einige zerstreute Wohnungen. Zwi-
n den Häusern einer Reihe, laufen enge Fußpfade
Gäßchen, in ungleichen Entfernungen von einan-
den Hügel hinan; die Gassen zwischen den Reihen
Häusern sind aber ungleich breiter. Diese Einrich-
hat zwar einigen Anschein von Regelmäßigkeit, al-
die Häuser selbst sind unregelmäßig gebauet, so daß
Masse von Gebäuden, welche durch zwey Fußsteige
schnitten wird, bald aus einem, bald aus mehre-
Häusern bestehen kann, wie man es nehmen will;
, weder von außen noch von innen, sieht man Ab-
ngen, nach denen man sie unterscheiden könnte.
sind aus sehr langen breiten Planken erbauet, die
hren Kanten über einander liegen, und hin und wie-
mit Bändern von Fichtenrinde gebunden sind. Auß-
lb stehen, in ziemlichen Entfernungen von einander,
hle, oder dünne Pfosten, an welchen die Planken
falls befestigt sind. Inwendig sieht man andere
ere Pfähle oder Streben in schiefer Richtung. Die
ere Wand des Hauses ist sieben bis acht Schuh hoch,
hintere Wand aber etwas höher. Folglich bekom-
die Planken, welche das Dach ausmachen, nach
zu einigen Abschuß. Befestigt sind diese Dach-
ken übrigens nicht, damit man sie beym Regenwet-
dicht an einander, bey schönem Wetter hingegen aus
nder rücken kann, um das Tageslicht hinein, und
Rauch hinaus zu lassen. Dieser Vortheile ungeach-
sind die Wohnungen im Ganzen doch sehr elend, und
athen weder Geschicklichkeit noch Sorgfalt. An
en Stellen z. B. stehen die Seitenplanken weit aus-
nder, ob sie gleich an andern ziemlich dicht auf ein-
r passen. Auch giebt es keine ordentliche Thüre,
ern man geht entweder durch ein Loch aus und ein,
zufälligerweise, weil eine Planke zu kurz war, ent-
den ist, oder die Planken stehen an einer Stelle etwa

zwey Schuh breit von einander vorgerückt, und verde einander, so daß ein Eingang dazwischen bleibt. den Wänden sind auch Löcher oder Fenster ausgeschni durch die man hinaussehen kann, und vor welchen S chen von Matten hangen, um das Hineinregnen zu hüten; sie sind aber sowohl ihrer Form als ihrer nach unregelmäßig.

Innerhalb des Gebäudes sieht man ungehindert einem Ende zum andern. Zwar bemerkt man, auf b den Seiten, an den Wänden die Spur einer Abthei für jede besondere Familie, die im Hause wohnt; al diese Abtheilungen versperrren keinesweges die Auss denn sie bestehen oftmals nur aus Stückchen von P ken, welche von der Wand gegen die Mitte des Ha zu laufen. Wären die Verschläge etwas vollständig so könnte man ein solches Haus am füglichsten mit ei langen Stalle vergleichen, wo an beyden Seiten Abth lungen, und in der Mitte ein breiter Gang angebr ist. In jeder Abtheilung steht dicht an der Wand e fünf oder sechs Zoll über den Fußboden erhöhete und Matten bedeckte Bank von Brettern, worauf die Fam sitzt oder schläft. Gemeiniglich sind diese Bänke sie bis acht Schuh lang, und vier bis fünf Schuh br Mitten im Hause, auf der Erde, ist die Feuerstätte, aber weder Heerd noch Schornstein hat. In einem di ser Häuser, welches am Ende der mittelsten Reihe sta von den übrigen durch eine hohe, dichte Verzäunu beynahe gänzlich abgesondert und zugleich in Ansehu der ganzen Anlage regelmäßiger war, als alle übrig fand ich vier dergleichen Bänke, deren jede einer beso dern Familie zugehörte. In jeder Ecke des Hauses sta nämlich eine, doch ohne alle Absonderung oder brettern Verschlag, so daß die Mitte des Hauses ihnen all gemeinschaftlich zuzugehören schien.

Ihr Hausrath besteht hauptsächlich in einer Menge
n und Kasten von allerley Größe, welche an den
den der Wohnung übereinander aufgethürmt wer=
und worin sie ihren Vorrath von Kleidern, Pelz=
Masken und allem was in ihren Augen einigen
th hat, aufbewahren. Von diesen Kasten sind einige
hsam doppelt, so daß einer dem andern zum Einsatz
t; andere haben einen bretternen Deckel, welcher mit
nen angeschlagen wird; in den größten ist oben nur
roßes viereckiges Loch ausgeschnitten, durch welches
die Sachen hineinlegt und wieder herausnimmt.
ind diese Kasten schwarz bemahlt, mit den Zähnen von
ey Thieren besetzt, oder mit einem geschnitzten Fries
hen, und mit Vorstellungen von Thieren und Vö=
verziert. Hiernächst findet man in ihren Häusern
ckige oder auch längliche Wassereimer; runde höl=
e Schalen und Schüsseln; kleine flache hölzerne,
) Schuh lange, Tröge, aus welchen sie essen, ferner
Reisern geflochtene Körbe, und Beutel von Matten=
it. Ihre Fischereygeräthschaft liegt ebenfalls, doch
e alle Ordnung, im Hause umher, so daß das Ganze
al sehr unordentlich ist. Nur die Schlafbänke sind
on ausgenommen; denn auf denen sieht man nichts
Matten, und zwar von feinerer Art als die in den
rten; auch werden sie reinlicher gehalten.

So groß solchergestalt in diesen Häusern die Unord=
g ist, eben so groß ist auch der Unflath und der Ge=
! in denselben; denn die Einwohner pflegen die Fische
rhalb des Hauses nicht nur zu trocknen, sondern sie
nen sie auch daselbst aus, und lassen die Eingeweide
dem Boden liegen. Hier häufen sie sich mit den
iten und Brocken ihrer Mahlzeiten an, und werden
uthlich nicht eher weggeschaft, als bis der Berg zu
geworden ist, um darüber weggehen zu können.
Einem Worte, die Wohnungen dieser Leute sind

völlig so schmutzig wie Schweineställe: alles darin ri
nach Fischen, Thranöhl und Rauch.

Gleichwohl hat man bey aller dieser Unreinlic
doch auf Verzierungen gedacht. In vielen Häusern
man nämlich am obern Ende, ein oder ein paar
fünf Schuh hohe Bilder, oder eigentlich Stämme
sehr dicken Bäumen, deren Vorderseite so geschnitz
daß sie einige Aehnlichkeit mit einem Menschenges
hat. Auch sind an den Seiten Arme und Hände au
schnitten, und das Ganze ist über und über bemahlt,
mit es ja ungeheuer genug aussehen möge. Der a
meine Name solcher Bilder ist Klumma; die besond
Namen zweyer, welche in einem Hause einander ge
über etwa drey bis vier Schuh von einander standen,
ren Natschkoa und Matzita. Herrn Webers
beygefügte Abbildung vom Innern eines Hauses
Nutka Sunde, worin diese Bildsäulen abgezeic
sind, giebt einen bessern Begrif davon, als jede
schreibung. Mehrentheils hing vor diesen Bildern
Matte, als Vorhang, den die Einwohner nicht im
wegnehmen wollten; so oft sie es aber thaten, spra
sie gleichsam heimlich mit ihnen. Vielleicht haben s
Gewohnheit, diesen Bildern zu opfern; denn so o
die Matten wegzogen, gaben sie uns durch Zeiche
verstehen, daß wir den Bildern etwas schenken m
ten *). Natürlicherweise schlossen wir aus diesem

sta

*) Herr Weber mußte seine Geschenke ziemlich fleißig
derholen, ehe er mit seiner Zeichnung fertig ward.
folgen seine eigenen Worte. „Nachdem ich den Pro
der Wohnungen gezeichnet hatte, suchte ich ein Inneres
welches mir Gelegenheit gäbe, die Lebensweise dieser
recht anschaulich zu machen, und fand auch bald eines
gleichen. Indem ich saß und zeichnete, kam ein Kerl
einem großen Messer auf mich zu, und schien sehr unzu

daß dergleichen Bilder Vorstellungen ihrer Gött-
oder Symbole irgend eines gottesdienstlichen
ergläubigen Gegenstandes, seyn müßten. Wir
er mehr als einen Beweis, daß man nur einen
ringen Werth darauf setzte; denn für einen unbe-
chen Vorrath von Eisen oder Messing hätte ich
tter im ganzen Dorfe kaufen können, wenn anders
ilder wirklich Götter waren; wenigstens ward mir
das ich sah, angeboten, und ich tauschte auch
zwey oder drey, von der kleinsten Sorte, ein.
e Hauptbeschäftigung der Mannspersonen ist theils
heren, theils die Jagd auf Land- und Seethiere,
nährung ihrer Familien. Innerhalb des Hauses
ie mehrentheils müßig, dahingegen die Weiber
oder wollene Zeuge wirkten, und Sardinen zum
en vorbereiteten, oder in Körben aus geflochtenen
vom Strande abholten, wohin die Männer sie in
Kähnen gebracht hatten. Die Weiber haben fer-

, daß ich mein Augenmerk auf ein paar in Holz geschnitzte
nach Landesart bemahlte Vorstellungen von menschlichen
uren in Riesengröße, an dem einen Ende der Wohnung,
ichtet hatte. Ich that, als ob ich ihn nicht bemerkte,
fuhr fort; allein er suchte jetzt eine Matte hervor, und
lt sie so vor mich hin, daß ich die Bilder nicht mehr sehen
nnte. Was war zu thun? Wahrscheinlicherweise war
s die letzte Gelegenheit meine Zeichnung zu vollenden,
der Gegenstand zu interessant, um übergangen zu
erden. Ich verfiel also darauf, den Kerl zu bestechen,
d bot ihm einen metallenen Knopf von meinem Rocke.
ogleich nahm er die Matte weg, und ich konnte ungehin-
t sehen und zeichnen. Indessen hatte ich mich kaum
echt gesetzt, und einen Anfang entworfen; so kam mein
ngegeist mit seiner Matte schon wieder, und diesen
hwank wiederholte er so oft, bis ich keinen Knopf mehr
n Rocke hatte. Als er endlich merkte, daß ich rein ausgeplün-
rt wäre, ließ er mich ohne weitere Unterbrechung meine
ichnung vollenden." Anmerkung der Urschrift.

ner das Geschäft, in kleinen Kanots Miesmuscheln andere Conchylien zu sammlen. Vielleicht gehen sie noch sonst bey andern Veranlassungen zu Wasser; sie wissen die Kanots so geschickt wie die Männer zu rudern. Haben sie zugleich Männer in einem K bey sich, so wird nicht die mindeste Rücksicht au Geschlecht genommen, sondern sie müssen eben so rudern, als jene. Ueberhaupt werden sie bey k Gelegenheit mit Achtung oder Zärtlichkeit beha Die jungen Mannspersonen schienen in der ganzen kerschaft die größten Müßiggänger zu seyn. Sie entweder in kleinen Gesellschaften beysammen, um der Sonne zu wärmen, oder wälzten sich in eben Absicht ohne alle Bedeckung, wie so viel Schweine Sande auf dem Seestrande umher. Die Unehrb ist indeß den Männern allein eigen. Die Weiber w jederzeit ordentlich bekleidet, und betrugen sich mi ihrem Geschlechte so wohl anstehenden Schamhafti welche, bey so wenig schamhaften Männern, ein größeres Verdienst ist.

In einem einzigen Besuch von wenigen Stu war es, wie leicht zu erachten ist, unmöglich, die Le art und die Ordnung der Beschäftigungen bey di Volke genau zu beobachten. Vielmehr liefen bey e so ungewöhnlichen Anlaß natürlicherweise alle im g Dorfe von der Arbeit, und selbst in den Häusern ka wir sie nicht so sehen, wie sie unter sich ihre der Ge keit und dem müßigeren Daseyn gewidmeten Stu zuzubringen pflegen. Fast ließe sich ihre Lebensar wie ihre Gemüthsbeschaffenheit, besser nach ihrem tragen in den Kanots beurtheilen, womit sie uns an unseren Schiffen besuchten. In diesen Kähnen gen sie vermuthlich einen großen Theil des Som zu; sie essen und schlafen darin, ziehen sich darin und legen sich dann nieder, um sich zu sonnen, w

hrem Dorfe zu thun pflegen. Hierzu sind die grös
Kanots bequem und geräumig genug, zu gleicher
uch völlig trocken; man kann sie also, zumal wenn
mit Pelzen versehen ist, und es nicht regnet, für
weit angenehmern Aufenthalt halten, als die
er.

hre Nahrung besteht eigentlich aus allem Eßbaren
hier- und Pflanzenreichs, dessen sie habhaft werden
n; allein die Pflanzenspeise hat ein sehr geringes
ältniß gegen ihre animalische Lebensmittel. Am
n verlassen sie sich auf die See, welche ihnen Fische,
muscheln, nebst anderen Conchylien und Seethie-
erschaft. Zu den Fischen gehören vorzüglich He-
und Sardinen, die beyden vorhinerwähnten Brach-
en, und kleine Weichfische. Die Heringe und
inen werden nicht nur frisch gegessen, wenn es die
zeit mit sich bringt, sondern sie dienen auch getrock-
der geräuchert, und in Ballen gepackt, als Vor-
Diese Ballen werden in Matten eingenäht, und
ungefähr vier Schuh im kubischen Umfange. Auß-
n liefern ihnen die Heringe noch einen Nahrungsar-
nämlich eine ungeheure Menge Rogen, den sie auf
igne Art zubereiten; sie streuen ihn nämlich um
Zweige der Kanadischen Fichte, oder kleben
arauf. Statt dieser Zweige nehmen sie zuweilen
ein langes schmales Meergras, welches auf den
unter dem Wasser in Menge wächst. Dieser
r, wenn ich ihn so nennen darf, wird in Körben
Beuteln von Matten aufbewahrt, und zuvor, ehe
braucht wird, in Wasser getaucht. Es ist gleich-
as Winterbrod der hiesigen Menschen, und hat
übeln Geschmack. Sie essen auch den Rogen
andern Fisches, der, nach der Größe der einzelnen
er zu urtheilen, sehr groß seyn muß. Allein dieser
n schmeckt und riecht nach Thran. Ich habe nicht

bemerkt, daß sie andere Arten von Fischen auf eine l
Zeit aufbewahren. Sie spalten allenfalls auch Brac
und Meerdrachen (*Chimaerae*) die hier ziemlich h
sind; allein sie räuchern sie nicht, wie die Heringe
Sardinen.

Nächst den Fischen ist die große Miesmuschel
der vorzüglichsten Lebensmittel. Man findet sie üb
häufig in dem Sunde, brät sie in der Schale, und
sie dann bis zum Gebrauch auf hölzerne Spießchen.
wird entweder ohne weitere Zubereitung genossen,
in Oel getunkt. Die übrigen Seeprodukte, wohin
nere Schaalthiere gehören, vermehren allerdings die
zahl ihrer Gerichte, können aber im Vergleich mi
vorhergehenden, nicht für allgemein wesentliche N
rungsmittel gelten.

Die größeren Seethiere, welche wir öfters f
sahen, sind die Meerschweine (*Delphinus Phoca*
deren Fett und Fleisch sie in große Stücke zerschne
wie die Heringe trocknen, und ohne weitere Zuberei
essen. Von dem frischen Fleische dieses Thieres
eine Art Suppe gekocht, indem man Stücke dav
einen viereckigen Eimer voll Wassers legt, und dan
hitzte Steine hineinwirft, und hiemit so lange forts
bis das Fleisch hinlänglich gekocht ist. Die geglü
Steine werden, vermittelst einer Gabel, oder eines
spaltenen Holzes, das ihnen statt einer Zange dient,
eingelegt, und die abgelöschten auf eben die Art her
genommen: hiernächst stehet das Gefäß nahe am Fe
wie Herr Weber in seiner Zeichnung vom Innern e
Hauses im Nutka-Sunde es vorgestellt hat. Di
Gericht ist bey ihnen ziemlich gewöhnlich, und allem
schein nach sehr nahrhaft. Das Thranöl, welches
von diesen und andern Seethieren erhalten, genießen s
großer Menge, und schlürfen es theils ohne allen Zu

einem großen Löffel von Horn, theils bedienen sie desselben als Sauce zu andern Gerichten.

Vermuthlich gehören noch mehrere Seethiere, nämlich Robben, Meer-Ottern und Wallfische, zu ihren Lebensmitteln, da sie nicht nur die Felle der beyden erstern Gattungen in so großer Menge haben, sondern auch die Instrumente, deren sie sich zum Erlegen dieser Thiere bedienen, so häufig bey ihnen angetroffen werden. Doch ist der Fang wohl schwerlich zu allen Jahrszeiten ergiebig aus. Während unseres Aufenthalts im Sunde sahen wir z. B. nur wenige frische Häute oder Stücken Fleisch von diesen Thieren.

Eben dasselbe scheint auch von den Landthieren zu gelten, die doch unstreitig von den Einwohnern zuweilen gejagt werden, von denen wir aber auch nicht ein einziges frisch getödtet bey ihnen sahen. Von den vielen Häuten dieser Thiere, die wir bey ihnen antrafen, waren vermuthlich die meisten von andern Familien eingehandelt worden. Im Ganzen ergiebt es sich also aus mancherley Umständen, daß die hiesigen Einwohner den größten Theil ihrer thierischen Lebensmittel aus der See bekommen. Unter den Vögeln sind Seemewen, und andere Wasservögel, die sie mit Pfeilen erlegen, die vorzüglichsten.

Die Zweige oder Sprossen der Canadischen Fichte, und das Meergras, worauf sie den Heringsrogen streuen, sind ihre vorzüglichste Pflanzenspeise im Winter. Im Frühling bedienen sie sich verschiedener andern Arten, je nachdem die Jahrszeit es mit sich bringt. Von diesen sind die gewöhnlichsten zweyerley Arten von Lilien-Wurzeln, wovon die eine häutige Zwiebeln hat, und die andere auf der Oberfläche körnig ist; sie heißen Mahkatte, und Kuquoppa, sind schleimicht, werden roh gegessen, und schmecken süßlich. Auf diese folgt eine Wurzel, Namens Aheita, die wie Süßholz schmeckt, und in großer Menge aufbewahrt wird; nebst der Wur-

zel einer Art von Farrnkraut, dessen Blätter sich n
nicht entwickelt hatten. Sie essen auch noch eine an
Art kleiner unschmackhafter, süßlicher Wurzeln, die
gefähr die Dicke der Sarsaparille haben, wovon
aber die dazu gehörige Pflanze nicht ausfindig ma
konnten; ferner, eine andre sehr große, handähnli
Wurzel, welche sie unweit ihres Dorfs in unserer
genwart ausgruben und aßen. Vielleicht giebt ihnen
Jahrezeit weiter hin noch eine Menge Pflanzenprodu
ob wir sie gleich nicht zu sehen bekamen. Denn m
findet hier, ohne den mindesten Anschein von Anb
einen Ueberfluß von Hollunder- Stachelbeer- und J
hannisbeersträuchen, deren Früchte sie vermuthlich es
da sie die Blätter der letztern, und der Lilienarten,
wie sie abgepflückt wurden, nicht verschmäheten. D
bemerkten wir, daß sie durchaus nur dasjenige es
finden, was keine Schärfe, sondern einen milden G
schmack hat; so essen sie, zum Beyspiel, keinen La
oder Knoblauch, wovon sie uns doch eine Menge z
Verkauf anboten, sobald sie erfahren hatten, daß wi
gern äßen. Wenn man ihnen Branntwein oder and
hitzige Getränke anbot, verwarfen sie dieselben als et
unnatürliches und widrigschmeckendes.

Kleine Seethiere werden zwar bisweilen roh ge
sen, allein die gewöhnliche Zubereitung aller ihrer S
sen ist das Braten; vom Kochen wissen sie nichts,
einzige Zubereitung der Meerschweinsuppe ausgenomm
Im Grunde fehlt es ihnen auch an Gefäßen, denn
hölzernen taugen nicht dazu, und weiter haben sie kei

Man kann sich leicht vorstellen, daß es beym E
ziemlich eckelhaft zugeht, da sie in ihrer Wohnung u
ihrem Aeußern so unfläthig sind. Die Tröge u
Schüsseln, worin sie ihre Speisen austragen, schei
seitdem sie gemacht sind, nie wieder gereinigt worden
seyn, so daß die Ueberbleibsel der vorigen Mahlzeit jed

rst von den nächstfolgenden verdrängt werden. Alle Speise, oder zähes Fleisch, wird mit den Händen Zähnen zerrissen; denn so gut sie sich auch der Messer ienen verstehen, um größere Portionen abzuson- so ist es ihnen doch noch nicht beygefallen, diese en die Art in kleinere Stücken oder Bissen zu zer- , welches offenbar bequemer und reinlicher seyn Allein der Begrif von Reinlichkeit scheint ihnen und gar zu fehlen; denn sie essen die Wurzeln, so sie ausgraben, ohne nur die Erde, die daran davon abzuschütteln.

sie festgesetzte Essenszeiten beobachten, wissen wir da wir sie vielmehr zu allen Zeiten des Tages in Kanots essen sahen. Indeß muß ich doch anmer- daß wir bey unserem Besuch im Dorfe mehrere nen von Meerschweinsuppe um die Mittagsstunde ten sahen, woraus ich schließe, daß um diese Zeit auptmahlzeit gehalten wird.

hre Waffen sind Bogen und Pfeile, Schleudern, e, kurze knöcherne Keulen, fast wie das Pattu der Neuseeländer, und eine kleine Art, welche ewöhnlichen amerikanischen Tomahak nicht un- h sieht. Die Spieße sind gemeiniglich mit einer knöchernen Spitze versehen. Die Pfeile haben n von Knochen mit Widerhaken, doch fanden sich inige mit eisernen Spitzen. Das Tomahak oder t, ist ein sechs bis acht Zoll langer Stein, der an Ende zugespitzt, und am andern in einen hölzernen eingelassen ist, welcher den Kopf und Hals eines hen vorstellen soll, so daß der Stein in dem Munde gt ist, und gleichsam eine ungeheuer große Zunge ei. Um die Aehnlichkeit noch auffallender zu ma- ist das Instrument mit Menschenhaaren verziert. eißt Taawisch oder Tsuskiah. Sie haben auch ein anderes Gewehr von Stein, welches Slaik

heißt, neun Zoll bis einen Schuh lang, und mit
viereckigen Spitze versehen ist. Die beträchtliche A
ihrer steinernen Waffen scheint zu beweisen, daß
Gefechte gewöhnlich handgemein werden. Ihre K
müssen blutig und zwar nichts weniger als selten
denn sie brachten uns eine große Menge Menschens
zum Verkauf.

Ihre Handarbeiten und Kunst-Produkte sind
zahlreicher und verrathen in der Zeichnung und Au
rung ungleich mehr Scharfsinn, als wir von der
lichen Anlage dieses Volks, und den anderw
geringen Fortschritten der Cultur unter ihnen, er
hätten. Der vorzüglichste Gegenstand ihrer Ma
turen sind ihre leinenen und wollenen Kleidungs
Die ersteren werden nicht aus Flachs oder Lein, so
aus der Rinde einer Art von Fichte bereitet, welch
her zu einer hanfähnlichen Substanz geschlagen w
ist. Diese wird aber keinesweges gesponnen, so
man breitet sie, wenn sie vorher zugerichtet word
auf einem Stocke aus, der auf zwey andern aufr
der Erde stehenden befestigt ist. Die Arbeiterin si
hen mit untergeschlagenen Beinen, und macht ver
geflochtener Zwirnsfäden Knoten durch den Hanf.
Fäden laufen ungefähr einen halben Zoll weit von
der, und bilden also einen zwar nicht völlig so festen
als wenn er gewirkt wäre; allein die Gebinde zw
den Knoten lassen doch die Luft nicht durch, füllen
Zwischenräme, und haben dabey noch den Vortheil,
der Zeug sehr weich und biegsam ist. Die woll
Zeuge, welche vermuthlich auf eben diese Art verf
werden, sind gewebten Wollentüchern überaus äh
[illegible] bemerkt in denselben allerley künstlich angebr
Figuren, welche zur Gnüge beweisen, daß diese
Zeuge nicht in einem Weberstuhl gemacht werden k
der in solchem Falle viel zu künstlich für dieses Vo

engesetzt seyn müßte. Die Zeuge selbst sind von
iedener Feinheit; einige sind unserm gröbsten Fries
h; andere kommen den feineren Sorten unserer
le näher, ja sie sind sogar weicher, und unstreitig
er. Die Wolle, wovon sie gemacht werden,
zweyerley verschiedenen Thieren zu gehören, dem
und dem braunen Luchs. Die letztere ist bey weile feinste, und sieht roh unserer gröberen Wolle an
sehr ähnlich; da man aber bey der Verarbeitung
ngen Haare des Thiers darunter mischt, so erhält
denn ein anderes Ansehen *). Die Figuren, wo-
ese Zeuge verziert zu seyn pflegen, sind mit Ge-
angebracht, und gemeiniglich von einer andern
, entweder dunkelbraun, oder gelbgefärbt. Im
n Falle kommen die Zeuge, wenn sie neu sind, un-
esten Fußteppichen an Schönheit gleich.

So wie sie Geschmack daran finden, allerley Figu-
ihre Zeuge zu wirken, so haben sie auch bey allem,
ie von Holz verfertigen, ein eigenes Wohlgefallen
schnitzten Verzierungen. Ueberall muß eine Art
geschnitzt, oder die Figur eines Thiers abgebildet
n; am häufigsten aber sieht man Vorstellungen des
lichen Gesichts, die sie sogar auf geschnitzten Bö-
und auf den vorhin erwähnten ungeheuren Gestal-
ingleichen auf ihren Waffen von Stein oder Kno-
anbringen. Die Zeichnung dieser Abbildungen, ist
so beschaffen, daß man das Urbild leicht daran er-
, übrigens nimmt man aber keine Geschicklichkeit
Künstlers daran wahr. Hiervon sind indeß die Mas-
nd viele Vorstellungen von Menschenköpfen ausge-

*) Vermuthlich so, wie die in einigen Ländern von Hasen-
wolle verfertigten Strümpfe, rc. G. F.

nommen, worin der Charakter ihrer Nationalbild
genau beobachtet wird, und deren kleinste Theile so
das richtigste Ebenmaaß, und einige Zierlichkeit in
Ausführung haben. Die Mannichfaltigkeit der
schnitzten Arbeiten; welche wir bey diesen Leuten a
troffen haben, beweist hinlänglich, daß ein ungew
licher Hang sie zu dieser Art von Beschäftigung hin
Wir fanden bey ihnen eine große Menge ganzer M
schen-Figuren im Kleinen; Abbildungen von Vög
Fischen und Seethieren; nebst Modellen ihrer Hau
räthschaften und ihrer Kanots.

Die Verwandschaft der nachahmenden Künste u
einander macht es begreiflich, wie dieses Volk, das a
ley Figuren wirkt und schnitzt, auch darauf verfallen
könne, sie nach der Natur auszumahlen. Auf den
tzen, welche sie tragen, sahen wir bisweilen ihren ga
Wallfischfang abgebildet. So unvollkommen und
auch diese Vorstellungen seyn mochten, dienten sie
zum Beweise, daß man hier, ohne das mindeste
Schriftzügen zu wissen, dennoch das Andenken ge
Handlungen auf eine dauerhafte Art aufbewahren kö
das vielleicht noch überdies in Sagen und Gesänge
halten wird. Auf ihren Habseeligkeiten sieht man
noch allerley gemalte Figuren, von denen es zweifel
ist, ob es Zeichen von bestimmter Bedeutung oder b
Spiele der Einbildungskraft sind.

Die Kähne sind überaus einfach aber zweckmäßig
bauet. Die größten, worin zwanzig und mehr Mens
Raum haben, sind aus einem einzigen Baume ausge
Es giebt dergleichen Kanots, die vierzig Schuh lang, s
Schuh breit und drey Schuh tief sind. Sie laufen
der Mitte nach beyden Enden schmäler zu. Das Hi
theil ist senkrecht abgestumpft, und hat oben einen kle
Kopf; das Vordertheil hingegen wird verlängert,
steigt etwas in die Höhe, bis es sich in eine eingesc

pitze endigt, welche beträchtlich über die geradli-
Seiten des Kahns hervorragt. Die meisten Ka-
ind ohne Zierrath, doch ist an einigen etwas
werk angebracht, und in der Oberfläche stecken
dszähne, wie in ihren Masken und Waffen.
emerkten wir zuweilen am Vordertheil einen Zusatz
ien großen Schnabel, der mit der Figur eines
bemahlt war. Inwendig sind keine andere
ngebracht, als einige runde Stöcke von der Dicke
Spatzierstocks, welche in halber Tiefe queerüber
Der ganze Kahn ist leicht, und schwimmt sehr
hne allen Ausleger, weil er breit und flach ge-
. Dieser Mangel des Auslegers oder Balan-
ichnet alle Amerikanische Fahrzeuge hinlänglich
Fahrzeugen der Südseeinseln und der südlichen
en Ostindiens aus. Die Ruder sind klein und
und sehen wie ein großes Blatt aus, welches am
ugespitzt, in der Mitte am breitsten ist, und sich
lig in den Stiel verliert. Die ganze Länge beträgt
chuh. Segel sind den hiesigen Einwohnern ganz
nnt; aber durch beständige Uebung haben sie eine
Fertigkeit erlangt, sich vermittelst ihrer Ruder fort-
.

ie Geräthschaften, womit sie auf den Fischfang
e Jagd ausgehen, sind artig ersonnene und gutge-
te Netze, Angeln, Harpune, Wurfspieße, und
strument, welches fast wie ein Ruder aus unsern
n aussieht. Es ist ungefähr zwanzig Schuh lang,
is fünf Zoll breit, und einen halben Zoll dick.
Drittheile von den Schärfen an beyden Seiten
it scharf gezähnten Knochen besetzt, welche zwey
reit hervorragen; das übrige ist unbesetzt und dient
tiel oder Handhabe. Mit diesem Instrumente
n Heringe, Sardinen und andre kleine Fische an-
en, welche Zugweise ankommen; man schlägt es

mitten in den Zug, und die Fische bleiben entwed
oder zwischen den Zähnen stecken. Die Angelhake
etwas plump, von Knochen und Holz gemacht;
Harpun hingegen*), womit sie, wie, mit einem Wi
Wallfische und kleinere Seethiere erlegen, zeug
sinnreicher Erfindung. Es besteht aus einem
Knochen, mit doppelten Widerhaken, in welch
den ovalen scharfen Rand einer Miesmuschelschal
stigt, und innerhalb deren man die Spitze des I
ments angebracht hat. An diesem Knochen ist ein
befestigt, welcher etwa zwey oder drey Klafter lan
mag, und den man vermittelst einer zwölf bis fu
Schuh langen Stange wirft, woran das andere
des Striks fest gemacht wird. Das Harpun od
Knochen ist zwar auch an der Stange befestigt, all
daß es sich sogleich nach dem Wurfe von der S
trennt, welche dann auf dem Wasser schwimmt, u
ein Boy oder Floß dient, indeß der Wallfisch mi
in ihm festsitzenden Harpun fortschießt.

Auf welche Art die Landthiere erlegt werden, i
unbekannt; vielleicht schießt man die kleineren mi
gen und Pfeilen, und erlegt Bären, Wölfe und
mit dem Spieße. Die Einwohner hatten aber
Netze, welche vermuthlich zu diesem Behuf d
denn wenn sie dergleichen zum Verkauf brachten,
fen sie sich dieselben oft über den Kopf, um uns de
brauch derselben zu lehren*). Zuweilen locken si
dadurch Thiere heran, daß sie sich mit einem Felle
cken und auf allen vieren umherlaufen. Sie l
darin eine große Fertigkeit, und ließen sich oft dam
uns sehen, wobey sie zu gleicher Zeit wie die

---

*) In Kamtschatka fängt man unter andern auch die T
ter mit Netzen. S. Coxe's Russian Discoveries. P. 1

, und Masken, oder geschnitzte sowohl als wirk-
getrocknete Thierköpfe aussetzten.
ihre Stricke sind entweder aus ledernen Riemen
s Sehnen von Thieren oder von derselben Han-
en Substanz gedrehet, woraus sie ihre Mäntel
gen. Die Sehnen waren oft so lang, daß sie
ch von einem andern Thiere als dem Wallfisch
nen seyn konnten. Die Knochen, deren sie sich
ey Waffen und Instrumenten, zum Klopfen der
zu Spießen und Harpunen bedienen, gehören
lich derselben Thierart.
rscheinlich sind sie dadurch, daß sie eiserne Werk-
sitzen, in der Bearbeitung ihrer hölzernen Ge-
ften so weit gekommen. So viel wir wissen, be-
ie sich keiner andern, und wir sahen auch nur ei-
zigen knöchernen Meißel. Ursprünglich müssen
gs ihre Instrumente von einer andern Substanz
seyn; und desto wahrscheinlicher ist es, daß sie
Vervollkommnung ihrer Künste erst der Kennt-
Eisens verdanken, womit nunmehr alle ihre höl-
Geräthe ausgearbeitet werden. Doch sieht man
ihnen nur in der Gestalt von Meißeln und Mes-
Der Meißel ist ein langes plattes Stück Eisen,
einen hölzernen Grif gefaßt ist, und welches sie,
it einem Hammer, mit einem Steine schlagen;
Stück Fischhaut dient ihnen zum poliren des Ge-
en. Ich habe Meißel gesehen, die acht bis zehn
ng und drey bis vier Zoll breit waren; die mei-
ren aber kleiner. Die Messer sind von verschie-
Größe, und einige sehr groß; die Klingen sind
, fast wie bey unsern Gartenmessern; allein die
de ist auf dem äußern Bogen. Die meisten hat-
efähr die Breite und Dicke eines eisernen Faßban-
und ihre ungewöhnliche Gestalt beweiset hinläng-
daß sie nicht von Europäischer Arbeit sind. Wirk-

leicht sind es Nachbildungen ihrer eignen ursprün
Werkzeuge, welche sie ehedem in dieser Absicht geb
ten. Sie schärfen diese eiserne Werkzeuge auf W
nen von grobem Schiefer, und suchen sie sehr sor
blank und glänzend zu erhalten.

Da wir fanden, daß diesem Volke das Eisen,
ches sie, sowohl wie das Zinn und alle weiße M
Sikimäli (*Jeekemaile*) nennen, genau bekann
so verfielen wir natürlicherweise darauf, ausgrüb
wollen, woher sie es erhalten haben könnten. K
niß vom Tauschhandel, und Neigung dazu bem
wir an ihnen gleich bey unserer Ankunft im Sunde;
in kurzer Zeit sahen wir auch wohl ein, daß si
Kenntniß nicht bloß einem vorübergehenden, zufä
Umgange mit Fremden, verdankten, sondern dab
methodisch zu Werke gingen, daß sie schon längst
gewöhnt seyn, und sich gern damit abgeben mu
auch hatten sie sich in der That keine geringe Geschi
keit darin erworben. Mit wem sie aber Handlun
ben, ist eine Frage, bey deren Beantwortung ma
manche Schwierigkeit stößt. Einige bey ihnen
fundene Sachen waren zwar unstreitig von europä
Manufactur, oder wenigstens von gesitteteren Völker
lehnt, wie z. B. alles verarbeitete Eisen und Messing;
daraus folgt noch nicht, daß sie es unmittelba
diesen Völkern erhalten haben. Nie konnten wir i
eine Spur entdecken, daß sie schon ehemals von S
fen, wie die unsrigen, besucht worden wären, und
zeigte an, daß sie je zuvor dergleichen gesehen, od
solchen Menschen wie wir Umgang gehabt hätten;
mehr bewiesen mancherley Umstände das Gegen
Bey unserer Ankunft erkundigten sie sich ernstlich
Zeichen, ob wir uns bey ihnen niederzulassen gedäc
und ob wir als Freunde zu ihnen kämen? Zu gl
Zeit gaben sie uns zu verstehen, daß sie uns aus Fr

Wasser und Holz umsonst zukommen ließen. Dies
te schon, daß sie die Gegend als ihr Eigenthum
n, und sich vor keiner Ueberlegenheit fürchteten.
die Fragen scheinen auch ferner vorauszusetzen,
e noch keine Schiffe gewesen seyn mußten. Wäre
r Fall gewesen, hätte man mit ihnen gehandelt,
nd Wasser eingenommen, und dann die Reise
etzt; so würden die Einwohner von uns eben das
et, und die Anfrage für überflüßig gehalten haben.
ist es, unsere Schiffe erregten keine Zeichen der
nderung bey ihnen; allein ihre natürliche Indo-
d Mangel an Neugier erklärt dies hinlänglich.
nall einer Flinte erstreckte sie nicht; aber endlich,
uns zeigen wollten, daß Pfeile und Spieße durch
dernen Kleider nicht durchgingen, schoß einer von
Herren eine Kugel durch ein sechsmal übereinan-
gtes Leder; Darüber geriethen sie so in Erstaunen,
ir deutlich genug sahen, die Wirkung unseres
gewehrs müsse ihnen gänzlich unbekannt seyn.
Folge bestätigte sich dieser Schluß, da sie jedes-
so oft wir bey ihren Dörfern oder sonstwo, einen
schossen, zu erkennen gaben, wie unbegreiflich
diese Wirkung sey, und zugleich, wenn wir ihnen
erung darüber ertheilen, mit bedeutenden Zeichen
erten, daß sie zuvor keinen Begriff davon gehabt

och ehe ich England verließ, hatte man daselbst
von einer Spanischen Entdeckungsreise an diesen
in den Jahren 1774 oder 1775, einige Nach-
rhalten; allein die hier angeführten Umstände
en zur Genüge, daß ihre Schiffe nicht im Nutka-
e gewesen sind *). Ueberdies war das Eisen hier

s ist nunmehr bekannt, daß Capitain Cooks Muth-
ßung völlig gegründet war. Das Tagebuch der Spani-

viel zu allgemein, in zu vielen Händen und der Geb
desselben zu genau bekannt, als daß es die hiesigen
wohner erst so spät, oder, wenn gleich früher, doc
durch die zufällige Bekanntschaft mit einem Schiff
ten kennen gelernt haben. Vielmehr können sie,
sie ihre eisernen Werkzeuge so geschickt als immer m
zu gebrauchen wissen, und der Gebrauch dersel
allgemein bey ihnen eingeführt ist, dieses Metall
anders als durch einen immerfortwährenden regel
gen Handel, und zwar schon seit geraumer Zei
erhalten. Wahrscheinlich tauschen sie es von irgend
einheimischen Volksstamm ein, der es, entweder
unmittelbar oder durch verschiedene jenseits woh
Völkerschaften, von den Europäischen Besitzungen
Eben das gilt auch von dem Meßing und Kupfer,
ches wir bey den Einwohnern des Nutka-Su
fanden.

Es läßt sich schwerlich bestimmen, ob Huds
bay und Canada die Quellen sind, woher die hi
Eingebohrnen, vermittelst der zwischen ihnen wohn
Stämme diese Metalle erhalten, oder ob sie ihne
eine ähnliche Art, von den nordwestlichen Gegende
Königreichs Mexico zugeführt werden? So viel
mir aber ausgemacht, daß nicht nur die rohen Ma
lien, sondern auch zum Theil die bereits verarbe
Sachen hergebracht werden müssen; insbesondere sin
messingenen Nasenzierrathen so zierlich gemacht, da

---

schen Reise, dessen wir bereits erwähnt haben, zeigt off
daß man nur an drey Orten auf dieser Küste mit den
wohnern Verkehr gehabt hat, nemlich in 41° 7′ in 47
und in 57° 18′ Nördlicher Breite. Also waren die S
mehr als zwey Grade vom Nutkasunde entfernt g
sen, und vermuthlich hatten die dortigen Einwohne
etwas von ihnen gehört. Anmerkung der Ursch

an möchte, ob die Indianer fähig sind, dem
zu verfertigen. Schon das Metall ist sicher
ropäischen Ursprungs; denn welcher Amerikani-
amm hat je etwas vom Messingmachen gewußt?
findet man in seinem metallischen Zustande in
, und weil es weich ist, könnte es leicht auf
Art geformt und polirt werden; aber jene Zier-
müssen, wenn sie nicht von unsern Kaufleuten in
nsbay und Canada herrühren, von Mexiko
rika gekommen seyn, von wo unstreitig auch die
lbernen Eßlöffel, die hier eingetauscht wurden,
her verirrt haben. Von einer andern Seite
es indeß unwahrscheinlich, daß die Spanier den
so eifrig treiben und ein so starkes Verkehr mit
wärts von Mexiko gelegenen Völkern errichtet
ollten, daß nicht nur diese, sondern auch die hie-
nwohner so reichlich mit Eisen versorgt werden. Ih-
en wird nicht von uns fodern, daß wir in so kurzer
n ihren politischen und gottesdienstlichen Einrich-
viel erfahren haben sollten. Indeß bemerkten

diese

---

ndianer heißen hier die ursprünglichen Einwohner von
erika; nicht Indier oder Hindus, welche Ostin-
in Asien bewohnen. G. F.

Wenn gleich die silbernen Eßlöffel, welche man im Nut-
Sunde fand, von den Spaniern aus dem Süden herauf-
ommen seyn mögen, so ist es doch wahrscheinlich genug,
die ordentliche Eisen-Zufuhr aus einer andern Gegend
mt. Die Spanier selbst fanden im Jahr 1775, im Ha-
der Dreyfaltigkeit (Puerto de la Trinidad) in
7' Nördlicher Breite, Pfeile mit kupfernen oder
rnen Spitzen, die, so viel sie verstanden,
Norden geholt wurden. Herr Daines Bar-
gton sagt in der Anmerkung zu dieser Stelle des Spa-
en Tagebuchs, S. 20. seiner Meynung zufolge, sey
hier erwähnte Kupfer und Eisen bey unsern Vestungen
der Hudsonsbay eingetauscht worden. Anmerkung
er Urschrift.

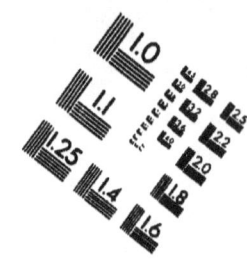

IMAGE EVALUATION
TEST TARGET (MT-3)

6"

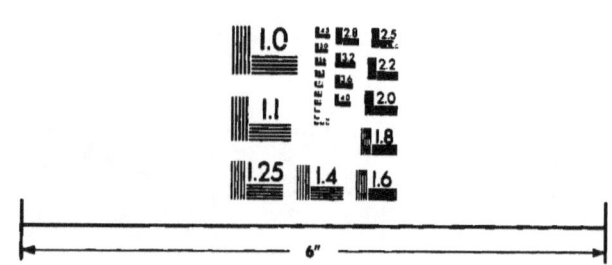

Photographic
Sciences
Corporation

23 WEST MAIN STREET
WEBSTER, N.Y. 14580
(716) 872-4503

wir doch, daß es unter ihnen eine Art von Oberhäu
oder Befehlshabern giebt, welche in ihrer Sp
Akuihk (*Acweek*) heißen, und denen die übrigen g
sermaßen untergeordnet sind. Vielleicht erstreckt si
Autorität eines jeden nur über seine Familie, welch
für ihren Vornehmsten erkennt. Diese Akui
(*Acweeks*) sind nicht allemal alte Leute; vielleicht is
der Titel erblich *).

Außer den vorhinerwähnten geschnitzten Fig
welche die Einwohner Klumma nennen, bemerkte
nicht das allermindeste, was uns mit den Religio
griffen dieser Leute bekannt gemacht hätte. Vermut
waren es Götzenbilder; und da sich die Einwohner
oft des Worts Akuihk bedienten, wenn sie von d
ben sprachen, so sind es vielleicht Vorstellungen
Vorfahren, die sie als Gottheiten verehren. Dies b
indeß bloß eine Muthmaßung; denn wir sahen nie,
diesen Bildern eine gottesdienstliche Verehrung e
wurde, und konnten auch nichts darüber erfragen. U
haupt wußten wir von der Sprache nur so viel, da
diese oder jene Sache bey ihrem Namen fordern kon
aber eine Unterredung zu halten, oder nach Einric
gen und Sagen zu forschen, war uns schlechterd
unmöglich **).

Die Sprache der Einwohner von Nutka ist n
hart noch unangenehm, ausgenommen, daß sie t
und h stärker und härter aussprechen, als wir.
Ganzen genommen sind die Buchstaben, welche mi
Zunge und den Zähnen ausgesprochen werden, häu

---

*) Er kann auch durch die Wahl ertheilt werden. G. F.

**) Soweit habe ich Herrn Andersons Beobachtungen
die Einwohner dieses Sundes gelegentlich mit den me
vermischt; was hier noch über ihre Sprache folgt sind
eignen Worte. (Cook.)

die Gutturale. Diejenigen einfachen Buchstaben Laute, deren sie sich, so viel wir wissen, gar nicht nen, und die entweder in ihrer Sprache sehr selten oder gänzlich fehlen müssen, sind die Buchstaben f, g, r, v. Dafür haben sie einen der ihnen thümlich ist, und den sie überaus häufig brauchen, hingegen gar nicht kennen. Sie bilden ihn auf eine e Art, indem sie ziemlich stark mit der Zunge gegen Gaumen schnalzen, so daß man ihn mit einem gro-Belispel vergleichen kann. Schwerlich ließe er sich Zusammensetzung unserer Buchstaben darstellen; durch lſzthl. Dies ist eine ihrer gewöhnlichsten En-n; zuweilen fängt es aber auch ein Wort an. st dem ist tl die häufigste Endung, auch endigen sich Wörter auf z und ß; z. B.

Opulſzthl, die Sonne.
Onulſzthl, der Mond.
Kahſchihtl (*Kahſheetl*), Todt.
Tihſchtſchihtl (*Tesſcheetl* einen Stein werfen.
Kouhmitz *Kooomitz*, ein Menschenschädel.
Quahmiß, Fischrogen.

Im Sprechen bedienen sie sich oft der Freyheit, ein mit vier oder fünf verschiedenen Endungen zu ge-hen, welches einen Fremden anfangs verwirrt, und lch die Unvollkommenheit der Sprache anzeigt.

Von der Wortfügung läßt sich wenig sagen, da wir die verschiedenen Redetheile unterscheiden konnten. sprechen sehr langsam und vernehmlich, woraus ich ße, daß die Sprache nur wenige Präpositionen und ewörter haben mag; auch fehlt es ihr so gar, so ch merkte, gänzlich an einem Ausrufungsworte, um underung oder Erstaunen auszudrucken. Da der unctionen wenig sind, und sie folglich für überfl..ig ten, oder schon mit verstanden werden, so wird es

auch begreiflich, daß jedes einzelne Wort viele Be-
tungen haben müsse, welches wirklich der Fall zu s
scheint. Aus demselben Grunde muß aber die Spra
von einer andern Seite mangelhaft seyn, weil es ihr
Wortreichthum fehlt, um wirklich verschiedene Beg
zu unterscheiden. Hievon hatten wir viele Beyspi
zumal bey den Benennungen der Thiere. Der V
wandtschaft dieser Sprache mit andern Amerikanis
oder Asiatischen habe ich aus Mangel an erforderli
Wortverzeichnissen nicht nachgehen können. Die ei
gen, womit ich sie verglichen habe, sind die Sprac
der Esquimaux und der Indianer, welche um Hu
sonsbay wohnen; aber mit keiner von beyden ha
die geringste Aehnlichkeit. Hingegen zeigt sich eine a
bare Uebereinstimmung zwischen dieser Sprache und
wenigen Mexicanischen Worten, die ich habe auftre
können, in so fern auch dort die Endungen auf l,
oder z sehr häufig vorkommen" *).

Aus dem zahlreichen Wörterbuch der Sprache
Nutka, welches Herr Anderson gesammelt hat,
ich, um unsere Erzählung nicht gar zu lange zu un
brechen, hier nur die Zahlwörter zur Vergleichung
stellen:

Tsawack — Eins.
Akkla — Zwey.
Katsitsa — Drey.
Mo oder Mu — Vier.
Sotschah — Fünf.
Nospo — Sechs.

---

*) Dürfen wir nicht zur Bestätigung dieser Andersonschen
merkung erinnern, daß der Name Opußlthl der
Nutkasunde die Sonne bedeutet, nicht viel anders kl
als Vitzliputzli der Name der mexikanischen Gotth
Anmerkung der Urschrift!!!

Atslepuh — Sieben.
Atlaquolthl — Acht.
Tsawaquolthl Neun.
Ha-i-u — Zehn.

Wenn ich den Einwohnern des Nutkasundes, ...nen abgesonderten Volke, einen besondern Namen ...len sollte, so würde ich sie Wakaschen nennen, ...sie das Wort Wakasch so viel im Munde führten. ...schienen damit Beyfall, Zufriedenheit und Freund... auszudrucken. Wenn sie etwas mit Wohlgefallen ... oder sich über einen Vorgang freuten, so schrien ...t einer Stimme: Wakasch: Wakasch *):

*) Die vorhin erwähnte Vieldeutigkeit der so arm seyn sollen...en Nutksprache, und die Beobachtung dessen, was in ...hnlichen Fällen der Sprachgebrauch anderer Völker mit sich ...ringt, könnte leicht die Vermuthung begünstigen, daß die ...inwohner des Sundes auch Wakasch gerufen haben ...ögen, wenn ihnen etwas seltsam oder erstaunlich vorkam, ...ndem von Bewunderung zum Beyfall oder Wohlgefallen ...ur ein kleiner Uebergang ist. Hätten sie aber auf die Art ...n Ausrufungswort der Bewunderung, (welches ihnen ...en abgesprochen ward) so werden sie auch wohl eines und ...as andere haben bewundern können; wie zum Beyspiel, ...enn man einen neuen Mast für das Schiff zimmerte, oder ...urch sechsfaches Elendsleder eine Kugel schoß; oder bey einer ...eden Gelegenheit, wo sie nur durch eine eigennützige Vor...stellung angereitzt wurden, zwischen dem, was sie die Eu...ropäer thun sahen, und dem, was sie selbst im Stande ...waren, einen Vergleich anzustellen. Es zeichneten sich so...gar in der Kajüte (Seite 16.) noch einige durch einen gewis...sen Grad von Neugier aus, wenn gleich das der Ort zu ...nen Vergleichungen nicht war. Doch wenn es nun einmal ... priori demonstrirt worden ist, daß der Wilde schlechterdings ...ndolent seyn und keine Neugier besitzen müsse, wer wird ...lange auf dergleichen einzelne Wahrnehmungen Rücksicht ...nehmen wollen! Ich lobe mir eine Definition, die, weil sie ...ich auf Fakta gründet, nunmehr auch allen andern Faktis Trotz bieten darf! G. F.

zum Beschluß will ich nur noch anmerken, daß ma diese Menschen in Ansehung ihrer Person, ihrer S und Sprache von den Einwohnern der Inseln im Meere so wesentlich verschieden sind, auch nicht a men könne, daß ihre Vorfahren je in einem und de ben Stamme vereint gewesen seyn, oder irgend genaue Verbindung mit einander gehabt haben kö ehe sie von ihren ursprünglichen Wohnsitzen ausg dert sind, und sich nach den Gegenden hinbegeben h wo wir nunmehr ihre Nachkommenschaft antreffen.

Meine Nachrichten von unsern Verhandlung Nutkasunde würden mangelhaft bleiben, wenn i astronomischen und nautischen Beobachtungen ve die wir während unsers dortigen Aufenthaltes ang haben.

Breite.

Breite der Sternwarte nach	der Sonne	:	49° 36′ 1″ 15‴
	Sternen	südw.	49° 36′ 8″ 36
		nordw.	49° 36′ 10″ 30
		Das Mittel aller	49° 36′ 6″ 47‴ n

cher B

Länge.

Nach Mondsbeobachtungen.	23 Reihen am 21. und 29. März	233° 26′ 18″ 7‴
	93 Reihen auf der Sternwarte	233° 18′ 6″ 6‴
	24 Reihen am 1. 2. und 3. May	233° 7′ 16″ 7‴
	Das Mittel aller	233° 17′ 14″ 0‴ öst

...aber jede Reihe der, sowohl ...nserer Ankunft im Sunde als ...unserer Abreise, angestellten ...chtungen nach der Längenuhr ...t und mit den an Ort und ... gemachten zusammengerech- ...ird, so ist das Mittel aller Reihen	233° 17′ 30″ 5‴

...e nach ...ngenuhr	nach ihrem Gang in Greenwich	235° 46′ 51″ 0‴
	nach ihrem Gang in Ulietea	233° 59′ 24″ 0‴

Abweichung der Magnetnadel.

...	V. M. an der Sternwarte das Mittel von 4 Nadeln:	15° 57′ 48½″	15° 49′ 25″ östl.
	N. M.	15° 41′ 2″	
...	V. M. an Bord des Schiffs, das Mittel von 4 Nadeln:	19° 50′ 49″	19° 44′ 37½″ östl.
...r.	N. M.	19° 38′ 46″	

...ie am Schiffe beobachtete Abweichung ist die ..., denn sie stimmte mit den Beobachtungen die ...r See gemacht hatten überein, und es mußte am ...etwas seyn, welches auf den Compaß sehr merk- ...rkte, und zwar an einer Stelle mehr als an andern. ...em Orte auf der Westspitze des Sundes ward die

Nadel um 11⅞ Striche *) von ihrer eigentlichen
tung abgezogen. Das Mittel aller Beobachtungen
Inklination des Compasses war am Lande 72° 32′
an Bord 72° 25′ 4

Diese Resultate sind einander so nahe als ma
nur erwarten kann, und beweisen, daß die In
tionsnadel durch jene Ursach, die auf die Com
wirkte, nicht gestört ward.

Fluth.

Am Neu- und Vollmondstage ist um 12 Uhr 20
Hochwasser. Zwey oder drey Tage nach dem Neu
Vollmonde beträgt das senkrechte Steigen und F
bey Tage, acht Fuß neun Zoll; die Nachtfluthen
steigen um diese Zeit etwa zwey Schuh höher.
war hauptsächlich bey der Springfluth des Vollm
merklich, welche bald nach unserer Ankunft ein
In der Bucht, wo wir Holz und Wasser einnah
lag eine Menge Treibholz, welches wir vorher aus
Wege schaffen mußten, ehe wir an das Wasser kom
konnten. Oft fanden wir aber, daß große Bäume
wir bey Tage über den höchsten Stand der Fluth hi
geschleppt hatten, am andern Morgen dennoch w
hinabgespült waren und im Wege lagen; desgle
hatte die Fluth unsere Rinnen, durch welche wi
frische Wasser leiteten, so ruhig sie auch bey Tage l
blieben, des Nachts umhergeworfen, und das B
holz, welches wir gespalten und aufgestapelt h
weggeflößt. Dies geschahe drey oder vier Tage
während der Springfluthen. Ich kann nicht bestim

*) Ein Strich (point) des Compasses hat 11° 15′; da
32 die Windrose ausmachen. G. F.

Fluth von Nordwesten oder Südwesten in den strömt; doch vermuthe ich sie in der letztern Richicht, denn die Südostwinde verringerten das Steiwelches wohl nicht geschehen seyn könnte, wenn und Fluth einerley Richtung gehabt hätten.

echs und dreyßigstes Hauptstück.

Unmittelbar nach unserer Abreise vom Nutkae entsteht ein heftiger Sturm. Die Resoluwird leck. Wir segeln bey der vorgeblichen enge des Admirals de Fonte vorüber, sie zu untersuchen. Verfolg der Reise längs Küste von Amerika. Behrings-Bay. e's Eiland und dessen Beschreibung. Die ffe legen vor Anker, und erhalten Besuch von Einwohnern. Betragen derselben, ihre Be nach Glaskorallen und Eisen. Sie machen Anschlag, die Discovery zu plündern. Das n der Resolution wird verstopft. Wir segeln Sund hinauf. Die Herren Gore und Ros werden ausgeschickt, dessen Umfang zu unchen. Gründe wider eine Durchfahrt durch lben gegen Norden. Die Schiffe kehren r in die offene See zurück.

6sten Abends waren wir bey den drohendsten Vor eines herannahenden Sturmes in See gegangen, e betrogen uns diesesmal nicht. Kaum waren wir Sunde hinaus, so setzte der Wind in einem Augenvon Nordost nach Südost zum Osten um, und

wuchs zu einem fürchterlichen Sturm an. Er
Stößen, mit Regen und so schwarzem Gewölk, da
die Länge des Schiffs nicht absehen konnten. J
sorgte, aus der Erfahrung, die ich bereits auf der
gen Küste erlangt hatte, der Wind möchte noch
südwärts gehen, und wir also auf der Küste in
kommen. Dem zufolge hielten wir uns nahe a
Wind, und liesen, mit allen Segeln, die unsere
tragen konnten, Südwest. Zum Glücke ging der
nicht weiter als Südost, so, daß wir am 27ste
Tagesanbruch gänzlich von der Küste abgekomme
ren. Weil die Discovery etwas weit zurück war,
ich so lange bey, bis sie zu uns kam, und wir segelte
denn nach Nordwesten, in welcher Gegend das Land
mußte. Der Wind stand indeß noch immer in S
blies stoßweise sehr heftig, und das Wetter war
und neblig. Um halb zwey Uhr Nachmittags tobte
der ein völliger Orkan, so daß ich es für gefährlich
länger vor dem Winde zu segeln, und deshalb, mi
Vordertheil des Schiffs nach Süden beylegen ließ.
diese Zeit bemerkte man in der Resolution ein Leck,
ches uns anfangs nicht wenig beunruhigte. Es wa
ter dem Hintertheil, an der rechten Seite, so da
von der Brodkammer aus das Wasser hineinstr
hörten und sahen. Damals schien es uns zwey S
unter dem Wasser zu seyn, allein zum Glück war di
Irrthum, denn es stand vielmehr mit der Wasser
gleich, wo nicht gar höher. In dem Augenblick, da
es entdeckten, war unsere Fischkammer bereits voll
ser, und die darinn enthaltenen Fässer schwammen
her. Doch dieser Umstand rührte größtentheils da
daß das Wasser wegen der im untern Raume dich
sammengepackten Kohlen nicht bis an die Pumpen h
dringen können; denn so bald wir die Kammer tro
geschöpft hatten, (eine Arbeit die bis Mitternacht daur

as Wasser gerades Weges vom Leck zu den Pum-
nab lief, konnten wir uns dessen durch Eine Pum-
uem erwehren. Dies gereichte uns, wie man
denken kann, zu nicht geringer Beruhigung. Da
bend der Wind südlich ward, und etwas nachließ,
en wir wieder nach Westen. Indessen tobte der
n um elf Uhr abermals so heftig, daß wir unsere
segel einziehen mußten, und sie nicht eher, als am
den Morgen um fünf Uhr von neuem ausspannen
n. Um diese Zeit klärte sich der Himmel auf, und
nnten wieder einige Meilen weit um uns sehen.
gs befanden wir uns in 50° 1′ Nördlicher Breite
29° 26′ östlicher Länge. Das Wetter war schön,
aber um neun Uhr Abends wieder stürmisch und
t, und blieb auch so bis zum 30sten, da ich um
hr Morgens unsern Lauf nach Norden gen Westen
e, um das Land aufzusuchen. Es that mir leid,
h es nicht eher hatte thun können, weil wir nun-
die Gegend vorbey fuhren, wohin die Geographen
rgebliche Meerenge des Admirals de Fonte
*). Ich meines Theils halte zwar nichts auf der-
n unbestimmte und unwahrscheinliche Mährchen,
h von selbst widerlegen; demungeachtet hätte ich
die Amerikanische Küste stets vor Augen behalten
n, um auch allem Streit ein Ende zu machen. Bey
raus stürmischem Wetter würde es aber im höchsten
e unvorsichtig gewesen seyn, mich dem Lande zu
n, oder auch, in Erwartung bessern Wetters, den
Wind zu verscherzen. Heute hatten wir um
g 53° 22′ nördliche Breite und 225° 14′ öst-
Länge.

Man sehe De l'Isle Carte générale des Découvertes de l'Amiral de Fonte. etc. Paris. 1752 und viele andere Charten.

Da ich am 1sten May das Land noch nicht g… wurde, suchte ich es in Nordosten auf, indeß die … Südsüdost- und Südwinde uns, stoßweise, oft … und Hagel brachten. Um sieben Uhr des Abend… wir uns in 55° 20′ nördlicher Breite befanden, … ten wir das Land in einer Entfernung von zwölf bi… zehn Seemeilen, und um vier Uhr des folgenden … gens, war die nächste Küste desselben noch gegen … Seemeilen entfernt *).

Wir erblickten nunmehr, in Ost gen Süden, … Nordspitze einer Einbucht, in 56° nördlicher B… und weiter hin gegen Norden war die Küste sehr zer… so daß von zwey zu drey Seemeilen sich Bayen un… fen zu öfnen schienen. Der Südostwind brachte … indem wir längs der Küste Nordwest gen Norden … ten, um sechs Uhr Hagel, Schnee und Schlossen. … schen elf und zwölf Uhr liefen wir bey einer Grupp… kleinen Eilanden vorbey, die unter dem festen Land… 56° 48′ nördlicher Breite unweit der südlichsten … einer großen Bay liegen. Ein Theil oder Arm … Bay, schien sich, in ihrer nördlichsten Gegend, … einen großen runden Berg herum zu ziehen, d…

*) Dies muß ganz in der Nähe desjenigen Orts an der A… kanischen Küste gewesen seyn, wo Tschirikow im … 1741 ankerte, welches nach Herren Staatsrath M… in 56° nördlicher Breite war. Wäre der Russische Se… so glücklich gewesen, ein klein wenig weiter nordwärts … der Küste zu segeln, so würde er, wie Capitain Cook … belehrt, Häfen, Buchten, Inseln und Schutz für … Schiffe und Leute gefunden haben. Statt dessen ha… das Unglück, daß zwey Mannschaften, die er hier in B… ans Land schickte, nicht wieder zurückkehrten, wahrschein… weil sie von den Eingebohrnen abgeschnitten wurden. … Spanier fanden in dieser Gegend der Küste zwey gute … fen; Gualupe in 57° 11′ und de los Remedio… 57° 18′ nördlicher Breite. Anmerkung der Ursch…

nt Edgecumbe, nannte, so wie die von dem in See laufende Landspitze Cap Edgecumbe, s in 57° 3′ nördlicher Breite und 224° 7′ östli nge liegt.

as Land ist hier überall ziemlich hoch und bergicht, ommen an einigen Stellen dicht am Strande; der Edgecumbe ragt aber über alle seine Nachba ch hervor, und war jetzt, wie alle übrigen hohen dieser Gegend, mit Schnee bedeckt. Auf den eren Hügeln hingegen, und auf den Flächen am e, sahe man keinen Schnee, sondern ununter e Waldungen. Vom Cap Edgecumbe läuft ste, etwa sechs bis sieben Seemeilen weit, nörd d sogar nordöstlich, und bildet eine große Bay, in Eingang einige Inseln vorhanden sind, weshalb die Insel-Bay, oder Bay der Eilande (*Bay nds*) nannte. Sie liegt in 57° 20′ nördlicher *), und scheint sich in mehrere Arme zu theilen, nen einer südwärts geht, und vielleicht mit der n der Ostseite des Cap Edgecumbe zusammen in welchem Fall dieses Cap auf einer Insel läge. t Uhr Abends zeigte sich gegen Nordost ½ Ost, in Entfernung von fünf Seemeilen, eine neue Ein vor welcher ebenfalls Inseln lagen. Die Küste ier Nord Nordwest ½ West und Nordwest ¾ zu und wir segelten mit frischem Nordostwinde und iterem Wetter längs derselben fort. Am folgenden

---

s scheint also in eben dieser Bay gewesen zu seyn, wo die panier im Jahr 1775 ihren Hafen de los Remedios funden haben, da die Breite genau übereinstimmt, und r Tagebuch sagt, daß der Hafen durch eine lange Reihe her Inseln geschützt werde. S. Miscellanies, by the Hoourable Daines Barrington, p. 503. 504. Anmerkung er Urschrift.

Morgen um halb fünf Uhr zeigte sich, sechs Seem vor uns, wieder eine große Bucht, welche wir Kreuz-Sund Cross Sound nannten, weil der ha Tag im Kalender diesen Namen führt. Nach Nordw hin lag die äußerste Spitze des Landes unter einem hen Pikähnlichen Berge, den ich Mount Fair Wea (Schön Wetter Berg) nannte. Der Kr Sund theilt sich dem Anschein nach in mehrere A wovon der ansehnlichste nordwärts geht. Die Sü spitze des Sundes bildet ein hohes Vorgebirge, we ich Kreuz-Cap (*Cross Cape*) nannte. Mittags be den wir uns in 58° 17′ nördlicher Breite und 2 14′ östlicher Länge drey bis vier Seemeilen weit von Küste. Die Abweichung der Magnetnadel ist hier schen 24° 11′ und 26° 11′ östlich.

Hier verließ uns der Nordostwind, und wir k men leichte Lüftchen aus Nordwesten, die einige Tage l anhielten. Der Schönwetterberg (*Mount fair wea* liegt ungefähr fünf Seemeilen weit von der Küste lan wärts in 58° 22′ nördlicher Breite und 222° östl Länge, und ist der höchste Berg einer Gebirgskette, vielmehr eines hohen Gebirgrückens, der sich dem Nordwestlichen Eingange des Kreuzsundes (*Cr Sound*), der Küste parallel, Nordwestwärts erstr Dieses Gebirge ist vom Gipfel bis an die Seeküste gänzlich mit Schnee bedeckt, an wenigen Stellen au nommen, wo wir gleichsam aus dem Meere Bä hervorsteigen sahen, die also vermuthlich auf sehr fla Lande oder Eilanden längs dem festen Lande wuchsen

*) Behring berührte die Küste von Amerika in 58° nördlicher Breite, und sagt: der Anblick des Lande wegen seiner hohen mit Schnee bedeckten Gebirge gra voll. Die hier vom Capitain Cook erwähnte Kette Schneegebirgen, kommt genau mit der von Behr

4ten sahen wir um fünf Uhr Nachmittags, in der
tung von Norden 26° Westen, über dem Horizont
Gipfel eines hohen Berges, von dem wir, wie es
in der Folge zeigte, jetzt, da wir in 58° 53′ nörd-
Breite und 220° 52′ östlicher Länge waren, noch
ig Seemeilen weit entfernt gewesen seyn müssen.
ich es als ausgemacht annahm, daß dieser Berg der-
e wäre, den Behring den St. Elias-Berg
t, so hat er auch auf unsern Charten diesen Namen
lten. Wir sahen heute verschiedene Wallfische,
hen, und Meerschweine, nebst vielen Seemewen und
en Schaaren von Vögeln, die einen schwarzen Ring
den Kopf, einen schwarzen Streif queer über das
e des Schwanzes und einen andern über die Deckfe-
der Flügel hatten, übrigens von oben bläulich und
weiß waren. Auch sahen wir eine bräunliche
, mit schwarzem oder dunkelblauem Kopf und Halse,
em Wasser sitzen.

Schwache Winde und öftere Windstillen verursach-
daß wir nur langsam vorwärts kamen, und uns
echsten, Mittags, nur in 59° 8′ nördlicher Breite
220° 19′ östlicher Länge befanden. In dieser Lage
bten wir gegen Nordosten eine Bay, und an ihrer
spitze eine mit Waldung bedeckte Insel wahrzuneh-
Vermuthlich ist dies der Ort, wo Behring
rte, da dessen nördliche Breite von 59° 18′ ziemlich
mit der in seiner Charte *) angegebenen überein-
mt. Dem Entdecker zu Ehren, nannte ich also diese

---

ngegebenen Breite überein. S. Müller, Voyages & Découvertes des Russes p. 248. 254. Anmerkung der Urschrift.

Capitain Cook meynt diejenige, welche Herr Staatsrath Müller seiner Geschichte der Russischen Entdeckungen vorgesetzt hat. Anmerkung der Urschrift.

Bay die Behrings-Bay. Jenseits oder südwär
derselben wird die vorhinerwähnte Gebirgskette von
Ebene unterbrochen, die einige Seemeilen lang ist.
ter hin war die Aussicht völlig frey, folglich mußte da
entweder flaches Land, oder gar keines, liegen. Nac
tags war es einige Stunden lang windstill. Bey
Gelegenheit ließ ich das Senkbley werfen, und fand
zig Faden Tiefe auf einem schlammigen Boden. Am
benten befanden wir uns um Mittag in 59° 27' nördl
Breite und 219° 7' östlicher Länge, und entdeckten
dem hohen Lande eine kreisförmige Bay mit nied
waldigen Lande zu beyden Seiten.

Die Küste streckte sich nunmehr beynahe völlig
Westen, und stieg nicht höher nach Norden hinauf.
schwachen Westwinde hielten uns folglich sehr z
Der Elias-Berg, der am neunten noch neu
Seemeilen weit von uns lag, ist wenigstens zwölf
meilen vom Strande landeinwärts entfernt, und
in 60° 27' nördlicher Breite, und in 219° öst
Länge. Er gehört zu einem überaus hohen Gel
rücken, der gleichsam eine Fortsetzung des vorigen
zwischen beyden nur die vorhinerwähnte Ebene
Dieses Gebirge erstreckt sich bis 217° östlicher L
wo es sich zwar nicht endigt, aber an Höhe beträc
abnimmt, und unterbrochen wird.

Am zehnten um Mittag hatten wir 59° 51' n
cher Breite und 215° 56' östlicher Länge erreicht,
befanden uns nur drey Seemeilen weit von der K
die hier eine Landspitze und gegen derselben über eine
sel bildet. Die Spitze nannte ich Cap Suckling
sie ist an sich flach, allein etwas weiter im Lande lie

zie

*) Nach einem verdienten Schiffscapitain in der Engl
Flotte. G. F.

hoher Berg, der wieder durch flaches Land von
rigen Gebirge abgeschnitten wird, und folglich
rgebirge das Ansehen einer Insel giebt. Nord-
om Cap Suckling liegt eine Bay, die von
m Umfange, und vor den meisten Winden sicher
scheint. Ich hatte die Absicht, mich dahin zu
um das Leck der Resolution zu verstopfen, wel-
lange wir die See hielten, uns nicht gelingen
Wir steuerten also, wiewohl nur mit langsamen
tten, da es an Wind fehlte, auf das Vorge-
und sahen, noch ehe es Nacht wurde, daß sich
e Land desselben Nordwestwärts verlängerte,
ie östliche Gegend der Bay vor dem Südwinde
In der Bay bemerkten wir einige kleine Insel-
ngleichen zwischen dem Cap und der Nordspitze
nerwähnten Insel einige hohe Felsen, die aber
Durchfahrt zu beyden Seiten offen ließen. Die
cht segelten wir immerfort darauf zu, und fan-
rend der Zeit mit dem Senkbley einen schlammi-
en und eine Tiefe von drey und vierzig bis sieben
nzig Faden. Am folgenden Morgen um vier
sich aber der Wind, der bisher Nordost ge-
ar, völlig in Norden, und zwang mich mein
n aufzugeben. Ich richtete nunmehr den schwa-
inde meinen Lauf nach dem westlichen Ende der
Um zehn Uhr verlor sich endlich der Wind ganz;
en aber jetzt der Insel so nahe, daß ich ein Boot
ließ, und auf derselben landete, um zu erfor-
was jenseits der Insel läge. Der Weg zum
er Berge war aber länger als ich erwartet hatte,
Anhöhe selbst steil und dick bewaldet; ich mußte
dieses Vorhaben unausgeführt lassen. Am
es Baumes, der nicht weit vom Strande auf
nhöhe stand, hinterließ ich eine Flasche, in die ich
pier mit dem Namen der Schiffe und dem Tage

der Entdeckung, imgleichen zwey silberne Zwe
Stücke vom Jahre 1772 gelegt hatte. Eine
von diesen Münzen hatte mir Herr Dr. Kaye
auf die Reise gegeben; daher nannte ich, ihm zu
diese Insel: Kaye's Eiland. Sie ist elf ode
Seemeilen lang, und erstreckt sich von Nordo
Südwest; hat aber nirgends mehr als Eine, hö
anderthalb Seemeilen in der Breite. Die S
spitze derselben, welche in 59° 49′ nördlicher Bre
216° 58′ östlicher Länge liegt, zeichnet sich als ein
Felsen aus, der weit über das angränzende Land
ragt. Auch im Meere, der Spitze gegenüber,
solcher hoher Felsen, der unter gewissen Gesichts
wie die Ruinen eines alten Schlosses aussieht.
dem Strande zu hat die Insel überall einen schräg
sturz, an dessen Fuße der schmale Strand mit a
deten Steinen bedeckt ist. An einigen Stellen
man daselbst auch thonartigen braunen Sand
mischt, der vermuthlich durch die Gewalt der
bäche von den Höhen fortgerissen, und nachher v
anspülenden Wellen abgesetzt worden ist. Der
oder die Klippen bestehen aus bläulichem, an den
Stellen bröcklichten oder verwitterten Gestein. H
wieder ist das Ufer durch enge Thäler und Sch
zerschnitten, in deren jede ein Bach mit Ungestüm
stürzt. Vermuthlich waren sie jetzt von dem gesch
nen Schnee angelaufen, und in dem Fall kann e
seyn, daß sie in der Folge ganz austrocknen. Di
ler sind, von unten an bis ungefähr zur halben H
Insel hinauf, mit Fichten bewachsen. Ueberal
auch die Waldgegend sogleich oberhalb des Abstur

*) Damals Unteralmosenpfleger und Hofprediger Sr.
stät, jetzt Dechant zu Lincoln.

treckt sich auf die Höhe so weit hinauf, wie in den
n. Die ganze Insel ist also gleichsam mit einem
Waldgürtel umgeben, der unten an den Absturz,
en an das gebirgichte Innere der Insel gränzt.
äume zeichnen sich eben nicht sehr durch kräftiges
thum aus; die meisten kann man umklaftern, und
ist über funfzig Schuh hoch, man könnte also
is Bramstengen und dergleichen Kleinigkeiten dar-
ichen. Wie groß die Bäume des benachbarten
andes seyn mögen, läßt sich schwerlich errathen;
t indeß gewiß, daß alles Treibholz, welches hier
ande lag, nicht größer war, als die wachsenden
e. Die Fichten waren sämmtlich von einer
nd es fand sich hier weder die Canadische Fichte
Cypresse. Hin und wieder bemerkten wir kleine,
cht ausgeschlagene Bäumchen, die wir für Erlen
Am Rande des Abhangs, und an einigen An-
war die Erde einen halben Schuh tief mit einer
asen bedeckt, der aus gemeinem Moose bestand.
rbe der höheren Gegenden schien eine ähnliche,
das dickere, Bekleidung zu verrathen. Zwischen
umen fand ich Johannisbeer- und wilde Rosen-
ein kleines Veilchen mit gelber Blume, die
verschiedener andern noch nicht blühenden Kräu
ter denen Herr Anderson auch das Heraclium
nen glaubte, von welchem Steller, Beh-
Reisegefährte, meynt, daß es die hiesigen Ame-
, eben so, wie die Kamtschadalen, zur Speise
en.

dem Walde sahen wir eine Krähe, zwey bis drey
fige Adler, dergleichen wir im Nutkasunde
hatten, nebst einem andern von derselben Größe
rbe, doch etwas schwärzlicher und mit einer weis-
ist. Auf dem Wege vom Schiffe zum Lande fan-
eine Menge Vögel auf der See sitzen, und theils

schaaren, theils paarweise herumfliegen; es waren
Knochenbrecher-Sturmvögel (*Quebranta huessos*);
cher; Enten, oder große Sturmvögel; Mewen
Wasserraben. Die Taucher waren von zweyerley
ein sehr großer, schwarzer mit weißer Brust und B
und ein kleinerer, mit längerem spitzeren Sch
oder vermuthlich der gemeine Grasvogel (*Guill*
Die Enten waren ebenfalls zweyerley; eine braune
schwarzem oder dunkelblauem Kopf und Hals, w
vielleicht Stellers Stein-Ente seyn kann, un
zweyte, die in großen Schwärmen fliegt, kleine
von unreiner schwarzer Farbe ist. Die Mewen
von der gewöhrlichen Art, und flogen in Sch
Die Wasserraben sind groß und schwarz, und habe
ter den Flügeln einen weißen Fleck, der sich im
zeigte; wahrscheinlich war es der gemeine größere
serrabe oder Cormoran. Auch bemerkten wir noch
einzeln fliegenden schneeweißen Vogel von der M
art, der auf den Deckfedern schwarz gezeichnet w
An unserm Landungsorte kam ein Fuchs zum Wald
aus, sah uns ohne Schüchternheit an, und ging
sam, ohne Furcht zu bezeigen, vorüber. Er war
lich gelb, wie einige im Nutkasunde eingetau
Felle, aber nicht sehr groß. Unweit des Ufers
wir auch zwey oder drey kleine Röbben, sonst abe
der andere Thiere noch Vögel, und nicht die mi
Spur, daß diese Insel je bewohnt gewesen wäre.

Um halb zwey Uhr Nachmittags kehrte ich an
meines Schiffes zurück und setzte, mit Hülfe eines
chen Ostwindes, den Lauf nach der Südwestspitze
Insel fort. Um acht Uhr hatten wir endlich diese

---

*) Diese Bemerkungen habe ich Herrn Anderson zu
danken. Cook.

ifft, und fuhren nunmehr nach dem Lande, welches on allem, das wir sehen konnten, am westlichsten Am Nordost-Ende von Kayes-Insel, nach vesten hin, liegt eine zweyte Insel, die sich Süd- Nordwest drey Seemeilen lang erstreckt, und un- eben so weit von der nordwestlichen Gränze der erwähnten Bay entfernt ist, welche wir Control- s-(Comptrollers) Bay nannten.

Am zwölften um Mittag befanden wir uns in 61° rdlicher Breite und 213° 28′ östlicher Länge, und West-Nordwestwärts einen großen Einbusen vor dessen östliche Spitze noch drey Seemeilen entfernt und Cap Hinchingbrooke genannt wurde. icher Zeit erblickten wir im Westen und so gar im esten immer mehr Land. Von der Control- -Bay bis zum Cap Hinchingbrooke ist die ing der Küste beynahe genau Ost und West; jenseits Spitze schien sie sich aber wieder nach Süden zu . Diese Richtung wich von allem, was die neuern en, nach Maaßgabe der Russischen Entdeckungen, ndeuten, so merklich ab, daß wir Ursach hatten, durch den vor uns liegenden Einbusen, eine nörd- Durchfahrt zu vermuthen, und jenes Land gen We- nd Südwesten für eine bloße Gruppe von Inseln ten. Da überdies der Wind nunmehr südöstlich und mit Nebel und Sturm drohete, und ich lieber en sichern Ort zu kommen und das Leck zu versto- als mich einem neuen Orkan auszusetzen wünschte: erte ich auf den Einbusen zu; allein kaum hatten n Eingang desselben erreicht, so nahm der Nebel k überhand, daß wir keine Englische Meile weit is sehen konnten. Ich mußte mich folglich ent- en; die Schiffe irgendwo in Sicherheit zu bringen, ir günstigere Witterung abwarten könnten. Zu nde gingen wir in einer kleinen Bucht, dicht unter

und innerhalb Cap Hinchingbrooke, eine
sche Viertelmeile weit vom Lande, in acht Faden W
auf einem Thongrunde vor Anker.

Hier setzten wir die Boote aus, einige um a
schiedenen Orten das Senkbley zu werfen, and
einen Fischfang zu versuchen, der aber nicht glückt
unser Netz zerrissen war. Von Zeit zu Zeit ver
der Nebel auf einige Augenblicke, so daß wir di
des Landes um uns her sehen konnten. Wir be
uns hier in einer Bay, welche ungefähr drey Se
nach Osten hineingeht, und an der Südostseit
zwey bis drey solcher Buchten bildet, wie diejen
worin wir lagen. In der Mitte der Bay gab es
felsichte Eilande. Der Eingang des vor uns lie
Einbusens war fünf Seemeilen weit; nach Nord
hin konnten wir in demselben kein Land erblicken.

Ich schickte Herrn Gore nach den kleinen Ei
in der Bay ab, in der Hofnung, er würde daselbst
eßbare Vögel schießen können. Kaum war er ab
angelangt, so kamen etwa zwanzig Eingebohrne i
großen Kanots zum Vorschein, und er hielt es da
rathsam, nach den Schiffen zurückzukehren. D
nots folgten ihm; allein die darin befindlichen Ein
nen ließen sich nicht bereden, dicht an die Schiffe
zukommen, sondern blieben vielmehr in einiger
nung, schrieen laut, und falteten und breiteten we
weise ihre Arme aus, stimmten auch bald hernach
Gesang an, völlig so, wie die Einwohner von N
denen sie auch darin ähnlich waren, daß sie ihre
mit Federn bestreuet hatten. Einer von ihnen hi
weißes Kleid ausgebreitet, welches wir für ein Fr
zeichen nahmen; ein anderer breitete seine Arme
den Seiten des Köpers gerade aus, und blieb eine
terstunde lang unbeweglich in dieser Stellung.
Kanots waren nicht von Holz gemacht, wie

a = Sunde; nur das Gerippe bestand aus dün-
lzernen Latten, der Ueberzug hingegen war aus
nfell oder ähnlichen Thierhäuten verfertigt. Wir
erten ihre Friedenszeichen mit allen ersinnlichen
cken; allein vergebens bemühten wir uns sie nä-
ran zu locken. Einige von unsern Leuten wieder-
verschiedentlich einige Wörter aus der in Nutka
n Sprache, z. B. Sikimâli und Mahuk, (Ei-
handeln); allein sie schienen diese Ausdrücke nicht
stehen. Verschiedene Geschenke, die wir ihnen
en, nahmen sie an, und zogen sich hierauf nach
egend zurück, woher sie gekommen waren, doch
n sie uns zuvor durch Zeichen verständlich, daß sie
genden Morgen wiederkommen würden. Ihrer
jeder in einem kleinen Kanot, besuchten uns indeß
früher, nämlich mitten in der Nacht, vermuhtlich
Hofnung uns schlafend anzutreffen und etwas steh-
können; denn sobald sie sahen, daß sie entdeckt wä-
zogen sie ihres Weges.

ie Nacht hindurch, hatten wir heftigen Süd-
stwind, der in Stößen kam und von Regen und
n Wetter begleitet wurde. Am folgenden Mor-
m zehn Uhr legte sich der Sturm etwas, und der
el klärte sich einigermaßen auf. Wir gingen da-
nter Segel, um einen ruhigeren und sicheren An-
atz aufzusuchen, wo wir das Leck verstopfen könnten.
ngs war ich gesonnen, tiefer in die Bay zu gehen,
welcher wir geankert hatten; allein das heitere Wet-
ewog mich, höher nordwärts in den Einbusen hin-
u segeln. Jenseits der Nordwestspitze von der eben
hnten Bay, wendet sich die Küste wieder geraden
es Ostwärts; ich folgte ihr aber nicht, sondern ließ
er Nordwärts auf eine Landspitze zusteuern, welche
in dieser Richtung erblickten.

Die Einwohner, die uns am vorigen Abend be
hatten, kamen zwar am Morgen in fünf oder sechs
nen wieder, fanden uns aber schon unter Segel, und
suchten es nunmehr, wiewohl umsonst, uns einzuh
Gegen zwey Uhr Nachmittags stellte sich das ungü
Wetter wieder ein, und zwar mit einem so un
dringlichen Nebel, daß wir außer der zuletzt erwä
Landspitze nichts sehen konnten. Um halb fünf Uhr
ten wir diese erreicht, und fanden jetzt, daß es eine
Insel war, die etwa zwey Englische Meilen von
Küste lag, welche hier ebenfalls eine Spitze bi
Jenseit derselben lag ostwärts hin eine schöne Bay,
eigentlicher ein Hafen, den wir mit eingerefften M
segeln zu gewinnen suchten. Der Wind kam mit U
stüm aus Südosten, und die Stöße, die uns N
brachten, waren überaus heftig. Von Zeit zu Zeit s
wir in allen Richtungen Land; mehrentheils war aber
Nebel so groß, daß wir mehr nicht als die Ufer der
sehen konnten, in welche wir hinein lavirten. Der
nen Insel gegenüber war die Tiefe sechs und zwanzig
den, und der Boden schlammig; bald hernach fa
wir sechzig auch siebenzig Faden, auf Felsengrund,
Eingange der Bay aber dreyßig bis sechs Faden,
zwar letzteres sehr nahe am Lande. Endlich nöt
uns, um acht Uhr Abends, die Heftigkeit der W
stöße, in dreyzehn Faden Tiefe vor Anker zu gehen,
wir uns noch so weit in die Bay hinaufgearbeitet ha
als ich es wünschte. Doch hatten wir Ursach
glücklich zu schätzen, daß wir bereits so früh in
länglicher Sicherheit waren, denn in der Nacht w
es ungemein stürmisch.

Dadurch ließen sich indeß drey von den Einwoh
nicht abhalten uns zu besuchen. Zwey saßen in ei
Kanot, und der dritte allein in einem andern. Die
nots konnten ihrer nicht mehr einnehmen, denn sie w

lig von der Bauart wie die Kähne der Esquimaux!
dem einen waren nämlich zwey Löcher und im andern
eines angebracht, worin eine Person Platz hatte.
jeder von diesen Männern hielt einen Stab in der
nd, der etwa drey Schuh lang, und an dessen einem
de einige große Federn oder ganze Flügel von Vögeln
ebunden waren. Diese Stäbe streckten sie uns oft
ls entgegen, um, wie es uns schien, ihre friedliche
sinnung anzuzeigen *)

Unser Betragen gegen diese Leute bewog eine Menge
erer, zwischen ein und zwey Uhr des Morgens in
ßen und kleinen Kähnen Besuch bey uns abzustatten.
nige von jenen wagten es, an Bord des Schiffes zu
gen, doch thaten sie es nicht eher, als bis einige der
rigen sich in ihre Kähne begaben. Unter denen die
das Verdeck kamen, war ein ansehnlicher Mann von
tlerem Alter, der, wie wir in der Folge sahen, ihr
erhaupt war. Er hatte eine Kleidung von Meer-
tterfellen an, und trug wie die Einwohner des Nutka-
ndes, eine Mütze auf dem Kopfe, die aber mit him-
lblauen Glaskorallen von der Größe einer Erbse
sgeschmückt war. Diese schätzte er weit höher, als
sere weißen Glaskorallen; indeß standen doch Glas-
rallen aller Art bey seinen Landsleuten in hohem Werth,
d sie vertauschten dagegen alles was sie hatten, so gar
e schönsten Meer-Otterfelle, welche sie eben nicht höher

*) Völlig eben so war das Betragen der Einwohner auf den Schumagins Eilanden, welche Behrings Leute daselbst empfingen. „Man weiß, sagt Herr Müller, was das Calumet ist, welches die Nordamerikaner als ein Friedenszeichen darreichen. Die hier befindlichen Einwohner hielten dergleichen in Händen; es waren Stäbe an deren Ende man Habichtsflügel befestigt hatte." Découvertes, etc. p. 268. Anmerkung der Urschrift.

schätzten, als andre Thierhäute, sondern gleich den
wohnern im Nutka-Sunde lieber verkauften,
wilde Katzen- und Marderfelle.

Sie verlangten ebenfalls Eisen von uns einz
schen; es sollten aber Stücke seyn, die wenigstens
bis zehn Zoll lang, und drey oder vier Finger breit w
alle kleine Stückchen verwarfen sie ganz und gar.
solche Art erhielten sie nur wenig von uns; denn
war nunmehr an Bord eine seltene Waare. Die
zen an einigen Lanzen oder Speeren, welche sie m
bracht hatten, waren von diesem Metall; andere w
von Kupfer, und einige wenige von Knochen.
spieße, Pfeile u. d. gl. hatten durchgehends knöc
Spitzen. Ich konnte den Befehlshaber nicht be
mit mir unter das obere Verdeck zu gehen; u
sowohl als seine Gefährten blieben überhaupt nicht
an Bord. Während ihres kurzen Aufenthalts
mußten wir sehr genau auf sie Acht geben, weil sie
von ihrem Hange zum Stehlen einige Proben sehe
ßen. Nachdem sie sich drey bis vier Stunden
unserm Schiffe aufgehalten hatten, verließen sie un
auf einmal und begaben sich zur Discovery, wo b
nur einer von ihnen gewesen war. Dieser war j
seinen Landsleuten herüber gekommen, und kehrte so
mit dem ganzen Haufen wieder dorthin zurück.
dies bemerkte, glaubte ich, der Mann habe viel
bey jenem Schiffe etwas gefunden, was seinen Land
ten angenehmer wäre, als die Dinge, die wir
angeboten hatten; allein ich irrte mich, wie der E
auswies.

Sobald sie uns verlassen hatten, schickte ich ein
aus, um die Tiefe im obersten Ende der Bay zu
schen, weil ich das gute Wetter zu benutzen und
Schiff ans Land zu legen gedachte, um unser Leck zu
stopfen. Es währte nicht lange, so verließen die A

re nit einemmal die Discovery, und anstatt wieder
uns zu kommen, ruderten sie alle auf das Boot los,
ches ich ausgeschickt hatte. Hierauf kehrte der Offi-
wieder an Bord zurück, und alle Kanots folgten
er ihm drein. Unsre Mannschaft stieg aus dem
ote, und ließ nur zwey Mann zur Wache in demsel-
zurück. Kaum war sie aber an Bord des Schiffes,
raten einige Amerikaner ins Boot, und hielten den
den Wächtern ihre Speere vor, indeß andere den
rick womit das Boot am Schiffe befestigt war, los-
chten, und die übrigen nun das Boot mit sich fortzu-
leppen anfingen. Allein sobald sie gewahr wurden,
wir Anstalt machten, ihnen Widerstand zu thun,
ßen sie ihre Beute fahren, zogen sich in ihre Kähne
ück, und winkten uns so unbefangen, als ob sie nichts
rechtes gethan hätten, wir möchten unsere Waffen nur
eder bey Seite legen. So verwegen übrigens dieser
schlag von ihrer Seite war, so kommt er dennoch in
nen Vergleich mit dem, den sie an Bord der Dis-
very ausführen wollten. Der eine Mann, der sie alle
n unserm Schiffe abgeholt hatte, war dort zuvor aufs
erdeck gestiegen, und hatte überall in die Luken hinein-
sehen. Weil er nun auf dem Verdecke niemanden
hrgenommen hatte, als den wachthabenden Officier
d etwa noch ein Paar andere, so hatte er den Anschlag
macht, das Schiff zu plündern. Dies mochte ihm
rmuthlich um so leichter geschienen haben, da die Dis-
very ziemlich weit von uns entfernt lag. In dieser
bsicht war also der ganze Hause von uns dorthin gezo-
n. Einige von ihnen stiegen ohne Anstand an Bord,
gen ihre Messer, und gaben dem Officier und den Leu-
n auf dem Verdeck durch Zeichen zu verstehen, sie
öchten ihnen vom Leibe bleiben. Hierauf fingen sie
sich nach Beute umzusehen. Das erste, was ihnen
die Hände fiel, war ein Bootsruder; dies warfen sie

ihren in den Kanots zurückgebliebenen Landsleuten
Ehe sie indeß auf einen andern Gegenstand verf
kommten, war bereits die Schiffsmannschaft in Be
gung, und einer nach dem andern kam mit seinem Hi
fänger bewaffnet aufs Verdeck. So bald die Plün
dieses gewahr wurden, schlichen sie sich ganz wohlbe
tig und gleichgültig in ihre Kähne zurück, und beschri
denen die darin geblieben waren, wie viel länger
Messer unserer Leute wären, als die ihrigen. D
nunmehr das Boot erblickt haben mußten, welche
zum Sondiren ausgeschickt hatte, so waren sie gleich
ihrem mißlungenen Anschlag auf die Discovery, a
dasselbe ausgezogen. Unstreitig hatten sie auch bey i
frühen Besuche keine andere Absicht gehabt, als
auszuplündern, weil sie erwartet haben mochten,
sie uns schlafend antreffen würden.

Aus diesem Betragen scheint indeß mit vieler W
scheinlichkeit zu folgen, daß die hiesigen Einwohner
Schießgewehren noch keinen Begriff haben müßen;
hätten sie es sicherlich nicht gewagt, unter den Kan
eines Schiffs uns im Angesicht von mehr als hun
Mann, (denn wirklich sahen fast alle meine Leute
zu, als sie diesen Versuch machten), ein Boot entfü
zu wollen. Glücklicher weise gelang es uns, sie,
allen ihren Schelmstücken, in den Gebrauch der Sc
gewehre eben so unwissend zu lassen, als wir sie gefun
hatten. In ihrer Gegenwart ist keine Flinte abgef
worden, und sie haben schwerlich einen Schuß ge
es müßte denn nach Vögeln geschehen seyn.

Wir schickten uns eben an, die Anker zu lich
und tiefer in die Bay zu segeln, als es so heftig wie v
zu stürmen und zu regnen anfing; wir mußten also
Kabeltau wieder auslaufen lassen und liegen blei
Gegen Abend entschloß ich mich, da der Wind noch n
nachlassen wollte, nicht länger auf eine günstigere G

heit zu warten, sondern auf meinem jetzigen Anker-
e das Schiff auf die Seite zu legen, und ließ in die-
bsicht noch einen Strom-Anker ausbringen. Als
r aus dem Boote gehoben ward, riß er, vermittelst
s daran befindlichen Taues, einen Matrosen mit sich
auf den Grund hinunter. Ob Ungeschick oder Un-
samkeit, oder beydes, an diesem Unfalle schuld war,
ß ich nicht; aber gewiß merkwürdig war es, daß die-
Mensch in dem kritischen Augenblick noch Gegenwart
Geistes genug behielt, um sich loß zu machen, und
die Oberfläche des Wassers zu kommen, wo man ihm
Hülfe eilte, und ihn rettete, ob er gleich ein Bein
rochen hatte. Früh am andern Morgen zogen wir
Schiff auf eine Seite, um dem Leck beyzukommen;
fanden es und ließen die Zimmerleute sogleich daran
eiten, um es zu verstopfen. Während der Zeit füll-
wir aus einem unweit des Schiffs befindlichen Bach
unsere leere Fässer. Der Wind hatte sich zwar etwas
egt, allein das Wetter blieb noch finster, neblicht und
nicht. Die Einwohner, die uns den Tag vorher
Annäherung des schlimmen Wetters verlassen hatten,
uchten uns diesen Morgen noch einmal. Die, welche
est ankamen, hatten kleine Kanots; auf diese folgten
ere in großen Kähnen, in deren einem wir zwanzig
eiber und eine Mannsperson, nebst einigen Kindern
lten.

Am 16ten Abends heiterte sich das Wetter auf, und
sahen nunmehr, daß wir von allen Seiten mit Land
geben wären. Unser Ankerplatz an der Ostseite des
ndes heißt auf der Charte Snug Corner Bay, (die
y des versteckten Winkels) und ist in der That ein
: wohl verdeckter Ort. Ich untersuchte, in Beglei-
g einiger Officiere, das Ende derselben, welches gegen
Winde gesichert ist und von sieben bis drey Faden
fe auf schlammigem Grunde hat. Das Land nahe am

Strande ist niedrig, und theils mit Waldung bede
theils offen. Auf den freyen Plätzen lag der Schnee
bis drey Schuh tief; in den Wäldern hingegen fa
wir ihn nur sehr sparsam. Die benachbarten B
waren bis an die Gipfel mit Waldung bewachsen; we
landeinwärts schienen sie aber aus nackten Felsen zu b
hen, und waren in Schnee vergraben. (Diesen An
findet man auf der nächstfolgenden Charte abgebildet.)

Jetzt war das Leck völlig verstopft und die Stelle a
gebessert. Wir hoben also am 17ten früh um vier
unsere Anker ein, und liefen mit einem leichten Ost N
Ostwinde nach Nordwesten, in der Ueberzeugung,
wenn es in diesem Einbusen eine Durchfahrt nach N
den gäbe, sie in dieser Richtung liegen müsse. W
nachdem wir die Segel ausgespannt hatten, besuch
uns die Einwohner nochmals in großen und kleinen K
nen, und gaben uns von neuem Gelegenheit, ihre B
dung, Kleidung und andere Merkwürdigkeiten, wel
ihres Ortes beschrieben werden sollen, genauer zu seh
Der einzige Anlaß zu ihrer Annäherung schien Neug
gewesen zu seyn; denn auf Handel mit uns ließen sie
nicht ein.

Als wir die Nordwestspitze des Arms, wo wir
Anker gelegen, erreicht hatten, bemerkten wir, daß
Fluth hier auf demselben Wege, den wir bisher geno
men, den Einbusen herauf käme; ein Umstand, d
wenn er auch die Durchfahrt nicht geradezu unwarsche
lich machte, doch auch keineswegs für ihr Daseyn gü
stig war. Jenseits dieser Spitze fanden wir sehr unsich
Grund, und sogar mitten im Kanal, der hier fünf
sechs Seemeilen breit ist, viele verborgene Klippen.
gleicher Zeit legte sich der Wind, und wir bekamen a
allen Gegenden schwache Luftzüge, die mit Windstill
abwechselten, wobey es uns schwer genug wurde,

henden Klippen zu entgehen. Mit Hülfe unserer
ote kamen wir um ein Uhr doch so weit, daß wir unter
östlichen Ufer, ungefähr vier Seemeilen weit von
rem vorigen Ankerplatze, in dreyzehn Faden Tiefe wie
vor Anker gehen konnten. Da sich der Nebel num
r zertheilte, hatten wir die freye Aussicht des Landes
uns her, insbesondere gegen Norden. Hier schien
zusammenzuhängen, so daß die Hoffnung, in jener
chtung und überhaupt in jeder andern, eine Durch
rt zu finden, ohne wieder in See zurückzukehren, so
llich verschwunden war.

Um indeß ein entscheidendes Urtheil fällen zu können,
ckte ich Herrn Gore in zwey bewafneten Booten den
dlichen Arm hinauf, indessen der Loots, ebenfalls
zwey Booten, den andern, welcher eine östliche
chtung zu nehmen schien, genauer untersuchen mußte.
war spät am Abend, als beyde wiederkamen. Der
ots berichtete mir: dieser östliche Arm hange mit jenem,
wir zuletzt verlassen, zusammen und werde von einer
eite durch eine Inselgruppe gebildet. Herr Gore wollte
gegen den Eingang eines Arms gesehen haben, der
sehr weit nach Nordosten erstreckte, und Hofnung
einer Durchfahrt gäbe. Herr Roberts aber, ein
terloots, der ihn begleitet hatte, um die Gegend auf
nehmen, war vielmehr der Meynung, daß sie das
nde jenes Arms schon abgesehen hätten. Diese Ver
iedenheit ihrer Meynungen, und der schon erwähnte
nstand, daß die Fluth von Süden in den Sund kam,
achten das Daseyn einer Durchfahrt wenigstens sehr
eifelhaft. Da nun der Wind diesen Morgen zur Rück
hr aus dem Sunde günstig war, beschloß ich, an einem so
nig versprechenden Orte weiter keine Zeit mit Nachsuchen
verlieren. Dazu kam noch die Betrachtung, daß wofern
s Westlich gelegene Land, den Russischen Entdeckun-

gen gemäß *), aus lauter Inseln bestehen sollte, unstreitig weit, und früh genug nach Nordost kommen müßten, wenn wir nur die gute Jahreszeit nicht mit Aufsuchung einer Durchfahrt an solchen Orten verschwendeten, wo ihr Daseyn nicht nur zweifelhaft, sondern auch unwahrscheinlich wäre. Wir befanden uns gegenwärtig über fünf hundert und zwanzig Seemeilen westwärts von der Hudsons- und Baffinsbay, und gleichwohl mußte auf jeden Fall entweder die ganze Durchfahrt, oder ein Theil derselben, nördlicher als 72° nördlicher Breite liegen **). Wer konnte nun eine Meerenge von solcher Länge erwarten?

Aus diesen Ursachen ließ ich am folgenden Morgen um drey Uhr die Anker lichten, und segelte, mit Hülfe eines leichten Nordwindes, den Einbusen nach Süden hinunter. Hier geriethen wir nun wieder an die nämliche mit Felsen und Klippen besäete Stelle, wo wir den Tag vorher gewesen waren; doch kamen wir dieses mal bald durch, und konnten hernach mit vierzig Faden keinen Grund mehr finden. Jetzt zeigte sichs auch, daß der Sund noch einen Zugang von Südwesten her habe, so daß wir auf einem kürzeren Wege hinauskommen konnten. Die Insel, welche beyde Einfahrten von einander trennt, streckt sich von Südwesten nach Nordosten, und ist acht...

---

*) Capitain Cook beurtheilt hier die Russischen Entdeckungen nach des Herrn von Stähelins Charte, welche D. Maty in England mit der Nachricht von dem Nordischen Archipel heraus gegeben hatte. Eine andere kannte er damals nicht. Anmerkung der Urschrift.

**) Worauf sich dieses bezieht, lehrt die Einleitung. Anmerkung der Urschrift. Capitain Cook wußte nämlich noch ehe er England verließ, daß Hr. Hearne zu Lande von der Hudsonsbay bis zum 72sten Grad der Breite gekommen sey, und dort erst die offene See gefunden habe. G. F.

emeilen lang. Ich nannte sie Montagu-Eiland.
dem südwestlichen Kanal liegen noch einige kleine In-
, wovon die im Eingange, zunächst an dem offenen
ere, hoch und felsicht, die inneren aber niedrig, vom
hnee bereits entblößt, und dagegen mit Holzung und
ün überwachsen waren, weshalb ich sie die grünen
seln, (*green islands*) nannte.

Um zwey Uhr Nachmittags ging der Wind nach Süd-
ten und nach Südwest zum Süden herum, so daß wir
genöthigt sahen zu laviren. Bey dieser Gelegenheit
deckten wir eine Reihe theils verborgener, theils her-
ragender Klippen, welche drey Englische Meilen
dwärts von der nördlichsten Spitze der grünen In-
n lagen. In der Folge bemerkten wir außerhalb
ser Gruppe, mitten im Kanal noch andre. Die Nacht
eben nicht sehr dunkel; allein es schien demungeachtet
ht rathsam, weiter zu steuern, und da wir hier, der
sen Tiefe wegen, nicht vor Anker gehen konnten, kreuz-
wir, unter Montagu-Eiland, ab und zu bis der
g anbrach. Nunmehr konnten wir uns mit mehr
cherheit in den zwischen dieser Insel und den grünen
landen vorhandenen Kanal begeben, der zwischen zwey
dreу Seemeilen breit, und von vier und dreyßig bis
hzehn Faden tief ist. Den ganzen Tag über ging der
ind sehr schwach, um acht Uhr Abends aber ward es
llig windstill, so daß wir zwey Englische Meilen weit
n Montagu-Eiland, in 21 Faden, auf schlam-
gem Boden wiederum vor Anker gehen mußten. Am
genden Morgen um zehn Uhr folgte auf die Windstille
leiser Nordwind; mit dessen Hülfe wir um sechs Uhr
ends die offene See glücklich wieder erreicht hatten.
er sahen wir daß die Küste, soweit das Auge nur immer
chen konnte, sich nach West zum Süden streckte.

Sieben und dreyßigstes Hauptstück

Der Einbusen wird Prinz Wilhelms S genannt. Dessen Umfang. Beschreibung Einwohner und ihrer Kleidung. Einschnitt in Unterlippe. Allerley Zierrathen. Fahrzeu Waffen, Fischer- und Jagdgeräthschaft. schirre und Werkzeuge. Benutzung des Eis Lebensmittel. Sprache, nebst einer Probe. Thi Vögel und Fische. Woher sie Eisen und Gl korallen bekommen haben.

Den Einbusen, welchen wir jetzt eben verlassen hat nannte ich des Prinzen Wilhelms Sund (*Pri William's Sound*). Nach dem Theile den wir da sahen, zu urtheilen, erstreckt er sich wenigstens anderthalb Grade der Breite und auf zwey Grade Länge, ohne die Arme oder Zweige zu rechnen, de Ende nicht bekannt ist. Ihre scheinbare Richt sowohl, als die Lage und Größe der verschiedenen in- u außerhalb des Sündes befindlichen Inseln, sieht m am besten aus der Charte.

Die Einwohner, welche uns während unseres A enthaltes im Sunde verschiedentlich besuchten, sind gewöhnlicher Statur, viele aber noch unter derselb Von ihrer Gesichtsbildung urtheile der Leser aus beygefügten Abbildung. Sie sind durchgehends b von Schultern, und von weiter Brust, der Kopf auffallend disproportionirt, nämlich überaus groß, Gesicht sehr breit, im Ganzen zugleich platt; und Hals kurz und dick. Ihre Augen sind zwar an sich n klein, aber gegen das ungeheuer große Gesicht in kein Verhältniß. Die Nase ist am Ende dick und rund, nförmig oder aufgeworfen *). Die Zähne sind breit, ;, von gleicher Größe und stehen sehr eben. Das r ist schwarz, schlicht und grob, und von sehr star- Wuchs, der Bart hingegen fehlt entweder gänzlich ist sehr dünn. Einige haben um die Lippen Haare en Knebelbart,) welche steif oder borstig und oftmals brauner Farbe sind. Unter den älteren Männern man auch einige mit dicken großen, aber schlichten ten.

Die Größe der Köpfe, und der ganze Umriß des pers scheint das Charakteristische der Nation zu ; sonst aber ist ziemlich viel Verschiedenheit in ihren ichtsbildungen. Wenigen würde man irgend einen pruch auf Schönheit zugestehen; indeß ist der gewöhn- le Ausdruck ihrer Physiognomie lebhaft, gutherzig offen, wenn gleich mitunter auch einige finstere, rische Gesichter zum Vorschein kamen. Unter den ibern hatten manche etwas angenehmes in ihrer ichtsbildung, (wie die folgende Abbildung einer uensperson beweisen wird) und viele zeichneten sich den Männern durch sanftere Züge aus: doch betrift es eigentlich nur die jüngsten oder die von mittlerem r. Einige Weiber waren, so wie auch die Kinder, Farbe weiß, aber ohne alle Beymischung von Röthe. n den Männern bekamen wir einige nackend zu sehen, eine bräunliche oder beynahe schwärzliche Farbe en, welche schwerlich von einer Beitze oder künst- en Behandlung herrührte, da man sich hier zwar das sicht aber nicht den übrigen Leib bemahlt.

Die gewöhnliche Kleidung, welche sowohl von innern als Weibern und Kindern getragen wird,

---

) Hooked, or turned up at the tip. Urschrift.

steht in einem Rock oder Fuhrmannshemde, welch meiniglich bis an die Knöchel, zuweilen auch nur b die Kniee, hinabreicht. Oben hatte es eine Oef welche gerade groß genug ist um den Kopf durchzust und die Aermel gehen bis an die Hände. Diese werden aus Thierfellen gemacht, deren behaarte auswärts getragen wird; am häufigsten von Meero grauen Füchsen, Rackuhns und Baummardern, doch auch von Robben. Ich habe auch einige Röc sehen, die aus Vogelhäuten bestanden, welchen bloß die weichen Daunfedern gelassen, und sie d auf etwas anderes aufgeklebt hatte. Desgleichen h zwey von ihnen wollene Kleider an, welche dene Nutkasunde ähnlich waren. Die Nähte der R wo die verschiedenen Felle an einander stoßen, sind Quasten und Fransen von schmalen Riemen ge welche ebenfalls aus Fellen geschnitten werden. An gen bemerkten wir einen Kragen, an andern eine Ka doch fehlte gewöhnlich beydes. Ueber diesen Rock, w bey gutem Wetter ihr ganzer Anzug besteht, ziehe wenn es regnet, einen Ueberrock an, der sehr ge aus Wallfischdärmen gemacht und so künstlich zube ist, daß er unsern Goldschlägerhäutchen an Feinheit kommt. Er wird um den Hals dicht zusammengez die Ermel gehen, wie beym vorigen, bis an die H und werden daselbst mit einer Schnur festgebunden; lich, wenn sie in ihrem Kanot sitzen, werden die Sc des Kleides über den Rand des Lochs gezogen, in chem sie sitzen, so daß kein Wasser hineindringen und der Mensch zu gleicher Zeit von oben her tr bleibt, weil der zubereitete Wallfischdarm, eben so nig als eine Blase, auch nur einen Tropfen W durchläßt. Nur muß man die Vorsicht gebrauchen, solches Ueberkleid beständig feucht oder naß zu erha weil es sonst leicht zerspringt oder bricht. Beyd

chten kommen sehr genau mit den Grönländischen
ein, die Crantz *) beschreibt.

Die meisten gehen barfuß, doch hatten einige lederne
ümpfe, die bis zum halben Schenkel hinaufgingen.
durchgehends trugen sie aber Handschuh, welche
dem Felle der Bärentatzen gemacht waren. Dieje-
n unter ihnen, welche den Kopf bedecken, pflegen zu
Ende, wie die Einwohner von Nutka, eine hohe
lförmige Mütze, entweder von Stroh oder von Holz,
usetzen, die mannichmal wie ein gemahlter Seehunds-
aussieht.

Die Männer schneiden das Haar auf der Stirne und
Nacken kurz ab; die Weiber hingegen lassen es lang
hsen, und die meisten binden eine kleine Locke auf der
eitel; einige aber machen davon im Nacken einen
lischen Zopf. Die Ohren sind bey beyden Geschlech-
am untern, äußern Rande mit mehrerern Löchern
chbohrt, worein sie kleine Büschel von Korallen hän-
welche, wie der Ohrenschmuck im Nutkasunde, aus
chbohrten Muschelschalen bestehen. Auch der Nasen-
pel ist durchbohrt, und sie stecken gemeiniglich kleine
erspulen hindurch, oder auch einen Zierrath von der
erwähnten Muschelsubstanz, der auf eine steife,
bis vier Zoll lange, gebogene Schnur gereihet ist,

S Crantz, Beschreibung von Grönland, im ersten Theile. In diesem Werke wird man überhaupt noch viele andere Aehnlichkeiten, zwischen den Grönländern und den Amerikanern in Prinz Wilhelms Sunde, bemerken. Auch stimmt die Beschreibung, die Capitain Cook von der hiesigen Tracht giebt, mit demjenigen überein, was Behring von den Einwohnern der Schumagins-Inseln erzählt. Muller, Découv. des Russes. p. 174. Anmerk. der Urschrift.

welches in der That grotesk aussieht. *) Die samste und scheußlichste unter allen ihren Verzieru besteht aber darin, daß einige Personen, sowohl männli als weiblichen Geschlechtes, einen Queereinschnitt in Unterlippe haben, welcher ganz durch geht, und in selben Richtung wie der Mund, etwas unter dem he stehenden Theil der Lippe selbst, befindlich ist. Diesen schnitt findet man sogar schon bey den Kindern an Brust. Er ist oft zwey Zoll lang, und es sey nun d des natürlichen Zurückziehens der verwundeten T oder einer künstlichen Behandlung der Wunde, so h völlig eine lippen-ähnliche Gestalt, und ist weit ge daß die Zunge durchsteckt werden kann. Der erste, sich mit diesem Queereinschnitt sehen ließ, streckte die Zunge durch denselben heraus, und ein Matrose, ihn beobachtete, rief voll Erstaunen aus: „der Kerl zwey Mäuler!" und in der That sieht es so aus. den künstlichen Mund stecken sie einen schmalen pl aus Knochen oder Muschelschale geschnitzten Zierrath, wie kleine Zähne aussieht. An jedem Ende steht Stück hervor, welches hinter dem Einschnitt einge ben wird, und nicht zu sehen ist, übrigens dazu d den ganzen Zierrath festzuhalten. Andere haben verschiedene abgesonderte Löcher durch die Unterlippe bohrt, und in diesem Falle besteht der Zierrath in so len Knöpfen von Muschelschalen als Löcher sind; j Knopf ist mit einer Spitze oder einem Stachel auf Art in einem Loche befestigt, daß die Spitze auswa hervorragt, der Kopf hingegen inwendig, innerhalb Lippe, zu stehen kommt, und alle Köpfe zusammen gl sam eine zweyte Reihe von den Zähnen unter den na lichen bilden.

*) Diese Verzierung ist auf der hierneben befindlichen A dung einer Frau aus Prinz Wilhelms Sunde zu sehen.

Neben diesem einheimischen Schmuck fanden wir bey
jen auch eine Menge Glaskorallen von Europäischer
beit, hauptsächlich blaßblaue, die sie in die Ohren
ngen, die Mütze damit verbrämen und an den Lippen-
rathen reihenweis befestigen, so daß diese Verlänger-
ng bisweilen über das Kinn herabhängt, (wie an der
gefügten Abbildung einer Frau). Im letztern Falle
nnen sie dieselbe nicht leicht abnehmen, welches sie hingen mit denen von einheimischen Materialien nach
illkühr thun können, denn diese heben sie mit der
unge aus, oder ziehen sie durch Saugen hinein. Sie
gen ferner Armbänder von Glaskorallen, oder cylin-
ische von einer bernstein ähnlichen Substanz. Es
eint überhaupt eine ihrer Hauptangelegenheiten zu
n, sich zu schmücken; denn was nur einigermaßen hin-
paßt, das stecken sie in den Lippen-Einschnitt; so hatte
er ein Paar von unsern eisernen Nägel heraussteckend;
n anderer zerarbeitete sich um einen großen messingenen
nopf hinein zu zwängen, u. s. w.

Die Mannspersonen bemahlen sich im Gesicht oft
it hellrother, schwarzer, und blauer oder bleyähnlicher
arbe, indeß nach keiner ordentlichen Zeichnung. Die
Weiber scheinen es ihnen einigermaßen nachmachen zu
ollen; sie punktiren oder beitzen nämlich das Kinn
hwarz, so daß der schwarze Fleck auf jeder Wange in
ne Spitze ausläuft, welches mit dem Brauch der
rönländischen Weiber, dessen Crantz erwähnt *), sehr
bereinkommt. Den Leib hingegen bemahlen sie nicht,
ielleicht weil es ihnen dazu an Farbematerialien fehlt.
In der That bemerkten wir, daß die Farben, welche sie
Blasen zum Verkauf brachten, in sehr geringer

*) Am angezogenen Orte.

Menge waren. So viel ist gewiß, daß ich nirgen[d] Wilde gesehen habe, die sich so viele Mühe geben, sich [zu] putzen, oder vielmehr sich zu verunstalten.

Ihre Fahrzeuge oder Kanots sind von zweyerley Ar[t] entweder große ofne, oder kleine bedeckte Kähne. [In] einem der großen zählten wir, wie ich bereits gesa[gt] habe, zwanzig Weiber, einen Mann, und einige Ki[n]der. Nach einer sorgfältigen Vergleichung dieses Fa[hr]zeugs mit Crantzens Beschreibung von dem sogenan[n]ten großen oder Weiber-Kahn der Grönländer, fa[nd] ich, daß beyde, im Ganzen, wie in allen einzeln[en] Theilen, völlig auf einerley Art gebaut wären, aus[ge]nommen in Ansehung der Form des Vorder- und Hin[ter]theils, von denen jenes besonders einige Aehnlichkeit [mit] einem Wallfischkopfe hat. Das Gerippe des Kahns [be]steht aus dünnen Stückchen Holz, worüber Felle [von] Robben oder andern größern Seethieren ausgespa[nnt] werden. Eben so schienen die kleinen Kanots fast g[anz] aus eben den Materialien und auf eben die Art verfer[tigt] zu seyn, wie die Kähne der Grönländer und Esq[ui]maux; wenigstens ist der Unterschied nicht wesentlich. Einige dieser kleinen Kähne sind auf zwey Mann ein[ge]richtet. Sie sind verhältnißmäßig gegen die Länge etw[as] breiter, als bey den Esquimaux, und ihr Vord[er]theil ist, ungefähr so wie der Knopf am Halse einer V[io]line, niederwärts gebogen.

Die Waffen der hiesigen Einwohner, ihre Inst[ru]mente zum Fischen und Jagen sind völlig eben so, [wie] bey den Esquimaux und Grönländern, da[ß] eine Beschreibung derselben überflüßig wäre, die n[...]

*) Aus diesem Grunde ist die bey dem Englischen Orig[inal] befindliche Abbildung eines solchen Kahns, als uns D[eut]schen nicht ganz unbekannt, bey dieser Uebersetzung we[gge]lassen worden.

nau und mit einer Abbildung begleitet in Crantzens
uche antrift. Ich sahe hier kein einziges Stück, des-
n er nicht erwähnt hätte; so wie auf der andern Seite
e, die er beschreibt, auch hier zu finden sind. Zur
chutzwehr bedienen sie sich einer Jacke, oder eines
anzers von dünnen Latten, welche mit Sehnen zusam-
en verbunden werden, also völlig biegsam und doch so
cht sind, daß weder Pfeil noch Wurfspieß durchgehen
ann. Diese Jacke bedeckt aber nur den Rumpf, und
gewissermaßen mit der Schnürbrust unseres Frauen-
mmers zu vergleichen.

Von der Einrichtung ihrer Wohnungen wissen wir
chts zu sagen, denn es gab deren weder, da wo wir vor
nker lagen, noch an andern Stellen der Bay, wo wir
nlandeten; und es fehlte uns an Zeit, weiter darnach
erum zu suchen. Indeß sahen wir doch in ihren Käh-
en etwas von ihrem Hausrath, unter andern flache
vale Schüsseln von Holz, nebst einigen tieferen cylin-
rischen Gefäßen, deren Seite aus einem Stück, wie
ey einer Schachtel, obgleich dicker, zusammen gebo-
en, und vermittelst lederner Riemen an den Rändern
isammen geheftet waren. Die Boden waren mit klei-
en hölzernen Zwecken eingesetzt. Außer diesen gab es
och kleinere, und weit zierlichere, wie eine ovale Sau-
ere gestaltet, nur etwas flacher und ohne Handhabe,
us Holz oder Horn verfertigt, und bisweilen artig mit
Schnitzwerk verziert. Auch hatten sie viele kleine Beu-
el von eben den dünnen Darmhäuten, wovon ihre Ue-
erröcke gemacht werden; diese schmücken sie mit ganz
leinen rothen Federn, und bedienen sich derselben, um
anz feine Sehnen und Knäuel von feinen, ebenfalls
us Sehnen sehr artig geflochtenen Schnüren darin auf-
ubewahren. Sie brachten ferner eine Menge bunte
Körbe, die so dicht geflochten waren, daß sie Wasser
ielten; hölzerne Modelle von ihren Kähnen; und eine

ziemlich große Anzahl kleiner, vier bis fünf Zoll lange, entweder von Holz verfertigter, oder ausgestopfter Bilder, die mit einem Stückchen Pelz bekleidet, mit Stücken von kleinen Federspulen, zur Nachahmung ihrer Muschelkorallen, geputzt, und mit Haaren auf dem Kopf versehen waren. Ob diese Puppen etwa nur bloß Spielzeug für ihre Kinder sind, oder ob sie gar in Ehren gehalten werden, verstorbene Freunde vorstellen, und zu abergläubischen Absichten dienen müssen, konnten wir nicht bestimmen. Es giebt hier auch eine Menge Instrumente, welche aus zwey oder drey concentrischen Kreisen, oder Reifen von Holz, einer innerhalb des andern bestehen, wobey ein Stück, welches queer durch geht, zur Handhabe dient. An die Reife sind, durch Zwirnsfäden, eine Menge Meereicheln befestigt, womit man klappert und ein starkes Geräusch zuwege bringt. Diese Erfindung vertritt also hier die Stelle des Klappervogels, dessen sich die Einwohner vom Nutkasunde bedienen, und vermuthlich werden beyde Instrumente auf gleiche Veranlassung gebraucht *)

Mit was für Werkzeugen diese Leute ihre Kähne, hölzerne Geräthe, u. d. gl. zimmern, können wir nicht entscheiden. Das einzige Instrument, welches wir bei ihnen sahen, war eine steinerne Axt, welche beynahe so gestaltet war, wie die auf Otaheiti oder auf andern Inseln des Südmeeres gewöhnlichen Aexte. Aber außer diesen besitzen sie auch eiserne Messer in Menge, und diese sind theils gerade, theils krumm, theils sehr klein in langen Griffen, mit auswärts gebogenen Klingen, fast wie diejenigen, deren sich unsere Schuster bedienen.

*) Die Klapperkugel, welche Steller, nicht weit von hier mit Behring fand, scheint zu gleichem Zwecke verfertigt gewesen zu seyn. Anmerk. der Urschrift.

Endlich haben sie noch eine andere Art von Messern, welche zuweilen fast zwey Schuh lang sind, und die Form eines Dolches, mit einem in der Mitte erhabenen Rücken haben. Diese tragen sie in ledernen Scheiden an einem Riemen um den Hals, und unter ihrem Kleide. Vermuthlich gebrauchen sie dieselben nur als Waffen, dahingegen die andre Art Messer zu andern Bedürfnissen des gemeinen Lebens angewendet werden. Alle ihre Geräthschaften sind übrigens durchgehends so gut gemacht, als ob es ihnen an keiner Art der besten und schicklichsten Werkzeuge fehlte; vorzüglich können ihre geflochtenen Sehnen, ihre Nähterey, und die Arbeit an ihren kleinen Beuteln mit den saubersten Handarbeiten in der bekannten Welt eine Vergleichung aushalten. Bedenkt man den in anderer Rücksicht rohen und ungesitteten Zustand dieses Volks, seine nördliche Lage in einem fast beständig mit Schnee bedeckten Lande, ferner die elenden Materialien und Hülfsmittel desselben: so muß man in der That gestehen, daß es an Geschicklichkeit und Erfindung in seinen Handarbeiten allen andern Nationen wenigstens gleich gestellt werden könne.

Die Speise, welche sie in unserer Gegenwart genossen, waren getrocknete Fische, und gebratenes oder geröstetes Fleisch von irgend einem Thiere. Wir kauften etwas von dem letzteren, und hielten es für Bärenfleisch, es hatte aber einen fischähnlichen Nachgeschmack. Sie essen ferner die größere Farrnkrautwurzel, die ich in meiner Nachricht vom Nutkasunde angeführt habe, und zwar entweder gebacken oder auf andere Art zubereitet. Einige von unseren Leuten hatten auch bemerkt, daß sie reichlich von Etwas speiseten, welches der innern Fichtenrinde nicht unähnlich war. Ihr Getränk ist vermuthlich Wasser; denn sie führten in ihren Kähnen Schnee in hölzernen Gefäßen mit sich, und verschluckten zuweilen einen Mundvoll davon. Vielleicht war es ihnen leichter, in ihren offenen Geschirren Schnee als fließendes Wasser zu transportiren. Sie essen auf eine schickliche und reinliche Art, so daß wenn zufälligerweise etwas Schmuß an irgend eine ihrer Eßwaare gerieth, sie ihn sorgfältig davon wegschaften. Das rohe Fett einiger Seethiere lassen sie sich zwar wohlschmecken, doch schneiden sie es vorher mit ihren kleinen Messern in Bissen. Diese Reinlichkeit gilt auch von ihrer Person, von den hölzernen Gefäßen, worin sie ihre Speisen aufbewahren, und von ihren Kähnen.

Ihre Sprache ist anfangs schwer zu verstehen, und zwar nicht wegen der Unbestimmtheit der Laute, sondern wegen ihrer Vieldeutigkeit. Es dünkte uns nämlich, daß sie ein und eben dasselbe Wort bey verschiedenen Gelegenheiten in ganz verschiedenem Sinne brauchten; doch würde ein längerer Umgang mit ihnen uns vermuthlich belehrt haben, daß der Fehler an uns läge. Die wenigen Worte, die ich gesammelt habe, verdanke ich Herrn Anderson, dessen anderweitige Bemerkungen über diese Völkerschaft ich bereits den meinigen einverleibt habe. Ich theile das Verzeichniß hier mit, und bemerke nur noch, daß das erste Wort auch in Nutka in derselben Bedeutung gebraucht wurde, obgleich übrigens nicht die mindeste Verwandtschaft zwischen beyden Sprachen zu bemerken war.

Akaschau (*Akashou*)	Wie heißt das?
Namuk	Ein Ohrenzier . .
Lukluk	Ein braunes zottiges Fell, vielleicht von einem Bären.
Aa	Ja.
Natunischuk (*Natooneshuk*)	Ein Meerotterfell.
Kita (*Keeta*)	Gieb mir etwas.
Naima (*Naema*)	Gieb mir etwas zum Tausch dafür.

Unaka (*Oonaka*) Manake	Mein, mir gehörig. — z. B. Wollt ihr dies mir gehörige eintauschen?
Ahleu (*Ahleu*)	Ein Speer.
Wina (*Veena*)	Fremder! — (wenn sie uns riefen).
Kilaschuk (*Keelashuk*)	Darmhaut, woraus sie ihre Ueberröcke verfertigen.
Tawuk	Behalt' es.
Amilhtu (*Amilhtoo*)	Ein Stück Fell, eines weißen Bären, oder Haar von demselben.
Hwaihä (*Whaehai*)	Soll ich's behalten? Giebst du mir's?
Jaht (*Yaut*)	Ich gehe, (oder), soll ich gehen?
Tschilke (*Chilke*)	Eins.
Täha (*Taiha*)	Zwey.
Tokki (*Tokke*) (Tinke)	Drey.
Tschukelo*) (*Chukelo*)	Vier?
Koihini (*Koeheene*)	Fünf?
Takuläh (*Takulai*)	Sechs?
Keitschilho (*Keichilho*)	Sieben?
Klu oder Kliu (*Kliew*)	Acht?

Was die Thiere in dieser Gegend von Amerika betrift, ist es uns damit wie im Nutkasunde ergangen, näm-

*) Herr Anderson merkt an, daß die angegebenen Zahlwörter von der Zahl vier an ungewiß sind, weshalb auch das Fragzeichen dazu gesetzt worden ist. Anmerk. der Urschrift

lich, daß wir sie weiter nicht, als aus den zum Verkauf gebrachten Fellen haben kennen gelernt. Dies waren vorzüglich Robben; ferner einige Füchse; die weißliche Katzenart, oder der Luchs; Stein- und Baummarder; kleine Hermeline; Bären; Rackuhns und Meer-Ottern waren unter allen die gewöhnlichsten, weil sie hauptsächlich zur Kleidung der Einwohner gebraucht werden. Sowohl Marder als Meer-Ottern sind hier in weit größerem Ueberfluß, als im Nutkasunde; die ersteren haben hier zu Lande ein weit feineres, obgleich mehr ins lichtbraune fallendes Pelzwerk; die letzteren hingegen schienen weder so fein noch so dicht besetzt wie dort, dafür waren sie aber ungleich größer, und fast durchgehends von der glänzend schwarzen Farbe, welche an diesen Fellen am meisten geschätzt wird. Bären und Robbenfelle waren ziemlich gemein; die letztern mehrentheils weiß, mit schönen schwarzen Flecken, oder auch ganz weiß. Von den Bären hatten die meisten eine braune Rußfarbe.

Außer diesen Thieren, die Prinz Wilhelms Sund mit Nutka gemein hat, giebt es auch einige, die dort dem Anschein nach nicht vorhanden waren, z. B. weiße Bären. Die Einwohner brachten aber von den Fellen derselben nur Stücke, oder wenn sie ja ein ganzes Fell brachten war es nur von Jungen, so, daß wir die Größe des Thieres nicht darnach bestimmen konnten. Wir fanden auch die Wolverenne, oder den Quickhatch*), mit sehr brennenden Farben; ein größeres Hermelin als das gemeine, mit braunen Flecken, und am Ende des Schwanzes fast ohne alles Schwarz. Die Einwohner brachten auch noch die Haut von dem Kopf

*) So heißt in Canada an der Hudsonsbay der Vielfraß. G. F.

ines sehr grossen Thieres, dessen Gattung wir nicht
kennen konnten; nach Anleitung der Farbe und des
ottigen Pelzes riethen wir aber auf den männlichen See-
dren oder Bärenrobben (*Phoca ursina*). Aber eins
er schönsten Pelzwerke, das dieser Gegend eigen ist,
nd welches wir nie zuvor gesehen hatten, war von einem
leinen ungefähr zehn Zoll langen Thierchen, das auf
em Rücken von brauner Rostfarbe, an den Seiten aber
läulich aschgrau war, und so wohl hier, als auf dem
Rücken eine Menge schmutzig weißer Flecken hatte. Unstreitig ist es eben das Thier, welches Herr von Stähe-
in *), in seinem kurzen Bericht vom neuen nordischen
rchipel, eine gefleckte Feldmaus nennt. Ob es in der
hat unter die Mäuse oder unter die Eichhörner gehört,
mußten wir unentschieden lassen, weil wir nicht ein einzi-
es ganz vollständiges Fell davon zu sehen bekamen;
Herr Anderson hielt dafür, daß es wohl die von
Herrn Pennant beschriebene kasanische Marmotte seyn
önnte **). Alle diese Thiere müssen hier sehr häufig seyn,
enn ihre Felle waren in Menge zu haben. Hingegen
ahen wir kleine Elents (*Moose deer*) und eben so wenig
ewöhnliche (Amerikanische) Hirsch-Felle.

Von den bey Nutka angeführten Vögeln fanden
ir hier nur den weißköpfigen Adler, den Wasserraben,
en Alcyon oder großen Amerikanischen Eisvogel, mit
orzüglich hellen Farben, und den Colibri, der öfters um
ie Schiffe her flog, wo sie vor Anker lagen, ob er gleich
en hiesigen strengen Winter schwerlich aushalten kann.
Die hiesigen Wasservögel sind Gänse; kleine Enten,
inigermaßen denen ähnlich, die wir auf Kerguelens-

*) In der Nachricht von Kodjak.

**) Die Zieselmauß, Suslik und Jevraschka in Rußland, Mus Citillus, (Pallas). G. F.

Land gefunden hatten, nebst einer zweyten Art, die allen unbekannt war; endlich auch einige schwarze Määlstern oder Austernleser, mit rothen Schnäbeln, gleichen wir in Neuseeland und Van Diemenland angetroffen hatten. Einige von unsern Leu schossen am Lande auch ein Waldhuhn (*Grous*), Schnepfe und einige Regenpfeiffer. Ueberhaupt wa die Wasservögel ziemlich zahlreich, zumahl die Gä und Enten, die sich an den Ufern aufhalten, all zugleich so scheu, daß man ihnen fast gar nicht beyko men konnte. Wir erhielten folglich einen sehr gerin Vorrath von frischen Lebensmitteln dieser Art. D vorhin erwähnte Ente ist so groß, wie unsere gewöh liche wilde Ente; von ganz dunkel schwarzer Farbe, einem kurzen spitzen Schwanz und rothen Füßen. D Schnabel ist weiß, gegen die Spitze hin etwas r gefärbt, und an jeder Seite unweit der etwas breite Wurzel mit einem großen viereckigen schwarzen Fl versehen. Auf der Stirn siehet man einen großen dreye gen weißen Fleck, und noch einen größeren hinten Nacken. Das Weibchen ist von minder lebhafter Far und hat am Schnabel bloß die Spur jener schwar Flecken. Es giebt hier auch eine Art des Tau.. welche der Gegend vermuthlich eigen ist. Er hat Größe eines Rebhuhns, und einen kurzen, schwar zusammengedrückten Schnabel. Der Kopf und obere Theil des Halses ist bräunlichschwarz; das übr dunkelbraun, mit schwärzlichen wellenförmigen Lini unten ist alles schwärzlich, und ganz fein mit weiß sprengt. Ein anderer, vermuthlich das Weibchen vorigen, ist von obenher schwärzer, und unten weiß Wir fanden endlich auch einen kleinen Landvogel von de Finkengeschlechte, ungefähr von der Größe einer Gol ammer, vermutheten aber daß er zu den Vögeln gehö die mit der Jahreszeit, und mit ihren Wanderungsperi zugleich die Farben verändern. Jetzt war er braun, röthlichem Schwanze, und das Männchen, wofür es wenigstens hielten, hatte einen großen gelben Fleck der Scheitel, nebst einigen schwarzbunten Flecken am Halse, das Weibchen hingegen hatte diese Flecken der Brust.

Die einzigen Fische, die wir hier von den Einwoh- n erhielten, waren Dorsche und Meerbutten (*halibut*). das Schiff herum fingen wir einige Drachenköpfe. *ulpins*) und einige purpurfärbige Asterien mit siebzehn achtzehn Fingern oder Strahlen. An den Felsen n fast gar keine Schalenthiere; das einzige Merk- dige, was wir daselbst fanden, war eine rothe, mit großen Stacheln bedeckte Krabbe.

Die Metalle, die wir bey den Einwohnern sahen, en Kupfer und Eisen; beyde, und zwar vorzüglich Eisen, in solchem Ueberfluß, daß fast alle ihre Lan- und Pfeile damit versehen waren. Die Färbemate- ien womit sie sich bemahlen, waren eine rothe, bröck- te, schmierige Ocher, oder Eisenocher, die an Farbe Zinnober ähnlich ist; eine hellblaue Farbe, wovon aber keine Probe erhalten konnten, und endlich Reiß- . Alle diese Substanzen sind wahrscheinlich selten; n man brachte uns von der ersten und letzten Art nur n kleinen Vorrath, und schien sehr sorgfältig darauf alten.

Aus dem Pflanzenreiche kam uns sehr wenig zu sicht. Die hiesigen Bäume sind hauptsächlich die Ca- ische und die Sprossentanne, wovon einige ziemlich werden.

Sowohl die Glaskorallen als das Eisen, welches hiesigen Einwohner besitzen, müssen sie unstreitig von nd einer gesitteten Nation erhalten haben. Daß wir die ersten Europäer waren, die je mit ihnen Ver- gehabt, schien, nach ihrem vorhin erwähnten

Betragen zu urtheilen, so ziemlich ausgemacht; folg
bleibt nur noch zu bestimmen übrig, woher sie, mittelb
jene Europäische Arbeiten erhalten haben konnten. (
leidet aber wohl keinen Zweifel, daß dergleichen Waar
durch die Dazwischenkunft der tiefer im Lande wohnen
Stämme, von der Hudsonsbay oder den Nieder
sungen an den Canadischen Seen, hieher gebracht wor
sind; man müßte denn die unwahrscheinlichere Meyn
erweisen können, daß die Russischen Kaufleute v
Kamtschatka aus, ihren Handel bereits bis hie
ausgedehnt, oder daß wenigstens die Einwohner der
lichen Fuchs-Inseln mit den hiesigen, längs
Küste, ein Verkehr getrieben hätten *).

Das Kupfer hingegen suchen sie entweder selbst a
oder es kommt doch durch wenigere Hände zu ihn
Daher wußten sie uns auch begreiflich zu machen,
sie es in hinreichender Menge besaßen, indem sie es z
Tausch anboten, und auf ihre Waffen wiesen, als ob
sagen wollten, sie hätten dessen so viel, als sie brauch
Auffallend ist es indeß, daß sie für jene Europäis
Waaren, welche der inländische Handel ihnen zugefü
haben muß, den mit ihnen handelnden Völkern k

*) Eine Stelle in Behrings Reise scheint die Sache
lends zu entscheiden. Herr Etatsr. Müller erzählt dasel
daß dieses Seefahrers Leute auf den Schümagins-Inse
breits Eisen vorgefunden hätten, und unter andern,
einer von den dortigen Einwohnern ein Messer von bel
derer Gestalt am Gürtel hangen gehabt habe. Es war
Zoll lang, sehr dick, und an der Spitze abgerundet. W
man es brauchte, erfuhren sie nicht. War also schon
der Zeit der Russischen Entdeckungen und des von Ka
schatka aus getriebenen Handels, den Einwohnern de
Westamerikanischen Küste Eisen bekannt, so mußten sie
ohne allen Zweifel von den Europäischen Niederlassungen
der nordöstlichen Küste her bekommen haben. Anm.
Urschrift.

er-Otternfelle gegeben haben sollten; denn diese sind Hudsonsbay herum nie gesehen worden. Allein man ; vieles auf die erstaunliche Entfernung rechnen. ropäische Waaren konnten, als große Seltenheiten, durch alle zwischenliegende Stämme bis hieher drin-, als einheimische Felle. Vermuthlich bedienten sich die Völkerschaften, die etwa hier Meer-Otternfelle auschten, dieses Pelzwerks zu ihren eignen Bedürfnis- und schickten dafür die Produkte ihrer eignen Gegend, ihnen nicht so viel werth dünkten, nach Osten, wo zuletzt an Europäische Handelsleute gelangten.

Acht und dreyßigstes Hauptstück.

Fortsetzung der Fahrt längs der Küste. Ca Elisabeth. Cap St. Hermogenes. U vollständigkeit der Nachrichten von Behrin Reise. Landspitze Banks. Cap Dougla Cap Beda. Berg St. Augustin. H nung in einem Einbusen eine Durchfahrt zu f den. Die Schiffe fahren hinaufwärts. Un zweifelte Zeichen, daß es ein Strom sey, de Cooks Name beygelegt wird. Rückkehr d Schiffe den Strom abwärts. Wiederholte Be che von den Einwohnern. Herr Lieutenant Ki landet, und nimmt das Land in Besitz. Des Bericht. Die Resolution bleibt auf einer San bank sitzen, kommt aber mit der Fluth wieder lo Bemerkungen über den Cooks-Fluß. Erläu rung über die daselbst bemerkten hohen Fluthen.

Nachdem wir Prinz Wilhelms Sund verlas hatten, ließ ich Südwestwärts steuern, und in dieser Ri tung segelten wir am 21sten bey einem hohen Vorgebi vorbey, das in 59° 10′ nördlicher Breite und 207° 4 östlicher Länge liegt. Ich nannte es Cap Elisabe weil an dem heutigen Tage das Geburtsfest der Prin sin dieses Namens ist. Jenseits des Vorgebirges sa wir noch kein Land, und schmeichelten uns schon, in de selben die westliche Gränze des festen Landes von Amer erreicht zu haben; allein bald wurden wir unsern I thum gewahr, indem in West-Südwesten neues La zum Vorschein kam. Während der Zeit wuchs Wind zu einem ziemlichen Sturm an, und trieb u weit von der Küste ab; doch suchten wir uns am folg

Tage, da der Wind nachließ, dem Cap Elisa-
h wieder zu nähern. Am 23sten um Mittag lag es
zehn Seemeilen von uns, im Westen, und zu glei-
Zeit sahen wir anderes Land im Südsüdwesten, wel-
sich, mit dem westlich gelegenen, damals an das
Elisabeth anzuschließen schien. Am Sonntage,
24sten waren wir nur noch drey Seemeilen weit von
zuletzt entdeckten Lande entfernt; gegen Süden bis
Süd-Südwesten hin, zeigte sich jetzt noch mehr
in einer Entfernung von funfzehn Seemeilen. Auf
m lag ein mit Schnee bedeckter Bergrücken, der sich
Nordwesten hin erstreckte; das erstere Land hingegen,
hes vor diesem lag, schien jetzt eine Insel zu seyn,
nur wenig Schnee darauf zu sehen war. Diese
spitze liegt in 58° 15′ nördlicher Breite und 207°
östlicher Länge, und ist vielleicht, so viel ich näm-
nach der Englischen Ausgabe von Behrings
se und der dazu gehörigen Charte urtheilen kann, das
ihm benannte Cap St. Hermogenes. Allein
Reisebeschreibung ist so abgekürzt und die Charte so
werlässig, daß es beynahe unmöglich fällt, aus der
gleichung beyder, oder auch wenn man die Charte
die Beschreibung, jede für sich, zu Rathe zieht,
einen Ort, wo Behring diese Küsten berührt
en soll, mit einiger Gewißheit anzugeben. Wenn
von Behrings Entdeckungen an der Amerikani-
n Küste urtheilen sollte, so würde ich voraussetzen,
er sie zuerst in der Gegend des von mir so genannten
hönwetterbergs (*Mount Fair Weather*) gese-
haben müsse. Ich bin aber keinesweges fest über-
t, daß die Bay, welche ich nach seinem Namen
nnet habe, sein Ankerplatz gewesen sey. Eben so
ig weiß ich, ob mein Eliasberg derselbe ist, den
hring so genannt hat. Wenigstens kann ich gar
t sagen, wo sein Cap St. Elias liegt. Auf der

Nordostseite des Cap St. Hermogenes wendet
die Küste nach Nordwesten, und zwar, wie es uns
vorkam, ohne Zusammenhang mit dem Lande zu h
das wir am vorigen Tage entdeckt hatten. In der vo
erwähnten Charte befindet sich in dieser Gegend
Raum, wo Behring kein Land gesehen haben
In so fern paßte hier auch die Beschreibung, die in
Herrn Stählin spätern Nachrichten vorkommt, d
zufolge das Cap St. Hermogenes, und alles
westwärts davon gelegene Land, für eine Inselgr
ausgegeben, das Cap selbst aber auf eine Insel
Waldung verlegt wird. Was wir vor uns sahen, s
diese Nachricht zu bestätigen, und in der That er
uns alles mit der Hofnung, hier eine Durchfahrt N
wärts zu finden, ohne weiter nach Südwesten zurück
ren zu müssen.

Bis um zwey Uhr am folgenden Morgen wu
wir durch Windstillen und veränderliche Winde in
Nachbarschaft des Caps St. Hermogenes a
halten, alsdenn aber stellte s Nordostwind ein, mit
sen Hülfe wir Nord-Nordwestwärts längs der Küste s
ten. Wir entdeckten bald, daß das Cap St. H
mogenes wirklich auf einer Insel von etwa sechs
len im Umkreise läge, welche von der nächsten K
durch einen Kanal getrennt wird, der eine Seemeile
ist. Anderthalb Seemeilen weit nordwärts von der
sel, ragen einige Klippen über dem Wasser hervor,
deren Nordostseite wir von dreyßig bis zwanzig F
Tiefe fanden. Um Mittag hatten wir die Insel
Hermogenes bereits acht Seemeilen weit im S
½ Osten zurückgelassen. Das nordwestlich von d
ben gelegene Land endigte sich gegen Westen in eine fl
jetzt fünf Seemeilen entfernte Spitze, die ich P
Banks benannte. Von hier aus sahen wir auch w
dasjenige Land, von welchem wir anfänglich gegl

tten, es verbinde das Vorgebirge Elisabeth mit
r südwestlichen Küste. Ich lies auf dies Land, das uns
t im Nordwest halb Norden lag, zusteuern, und fand
y unserer Annäherung, daß es eine ganz abgesonderte
ruppe von hohen Eilanden und Felsen war. Sie hat-
n ein nacktes Ansehen, und ich nannte sie daher die
nfruchtbaren Inseln (*Barren Islands*). Sie
gen in 59° nördlicher Breite, in einer Linie mit Cap
lisabeth und Point Banks, drey Seemeilen
eit von ersterem, und fünf von letzterem entfernt.

Ich hätte mir vorgenommen, zwischen diesen Inseln
rch zu segeln; allein die Strömung kam uns so stark
tgegen, daß ich lieber westwärts die ganze Gruppe um-
hiffte. Gegen Abend heiterte sich der Himmel auf, der
n ganzen Tag über in Nebel gehüllt gewesen war, und
ß uns ein sehr hohes Vorgebirge erblicken, dessen er-
abener Gipfel in gewaltigen Bergen über den Wolken
rvorragte. Dieses Vorgebirge nannte ich Cap Dou-
las, meinem würdigen Freunde, dem Kanonikus zu
Windsor, Herrn Dr. Douglas, zu Ehren*). Es liegt
58° 56′ nördlicher Breite und 206° 10′ östlicher Län-
, zehn Seemeilen weit westwärts von den unfrucht-
aren Inseln (*Barren Islands*) und zwölf Nordwest
Westen halb Westen von der Spitze (*point*)
anks. Zwischen dieser Spitze und Cap Douglas
hien die Küste eine große tiefe Bay zu bilden, welche,
eil wir auf Banks Spitze Rauch gesehen hat-
n, die räucherigte Bay (*Smokey bay*) genannt
urde.

Am folgenden Morgen bey Tages Anbruch befanden
ir uns nordwärts von den unfruchtbaren Inseln

*) Dieser Dr. Douglas ist der Herausgeber dieser Reise-
beschreibung. G. F.

(*barren islands*) und entdeckten, nordwärts vom C
Douglas, mehr Land, nämlich eine überaus hohe G
birgskette, in welcher ein Berg über alle anderen h
vorragte; diesen nannte ich St. Augustinsbe
Die Entdeckung jener hohen Gebirgskette benahm u
indeß den Gedanken, hier eine Durchfahrt zu find
noch immer nicht; denn wir hielten sie für völlig v
Cap Elisabeth getrennt. In der That war uns
Aussicht nach Nord Nordosten hin noch unbegränzt, u
sogar zwischen Cap Douglas und dem St. Aug
stinsberge glaubten wir eine Durchfahrt nach No
westen offen zu sehen. Mit einem Worte, das Land
linken, nordwärts vom Cap Douglas, hielten
für lauter getrennte Inselgruppen, zwischen denen w
je nachdem es uns der Wind gestatten würde,
Durchfahrt wählen könnten *).

Mit so schmeichelhaften Erwartungen liefen wir
einem frischen Nordostwinde nach Nordwesten, bis
um acht Uhr ganz deutlich sahen, daß jene eingebild
Inseln weiter nichts waren, als Gipfel von Gebirg
welche, wie sich nunmehr zeigte, überall durch flache
Land zusammenhingen. Das ganze Land war, von
Gipfeln der Berge bis an den Seestrand herab
Schnee bedeckt, und hatte übrigens alle Kennzeic
eines Theils von dem festen Lande an sich. Nunm
war ich bereits vollkommen überzeugt, daß wir in die
Busen keine Durchfahrt finden würden, und setzte da

*) Dieses und alles folgende Detail von dem vergebli
Nachsuchen nach der gewünschten Durchfahrt in dem, n
her Cook zu Ehren, Cooks Strohm benannten großen Fl
wird man mit mehrerem Interesse lesen, wenn man die
beygefügte Charte von demselben zum Buche herausch
und auf derselben den Schiffen von einem Ankerplatz
andern folgt.

ine Untersuchung desselben nicht so wohl in der Absicht
t, um mich in meiner Meynung zu bestärken, als
Andern, die sie bezweifeln möchten, ein Genüge
leisten.

Der St. Augustinsberg war jetzt nur noch drey
vier Seemeilen weit entfernt. Er ist kegelförmig und
r hoch; allein es bleibt noch unentschieden, ob er ein
heil des festen Landes, oder eine Insel ist.

Da gegen Westen nichts weiter zu thun war, legten
r um, und richteten unsern Lauf nach dem Vorge-
rge Elisabeth, welches wir um halb sechs Uhr
achmittags erreichten. Nordwärts von demselben liegt
hohes Vorgebirge, welches ich Cap Beda*) nannte,
d zwischen beyden eine Bay, in deren Innerem zwey
here Hafen zu seyn schienen. Wir gingen ziemlich tief
diese Bay hinein, und hätten daselbst in drey und
anzig Faden Tiefe bequem ankern können, wenn das
eine Absicht gewesen wäre. Statt dessen liefen wir mit
nem starken Nordwinde, der uns Regen und finsteres
Wetter brachte, wieder nach Westen. Das Ungestüm
s Windes legte sich am folgenden Morgen, allein
s Wetter klärte sich erst um drey Uhr Nachmittags
f. Vom Cap Beda sahen wir nunmehr die Küste
ordostwärts liegen, und in derselben Richtung, ihr
rallel, erstreckte sich weiter im Lande eine Kette von
hen Gebirgen. Das Land längs der Küste war mit
olzung versehen, und schien verschiedene Hafen zu ha-
n. Aber es war eben nicht viel Aufmunterung für
s, als wir mitten in dem Einbusen flaches Land ent-
ckten; indeß hielten wir dieses noch für eine Insel und

*) Die Namen Beda und St. Augustin hat Capitain Cook nach Anleitung des Englischen Calenders gewählt. Anmerkung der Urschrift.

ließen den Muth nicht sinken. Ein leichter Südw
erlaubte uns jetzt nordwärts zu segeln, und ich ließ
dem flachen Lande westwärts steuern, weil in dieser G
gend ein unbegränzter Horizont vor uns lag. Währ
der Nacht hatten wir von dreißig zu fünf und zwan
Faden Tiefe.

Am 28sten des Morgens war der Wind sehr un
deutend, und das Schiff trieb nach Süden hinab. I
ließ deshalb ein Stromanker mit einem achtzolligen Ta
auswerfen; allein dieses riß nahe am inneren Ende, u
wir verloren es sammt dem Anker. Wir legten auf d
Stelle mit einem größern Anker an, und suchten beyna
den ganzen Tag, es wieder aufzufischen; allein un
Bemühung war vergeblich. Hier befanden wir uns
59° 51′ nördlicher Breite und zugleich ungefähr sie
Seemeilen von der westlichen Küste, welche den Ein
sen so sehr verengte, daß er nach dem Compaß nur n
viertehalb Striche (von Nord halb Ost bis Nord O
offen war. In diesem Zwischenraum war indeß k
Land zu sehen. Aus dem Busen heraus strömte e
starke Fluth, und zwar die Ebbe, die um zehn Uhr
niedrigsten Stand erreichte, und in einer Stunde z
schen drey und vier Englische Meilen lief. Mit der
ben kam vieles Tang oder Meergras, und etwas Tre
holz zum Busen heraus; das Wasser war zugleich trü
wie es in Flüssen zu seyn pflegt, und nur noch der ein
Umstand, daß es völlig so salzig wie der Ocean schmeck
gereichte zu unserer Beruhigung. Die steigende Flu
die sich jetzt einstellte strömte nicht weniger stark als
Ebbe; denn sie lief drey Englische Meilen in der St
de, und dauerte bis vier Uhr Nachmittags. Der Wi
stille wegen, die den ganzen Tag über anhielt, ging
wir erst um acht Uhr Abends, da ein leiser Ostwind a
stieg, von unserm Ankerplatze wieder unter Segel, u
schifften in dem Busen nach Norden hinauf. Wir

...lten aber bald gerade aus dieser Gegend her einen ...emlich starken Wind in heftigen mit Regen begleiteten ...ößen. Dies hinderte uns indeß nicht, so lange die ...luth dauerte, nämlich bis gegen fünf Uhr am folgen...n Morgen, hinaufwärts zu laviren, wobey wir mit ...m Senkbley zwischen fünf und dreyßig und vier und ...anzig Faden Tiefe fanden. In der letztern Tiefe ließen ...ir, zwey Seemeilen weit vom östlichen Ufer, in 60° 8′ ...rdlicher Breite die Anker fallen. Vor der westlichen ...üste her lag flaches Land, welches eine Insel zu seyn ...hien, die ungefähr drey oder vier Seemeilen entfernt ...yn mochte.

Das Wetter war unterdeß wieder schön und ziemlich ...ar geworden, und wir konnten das Land, so weit es un...: Horizont erlaubte, deutlich sehen. Nach Nordnord...sten hin war gleichwohl die Aussicht noch völlig frey, ...nd ohne Land, zu beyden Seiten hingegen erhoben sich ...nunterbrochene Gebirgsrücken hintereinander. Nach ...em Ufer zu urtheilen, mußte die Ebbe um zehn Uhr am ...iedrigsten seyn; allein sie fuhr bis um Mittag fort hin...bwärts zu strömen, und zwar fünftehalb Meilen (*miles*) ... der Stunde. Die senkrechte Abnahme des Wassers ...etrug, während wir vor Anker lagen, zehn Schuh und ...rey Zoll; diese Angabe ...also wahrscheinlicherweise ...och unter der wahren Höhe des Falles. Am östlichen ...fer sahen wir zwey Rauchsäulen empor steigen, ein ...cherer Beweis, daß diese Gegend bewohnt sey.

Nachmittags um ein Uhr lichteten wir die Anker ...nd ...wirten hinaufwärts, gegen den gerade aus dem Busen ...erabkommenden Nord-Nordostwind, der so heftig war, ...aß wir nur die großen Untersegel und doppelt eingereffte ...Marssegel führen konnten. Wir erreichten solcher...gestalt ...ie Westliche Küste, zwey Seemeilen weit von der Süd...pitze des vorhinerwähnten flachen Eilands oder Landes, ...nter welchem ich mich so lange, bis der Wind nach...

ließe, zu decken suchte. Allein plötzlich verminderte unsere Tiefe von vierzig Faden bis auf zwölf, und schien sich vor uns eine Sandbank Ostwärts zu erstreck ich ließ daher die Anker in neunzehn Faden auf klei Kieselgrunde fallen.

Am 30sten des Morgens, zwischen ein und z Uhr, lichteten wir mit angehender Fluth die Anker der; der Wind blieb uns aber noch entgegen, wie er sich sehr gelegt hatte. Um sieben Uhr mußten wieder ankern, da die Fluth geendigt war.

Um Mittag kamen, ungefähr aus der Gegend, wir Tages zuvor den Rauch gesehen hatten, zwey Mä ner, jeder in einem Kanot zu uns. Sie ließen sauer werden, durch die Fluth herüber zu rudern, si den hernach eine Weile an, ob sie uns ganz nahe k men sollten, entschlossen sich aber endlich dazu, nach wir ihnen allerley Zeichen gemacht hatten. Einer ihnen redete eine Zeitlang ganz vergeblich, denn wir standen auch kein einziges Wort. Er wies beständig das Land, vielleicht um uns dorthin einzuladen. Ei Kleinigkeiten, die ich ihnen, von den Seitenfenstern Kajüte aus, hinabreichte, nahmen sie an. Sie wa in ihrer Figur, ihrer Kleidung und dem Bau ih Kähne den Einwohnern in Prinz Wilhel Sunde völlig ähnlich. Einer von ihnen hatte das G sicht schwarz bemahlt, aber allem Anschein nach kei Bart; der andere, ein Mann bey Jahren, war ni angemahlt, hatte einen ziemlich starken Bart und g im Gesicht den gemeinen Leuten in Prinz Wilhelm Sunde. Wir bemerkten heute auch an dem flac Ufer der Westseite einen Rauch. Vielleicht sind derg chen Niederungen und Inseln, die einzigen bewohn Gegenden.

Mit der Fluth gingen wir wieder unter Segel, die Kanots verließen uns. Ich erreichte diesmal liche Ufer, da wo es in eine breite, stumpfe Spitze läuft. Dieser gegenüber liegt auf dem östlichen Ufer Spitze von gleicher Höhe; und zwischen beyden ver-t sich der Kanal bis auf vier Seemeilen. Die Fluth, hier durchströmte, war ungewöhnlich stark, und sahe chterlich aus; doch konnten wir nicht entscheiden, ob Bewegung des Wassers von einer Untiefe herrührte, r bloß die Wirkung des heftigen Strömens wäre. r vermutheten das letztere, weil wir keine Untiefen ahr wurden, allein in der Folge erkannten wir un-Irrthum. Ich hielt mich nunmehr an das west-e Ufer, weil es mir das sicherste zu seyn schien, und nahe an demselben das Wasser dreyzehn, und zwey drey Englische Meilen davon, über vierzig Faden

Um acht Uhr Abends gingen wir unter einer Nord-ich vor uns liegenden Landspitze vor Anker, wo wir Tiefe von funfzehn Faden fanden, und die eben er-nte Spitze drey Seemeilen weit von uns entfernt hat-

Hier lagen wir während der Ebbe, welche in jeder nde fünf Meilen hinabfloß.

Ehe wir diesen Ort erreichten, hatte das Wasser rend der Ebbe jederzeit einen eben so salzigen Ge-nack gehabt, als bey hoher Fluth oder im offenen ere. Hier aber fanden wir es zur Zeit der niedrigsten e ungleich süßer oder frischer, und wurden folglich rzeugt, daß wir uns in einem großen Flusse, keines-es aber in einer nach Norden gehenden Meerenge inden. Weil wir indeß schon so weit gekommen wa-, wollte ich noch stärkere Beweise haben, und ließ in Absicht am 31sten früh Morgens mit der ankommen-Fluth die Anker lichten. Der Wind war unbedeu-, und wir trieben also eigentlich nur mit dem Strom Fluth hinaufwärts. Gegen acht Uhr besuchten uns Eingebohrnen in Einem großen, und mehreren klei-Kähnen, von welchen die letzteren nur Eine Person führten, und zuweilen, so wie die Kähne der Es-maux, ein Ruder mit einer Schaufel an jedem En- hatten. In dem großen Kanot saßen Männer Wei- und Kinder. Ehe sie dicht an das Schiff kamen, st- ten sie einen ledernen Rock auf eine Stange, hielten als ein Friedenszeichen in die Höhe, und reichten ihn- letzt ins Schiff hinauf, als ein Gegengeschenk für ei- Kleinigkeiten, die ich ihnen gegeben hatte. In Anseh- der Person, der Kleidungen, Zierrathen und Fahrze- konnte ich keinen Unterschied zwischen diesen Leuten u- denen in Prinz Wilhelms Sund bemerken; - schienen ihre Kähne etwas kleiner zu seyn, und n- mehr als Einen Mann führen zu können. Wir erhiel- von ihnen einige aus Meerotter- Marder- Hasen- u- andern Fellen zusammengenähete Pelzkleider, ei- Spieße, und einen kleinen Vorrath von Lachsen u- Meerbutten. Dagegen nahmen sie von uns alte K- der, nebst Glaskorallen und Stücken Eisen. Sie t- gen große eiserne Messer, und hatten ebenfalls him- blaue Glaskorallen dergleichen wir schon bey den E- wohnern in Prinz Wilhelms Sunde gesehen h- ten. Diese Korallen standen, eben so wie die unsrig- ob diese gleich von anderer Farbe waren, bey ihnen hohen Werthe. Vom Eisen hingegen verlangten große Stücke, wo ich nicht irre unter dem Namen Gu- wiewohl sie, wie ihre Nachbaren in Prinz Wilhel- Sund, Ein Wort in verschiednen Bedeutungen brau- ten. Offenbar hatten sie mit jenen einerley Sprac- denn die Wörter Kita, Naima, Unaka, und ei- andere, welche wir im Sunde am häufigsten gehört h- ten, wurden auch hier fleißig wiederholt. Nachdem sich ein Paar Stunden zwischen beyden Schiffen au- halten hatten, kehrten sie sämmtlich nach dem westlic- Ufer zurück. Um neun Uhr warfen wir unsere An- in sechzehn Faden, zwey Seemeilen weit von dem wen Ufer. Die Ebbe war bereits angegangen, lief aber Zeit ihrer größten Geschwindigkeit nur noch drey glische Seemeilen in der Stunde, und fiel, nachdem die Anker geworfen hatten, ein und zwanzig Fuß in rechter Linie. Das Wetter war abwechselnd neblicht feinem Regen, und wieder klar. In den klaren ischenräumen sahen wir nach Osten hin eine Oefnung Gebirge, und plattes Land, welches wir für Inseln schen uns und dem festen Lande hielten. Auch nord- ts zeigte sich niedriges Land, welches sich vom Fuß Gebirge an einer Seite bis zur andern zu erstrecken en. Bey der niedrigsten Ebbe entdeckten wir große iesen, die sich von jener niedrigen Gegend aus süd- ts erstreckten, und zum Theil nicht weit von uns ent- t waren. Nach dieser Lage der Gegenstände war es mehr ungewiß, ob sich der Busen durch die gedachte nung des Gebirges nach Osten wende, oder ob diese nung bloß ein Zweig wäre, indeß der Hauptarm zwi- n jenem flachen Lande durch, nach Norden hin, ginge. Die zu beyden Seiten in dieser Richtung streichenden Gebirgsketten begünstigten indeß die letz- Vermuthung.

Um die Sache auszumachen, und die Untiefen unter- en zu lassen, schickte ich den Lootsen mit zwey Booten aus, und folgte ihm, sobald die Fluth uns helfen nte, mit den Schiffen. Es herrschte eine vollkom- e Windstille, so daß ich, nachdem wir etwa zehn glische Meilen nach Osten getrieben waren, wieder Anker legte. Bey dem niedrigsten Stande der vor- gehenden Ebbe war das Wasser auf der Oberfläche, etwa einen Schuh tief unter derselben, vollkommen h, in einer größeren Tiefe hingegen behielt es noch n ziemlichen salzigen Geschmack. Diesen Umstand rechnet, ergab sich die Gewißheit, daß wir uns in m großen Flusse befänden, noch aus manchen andern

nur gar zu deutlichen Kennzeichen: Die Ufer wa
nämlich flach; das Wasser trübe und schlammig, u
mit der Fluth schwammen grosse Bäume, nebst allen
Unrath, auf und ab. Nachmittags besuchten uns
Einwohner wieder in verschiedenen Booten, und h
delten einige Zeit mit unsern Leuten, ohne uns je Ur
zu geben, sie der geringsten Unredlichkeit beschuldi
zu können.

Um zwey Uhr am andern Morgen, kam der Le
zurück, und berichtete mir, er habe den Busen, o
eigentlicher, den Fluß, durch das platte Land zu bey
Seiten bis auf eine Seemeile breit verengt gefunden.
diesem engen Theil, der sich nordwärts erstrecke, sey
drey Seemeilen weit hinaufgerudert, und habe densel
für die größten Schiffe schiffbar, und die Tiefe
zwanzig bis siebzehn Faden befunden. Ehe er sich in
engeren Theil begeben habe, sey, in gehöriger Ent
nung vom Strande oder von Sandbänken, die gerin
Tiefe von zehn Faden gewesen. Während der Ebbe
habe er das Wasser vollkommen frisch gefunden, die h
aufsteigende Fluth habe es aber etwas salzig gema
und es sey, so weit er hinaufwärts gekommen, auch
hohem Wasser noch stark gesalzen gewesen. Er habe
einer Insel gelandet, welche zwischen diesem und d
östlichen Arm liege, und daselbst Johannisbeerstau
gefunden, die bereits die Frucht angesetzt hätten, d
gleichen einige andere ihm unbekannte Obstbäume u
Stauden. Der Boden sey Thon mit Sand gemis
Etwa drey Seemeilen weiter als er gekommen sey, ha
er in der östlichen Gebirgskette eine zweyte Oefnung
merkt, durch welche der Fluß wahrscheinlich nord
wärts gehe; doch sey es vermuthlich nur ein Arm des
ben, und der Hauptstrom ziehe sich nordwärts zwisch
den beyden bisher erwähnten Gebirgsketten, die sich
gegen Norden zwar immer mehr näherten, allein d

ni

cht zusammengingen. Zwischen ihnen sey kein hohes
nd gesehen worden, sondern eine Niederung, die theils
waldet, theils frey gewesen.

Hiemit hatte denn die Hofnung, hier eine Durch-
hrt zu finden, ein Ende. Weil indeß die Ebbe dies-
al beynahe vorüber war, und wir gegen die Fluth
cht hinabwärts gehen konnten, bediente ich mich der-
lben, um den östlichen Arm des Busens noch etwas
her zu untersuchen, und heraus zu bringen, ob das
atte Land am östlichen Ufer des Flusses eine Insel wäre,
e wir es vermuthet hatten. Wir lichteten daher mit
m ersten Steigen der Fluth die Anker, und folgten den
ooten, die vor uns her das Senkbley warfen, nach
sten. Die Tiefe fanden wir von zwölf bis fünf Faden,
f hartem Kieselgrunde, wobey gleichwohl das Wasser
übe war.

Um acht Uhr kam der Wind frisch aus Osten, un-
rm Lauf gerade entgegen. Es blieb uns folglich keine
ofnung übrig, noch mit der diesmaligen Fluth die
ündung des östlichen Flusses zu erreichen. Was aber
e Schiffe nicht vermochten, konnte durch Boote aus-
richtet werden; ich schickte also deren zwey unter Herrn
utenant Kings Commando ab, die Fluth und andere
egenstände zu untersuchen, welche uns genauer von der
eschaffenheit des Flusses unterrichten könnten. Um
n Uhr ließ ich, mit eintretender Ebbe, die Anker in
un Faden Kieselgrund werfen, und weil ich bemerkte,
ß meine Boote sich nicht gegen den Strom hinauf
beiten konnten, rief ich sie, ehe sie noch auf halben
ege zur Mündung des Flusses waren, durch ein Signal
Bord zurück. Wir hatten indeß so viel erforscht,
ß alles niedrige Land, welches wir für Inseln gehalten,
ammenhieng, sich von den Ufern des großen Flusses
an den Fuß der Gebirge erstreckte, und sich erst an
Südseite dieser östlichen Mündung endigte, welcher

letztern ich, um sie von dem Hauptstrom zu unterscheiden, den Namen des Flusses Turnagain (Kehrum)
beylegte. An der Nordseite dieses Flusses fängt d
Niederung wieder an, und erstreckt sich vom Fuß d
Gebirges, bis an die Ufer des großen Flusses hind
und bildet folglich von dem Flusse Turnagain eine gr
Bay, an deren Südseite wir jetzt vor Anker lagen, u
wo wir zwischen halber Fluth und hohem Wasser v
zwölf zu fünf Faden Tiefe hatten.

Nachdem wir in die Bay gekommen waren, sti
die Fluth sehr stark in den Fluß *Turnagain*; die Eb
kam aber mit noch größerer Gewalt zurück, und d
Wasser fiel, während daß wir vor Anker lagen,
zwanzig Fuß. Dies gereichte uns zum vollständigst
Beweise, daß dieser Seitenfluß eben so wenig als
Hauptarm (gegen Norden) eine Durchfahrt darbö
Weil indeß das Wasser, wiewohl es ungleich süßer
Seewasser ward, während der Ebbe immer noch etw
Salz beybehielt, so läßt sich mit vieler Wahrscheinlich
schließen, daß beyde Arme noch viel weiter hinauf,
wir sie untersucht haben, schifbar seyn müssen, so
dieser Fluß und seine verschiedene Arme, das Verk
mit dem Innern des Landes weit und breit erleichte
Wir sind demselben bis auf 61° 30′ nördlicher Br
und 210° östlicher Länge, das ist gegen siebenzig S
meilen von dem Meere, gefolgt, und alles daselbst sch
anzuzeigen, daß wir noch weit von seiner Quelle entfe
seyn müßten.

Sollte die Entdeckung dieses großen Flusses *), d
was inländische Schiffahrt betrift, allem Anschein n

*) Capitain Cook hat diesem Flusse keinen Namen gegeb
daher hat der Graf Sandwich denselben, wie bil
Cook's Fluß genannt. Anmerkung der Urschr

t den meisten schon bekannten schifbaren Flüssen um
n Vorrang streiten dürfte, entweder unserm Zeitalter,
er künftigen Jahrhunderten, einigen Nutzen verschaf-
; so ist es desto weniger zu beklagen, daß sie uns so
l Zeit gekostet hat. Uns aber, die wir ein so viel
chtigeres Ziel erreichen wollten, war allerdings dieser
itverlust sehr wesentlich. Die Jahreszeit eilte schnell
bey, und wir wußten nicht, wie weit wir noch nach
üden zurück zu kehren hätten, da es nunmehr ausge-
cht war, daß das feste Land von Nordamerika sich viel
iter nach Westen erstreckte, als wir es, nach Anlei-
g derjenigen Charten die den meisten Ruf hatten, er-
rtet hätten *). Das Daseyn einer Durchfahrt nach
udsons- oder Baffins-Bay war indeß jetzt un-
hrscheinlicher als je, sie müßte denn von ungleich grös-
er Länge seyn, als man vermuthet hatte. In so fern
eichte es mir auch zur Beruhigung, diesen Fluß ge-
ig untersucht zu haben; denn wie leicht würden nicht
entgegengesetzten Falle die spekulativen Köpfe, die
eine Geographie nach ihrem Sinne zu schaffen wissen,
als Thatsache angenommen haben, daß er nordwärts
der See, oder Ostwärts mit Baffin's oder Hud-
nsbay zusammenhinge? da hätte dann die vorgebliche
urchfahrt künftig auf neuen Planiglobien ihren bestimm-
Platz behauptet, und allerdings mehr Wahrschein-

---

*) Ein Beyspiel, wie schädlich oft die Träume eines Gelehrten, der die Lage der Länder nach seinen Hypothesen entwirft, dem praktischen Seemanne werden können. Schade, daß dem vortreflichen Cook die neuesten Charten der Russisch kaiserlichen Akademie noch nicht bekannt seyn konnten, und daß gleichwohl jene Werke der Einbildungskraft, wo man die große Ausdehnung des Asiatischen Russischen Reichs nach Osten in Zweifel zu ziehen gesucht hat, ihm nicht gänzlich unbekannt geblieben seyn müssen. G. F.

lichkeit für ihre Existenz gehabt, als jene unsichtbare u
bloß eingebildete Meerengen des de Fuca und de
de Fonte.

Nachmittags schickte ich Herrn King nochmals m
zwey bewafneten Booten ab, und ertheilte ihm Befe
auf der Nordspitze des flachen Landes, an der Südostse
des (Cooks) Flusses auszusteigen, die Flagge dasel
wehen zu lassen, im Namen Sr. Majestät von dem Lan
und dem Flusse Besitz zu nehmen, und eine Flasche, wo
einige Englische Münzen vom Jahr 1772, nebst ein
Papier, auf welchem die Namen unserer Schiffe und d
Tag unserer Entdeckung angezeigt waren, zu vergrab
Indessen gingen die Schiffe unter Segel, um den Fl
hinabwärts zu schiffen. Der Wind kam noch frisch a
Osten, legte sich aber bald und es ward windstill. D
steigende Fluth begegnete uns der Spitze gegenüber, w
Herr King angelandet war, die von seinem Geschäf
auch Point Possession, die Possessionsspitze genan
wurde. Hier mußten wir zwey Meilen weit nordwär
von der Spitze in sechs Faden die Anker werfen.

Herr King kehrte an Bord zurück, und berichtet
indem er sich dem Strande genähert hätte, wären et
zwanzig von den Einwohnern ihm mit ausgebreiteten A
men entgegen gegangen, vermuthlich um ihre friedli
Gesinnungen an den Tag zu legen, und zu zeigen, d
sie unbewafnet wären. Als Herr King mit seinen B
gleitern, die Flinte in der Hand, ans Ufer stieg, sch
nen sie unruhig zu werden, denn sie machten Zeiche
daß die unsrigen die Waffen niederlegen möchten. M
erfüllte ihr Verlangen, und nunmehr erlaubten sie d
Herren, zu ihnen zu kommen, und betrugen sich mu
ter und artig. Sie hatten etwas frischen Lachs und eini
Hunde mitgebracht. Herr Law, Wundarzt der Dis
very, der mit von dieser Partie war, kaufte ihnen ein
Hund ab, führte ihn zum Boot hin, und schoß ihn t

bst vor ihren Augen todt. Hierüber geriethten sie in staunen, und fingen an, davon zu gehen, als ob sie y in solcher Gesellschaft nicht sicher glaubten. Bald rnach entdeckte man aber, daß sie ihre Lanzen und andere affen in dem Gebüsch dicht hinter ihnen verborgen tten. Herr King erzählte mir übrigens noch, daß Boden daselbst sumpfig, und das Erdreich mager, cht und schwarz gewesen sey. Es wuchsen dort einige ume und Stauden, z. B. Fichten, Erlen, Birken Weiden, nebst Rosen und Johannisbeerbüschen d ein wenig Gras; allein es fand sich auch nicht eine zige blühende Pflanze. Sobald es hoch Wasser war, teten wir das Anker, und schiften mit einem gelinden dwinde an das Westliche Ufer hinüber, wo die wie aufwärts steigende Fluth uns früh am Morgen vor ker zu gehen zwang. Bald darauf kamen die Einge- rnen in einigen großen und kleinen Kähnen zu uns, einen Tauschhandel mit ihrem Pelzwerk zu treiben. letzt verkauften sie sogar ihre Kleider vom Leibe, bis le sich ganz und gar nackt ausgezogen hatten. Unter dern brachten sie uns eine Menge weiße Haasen- oder ninchenfelle, nebst sehr schönen röthlichen Füchsen, r nur zwey oder drey Meer-Otternfelle. Wir erhan- ten auch einige Lachse und Meerbutten von ihnen. sen zogen sie allem übrigen vor. Die Lippenzierra- n waren dem Anschein nach nicht so häufig unter en, als in Prinz Wilhelms Sunde; dafür ten sie aber desto mehr Nasenzierrathen, die sich durch e Länge vorzüglich auszeichneten. Auch bemerkten an ihren Kleidungsstücken und Geräthschaften, z. B. ihren Köchern und Messerscheiden, viele rothe und ße Stickerey.

Um halb zehn Uhr gingen wir mit dem ersten An- g der Ebbe unter Segel, und lavirten gegen den hten Südwind hinabwärts, bis die Resolution, durch

eine Nachläßigkeit des Menschen, der das Senkl
führte, auf einer Sandbank, mitten im Flusse, e
zehn Englische Meilen oberhalb der beyden stum
einander gegenüberliegenden Landspitzen, fest sitzen bl
Diese Sandbank war ohne Zweifel die Ursache je
heftigen Bewegung im Strome gewesen, die wir
Hinaussegeln bemerkt hatten. Um das Schiff her
ten wir, während der niedrigsten Ebbe, nicht wen
als zwey Fuß Tiefe, allein an andern Stellen war
Sandbank trocken. So bald wir aufgestoßen wa
machte ich der Discovery das Signal vor Anker zu ge
und erfuhr in der Folge, daß dieses Schiff an der W
seite der Sandbank ebenfalls beynahe gestrandet w
Als die Fluth herauf kam, hob sie um fünf Uhr N
mittags das Schiff wieder in die Höhe; wir hatten
nicht die geringste Mühe bey diesem Unfall, so wie
Schiff auch ohne alle Beschädigung davon kam. N
dem wir an das Westliche Ufer hinüber gesteuert
ten, gingen wir vor Anker, um die Ebbe abzuwar
weil der Wind uns noch immer entgegen kam.

Um zehn Uhr Abends gingen wir nochmals u
Segel, und als die Ebbe vorbey war, ankerten wir
schen vier und fünf Uhr Morgens von neuem,
Englische Meilen unterhalb der stumpfen Landspitze
westlichen Ufer, in einer Tiefe von neunzehn Fa
Hier besuchten uns eine ziemliche Anzahl Eingeboh
die den ganzen Morgen bey uns blieben. Ihre Ank
war uns sehr erwünscht, denn sie brachten eine g
Menge vortreflichen Lachs mit, den sie für die Klei
keiten die wir ihnen geben konnten, willig vertau
ten. Er war mehrentheils schon zum Troknen
gerissen, und wir kauften davon für beyde Schiffe m
rere Centner.

Diesen Nachmittag sahen wir seit unserer Ank
im Flusse die Gebirge zum erstenmal von Wolken

lößt, und entdeckten in der westlichen Reihe einen Vul-
an, der in 60° 23′ nördlicher Breite liegt. Es ist
ordwärts vom St. Augustinsberge, der erste hohe
Berg. Der Feuerschlund liegt an der Seite, welche
ach dem Flusse sieht, und zwar nicht weit unter dem
Gipfel. Für jetzt fiel er uns eben nicht sehr auf, denn
wir sahen bloß einen weissen Rauch, ohne Feuer.

Da der Wind im Süden blieb, fuhren wir fort uns
von der Ebbe hinabführen zu lassen, bis wir früh am
fünften wieder an den Ort kamen, wo wir unser kleines
Anker verloren hatten. Hier machten wir noch einen
Versuch es wieder aufzufischen, der aber so wie der vorige fehlschlug. Ehe wir weiter gingen, kamen sechs
Kanots vom östlichen Ufer ab, deren jedes mit einem
oder zwey Mann besetzt war. Sie hielten in einiger
Entfernung von den Schiffen inne, und schienen wenigstens eine halbe Stunde lang in stilles Staunen versun-
ken zu seyn; denn sie sprachen kein Wort weder mit uns,
noch untereinander. Endlich ermannten sie sich, kamen
an unsere Schiffsseite, fingen an mit uns zu handeln,
und verließen uns nicht eher, als bis sie ihren ganzen
Vorrath von Pelzwerk und Lachs abgesetzt hatten. Ich
erinnere hier nochmals, daß alle Bewohner der Ufer dieses Flusses, so viel wir ihrer sahen, in jedem charakteristischen Zuge mit denen in Prinz Wilhelms
Sunde völlig übereinkamen, hingegen von denen im
Nutka- oder König Georgs Sunde, so wohl in
Ansehung der Person als der Sprache, wesentlich verschieden waren. Die hiesigen Leute sprechen zwar ein
wenig durch die Gurgel, aber deutlich und laut, und,
wie es schien, in ganzen Redesätzen. Ich habe bereits
erwähnt, daß sie Eisen besitzen, ihre Messerklingen, und
die Spitzen ihrer Speere sind nämlich von diesem Metall, einige der letztern aber auch von Kupfer. Ihre
Speere sehen wie unsere Spontons aus, und ihre langen

Messer tragen sie in Scheiden. Außer diesen sahen wir bey ihnen von fremden Waaren nur noch einige Glaskorallen, alles übrige, was sie um und an sich hatten war von ihrer eigenen Arbeit. Wie ich es mir erkläre, daß sie zu diesen Sachen gekommen seyn mögen, habe ich bereits an seinem Orte erwähnt. Hier will ich nur noch erinnern, daß, im Fall auch erwiesen werden könnte, sie hätten dergleichen Waaren durch ihre Nachbaren mittelbar von den Russen erhalten, diese doch wenigstens nicht selbst hier gewesen seyn können, weil wir die Eingebohrnen sonst schwerlich in so kostbare Meer-Otterfelle gekleidet angetroffen haben würden. Ohne allen Zweifel könnte ein sehr einträglicher Pelzhandel mit den Einwohnern dieser weit ausgebreiteten Küsten getrieben werden; allein, wofern die Durchfahrt nach Norden nicht schiffbar befunden würde, scheint Grosbritannien doch zu weit entlegen zu seyn, um diesen Vortheil benutzen zu können. Die kostbarsten, oder besser, die einzigen kostbaren Felle an dieser westlichen Seite von Amerika, sind indeß die Meer-Otterfelle. Alles übrige Pelzwerk, zumal Fuchs und Marder, ist von einer geringeren Güte. Dazu kommt noch, daß die meisten Felle zu Kleidern verarbeitet sind. Hiervon giebt es zwar einige unbeschädigte, andere hingegen sind alt und lumpig genug, und alle wimmeln von Ungeziefer. Vermuthlich geben sich die armen Leute keine Mühe, mehr Felle zu bekommen, als sie zu ihrer nothdürftigen Bekleidung bedürfen, weil sie bisher noch keinen andern Gebrauch davon zu machen wußten. Sich Bedeckung zu verschaffen, scheint wohl der einzige Grund zu seyn, weshalb sie Landthiere erlegen, denn übrigens geben ihnen hauptsächlich die Flüsse und das Meer ihren Lebensunterhalt. Durch einen immerfortwährenden Handel mit Fremden, würde sich, in dieser Absicht, vieles ändern; ihre Bedürfnisse würden sich vermehren, es würden neue Artikel des Luxus unter nen gangbar werden, und um diese kaufen zu können, ürden sie einen größern Vorrath von Fellen herbey schaffen bemüht seyn, da diese Waare unter allen am isten gesucht werden, und auch ohne Zweifel im Ueberß zu haben seyn würde.

Was ich gelegentlich von der Fluth in diesem Flusse wähnt habe, beweist zur Genüge, daß sie beträchtlich, und die Schiffahrt in demselben um ein großes erchtert. Am Voll- und Neumonde ist zwischen zwey d drey Uhr hohes Wasser im Strom, und die Fluth igt senkrecht, zwischen drey und vier Faden hoch. Die sach, weshalb die Fluthen hier beträchtlicher als anwäts an der Küste sind, läßt sich leicht erklären. Die ündung des Stromes liegt in einer Ecke der Küste, so ß die Fluth, die aus dem Ocean kommt, von beyden ern hineingedrängt wird, und nothwendig in die Höhe igen muß. Ein Blick auf die Charte wird diesen Umnd anschaulich erläutern. Die Abweichung der Magnadel betrug hier 25° 40′ östlich.

Neun und dreyßigstes Hauptstück.

Entdeckungen nachdem wir den Cook Strom verlassen hatten. Insel St. Hermogenes. Cap Whitsunday (Pfingstcap) Cap Greville; Cap Barnabas. Zweyköpfige Spitze, (*Two headed point*). Dreyeinigkeitsinsel (*Trinity island*). Behrings Nebel-Insel. Beschreibung eines sehr schönen Vogels, Kodjak und die Schumagins-Inseln. Einer von den Eingebohrnen reicht uns einen Russischen Brief an Bord. Muthmaßungen wegen desselben. Felsenspitze (*Rock point*) Halibut Eiland (Meerbutten-Insel). Feuerspeyender Berg. Glücklich überstandene Gefahr. Ankunft der Schiffe zu Unalaschka. Umgang mit den daselbst befindlichen Eingebohrnen. Ein zweyter Russischer Brief. Beschreibung des Hafens Samganudha.

Nachdem wir uns bisher mit der Ebbe geholfen hatten, um den Fluß hinab zu schiffen, erhielten wir am sechsten des Morgens um ein Uhr einen frischen Westwind, mit dessen Hülfe wir um acht bey den unfruchtbaren Inseln vorbeysegelten, und unsern Lauf nach dem Cap St. Hermogenes richteten. Dieses Cap lag um Mittag acht Seemeilen weit gegen Süd Südost entfernt, und die Durchfahrt zwischen der Insel eben desselben Namens und dem größern Lande lag uns im Süden. Ich ließ auf diese Oefnung zusteuern, in der Absicht dazwischen durchzugehen; allein bald darauf verließ uns der Westwind, und statt desselben zog die Luft so schwach a

Osten, daß wir vergeblich arbeiteten, und unser Vorhaben aufgeben mußten.

Um diese Zeit stiegen am festen Lande, nordwärts von der Durchfahrt, einige Rauchsäulen in die Höhe, die vermuthlich Signale seyn sollten, uns dorthin zu ziehen. Die Küste bildet daselbst eine Bay oder vielleicht gar einen Hafen, der an seiner Nordspitze ein niedriges felsichtes Eiland hat. Längs der Küste bis Point Banks hinauf liegen auch noch einige ähnlich gestaltete Eilande. Abends um acht Uhr befanden wir uns noch drey Meilen Nordwestwärts von den Klippen, welche gegen Norden von der Hermogenes Insel liegen, und hatten in einer Tiefe von vierzig Faden, Sand und Muschelgrund. Hier warfen wir unsere Fischangeln aus, und fingen einige Meerbutten.

Um Mitternacht hatten wir die Klippen, und am folgenden Mittag die Insel St. Hermogenes im Norden zurückgelassen. Die Südspitze des Landes, welches dieser Insel gegen Westen liegt, nannte ich, nach dem heutigen Tage, das Pfingstcap (*Cape Whitsunday*), so wie eine große Bay, welche Westwärts unter demselben hineingehet, die Pfingstbay (*Whitsuntide Bay*). Das Vorgebirge liegt in 58° 15′ nördlicher Breite und 207° 24′ östlicher Länge. Ostwärts von dieser Bay ist alles Land der Insel St. Hermogenes ähnlich, allem Anschein nach von Waldung gänzlich, und zum Theil auch schon von Schnee entblößt. Es schien uns mit einer Moosartigen Substanz bedeckt zu seyn, und davon eine bräunliche Farbe zu erhalten. Auch hatten wir einige Ursach zu vermuthen, daß es eine Insel wäre; in diesem Fall wäre dann die Pfingstbay nur eine Meerenge oder Durchfahrt, welche die Insel vom festen Lande trennte, und wovon das Pfingstcap die Südspitze, so wie Point Banks die Nordspitze, bildete. Indeß fanden wir am folgenden Morgen, in-

dem wir vor der Mündung der Pfingstbay des widri
Windes halber vorüber segelten, daß sich das Land vo
rund um dieselbe zieht, also hängt es entweder zusamm
oder die Landspitzen bedecken einander; ich glaube a
das erstere, und das Land ostwärts von der Bay, dü
mich keine Insel, sondern ein Theil des festen Land
Westwärts von der Bay liegen einige kleine Eilan
Südwärts hinab ist die Seeküste etwas niedrig, und h
hervorspringende felsichte Spitzen, zwischen denen si
kleine Bayen oder Buchten bilden. Man bemer
weder Waldung noch vielen Schnee, der indeß d
tiefer im Lande liegenden Berge gänzlich bedeckte. Etw
weiter südwärts in 57° 33′ nördlicher Breite und 207
15′ östlicher Länge bildet die Küste eine Spitze, die i
Cap Greville nannte.

Drey Tage lang hielt das Nebelwetter mit unte
mischtem Staubregen an, und gewährte uns nur selt
den Anblick der Küste. Der Wind blieb noch imm
Südost zum Süden, oder SüdSüdost, und die Lu
ging rauh und kalt. Wir konnten während der Ze
nichts anders thun, als nach Süden hin laviren. Di
Tiefe des Wassers blieb zwischen dreyßig und fünf und
funfzig Faden, über grobem schwarzen Sande. Mi
einem Südwestwind, der sich am 12ten Abends einstellte,
zog sich der Nebel weg, und zeigte uns das Land zwölf
Seemeilen weit im Westen. Eine hohe Spitze in 57°
13′ nördlicher Breite, der wir uns am folgenden Mittag
bis auf drey Englische Meilen genähert hatten, nann
ich Cap Barnabas. Gegen Südwesten endigte sich
die Küste, die wir jetzt vor Augen hatten, in eine hohe
Spitze mit zwey runden Bergen, die deshalb den Namen
zweiköpfige Spitze (*Two headed Point*) erhielt.
Das Land bildet hier verschiedene kleine Bayen, und
besteht aus hohen Bergen und tiefen Thälern. Hin und
wieder ragten noch andere Gebirge über jenen an der Küste

vor. Auf letzteren lag jetzt eben nicht viel Schnee, sahen aber auch desto öder und unfruchtbarer aus. eit und breit war kein Baum und kein Gebüsch zu en; und alles hatte eine bräunliche Farbe, die vert thlich von dem Moose herrührt womit die Berge vachsen seyn mögen.

Wir lavirten noch immer längs der Küste nach Süd st zum Westen hinab, und fanden, daß die zwei pfigte Spitze in mehreren Gesichtspunkten das An en einer Insel hatte, oder wenigstens eine Halbinsel n müßte, die an jeder Seite eine Bay hätte. Am ten frühe hatten wir gegen Süden eine Insel erreicht, wir die Dreyeinigkeitsinsel *) (*Trinity Island*) nnten. Sie ist von Ost nach Westen sechs Seemei lang, und hat an jedem Ende hohes nacktes Land, ischen welchem eine Niederung liegt, so daß sie von n, in einigen Gesichtspunkten, wie zwey Inseln cheint. Sie liegt in 56° 36′ nördlicher Breite und 5° östlicher Länge etwa zwey bis drey Seemeilen vom ten Lande; dieser Zwischenraum ist aber mit kleinen landen und Klippen besäet, zwischen denen indeß eine mlich gute Durchfahrt und sichre Ankerplätze zu seyn ienen. Anfangs wollten wir diese Insel für Beh ngs Tumannoi Ostrow oder die Nebel-Insel lten; allein dazu ist sie dem festen Lande zu nahe.

Indem wir zwischen dem Lande und der Insel lavirten, gegneten uns zwey Männer in einem kleinen Kanot, e von der Insel nach dem festen Lande ruderten. Aber statt sich uns zu nähern, schienen sie uns vielmehr rmeiden zu wollen. Indessen ward der Wind südlich, d wir vermutheten aus allerley Anzeigen, daß er bald döstlich werden würde. Da mich aber die Erfahrung

*) Nach dem Sonntage Trinitatis.

belehrt hatte, daß dieser Wind hier meistentheils nicht immer, dicken Nebel mit sich führte, so durfte es nunmehr nicht wagen, zwischen die Insel und das L hinein zu steuern, weil ich befürchten mußte, ich wü die Durchfahrt vor einbrechender Nacht noch nicht pa haben und zu ankern gezwungen werden. Ich g daher geradenwegs wieder in die See hinaus, um guten Wind nicht ungenutzt zu lassen. Wie wir erwartet hatten, setzte sich auch der Wind noch vor M ternacht im Südosten, und brachte Nebelwetter Staubregen mit. Ich machte mir Hofnung, am folg den Morgen das feste Land zu Gesicht zu bekomm allein der Nebel verhinderte es. Da nun auch um M tag noch kein Land zu erblicken war und Wind, Nebel Regen stärker wurden, so richtete ich den Lauf n West-Nordwesten, ließ aber nicht mehr Segel ausspa nen, als wir auch nahe am Winde liegend, füh konnten. Diese Vorsicht war allerdings nothwend da es bey finstrem Nebel, in der Nähe einer unbekann Küste, nicht rathsam gewesen wäre, vor einem ungef men Winde zu segeln. Auf der andern Seite erforde es gleichwohl die höchste Nothwendigkeit, bey günstig Winde etwas zu wagen; denn heiteres Wetter kan h mehrentheils nur mit dem Westwinde. Zwischen zw und drey Uhr Nachmittags sahen wir durch den Nel hindurch, nordwestwärts, Land, in einer Entfernu von drey oder höchstens vier Englischen Meilen. S gleich legten wir um nach Süden, dicht am Winde, uns gleich drauf die beyden großen Segel zerriß und übrigen sehr beschädigte. Um neun Uhr ließ er endli nach, das Wetter heiterte sich auf, und wir sahen Küste vier bis fünf Seemeilen weit im Westen liege Der Bleywurf erreichte den schlammigen Grund hundert Faden Tiefe. Bald hernach kehrte der Neb wieder zurück, und wir sahen das Land die ganze Na durch nicht mehr. Gegen vier Uhr Morgens klärte der Himmel ganz auf, und wir sahen nunmehr, daß r gleichsam auf allen Seiten vom Lande umgeben wären. as äusserste gegen Nordosten liegende Ende, war eben selbe, welches wir bereits im Nebel gesehen hatten. ir nannten es das neblichte Cap (*Foggy Cape*). liegt in 56° 31′ nördlicher Breite. Mit Hülfe es leichten Nordwestwindes schiften wir südwärts, um s daselbst gesehene Land deutlicher in Augenschein zu hmen; und um neun Uhr sahen wir, daß es eine sel von etwa neun Seemeilen im Umkreise war. Sie gt in 56° 10′ nördlicher Breite und 202° 45′ östlicher nge und heißt auf unsern Charten die Nebel-Insel *oggy island*), weil wir sie, der Lage nach, für eben selbe hielten, der Behring diesen Namen gegeben t. Zu gleicher Zeit lagen vor dem Eingang einer Bay n festen Lande, Nordwestwärts von uns, drey oder r Eilande, und eine Spitze die sich durch drey oder r hohe Felsenspitzen, wie Kirchthurm-Zinnen, aus chnete, und die ich deshalb die Zinnenspitze (*Pincle-point*) nannte. Im Süd-Südosten, neun eemeilen weit von der Küste, lag eine Gruppe von inen Inselchen oder Klippen.

Am 17ten Junius blieb der Wind zwischen West d Nordwest, war aber so schwach, daß es oft ganz ndstill wurde. Das Wetter war heiter, und die Luft cken und schneidend. Den 18ten war es bey angenehen klaren Wetter, größtentheils windstill, wobey wir eobachtungen anstellten, um sowohl die Länge als die bweichung der Magnetnadel zu bestimmen. Letztere trägt 21° 27′ gegen Osten. Die Küste zwischen der reyeinigkeitsinsel (*Trinity Island*) und dem eblichten Cap (*Foggy cape*) hängt unstreitig zusamen, ungeachtet das trübe Wetter uns die Aussicht nahm. Südwärts von dem letztgenannten Cap wird das Land rauher und ungleicher, als wir es noch ges[...] hatten, theils in Ansehung der Gebirge selbst, th[...] auch in Ansehung der Küste, die hier voller Buch[...] oder kleiner Krümmungen und Busen ist, welche a[...] nicht sehr tief landeinwärts gehen. Die hervorrag[...] den Spitzen zwischen einigen von diesen Busen, könn[...] leicht Inseln seyn, welches sich bey einer genauen Un[...] suchung zeigen wird. Ueberall ist die Aussicht wüst [...] öde, und das Land, von den Gipfeln der höch[...] Gebirge bis unweit der Küste hin, mit Schnee bede[...]

Aus einem Boot, welches ich an Bord der Dis[...] very schickte, schoß einer von unsern Leuten einen [...] schönen Vogel vom Geschlecht der Papageytaucher. [...] ist etwas kleiner als eine Ente, und von schwarzer Far[...] den Vordertheil des Kopfs ausgenommen, welcher w[...] ist. Ueber und hinter jedem Auge steigt ein sehr zierlic[...] weiß gelblicher Federbusch hervor, der wie ein Widde[...] horn gewunden ist. Der Schnabel und die Füße [...] roth. [...]ielleicht ist es Stellers Alca monochroa, die in Kraschenninikofs Beschreibung von Kam[...] schatka vorkommt. Soviel ich bemerkt habe sahen [...] Vögel von dieser Art, zuerst etwas südwärts vom C[...] St. Hermogenes; und von der Zeit an, kamen [...] uns, bisweilen in großen Schaaren, täglich v[...] Nächst diesen waren die in andern Nordischen Meer[...] gewöhnlichen Vögel, Mewen, Wasserraben, Puffi[...] nebst anderen Sturmvögeln und Schwänen unsre täg[...] chen Gefährten; auch ging selten ein Tag vorbey, [...] nicht Robben, Wallfische und andere große Fische zu[...] Vorschein gekommen wären.

Bereits am 17ten hatten wir eine große Inselgrup[...] gegen Südwesten entdeckt, die etwa sieben Seemeil[...]

*) Alca cirrhata, Pallas. G. F.

n dem festen Lande entfernt seyn mochte. Jetzt richtete den Lauf in den dazwischen liegenden Kanal, dem wir h bey Tagesanbruch am 19ten nahe gekommen waren. unmehr zeigten sich innerhalb der Inseln, die wir on gesehen hatten, noch mehrere andere von verschiede- Größe. Doch ließen sie einen ziemlich weiten Raum ischen sich, durch welchen ich meinen Weg nahm, il dies mir rathsamer schien, als ganz dicht an der iste des festen Landes hin zu schiffen, wo wir leicht eine ndspitze für eine Insel ansehen, dadurch aber in einen eerbusen gerathen, und den günstigen Wind, der jetzt hete, verlieren konnten. Um Mittag befanden wir s in 55° 18′ nördlicher Breite in der engsten Gegend Kanals, welcher von der südlichsten Inselgruppe an ier, und den, zwischen ihr und der andern Küste des ten Landes, näher gelegenen Inseln, auf der entgegen- setzten Seite gebildet wird, und an dieser Stelle etwa derthalb oder zwey Seemeilen breit ist. Die größte isel dieser Gruppe lag zur Linken, und steht, nach ier in der Folge erhaltenen Nachricht, in der Charte ter dem Namen Kodjack *). Den übrigen Inseln be ich keine Namen gegeben; ich halte sie aber für endieselben, welche Behring die Schumagins- nseln **) nennt; oder die Schumaginsinseln achen wenigstens einen Theil dieser großen Inselgruppe s. So weit nach Süden hin als man eine Insel nur mer sehen kann, erblickten wir jetzt dergleichen. Sie ngen in 200° 15′ östlicher Länge an, und erstrecken h anderthalb bis zwey Grade nach Westen; ich kann er mit meiner Bestimmung nicht weiter ins Detail

*) S. Nachrichten von Kodjak in Herrn v. Stählins neuem Nordischen Archipel.

**) Müllers Entdeckungen der Russen.

gehen, da wir nicht alle Inseln von der Küste des festen Landes unterscheiden konnten. Die meisten sind ziemlich hoch, äußerst unfruchtbar und rauh. Die Klippen umher, die oft steil emporstehen, geben ihnen hin und wieder ein wildes romantisches Ansehen. An mehreren Orten gab es an ihren Ufern verschiedene sichere Bayen und kleine Häfen; von der Höhe rannen Bäche von frischem Wasser herunter, und um sie her flößte das Meer etwas Treibholz; allein auf dem Lande selbst wuchs weder Baum noch Staude. Auf vielen dieser Eilande lag noch Schnee in Menge und auch die Abschnitte des festen Landes, die zwischen durch gesehen werden konnten, waren gänzlich damit bedeckt. Um vier Uhr Nachmittags hatten wir alle uns gegen Süden gelegene Inseln vorbeygeschifft, und erblickten nunmehr an der Küste eine im Westen 8° Südlich gelegene hervorspringende Landspitze, auf welche wir unseren Lauf richteten. Bald nachher, als wir die Fahrt zwischen den Eilanden glücklich zurückgelegt hatten, lösete die Discovery, welche zwey Englische Meilen hinter uns geblieben war, drey Kanonen, legte bey und machte das Signal, mit uns zu sprechen. Dies erschreckte uns nicht wenig; weil indem im Kanal selbst, den wir eben durchschifft hatten, keine sichtbare Gefahr vorhanden gewesen war, vermutheten wir, das Schiff müße etwa leck geworden seyn oder irgend einen andern ähnlichen Unfall gehabt haben. Ich fertigte sogleich ein Boot ab, welches bald mit Capitain Clerke am Bord, zurückkehrte. Er brachte mir die Nachricht, daß etliche Eingebohrne in drey oder vier Kähnen seinem Schiffe eine Zeitlang gefolgt wären und es endlich erreicht hätten. Hierauf habe einer von ihnen allerley Zeichen gemacht, seine Mütze abgenommen, und nach Europäischer Art Verbeugungen gemacht. Als man ihm einen Strick hinabgelassen, habe er eine kleine dünne hölzerne Schachtel oder Futteral daran estigt, alsdenn noch einige Worte gesprochen, einige chen gemacht, und mit seinen Gefährten das Schiff der verlassen. Kein Mensch an Bord des Schiffs te sichs träumen lassen, daß die Schachtel etwas halten könnte, bis man sie zufälligerweise erst nach Abfahrt der Kanots geöfnet, und darin ein sorgfältig ammengelegtes Pappier gefunden hatte, worauf as, wie wir vermutheten, in Russischer Sprache, hrieben war. Oben darüber, stand die Jahreszahl 78, und in der Schrift selbst kam auch die Zahl 1776. Dies bewies uns, ob wir gleich die Schrift nicht n konnten, hinlänglich, daß diese öde Gegenden n vor uns von Menschen besucht worden wären, mit en uns noch andere als die gemeinschaftlichen Bande Natur verbrüderten. Die Hoffnung, nunmehr wohl einige Russische Handelsleute antreffen zu können, breitete in diesem Augenblick ein lebhaftes freudiges fühl unter uns, welches nach einem so langen Aufent- e unter den Wilden (*savages*) des Südmeeres und Nordamerikanischen Küste natürlich genug war.

Capitain Clerke war anfangs der Meynung, es ten hier einige Russen verunglückt seyn, die beym lick unserer Schiffe, uns von ihrer Lage hätten be- richtigen wollen. Sein Herz, voll Mitgefühl für Unglücklichen, hatte ihm daher den Gedanken ein- ben, hier so lange anzuhalten, bis sie Zeit hätten zu erreichen. Ich war indeß weit entfernt auf diese muthung zu gerathen. Wäre es wirklich der Fall esen, so würden doch unfehlbar die Verunglückten, r Absicht ihre Rettung zu bewerkstelligen, in jenen ots einen aus ihren Mitte abgesandt haben. Ich also das Papier für eine bloße Nachricht, welche d ein Russischer Handelsmann, der kürzlich hier ge- n sey, hinterlassen hätte, um sie dem nächsten seiner sleute, der hieher kommen würde, abgeben zu lassen. Die Einwohner, die uns vorüber schiffen sah und uns für Russen halten mochten, hatten demzufo das Papier abgeliefert, vermuthlich in der Hofnung, wir uns nunmehr bey ihnen verweilen würden. In völligen Ueberzeugung, daß dies der rechte Gesichtspu sey, aus welchem der Vorfall betrachtet werden mü ließ ich mich auf keine nähere Untersuchung ein, sond verfolgte unsern Lauf nach Westen längs der Küste, vielleicht längs den Inseln, da ich nicht mit Gewiß bestimmen konnte, ob das nächste Land wirklich zum sten Lande gehörte oder nicht. Wenn es keine In sind, so müssen hier an der Küste mehrere ziemliche g Bayen vorhanden seyn. Wir setzten unsere Fahrt, Hülfe eines sanften Nordostwindes, bis zwey Uhr folgenden Morgen fort, da wir zwischen uns und Lande, etwa in einer Entfernung von zwey Englis Meilen, Brandungen gewahr wurden. Zwey S den später sahen wir dergleichen gerade vor uns, linker Hand, zwischen uns und der Küste, war eine zahllose Menge. Wir hielten uns nach Sü und kamen glücklich bey diesen Brandungen vorbey, durch Klippen verursacht werden, welche zum Theil dem Wasser hervorragen, und sich sieben Seem weit vom Lande ins Meer erstrecken. Ihre Lage ist lich bey dem finstern Wetter, welches hier so gew lich ist, äußerst gefährlich. Um Mittag befanden uns eben außerhalb derselben, in 54° 44′ nördl Breite und 198° östlicher Länge. Das nächste ist eine hohe stumpfe Spitze, welche wir Rockpo (Felsenspitze) nannten. Sie lag uns gegen No in einer Entfernung von sieben bis acht Seemei Die westlichste Extremität des jetzt sichtbaren, we stens nach unserer Meynung, festen Landes, la Nord 80° West, und dreyzehn Seemeilen von uns fernt war außerhalb desselben ein runder Berg, den

alibut-head (Meerbutten-Cap) nannten, und in
Folge für eine Insel erkannten.

Am 21sten, Mittags, waren wir der Meerbut-
n-Insel (Halibut-Eiland) auf welcher das Hali-
t-head liegt, bis auf zwey Seemeilen weit nahe
kommen, und konnten nunmehr, wegen Mangel an
ind, nicht aus der Stelle. Die Insel hat ungefähr
ben bis acht Seemeilen im Umkreise, und ist sehr un-
chtbar. Den Berg ausgenommen, den wir Hali-
t-head nennen, ist das übrige niedriges Land.
inter dieser Insel erblickt man verschiedene andere
nliche, die aber zwischen sich und dem festen Lande
ch eine Durchfahrt offen lassen, welche zwey bis drey
eemeilen breit ist.

Die vorhin erwähnten Klippen und Brandungen
tten uns genöthigt, einen weiten Umweg zu machen,
d uns von der Küste so weit zu entfernen, daß wir sie
ischen Rock-point und Halibut-Eiland nur
nz von fern sehen konnten. Ueber dieser Insel und
n nahe gelegenen Eilanden erblickten wir das feste
nd mit Schnee bedeckt, und zwar vorzüglich einige
he Berge, deren Gipfel über den Wolken hervorrag-
n, und von erstaunlicher Höhe zu seyn schienen. Der
üdwestlichste von diesen Bergen hatte gerade in seinem
ipfel einen Vulkanischen Feuerschlund, welcher unauf-
rlich gewaltige Säulen von dickem weißen Rauch aus-
eß. Er steht nicht weit von der Küste, in 54° 48′
rdlicher Breite und 195° 45′ östlicher Länge, und
chnet sich auch durch seine Gestalt aus, die ein voll-
mmener Kegel ist. Selten war dieser oder irgend
ner von den übrigen Bergen ganz von allem Gewölk
tblößt. Zuweilen war sowohl der Fuß als der Gipfel
nz klar, und nur die Mitte war mit einem schmalen
Wolkenstreif, oder bisweilen mit zwey oder drey derglei-
en über einander, umgürtet, welches die Aussicht sehr

mahlerisch machte, da noch die hohe Rauchsäule hin kam, die der Wind erst oben in einen langen Sch verwehete. Es verdient angemerkt zu werden, daß Wind in jener Höhe, wohin der Rauch des Vulk reichte, einen Lauf nahm, welcher der Richtung Windes zur See völlig entgegengesetzt war.

Nachmittags herrschte drey Stunden lang Windstille, welche sich unsere Leute zu Nutz mach und über hundert Meerbutten fingen, wovon einige ei Centner, und keine weniger als zwanzig Pfund w Eine Erfrischung dieser Art war uns äußerst willk men. Als wir im besten Fischen waren, und uns a drey oder vier Englische Meilen vom Lande, in ei Tiefe von fünf und dreyßig Faden, befanden, kam einer großen Insel ein Mann in einem kleinen Kanot uns, näherte sich dem Schiffe, nahm seine Mütze und verbeugte sich, eben so wie jener, der die Di vern besucht hatte. Schon diese erlernten Höflichke Bezeugungen und das beschriebene Papier, wovon d die Rede war, bewiesen zur Gnüge, daß die Russen den hiesigen Einwohnern Verkehr und Handel getri hatten; allein jetzt erhielten wir neue Bestätigung di Faktums, denn unser Gast hatte ein Paar Hosen grünem Tuch und eine Jacke von schwarzem Tuch o Stoff an, über welche er sein Kleid von Wallfischda trug. Er hatte außer einem grauen Fuchsfell und e gen Fischergeräthschaften nichts zu vertauschen. D Spitzen seiner Harpunen waren mehr als einen Sch lang, von Knochen gemacht, so dick wie ein Stockm und zierlich geschnitzt. Er führte eine Blase bey s die vermuthlich mit Oel gefüllt war; denn er öfnete trank einen Mund voll daraus, und machte sie d wieder zu.

Sein Kanot war von einerley Bauart mit denen wir bisher gesehen hatten, nur etwas kleiner, und ührte ein Ruder, welches an jedem Ende eine Schaufel hatte, wie jene, die bey der Discovery zum Besuch gewesen waren. An Statur und Gesichtszügen glich er völlig den Einwohnern des Prinz Wilhelms Sundes und des großen Stroms (Cooks-Stroms). Er war indeß nicht bemahlt, und der Einschnitt in der Unterlippe hatte eine schiefe Richtung, auch war kein Zierrath darin. Die Wörter, welche unsere Gäste in jenem Sunde am häufigsten brauchten, schien er nicht zu verstehen, wenn wir sie wiederholten; allein dies beweist vermuthlich weiter nichts, als daß wir sie schlecht aussprachen.

Das Wetter war bewölkt und trübe, mit abwechselnden Sonnenblicken, bis der Wind am 22sten Nachmittags sich in Südosten setzte, und, wie gewöhnlich, Regen und Nebelwetter mitbrachte. Schon vor dem Nebel, hatten wir, außer dem Vulkan und einem dicht daran liegenden Berge, keinen andern Theil des festen Landes gesehen. Ich schifte bis sieben Uhr Abends westwärts fort, und richtete nunmehr, um nicht im Dunkeln auf das Land zu stoßen, den Lauf nach Süden, ließ aber gegen zwey Uhr Morgens wieder westwärts hin steuern. Der Wind, der hier sehr schwach und veränderlich war, setzte sich endlich im Westen, und um fünf Uhr Nachmittags sahen wir, bey einem Sonnenblick, zwischen Norden und Westen Land, welches in einzelnen Hügeln, wie Inseln, erschien. Am 24sten früh um sechs Uhr erblickten wir wieder das feste Land, und nach Südwesten hin einige Inseln. Ungefähr vier Seemeilen weit von der Küste, und in zwey und vierzig Faden Tiefe, wollten wir Abends, da uns Wind mangelte, wieder unser Glück im Fischen versuchen, fingen aber diesmal nur zwey oder drey kleine Weichfische. Am folgenden Morgen erhielten wir einen Ostwind, und ganz heiteres Wetter, welches bey diesem Winde so unge-

wöhnlich war. Wir sahen jetzt den Vulkan, nebst
dern sowohl ost- als westwärts von demselben gelegen
Bergen, und die ganze Küste unterhalb dieser Gebirg
deutlicher, als je zuvor. In der Richtung Nordw
halb Westen schien sich die Küste ganz zu endigen, u
zwischen derselben, und den weiterhin nach Südwes
gelegenen Inseln, zeigte sich eine große Oefnung, w
hin ich den Lauf so lange richtete, bis wir auch da
Land hervorragen sahen. Dieses neue Land schien zw
noch nicht mit dem festen Lande zusammenzuhänge
allein es machte gleichwohl die Durchfahrt etwas ung
wiß; ja es ließ uns sogar in Zweifel, ob nicht das sü
westliche Land ein Theil des Continents seyn möchte,
welchem Falle die vor uns liegende Oefnung wei
nichts als eine tiefe Bay seyn konnte, aus der w
wenn wir uns mit einem Ostwind hineinbegeben hätt
nur mit Mühe zurückgekommen seyn würden. Um m
also nicht auf so zweifelhafte Erscheinungen zu verlass
steuerte ich nach Süden, bis ich außerhalb alles jetzt
Augen liegenden Landes war. Dann setzte ich aber
Fahrt nach Westen fort, in welcher Richtung numm
das Land lag, welches wir jetzt ganz deutlich für Ins
erkannten. Um acht Uhr Abends, waren wir bey d
derselben, die alle ziemlich hoch waren, vorbeygeseg
und sahen noch mehrere im Westen. Das Wetter
aber schon Nachmittags finster geworden, und hatte
endlich in völliges Nebelwetter verändert, wobey
Ostwind frisch anhielt. Um zehn Uhr Abends entsch
ich mich also, südwärts zu segeln, bis wir mit Tage
bruch wieder nach Westen gehen könnten. Allein
Rückkehr des Tageslichts konnte uns diesmal we
helfen, denn wir sahen doch keine hundert Schritte
uns hin. Weil indeß der Wind sehr gemäßigt w
wagte ich es, den Lauf in dieser Richtung fortzuset
Um halb fünf Uhr erschreckte uns das Geräusch m

randungen, links vor uns hin. Das Senkbley zeigte s erst acht und zwanzig, und dann gleich fünf und anzig Faden. Ich legte augenblicklich bey, ließ den ıker in grobem Sandgrund fallen, und befahl der iscovery, die sich dicht bey uns befand, eben das zu ın. Nach einigen Stunden hob sich der Nebel etwas, d zeigte uns, daß wir der augenscheinlichsten Gefahr r glücklich entgangen wären. Wir befanden uns drey iertel Englische Meilen von einer Insel, deren äußerste nden ungefähr eine Seemeile entfernt waren. Eine lbe Seemeile weit von uns, und eben so weit von ein- der, lagen zwey hohe Felsen, (der eine Süd gen Ost, r andre Ost gen Süden) mit einer Menge Brandun- n und Klippen umringt; hier hatte die Vorsehung, im nstern, die Schiffe mitten hindurch auf einen Anker- und geführt, den ich nicht besser hätte wählen können, wo- n ich mich aber auch bey hellem Wetter nicht gewagt ben würde.

Weil wir dem Lande so nahe gekommen waren, hickte ich ein Boot aus, um es untersuchen zu lassen. s kam Nachmittags zurück, und der mitgeschickte Offi- r berichtete mir, es wachse daselbst Gras von ziemlich ıter Art, nebst allerley kleinen Kräutern. Eines da- on war dem Portulak ähnlich, und schmeckte sowohl zur Suppe als zum Sallat gut. Bäume und Stauden hatte an durchaus nicht gesehen, wohl aber etwas Treibholz n Strande. Zwischen elf und zwölf Uhr war die nie- rigste Ebbe gewesen, und die Fluth war von Osten oder Südosten herauf gekommen.

In der Nacht ging der Südwind sehr stark; doch gte er sich gegen Morgen etwas, und der Nebel zer- heilte sich, so daß wir um sieben Uhr unter Segel ehen, und zwischen der Insel, wo wir vor Anker gele- en hatten, und einer andern, in einem Kanal, der icht über eine Englische Meile breit war, nach Norden hin steuern konnten. Der Wind legte sich ehe w noch hindurch waren, und wir mußten folglich in Faden wieder vor Anker gehen. Hier waren wir allen Seiten mit Land umgeben. Das südliche Land streckte sich nach Südwesten hin, in Einer Reihe Gebirgen, wovon wir dazumal nicht ausmachen ko ten, ob sie zu einer oder mehreren Inseln gehörten; der Folge entdeckten wir aber, daß sie nur Eine In bildeten, welche unter dem Namen Unalaschka (U *nalashka*) bekannt ist. Zwischen derselben und dem n Norden hin gelegenen Lande, welches sich wie eine I selgruppe anließ, schien eine Durchfahrt nach No west zum Norden vorhanden zu seyn. Auf einer, w wärts, drey Viertel einer Englischen Meile weit en genen Landspitze, erblickten wir etliche Einwohner, n ihren Wohnungen. Andere zogen zwey Wallfische de hin, die sie vermuthlich eben getödtet hatten. V Zeit zu Zeit kamen einige wenige von ihnen an Schiffe, und vertauschten einige Kleinigkeiten, a keiner blieb länger als eine Viertelstunde. Sie schien sogar etwas schüchtern zu seyn, ob ihnen gleich, wie merkten, Schiffe, die den unsrigen einigermaßen ähnl waren, nicht unbekannt seyn konnten. Sie äußert übrigens auch in ihrem Betragen einen Grad von H lichkeit, der bey den Wilden sonst nicht üblich ist.

Um ein Uhr Nachmittags lichteten wir bey ein leichten Nordostwinde und günstiger Fluth die Ank und segelten auf die vorhinerwähnte Durchfahrt zu, der Erwartung, daß jenseits derselben das Land entwed Nordwärts fortgehen, oder daß sich doch wenigstens na Westen eine ungehinderte Fahrt in die See öfnen würd denn wir glaubten nunmehr, wie es sich auch wirkli befand, nicht in einem Busen des festen Landes, sonde zwischen Inseln zu schiffen. Bald nöthigte uns d Wind, der sich im Norden setzte, zu laviren, und a

Abend mußten wir ankern, um nicht durch die Ebbe wieder rückwärts getrieben zu werden. Bey Tagesanbruch gingen wir mit einem leichten Südwinde und vermittelst einer schnellen Fluth glücklich durch den Kanal; die Discovery aber war nicht so glücklich, denn sie ward von der Ebbe zurückgetrieben, und hatte Mühe, sich hindurch zu arbeiten. Jenseits der Durchfahrt sahen wir nun das Land sich von einer Seite nach Westen und Südwesten, von der andern aber nach Norden hin ziehen, so daß es endlich eine für uns vortheilhafte Richtung zu haben schien. Die Heftigkeit der hier strömenden Fluth und der Mangel an Wind, machten es aber für jetzt gefährlich, hier länger ein Spiel der Wellen zu bleiben. Da es uns nun ohnedies an frischem Wasser zu gebrechen anfing, so wollte ich in einem Hafen anlegen, den ich an der Südseite dieser Durchfahrt entdeckte; allein es währte nicht lange, so hatte uns der Strom vorbey geführt, und ich mußte nur geschwind vor Anker gehen, um nicht wieder durch die ganze Straße zurück getrieben zu werden. Hier, dicht unter dem südlichen Ufer, war die Geschwindigkeit der Ebbe in einer Stunde sechstehalb Englische Meilen.

Auf diesem Ankerplatze besuchten uns verschiedene Einwohner, jeder in einem besondern Kanot, und vertauschten einige Fischergeräthe gegen Tobak. Einer von ihnen, ein junger Mensch, schlug mit seinem Kahn um. Zum Glück war unser Boot gleich daneben, und ein Matrose ergrif ihn: der Kahn ward vom Strom fortgerissen, aber von einem andern Eingebohrnen eingeholt, und ans Land geführt. Dieser Zufall versetzte den jungen Menschen in die Nothwendigkeit sich an Bord des Schiffs zu begeben. Er ging auch sogleich auf meine erste Einladung, ohne die mindeste Besorgniß oder Abneigung zu bezeugen, mit mir in meine Kajüte hinab. Seine Kleidung bestand in dem Hemde-ähnlichen Ue-

berrocke, der aus den Eingeweiden eines großen Thie[r]
vermuthlich des Wallfisches, verfertigt wird. Das Un
terkleid war von gleichem Schnitte, aus zubereiteten un
sauber zusammengenäheten Vogelhäuten, woran d
Federn fest saßen, und einwärts zunächst am Leibe getr
gen wurden. Dieses Kleid war aber mit Stücken v
Seidenzeug geflickt, und an seiner Mütze saßen zwey od
drey Sorten von Glaskorallen. Da seine eigne Kleid
naß geworden waren, gab ich ihm andere, die er sich m
eben so viel Fertigkeit anzog, als ich es nur immer hä
thun können. Das Betragen dieses Menschen und s
ner Landsleute überzeugte uns, daß sie mit Europäe
und Europäischen Sitten bekannt seyn müßten. Ind
mußten doch unsere Schiffe ihre Neugier ganz vorzü
lich reizen; denn auch diejenigen, die uns nicht in Kä
nen besuchen konnten, hatten sich auf den nahegelegen
Hügeln versammelt, um sie anzustaunen. Sobald d
Ebbe abgeflossen war, lichteten wir die Anker, ließ
uns in den Hafen bugsiren, und ankerten daselbst
neun Faden auf Sand und schlammigem Grund. Ba
hernach kam auch die Discovery hinein, und nunme
schickten wir das große Boot nach Wasser, und ein kl
neres auf einen Fischzug mit dem Netze, der uns ab
nur vier Forellen, und einige kleine Fische einbrachte.

Wir lagen noch nicht lange vor Anker, so kam e
Einwohner dieser Insel an Bord und überreichte mir ei
Schrift, die jener, welche Capitain Clerke erhalt
hatte, sehr ähnlich war. Weil sie aber in Russisch
Sprache geschrieben war, die kein Mensch an Bord ve
stand, und folglich für mich weiter keinen Nutzen hatte,
dies gleich bey andern der Fall seyn konnte, so gab i
sie dem Ueberbringer zurück, und entließ ihn mit einig
Geschenken. Er bedankte sich dafür, und machte bey
Weggehen mehrere tiefe Verbeugungen.

Als ich am folgenden Tage längs dem Strande spatzieren ging, stieß ich auf eine Gesellschaft von Einwohnern beyderley Geschlechts, die im Grase saßen, und ich ein Gericht rohe Fische so gut schmecken ließen, als e uns bey der besten Zubereitung kaum geschmeckt haben würden. Am Abend hatten wir unseren Vorrath on frischem Wasser ergänzt, und, so weit es Zeit und Witterung erlaubte, einige Beobachtungen angestellt. So heftig die Fluth außerhalb des Hafens strömte, gering war ihre Bewegung in demselben. Um Mitg war es niedriges Wasser. Während der Fluth steigt s drey Fuß drey Zoll in senkrechter Linie, doch muß es ach den Spuren die wir am Ufer bemerkten, zuweilen nen Schuh höher anlaufen.

Ein undurchdringlicher Nebel und widrige Winde ielten uns hier bis zum zweyten Julius auf; wir hatten lso Gelegenheit das Land und seine Einwohner einigermaßen kennen zu lernen. Was wir davon bemerkten, ird im Verfolg dieser Erzählung mitgetheilt werden. Hier will ich nur noch den Hafen kürzlich beschreiben, en die Einwohner Samganudha (*Samganoodha*) ennen. Er liegt an der Nordseite von Unalaschka 53° 55′ nördlicher Breite und 193° 30′ östlicher änge in der Straße oder Durchfahrt, welche dieses Eiund von den nördlicher gelegenen trennt, durch welche tere er zu gleicher Zeit vor den Winden aus dieser Geend gedeckt ist. Er erstreckt sich landeinwärts etwa vier ngliſche Meilen nach Süd zum Westen, und ist im Eingange etwa eine Meile breit, wird aber tiefer hinein twas schmäler, so daß er ganz oben nicht über eine Viertelmeile breit ist. Hier können die Schiffe, gänzch vom Lande eingeschlossen, in sieben, sechs, auch ohl nur vier Faden Tiefe liegen. Gutes Wasser ist im Ueberfluß zu haben, hingegen kein Stück Holz von einier Bedeutung.

Vierzigstes Hauptstück.

Fortsetzung der Fahrt von Unalaschka nac Norden. Die Inseln Unella und Akutan Unimak. Seichte See längs der Küste. Bristolbay. Rund-Eiland. Calm-Point Cap Newenham. Anlandung des Lieutenant Williamson und dessen Bericht. Rückkehr de Schiffe wegen der Untiefen. Besuch von de Einwohnern. Tod des Herrn Anderson. Dessen Charakter. Eine Insel, die nach ihm benann wird. Point Rodney. Schlitten-Eilan (*Sledge island*) und Bemerkungen bey einer Lan dung daselbst. Kings-Eiland. Vorgebirg des Prinzen von Wales, oder westlichst Extremität von Amerika. Lauf nach Westen Die Schiffe gehn in einer Bay an der Küste vo Asien vor Anker.

Nachdem wir mit einem leichten Süd-Südostwind i See gegangen waren, steuerten wir nach Norden hi ohne in unserm Laufe aufgehalten zu werden; denn, wi gesagt, erstreckte sich die Insel Unalaschka an eine Seite nach Südwesten, und auf der andern sahen wi kein Land nördlicher als Nordost, und dies war ein Fortsetzung der Inselgruppe, welche wir am 25ste Junius zuerst erreicht hatten. Die Insel, welche vo dem Hafen Samganuda liegt und die Nordostsei der Straße bildet, durch welche wir hingeschift waren heißt Unella (*Oonella*) und hat ungefähr sieben See meilen im Umkreise. Eine andere, nordostwärts vo dieser, heißt Akutan, (*Acootan*) ist um ein Be trächtliches größer, und hat einige sehr hohe mit Schne

eckte Berge. Wir hätten mit aller Sicherheit zwi-
en diesen beyden Inseln und dem festen Lande durch-
ffen können, dessen Südwestspitze eben diejenige ist,
wir am 25sten Junius verlassen hatten, als wir es
rathsamer erachteten, auswärts um die Inseln her-
zuschiffen. Diese Spitze heißt bey den Einwohnern
imak (*Oonemak*) und liegt in 54° 30′ nördlicher
eite, und 192° 30′ östlicher Länge. Ueber dem
rgebirge, welches an sich schon ein hohes Land ist,
ebt sich ein hoher runder Berg, der jetzt ganz und
mit Schnee bedeckt war. Noch um sechs Uhr
ends sahen wir diesen Berg im Osten, allein um acht
lag kein Land mehr in unserm Gesichtskreise. Weil
die Küste eine nordöstliche Richtung genommen haben
ste, wagte ich es, parallel mit derselben zu segeln,
um Ein Uhr Morgens, da die Wache auf dem Ver-
gerade vor uns Land zu sehen glaubte. Wir legten
er um, fuhren zwey Stunden lang nach Südwesten,
setzten dann von neuem den Lauf nach Ost-Nord-
n fort. Um sechs Uhr sahen wir im Südosten Land,
efähr fünf Seemeilen weit entfernt, und nach und nach
immer mehr von einer zusammenhängenden Küste
vor, die, ziemlich genau, unserm Lauf parallel zu
en schien. Diese Küste liegt an der Nordwestseite
vorhin erwähnten Vulkans, den wir folglich gesehen
en müßten, wenn das Wetter hell genug gewesen
e. Nachdem wir von Mittag an Ost zum Norden
ufen waren, fanden wir um sechs Uhr Abends, vier
meilen weit vom Lande, mit dem Senkbley acht und
zig Faden auf schwarzem Sand.

Früh am Morgen ward es windstill, und unsere
e fingen in einer Tiefe von dreyßig Faden mit Leinen
Angeln eine Menge schönen Kabbeliau. Um Mit-
befanden wir uns in 55° 50′ nördlicher Breite und
° 3′ östlicher Länge. Von West-Südwesten her

IMAGE EVALUATION
TEST TARGET (MT-3)

6"

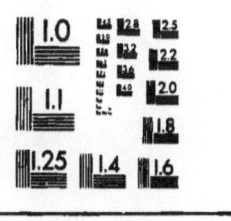

Photographic
Sciences
Corporation

23 WEST MAIN STREET
WEBSTER, N.Y. 14580
(716) 872-4503

2.8
2.5
2.2
2.0
1.8
1.1
1.0

ging eine hohle See, welches deutlich zeigte, daß in di
ser Richtung kein festes Land nahe seyn konnte. D
Küste, die wir im Gesicht hatten, behielt noch imm
ihre Richtung nach Ost-Nordosten.

Am sechsten und siebenten machten wir wegen d
Nord-Windes nur geringe Fortschritte. Am ach
war die ganze Küste, so weit wir sehen konnten, pla
Land, mit einer von Schnee bedeckten Gebirgsreihe
Hintergrunde. Vermuthlich erstreckt sich die flache Kü
noch weiter Südwestwärts hinab, so daß wir viellei
da Busen und Buchten zu sehen geglaubt haben, wo
Grunde nur flache Thäler zwischen den Bergen se
mochten. Am neunten um Mittag befanden wir uns
57° 49′ nördlicher Breite und 201° 33′ östlicher Län
nur zwey Seemeilen von der Küste. Sie ist hier über
niedrig, und läuft hie und dort in Spitzen aus, die v
Verdeck wie Inseln aussahen, vom Mastkorbe hinge
zusammenhängend befunden wurden.

Die Tiefe des Wassers betrug hier funfzehn Fa
auf feinem schwarzen Sande. Sie hatte allmälig ab
nommen, so wie wir weiter nach Nordosten gekomn
waren; zugleich aber hatte auch die Küste angefang
sich mehr nordwärts zu wenden. Nur die Gebirgsre
setzte noch in jener Richtung fort, die sie weiter w
wärts gehabt hatte; folglich war nur die Breite des
chen Landes an der Küste ansehnlich vermehrt. Die H
hen und Niederungen waren beyde von Bäumen e
blößt, und dem Anschein nach mit grünen Wasen
deckt, jene Gebirge ausgenommen, auf denen Sch
lag. Indem wir längs der Küste weiter segelten, na
die Tiefe von funfzehn bis auf zehn Faden ab, ungea
tet wir noch acht bis zehn Englische Meilen von
Küste blieben. Um acht Uhr Abends erblickten wir
was nördlicher als Nordost, eine flache Landspitze, j
seits welcher wir uns schmeichelten, die Küste mehr

wä

ts gerichtet zu finden. Allein wir fanden bald jen
dieser Spitze flaches Land, welches bis nach Nord
len vor uns lag, und sich daselbst im Horizonte ver
Hinter demselben sahe man hohes Land, welches
in abgesonderten Hügeln zeigte. Unsere schöne Hof
g nach Norden zu kommen, war folglich im Augen
verschwunden. Bis neun Uhr, das ist, so lange
eller Tag war, setzte ich indeß meinen Lauf fort, und
erte mich jener Landspitze bis auf drey Englische Mei
Hinter derselben befindet sich ein Fluß, dessen
ndung eine Meile weit zu seyn scheint, doch kann ich
t bestimmen, wie tief er seyn mag. Das Wasser
e eine hellere Farbe, so, wie über Untiefen; allein auch
ndstillen pflegen oft eine ähnliche Farbe zu verursa
. Der Fluß schien sich in mehreren Wendungen,
h die große Fläche zwischen der südöstlichen Gebirgs
und den nordwestlichen Bergen, zu ergießen. Er
viele Lachse haben; denn wir sahen nicht nur viele
er Mündung aus dem Wasser in die Höhe springen,
ern fanden auch einige in den Magen der Kabbeliau
e, die wir gefangen hatten. Ich nannte diesen
ß den Bristol-Fluß (*Bristol River*) und fand,
dessen Mündung im 58° 27′ nördlicher Breite und
° 55′ östlicher Länge belegen war. Tages darauf
uns die Discovery, die ich voran geschickt hatte, ein
nal, daß das Wasser seichter würde. Wir fanden
n Faden, und ehe wir das Schiff umlegen konnten,
en wir nur fünf, das andere Schiff aber hatte noch
iger als vier gehabt. Bald darauf mußten wir, we
der Ebbe, die aus dem Flusse nach jener Untiefe hin
mte, vor Anker gehen. Das Wasser war nicht halb so
g, als gewöhnliches Seewasser. Nachmittags schick
wir unsere Boote voraus, um einen sichern Weg suchen
assen, und gingen dann über die Südspitze der Sand
in sechs Faden Tiefe hinweg. Nunmehr befanden

wir uns wieder in dreyzehn bis funfzehn Faden Wa[sser]
und gingen daselbst vor Anker. Den folgenden Tag[e]
suchten wir mit Hülfe der Fluth gegen den Wind nach S[üd-]
westen zu kommen; am Abend, da die Luftzüge verände[rt]
wurden, hörten wir, zum erstenmal auf dieser K[üste,]
in sehr großer Entfernung donnern. Am zwölften [frühe]
setzten wir den Lauf wieder nach Nordwesten fort, [und]
sahen um zehn Uhr das feste Land, und einen h[ohen]
runden Berg, auf einer Insel, welche deshalb
Runde Insel (*Round Island*) genannt wurde, [und]
in 58° 37′ nördlicher Breite und 200° 6′ östli[cher]
Länge liegt. Weiter westwärts liegt eine hohe Landsp[itze,]
welche wir Calm Point (Windstille Spitze) n[ann-]
ten, weil wir in dieser Gegend Windstille hatten. [Wir]
kamen daher am 14ten und 15ten fast gar nicht aus [der]
Stelle, und hatten zugleich so dichten Nebel, daß [wir]
kaum eine Schiffslänge vor uns hin sehen konnten. [Die]
Tiefe war indessen von vierzehn bis sechs und zw[anzig]
Faden, und es glückte uns eine ziemliche Menge [Ka-]
beliau und einige Plattriße zu fangen. Als sich en[dlich]
am 18ten früh um fünf Uhr der Nebel verlor, sa[hen]
wir uns näher an der Küste, als wir erwartet hatten, [näm-]
lich nur drey Englische Meilen von einer Landspitze entf[ernt,]
welche acht Seemeilen westwärts von Calm-P[oint]
liegt. Zwischen diesen beyden Spitzen bildet die K[üste]
eine Bucht oder Bay, in deren Mitte wir kaum [vom]
Mastkorbe das Land absehen konnten. Nordwest[wärts]
von der zuletzt entdeckten Spitze liegt eine zweyte [Bay,]
welche gegen Westen von einem hohen Vorgebirge
geschlossen wird. Hier mußte der Lieutenant Willi[am-]
son anlanden, um zu sehen, in welcher Richtung [das]
Land jenseits des Vorgebirges fortginge, und wa[s es]
hervorbrächte, indem es, von den Schiffen aus,
fruchtbar genug aussah. Herr Williamson [kam]
Nachmittags zurück, und stattete seinen Bericht ab.

an dem Vorgebirge angelandet, hatte den höchsten
erstiegen, und daselbst gesehen, daß die Küste, so
das Auge reichte, sich von hier gerade nach Norden
ckte. Er hatte hierauf im Namen Sr. Majestät
dem Lande Besitz genommen, und eine Flasche auf
Berge hinterlassen, worin ein Papier mit den Na-
der Schiffe und dem Datum der Entdeckung, ein-
lossen war. Das Vorgebirge, welches eine fel-
Spitze von beträchtlicher Höhe ist, und in 58° 42′
licher Breite und 197° 36′ östlicher Länge liegt,
te ich Cap Newenham. Ueber oder innerhalb
lben steigen zwey hohe Berge hintereinander empor,
denen der innerste oder östliche, der höchste ist.
Land bringt weder Baum noch Staude hervor, und
Berge sind ganz nackend. Blos auf der Niederung
st Gras, nebst einigen Kräutern, wovon nur we-
blühten. Von Thieren sah Herr Williamson
ein Reh und dessen Junges, und am Seestrande
todtes Wallroß, eine Thierart, die uns seit kurzem
lich häufig zu Gesicht gekommen war.

Da nunmehr die Küste von hier aus nach Norden
, so hatten wir uns bisher in einer großen Bay be-
en, deren Nordspitze das Cap Newenham, die
spitze aber das Cap Unimak ist, welches vom er-
n Südsüdwest, zwey und achtzig Seemeilen entfernt
. Dem Admiral, Grafen von Bristol zu
en, nannte ich diese Bay Bristol-bay. Wir
n nunmehr um das Vorgebirge Newenham, und
en weiterhin Hügel und Flächen, welche verschie-
Bayen zu bilden schienen. Am 18ten Nachmit-
um ein Uhr, machten unsere vor uns geschickte
te das Signal, daß sie neue Untiefen fänden. Gegen
Uhr mußten wir in sechs Faden vor Anker gehen.
dieser Gelegenheit zerriß unser Kabeltau, und wir
ten noch ein zweytes Anker auslegen. Wir brach-

ten hier lange Zeit mit vergeblichen Bemühungen das Anker aufzufischen; endlich am 20sten des A glückte es uns aber doch. Während der Zeit hatte Lootsen beyder Schiffe zwischen den Untiefen und Küste, mit dem Senkbley in der Hand, untersu müssen, ob sich daselbst ein Weg für die Schiffe bef Sie hatten auch einen gefunden, der überall sechs sieben Faden tief war; allein er hatte viele Krüm gen, und eine sehr geringe Breite. Auch nach Sü sten hin mußte Herrn Capitain Clerkes Lootse einen weg suchen; allein hier war alles mit Untiefen vers Es blieb uns also nichts übrig, als geradenweges w zurückzugehen, wo wir hergekommen waren, weil e mißlich war, auf dem nördlichen Kanal fortzusch und uns einem größern Zeitverlust auszusetzen. nördlichste Gegend der hier sichtbaren Küste lag unge in 60° nördlicher Breite und bildete dem Anschein n eine flache Spitze, welche ich Shoal Ness (die La spitze der Untiefen) nannte. Wir hatten auf serm Ankerplatz viele Mondsbeobachtungen angest denen zufolge die östliche Länge 197° 45′ 48″ betr Nach der Längen-Uhr war sie 19′ geringer. Die weichung der Magnetnadel war 22° 56′ 51″ östl Die steigende Fluth geht nach Norden, und die E nach Süden. Die ganze Höhe der Fluth betr fünf bis sechs Schuh, und an den Tagen des Voll- Neumonds, muß es ungefähr um acht Uhr hoch W ser seyn.

Am 21sten um drey Uhr Morgens segelten wir einem gelinden Nord-Nordwestwinde nach Süden rück, indeß drey Boote voraus gingen, uns den zu zeigen. Aller Vorsicht ungeachtet, fanden wir Rückkehr schwerer als den Hinweg, und mußten zul um nicht auf eine Untiefe zu gerathen, wo das W nur sechs Schuh tief war, vor Anker gehen. Hier ten uns sieben und zwanzig Mann von den Einwoh- , jeder in seinem besondern Kahn. Anfangs nah- ie sich den Schiffen mit großer Behutsamkeit, schrieen , und breiteten ihre Arme aus, um uns ihre fried- Gesinnungen zu erkennen zu geben. Endlich kamen e nahe genug, um verschiedne Kleinigkeiten, die man n zuwarf, in Empfang zu nehmen. Dadurch be- n die übrigen Muth ebenfalls dicht heran zu kom- , und fingen sogleich einen Tauschhandel mit uns an. gaben uns Kleidungen von Fellen, Bogen, Pfeile, ße, hölzerne Geschirre, u. d. gl. und nahmen da- lles an, was wir ihnen nur anboten. Sie gehörten hen demselben Volke, welches wir bisher an dieser en Küste gesehen hatten; sie trugen auch eben solchen muck in den Lippen und Nasen, wie jenes, waren dabey ungleich schmutziger und schlechter gekleidet. es schien, hatten sie nie einen Menschen von unse- rt gesehen; sie kannten auch den Gebrauch des To- nicht, und hatten außer einem Messer, keine Eu- ische Waaren. Dieses Messer, wenn es anders den en verdient, war nur ein bloßes Stück Eisen in n hölzernen Griffe; allein der Werth und Nutzen ben war ihnen so gut bekannt, daß sie sonst nach kei- ndern Waare verlangten. Die meisten hatten den f beschoren, oder trugen kurz abgeschnittenes Haar, n entweder nur hinten oder nur an einer Seite e Locken stehen geblieben waren. Den Kopf bedeck- sie mit einer Kapuze von Fellen, oder mit einer e, die von Holz zu seyn schien. Unter andern Klei- sstücken erhandelten wir von ihnen auch eine Art Gürtel, der aus Fellen sehr zierlich verfertigt und von dem vorn ein Zierrath herunterhing, Theil aber zwischen den Schenkeln hinaufgezogen e, um die angränzenden Theile zu bedecken. Dieser tel läßt mich vermuthen, daß sie, so weit auch ihr

Land nach Norden liegt, bisweilen nackend gehen;
schwerlich kann er dazu gemacht seyn, unter ihr
wöhnlichen Kleidung angelegt zu werden.

Die Kanots waren von Fellen, wie die, welch
bisher gesehen hatten; doch unterschieden sie sich da
daß sie breiter, und die Löcher für den darin sit
Menschen geräumiger waren, als bey jenen. A
sere Boote von ihrer Beschäftigung zurückkehrten
schraken unsere Gäste darüber, und verließen uns p
lich, welches ohne diese Veranlassung schwerlich
geschehen seyn würde.

Es währte bis zum 22sten Abends, ehe wir un
den hiesigen Untiefen ganz zurück gezogen hatten.
folgenden Morgen machten wir einen Versuch,
Nordwesten zu segeln, mußten ihn aber auch no
geben, weil wir uns bald wieder in seichtem Was
fanden. Wir richteten daher unsern Lauf nach S
da es sich in dieser Gegend gut anließ, bald darau
Westen, und am 24sten nach West-Nordwesten.

Diesen westlichen Lauf, wobey wir allmählig i
Tiefe von sechs und zwanzig, dreyßig, und sec
dreyßig Faden kamen, setzten wir bis zum 29ste
da wir um vier Uhr Morgens gegen Nordwest z
sten, sechs Seemeilen weit vor uns, wieder Land
ten. Wir segelten auf dasselbe zu, und befanden u
halb elf Uhr nur noch eine Seemeile weit von der S
spitze desselben, die einen senkrecht emporstehende
hohen Felsen bildet. Ich nannte sie deshalb
Upright (das Aufrechte Cap) und fand, da
60° 17′ nördlicher Breite und 187° 30′ östlicher
gelegen wäre. Westwärts von dieser Spitze ent
wir noch mehr Land, wovon einiges im West zu
den ganz abgesondert zu seyn schien. Wir fand
eine unglaubliche Menge der oben erwähnten P
taucher (*Alca cirrhata*). Das Wetter war nic

ung, um uns den ganzen Umfang des vor uns liegen- Landes erkennen zu lassen; indeß hielten wir es für e von den vielen Inseln, die Herr von Stählin in ier Charte des neuen nordischen Archipels aufgezeich- hat, und erwarteten stündlich, deren mehrere zu :n. *)

Nachdem wir in dieser Gegend, bald nach Westen, nach Nordost zum Osten, umher gekreuzt hatten, anden wir uns am ersten August in 60° 58′ nörd- er Breite und 191° östlicher Länge. Ich segelte ımehr noch zehn Seemeilen nach Nordwesten, und sich in dieser Richtung kein Land zeigte, schifte ich der funfzehn Seemeilen ostwärts, ohne etwas andres Treibholz anzutreffen. Am dritten August setzten endlich mit einem Südostwind unsern Lauf nach rden fort. Diesen Nachmittag zwischen drey und Uhr starb mein Wundarzt, Herr Anderson, der mehr als einem Jahr an einer Auszehrung gelitten e. Er war ein verständiger junger Mann und ein enehmer Gesellschafter, besaß in seiner Wissenschaft :e Geschicklichkeit, und hatte sich überdieß beträcht- e Kenntnisse in andern Fächern erworben. Die Leser nes Tagebuchs werden bemerkt haben, welch einen ıchbaren Gehülfen ich an ihm hatte. Wäre er am :n geblieben, so hätte das Publikum ohne Zweifel :ley Nachrichten über die Naturgeschichte der von besuchten Länder erhalten, welche hinlänglich bewie- haben würden, wie sehr er dieses Lob verdient **).

*) In dieser Charte sind nämlich diese Inseln beynahe zehn Grade der Breite nördlicher gezeichnet, als sie wirklich liegen. G. F.

**) Herrn Andersons Tagebuch scheint ungefähr zwey Mo- nathe vor seinem Tode aufgehört zu haben. Das letzte Da-

Kurz nach seinem Tode sahen wir zwölf Seemeilen nach Westen, Land; welches ich ihm zum Anden und zu Ehren Andersons Eiland nannte. Bald darauf nahm ich Herrn Law, den Wundarzt der Discovery, an Bord meines Schiffs, und ernannte den ersten Wundarzt der Resolution, Herrn Samuel, zum Wundarzt der Discovery. Nachmittags sahen wir Land vor uns in einer weit ausgebreiteten Küste, die sich von Osten bis Nordwesten erstreckte, und ein Theil des Amerikanischen festen Landes zu seyn schien. An der See war es niedrig, aber tiefer im Lande erhoben sich ansehnlich hohe Berge hintereinander. Im West gen Norden, drey Seemeilen weit von uns, lag eine ziemlich hohe Insel. Die niedrige Gegend hatte eine grünliche Farbe, doch war sie dem Anschein nach weder mit Waldung, noch mit Schnee bedeckt. Die Fluth kam hier von Osten, und die Ebbe von Westen; jene lief mit grösserer Stärke als diese, und dauerte länger; vermuthlich giebt es also noch außerdem eine westliche Strömung. Während der Ebbe fiel das Wasser drey Sch... Diese Bemerkungen machten wir etwa zwey Seemeilen weit vom Lande, wo wir bald nach vier Uhr vor Anker gegangen waren.

Am fünften um zehn Uhr Morgens schifften wir nach Westen, bis wir zwischen der Insel und dem festen Lande in sieben Faden Tiefe die Anker fallen lassen konnten. Bald darauf ging ich mit Herrn King und einigen andern Officieren auf der Insel ans Land, weil ich erwartete, daß wir daselbst die Küste und See nach Westen hin würden in Augenschein nehmen können; allein Nebel verwehrte uns alle Aussicht nach jener Gegend

---

tum in seiner Handschrift ist der 2te Junius. Anmerkung der Urschrift.

e Küste des festen Landes schien von einer flachen
itze an, die ich Point Rodney nannte, nordwärts
zehen, und das hohe Land im Norden zeigte sich in
r großen Entfernung.

Die Insel, die in 64° 30′ nördlicher Breite und
3° 57′ östlicher Länge liegt, und deren Umkreis etwa
Seemeilen beträgt, bekam den Namen Schlit-
n-Insel (*Sledge island*). Die Oberfläche dersel-
ist mehrentheils mit großen losen Steinen bedeckt,
diese sind mit Moos und andern Kräutern bewach-
, deren zwischen zwanzig und dreyßig Sorten blüh-
; aber ein Baum oder eine Staude war weder auf
Insel noch am festen Lande zu sehen. Unweit der
elle am Strande, wo wir ausgestiegen waren, fan-
wir in einer niedrigen Gegend eine Menge wilden
rtulac, Erbsen u. d. gl., wovon wir etwas zum Ko-
n an Bord mitnahmen. Wir sahen auch einen
chs, einige Regenpfeifer und andere kleine Vögel.
ch befanden sich hier einige verfallene Hütten, die
n Theil unter der Erde gebauet waren. Noch vor
zem mußten Menschen hier gewesen seyn, und ver-
thlich kommen sie öfters hieher; denn wir bemerkten
n einem Ende der Insel zum andern einen wohlge-
nten Fußsteig. Nicht weit von unserm Landungs-
tze fanden wir einen Schlitten, der die Benennung
Insel veranlaßte. Er war von der Art, deren sich
Russen in Kamtschatka zum Transport der Waa-
bedienen, und hatte zehn Schuh in der Länge, und
anzig Zoll in der Breite. An den Seiten hatte er eine
t von Geländer, und die Kufen waren mit Knochen
chlagen. Die ganze Zusammenfügung war bewun-
nswürdig und zierlich gemacht, theils vermittelst höl-
ner Nägel, theils aber mit Riemen und Gurten
n Fischbein, woraus ich schloß, der ganze Schlit-

ten sey eine Arbeit der Eingebohrnen dieses Theils (
Amerika).

Am folgenden Morgen um 5 Uhr gingen wir unter
gel, und steuerten nach Nordwesten, kamen aber wegen
schwachen Windes nicht weit, und ankerten um acht
Abends wieder zwey Seemeilen weit von der K
Bald nachher verzog sich der Nebel, und wir erblickten n
nur im Norden ein hohes Land, das dem Anschein
von der Küste, an der wir uns befanden, getrennt
sondern auch gegen Westen, etwa acht Meilen wei
uns entfernt, eine kleine Insel, die ich Kings Ei
benannte. Am siebenten um acht Uhr Morgens s
wir unsern Lauf nach Nordwesten fort, und näh
uns gegen Abend in dieser Richtung dem Lande bis
drey Seemeilen. Ueber dem westlichen Ende dess
steht ein hoher Pikähnlicher Berg in 65° 36′ nördl
Breite und 192° 18′ östlicher Länge. Am achten
suchten wir, ob zwischen diesem nordwestlichen La
und jenem, an dessen Küste wir am sechsten gea
hatten, durchzukommen wäre, fanden aber bald,
beyde Länder durch eine Niederung zusammenhin
und nur Eine Küste ausmachten. Ich ließ daher
das zuletzt erwähnte Nordwestliche Ende des Lande
steuern, und legte unter demselben vor Anker. Am
genden Morgen verzog sich das bisherige trübe regn
Wetter, und wir sahen in Westen einen hohen st
Felsen oder eine Insel; nordwärts von derselben
andere weit größere Insel; nach Süden hin den vor
erwähnten Pikähnlichen Berg, und die Landspitze u
halb demselben, nebst dem flachen Lande, welches n
westlich in eine Spitze ausläuft. Ich nannte sie
Vorgebirge des Prinzen von Wales, weil
als die äußerste nunmehr bekannte Westspitze von
Amerika, merkwürdig ist. Es liegt, wenn nicht
das trübe Wetter einen kleinen Irrthum in den B

ßungen veranlaßt hat, in 65° 46′ nördlicher Breite nd 191° 45′ östlicher Länge. Wir glaubten an der üste Menschen wahrzunehmen, und vermuthlich irrten ir uns auch nicht; wenigstens standen dort zuverläßig nige Erhöhungen wie Hütten, und etwas, das einem erüste glich, dergleichen Dinge wir auch an der Küste, er Schlitten-Insel gegenüber, und in andern Gegenen des Landes bemerkt hatten. Um acht Uhr des Morens lichteten wir bey einem sanften Nordlüftchen die nker; aber kaum hatten wir die Segel ausgespannt, so ng es an zu stürmen und zu regnen, und da Wind nd Strömung einander entgegengesetzt waren, trieben e die Wellen so in die Höhe, daß sie verschiedentlich über as Schiff herrollten. Ich versuchte es, unter der Inl, die wir in Westen gesehen hatten, Schuß gegen en Sturm zu suchen; allein bey unserer Annäherung nden wir nur zwey kleine Inselchen, von denen jede aum drey bis vier Seemeilen im Umkreise hielt, folgch uns nicht decken konnte. Also fuhren wir weiter ach Westen, bis wir in jener Richtung Land erblicken, welches, wie sich in der Folge auswies, zu einem ndern Welttheil, nehmlich zu Asien, gehörte. Am lgenden Morgen fanden wir an dieser Küste eine geräunige Bay, und gingen um zehn Uhr darin vor Anker. Wir lagen zwey Englische Meilen weit von dem nördlihen Strande, und hier war die Tiefe zehn Faden auf Kieselgrund; das Innerste der Bay lag noch zwey oder rey Seemeilen weit im Nordwesten vor uns.

Ein und vierzigstes Hauptstück.

Betragen der Einwohner, (der Tschu
schen,) beym Anblick der Schiffe. Unterredu
mit einigen von ihnen. Ihre Waffen, ihre B
dung, ihre Kleidung, ihr Schmuck, und i
Sommer- und Winterwohnungen. Die Sch
fahren durch die Meerenge, jenseits nach der Kü
von Amerika hin, und schiffen nordwärts. C
Mulgrave. Ansicht von Eisfeldern. Lage d
Eiscaps (*icy cape*). Die ganze See ist mit Ei
versperrt. Wir tödten und essen Wallrosse. B
schreibung dieser Thiere, und Maaße derselb
Cap Lisburne. Vergeblicher Versuch fern v
der Küste durch das Eis zu dringen. Bemerku
gen über die Entstehung dieses Eises. Rückkunft a
die Asiatische Küste. Cap North. Die For
setzung der Reise bleibt auf das folgende Ja
ausgesetzt.

Indem wir in die Bay segelten, erblickten wir am nördli
chen Ufer ein Dorf, und einige Einwohner. Sie schi
nen durch den unvermutheten Anblick der Schiffe i
Furcht und Schrecken zu gerathen, und einige von ihne
sahen wir ganz deutlich, mit einer Last auf dem Rücken
landeinwärts laufen. Ich nahm mir sogleich vor, be
jenen Wohnungen ans Land zu steigen, und begab mic
in Begleitung einiger Officiere in drey bewafneten Boo
ten dahin. Auf einer Anhöhe dicht am Dorfe, standa
etwa dreyßig bis vierzig Mann, jeder mit einem Spon
ton, Bogen und Pfeilen bewafnet. Indem wir un
näherten, kamen drey von ihnen zum Strande herab
und waren so höflich ihre Mützen abzunehmen, und un

e Verbeugungen zu machen. Wir erwiederten diesen
uß; doch mußte ihnen dies noch kein hinlängliches
rauen einflößen, denn in dem Augenblick, da unsere
ote das Ufer erreichten, zogen sie sich alle drey zurück.
ging ihnen, ohne irgend etwas in Händen zu
en, ganz allein nach, suchte sie durch Zeichen und
bärden aufzuhalten, und bewog sie endlich, einige
inigkeiten zum Geschenke von mir anzunehmen. Für
e erhielt ich zwey Fuchsfelle und ein Paar Wallroß-
ne; doch weiß ich nicht mehr mit Gewißheit zu be-
nmen, ob sie oder ich das erste Geschenk machten;
n mir kam es so vor, als hätten sie diese Sachen
n mitgebracht, um sie mir zu überreichen, auch wenn
ihnen nichts dafür hätte geben können.

Sie waren dem Anschein nach von sehr furchtsamer
müthsart; denn sie gaben durch Zeichen zu verstehen,
doch von unsern Leuten sonst niemand zu ihnen herkommen möchte. Als ich einem die Hand auf
Schulter legte, taumelte er vor Schrecken einige
hritte rückwärts. So wie ich vorwärts ging, zogen
sich immer zurück, und zwar in völliger Bereitschaft,
ihrer Speere zu bedienen, indessen die andern auf
Anhöhe ebenfalls bereit standen, sie mit ihren Pfei-
zu unterstützen. Unvermerkt hatte ich mich nebst zwey
r drey von meinen Begleitern unter sie gemischt, und
gewannen, durch Austheilung einiger Glaskorallen,
Zutrauen, so daß es sie nicht befremdete, als sie noch
ige von uns heraufkommen sahen. Endlich fing auch
Tauschhandel an in Gang zu kommen. Für unsere
esser, Glaskorallen und Taback, gaben sie uns ihre
eidungsstücke, nebst einigen Pfeilen; aber einen Speer
r einen Bogen herzugeben, ließen sie sich durch nichts,
s wir ihnen anbieten konnten, bewegen. Vielmehr
lten sie dieselben beständig in Bereitschaft, und nur
einziges mal legten vier oder fünf von ihnen die Waf-

sen ab, um uns mit einem Liede und einem Tanze zu u
halten; doch auch bey dieser Gelegenheit hatten sie die
ben so gestellt, daß sie im Augenblick dazu greifen kö
ten, und um mehrerer Sicherheit willen, hatten sie v
langt, daß wir uns niedersetzen möchten.

Die Pfeile waren entweder mit Stein oder Knoc
gespitzt, doch mehrentheils ohne Widerhaken, und
weilen war die Spitze sogar rund und stumpf. W
diese dienen können, begreife ich nicht, man müßte d
kleine Thiere damit tödten, ohne die Haut verletzen
wollen. Die Bogen waren denen ähnlich, die wir
der Amerikanischen Küste gesehen hatten, oder deren
die Esquimaux bedienen. Die Speere oder Spon
waren von Eisen oder Stahl, und von Europäischer o
Asiatischer Arbeit, sehr mühsam mit Schnitzwerk, u
mit eingelegten Platten von Messing, oder einem wei
Metall verziert. Diejenigen, die mit Pfeilen und B
gen zur Hand standen, hatten den Speer an einem
dernen Riemen über die rechte Schulter hangen. Ue
die linke hing ein lederner Köcher mit Pfeilen. Ei
von diesen Köchern waren von rothem Leder, sehr sch
und mit einer netten Stickerey und andern Zierrathen v
sehen. Ueberhaupt bemerkten wir in mancher and
Rücksicht, und zumal an ihrer Kleidung, mehr Si
reiches und Erfinderisches, als wir bey einem so nör
chen Volke vermuthet hätten.

Die Amerikaner, die wir bisher längs der geg
überliegenden Küste gesehen hatten, waren sämmtlich
kleiner Statur, ihre Gesichter rund und dick, und
Jochbeine darin hoch gewesen. Die Leute, die wir h
in Asien, erblickten, hatten mit ihnen keine Aehnl
keit, sondern im Gegentheil ein längliches Gesicht, ei
starken wohl proportionirten Körper, und gehörten s
lich zu einer ganz andern Nation. In dem hierbe
fügten Kupfer wird man den Unterschied dieser Na

den Amerikanern in Gesichtsbildung, Kleidung, ohnung und Waffen auf den ersten Blick wahrneh- n. Wir sahen hier weder Weiber noch Kinder; auch ht einmal alte Leute, einen kahlköpfigen Mann aus- ommen, der zugleich der einzige unter ihnen war, der ie Waffen, und im Gesicht ein schwarzes Zeichen te, welches ich an keinem andern bemerkte. Die igen waren lauter auserlesene Leute in ihren besten hren. Alle hatten die Ohren durchbohrt, und einige askorallen hinein gehangen, welche ihre einzigen un- reglichen Zierrathen sind; denn auch dadurch unter- iden sie sich von den Amerikanern, die wir zuletzt ge- en hatten, daß sie keinen Lippenschmuck tragen.

Ihre Kleidung besteht in einer Mütze, einem Rock, emde) Hosen, Stiefeln und Handschuhen, die sämmt- von Leder oder von sehr gut zubereiteten Hirsch- (Renn- er?) Hund- Robben- und andern Fellen verfertigt), wovon einige noch das Haar behalten haben. Die ützen oder Kappen, dergleichen die meisten trugen, sen genau auf den Kopf. Außer diesen Kleidungs- ken tauschten wir noch eine Art Kapuzen von Hunds- ein, welche weit genug sind, um Kopf und Schul- zugleich zu bedecken; wir gaben besonders Messer Tabak dafür, weil ihnen diese Waaren am meisten ielen. Ihr Haar schien schwarz zu seyn. Sie schee- es entweder ab, oder tragen es doch kurz abgeschnit- ; einen Bart trug keiner von ihnen.

Sie haben zweyerley Arten von Wohnungen, wo- die eine für den Sommer, die andre für den Winter gerichtet ist, und beyde stehen in dem Dorfe neben ander. Die Winter-Wohnungen sind einem Ge- lbe ähnlich, dessen Fußboden etwas tiefer liegt, als Oberfläche der Erde. Ich untersuchte eine solche ohnung etwas genauer, und fand sie von ovaler Fi- r, zwanzig Fuß lang, und zwölf Fuß und darüber,

hoch. Das Gerippe war von Holz und Wallf
rippen gebauet. Die Stellung dieser Balken war
gewählt, und man hatte sie durch kleinere Stücken
gleicher Materie zusammen verbunden. Ueber die
Skelet lag eine Lage von grobem Grase, und diese
wieder mit Erde beworfen, so daß das ganze Haus
außen wie ein kleiner Hügel aussah, den auf drey S
ten eine zwey bis drey Schuh hohe Mauer von Stei
umschließt und unterstützt. An dem einen schmalen E
wo sich keine Mauer befindet, ist die Erde abschü
so daß man bis zum Eingang des Hauses hinausg
kann, der denn weiter nichts ist als ein Loch auf
Dache. Der Fußboden ist mit Brettern belegt, u
denen noch ein Keller vorhanden ist, worin ich
nichts als Wasser fand. Am Ende eines jeden Ha
steht noch eine gewölbte Kammer, die vermuthlich
Vorrahtskammer dient, und mit dem Hause durch e
dunkeln Gang zusammenhängt. Von oben her ha
ein Luftloch, welches mit dem Erdboden gleich ist;
ist sie nicht völlig unter der Erde, sondern das
Ende derselben kommt an der Seite des Hügels
Vorschein, und ist daselbst mit Steinen bedeckt. U
derselben steht ein Ding wie ein Schilderhäuschen
Thürmchen, das aus großen Fischknochen gebauet is

Die Sommerhütten sind ziemlich geräumig; ihr
fang ist kreisförmig und oben laufen sie in eine S
zusammen. Sie bestehen aus dünnen Stangen
Knochen, die mit Häuten von Seethieren bedeckt
Inwendig, gleich an der Thüre, fand ich die Fe
stätte, nebst einigen umherliegenden hölzernen Gef
ren, die alle sehr schmutzig waren. Ihre Schlafst
sind dicht an der Seite des Hauses angebracht, und
hen beynahe halb herum, es schien auch, als ob sie
bey einige Ehrbarkeit beobachteten, denn ich bemer
daß man von Häuten einige Abtheilungen gemacht h

)as Bett und die Decken bestanden aus Rennthierhäu-
n, und waren mehrentheils trocken und rein. Um die
Johnungen her standen einige, zehn bis zwölf Schuh
he, Gerüste, dergleichen wir auch längs der Ameri-
nischen Küste an einigen Stellen gesehen hatten. Diese
aren ganz und gar von Knochen, und, wie es schien,
n den Einwohnern in der Absicht errichtet, Fische und
äute darauf zu trocknen, und dieselben für ihren Hun-
n, deren sie eine Menge hielten, in Sicherheit zu setzen.
iese Hunde sind von der Art der Spitze, aber ziemlich
oß, von mancherley Farben, und haben langes, wei-
es, Wollähnliches Haar. Vermuthlich spannen sie
eselben vor ihre Schlitten, deren ich eine ziemliche
nzahl in einer Winterhütte vorräthig fand. Vielleicht
en sie aber auch Hundefleisch, denn ich sahe einige
unde da liegen, die erst an eben demselben Morgen ge-
dtet worden waren.

Die Kanots dieser Leute sind denen ähnlich, deren
h die nördlichen Amerikaner bedienen. Verschiedene,
vohl von der großen als der kleinen Art, lagen in einer
inen Bucht, unterhalb des Dorfes. Die großen
schknochen und andere Ueberbleibsel von Seethieren,
ben deutlich zu erkennen, daß diesen Leuten größten-
eils die See ihren Lebensunterhalt liefert. Das Land
r im höchsten Grad öde und unfruchtbar, und brachte,
viel wir bemerken konnten, weder Baum noch Gesch hervor, und in einiger Entfernung nach Westen
, sahen wir einen Gebirgsrücken mit frischgefallenem
chnee bedeckt.

Wir hatten zwar, nach Anleitung der vom Herrn
n Stählin herausgegebenen Charte, im ersten Anblick, dieses Land für sein Alaschka gehalten; allein
Gestalt der Küste, die Lage des Amerikanischen Ufers,
d die östliche Länge brachten uns bald auf die Ver-
thung, daß es wahrscheinlich das Land der Tschuk-

schen oder die östliche Spitze von Asien wäre, die B
ring im Jahr 1728 entdeckte. Gleichwohl hätte ich
dem Falle die Nachricht vom neuen nordischen Archi
und die erwähnte Charte, sogar was die Breite betri
entweder für äußerst fehlerhaft, oder für eine ungegrü
dete Erfindung erklären müssen, und ein solches Urth
durfte ich, ohne die augenscheinlichsten Beweise darzu
gen, über eine so beglaubigte Schrift noch nicht fällen

Nach einem Aufenthalt von zwey bis drey Stund
kehrte ich von diesen Leuten wieder an Bord der Sch
zurück, ließ bald darauf die Anker lichten, und schiffte no
ostwärts zwischen der Küste und den beyden Inseln h
Am folgenden Tage befanden wir uns mitten zwischen b
den Küsten, und hatten sowohl die Asiatische als die Am
rikanische im Gesicht, jede ungefähr in einer Entfernu
von sieben Seemeilen. Um Mittag waren wir in 6
5¾′ nördlicher Breite und 191° 19′ östlicher Län
und hatten acht und zwanzig Faden Tiefe. Wir segel
nunmehr Ostwärts, um uns der Amerikanischen Küste
nähern, wobey die Tiefe immer abnahm; des schwach
Windes halber, mußten wir endlich in sechs Faden v
Anker gehen. Ich schickte ein Boot aus, welches m
die Nachricht zurückbrachte, die Tiefe des Wassers v
mindre sich gegen die Küste zu noch immer mehr. V
sechs bis neun Uhr Abends, das heißt, so lange wir h
vor Anker lagen, bemerkten wir keine Strömung, u
konnten auch nicht unterscheiden, ob das Wasser st
oder fiel.

Am 14ten befanden wir uns einer Landspitze geg
über, welche in 67° 45′ nördlicher Breite und 19
51′ östlicher Länge liegt, und die ich Point Mulgra
nannte. Längs der See ist die Küste sehr niedrig, st
aber in geringer Entfernung von derselben zu mittelmä
hohen Hügeln empor, die gegenwärtig von Schnee

ößt waren, und allem Anschein nach keine Holzung
tten.

Am folgenden Morgen früh um zwey Uhr, kam ein
ftiger Sturm aus Südwest zum Süden, der sich aber
n Mittag legte. Um diese Zeit nutzten wir einen Son=
nblick, um die Sonnenhöhe zu messen, und befanden
s, dieser Beobachtung zufolge, in 68° 18′ nördlicher
reite. Hierauf segelten wir nordostwärts und hielten
n folgenden Tage einen noch östlicheren Lauf. Unter=
ges begegneten uns einige Wallrosse, und mehrere
lge von Vögeln, deren einige Strandlerchen zu seyn
ienen, andere kaum größer als Grasemücken waren.
ch sahen wir Wasserraben, und diesen Anzeigen zu=
lge konnten wir nicht weit vom Lande seyn, welches
r aber vor Nebel nicht erblickten. Am 17ten sahen
r, gegen Mittag, Sonne und Mond einige Augen=
icke lang am hellen Himmel, und machten, gleichsam
Fluge, einige Beobachtungen, denen zufolge wir
s in 70° 33′ nördlicher Breite und 197° 41′ östli=
r Länge befanden. Die Abweichung der Magnetna=
l betrug zu gleicher Zeit 35° 1′ 22″ nach Osten. Kurz
r Mittag bemerkten wir am nördlichen Horizont ein
lles Licht, wie der Widerschein vom Eise, welchen
n gemeiniglich den Eis=Blink nennt. Man gab
r wenig acht darauf, weil niemand es für wahrschein=
h hielt, daß wir sobald Eis antreffen würden, ob
s gleich die schneidende Luft, und das dunkle Wetter
reits seit zwey oder drey Tagen eine schleunige Verände=
ng prophezeihet hatten. Eine Stunde später löste sich das
thsel. Wir erblickten ein großes Eisfeld, und bereits
halb drey Uhr mußten wir dicht am Rande desselben
kehren und zurücksegeln. Wir befanden uns hier in
° 41′ nördlicher Breite, und die Tiefe des Wassers
rug zwey und zwanzig Faden. Das Eis war un=
chdringlich und erstreckte sich vor uns hin, so weit

das Auge reichen konnte. Hier befanden sich e
Menge Wallrosse, einige im Wasser, aber noch mehr
auf dem Eise. Ich war auch schon willens, ein B
auszusetzen, um einige erlegen zu lassen; allein da
Wind stärker würde, unterblieb es. Am 18ten um M
tag befanden wir uns beynahe in eben derselben Bre
und etwa fünf Seemeilen östlicher, dicht am Ra
des Eises. Es stand wie eine Mauer, war wenigst
zehn bis zwölf Schuh hoch, und schien weiter ge
Norden hin noch höher zu seyn. Die Oberfläche des
ben war sehr rauh und ungleich, und hin und wieder st
den kleine Tümpfel voll Wassers darauf. In die
Gegend sahen wir bald hernach, etwa drey bis vier E
lische Meilen weit von uns, Land; dessen östliche Sp
sehr mit Eis belegt war, weshalb ich sie das Eis-C
(*Icy cape*) nannte. Es liegt in 70° 29′ nördlic
Breite und 198° 20′ östlicher Länge, und verlor
nach Sünden hin im Horizonte, so daß es wohl o
Zweifel eine Fortsetzung des Amerikanischen festen L
des ist.

Unsere Lage ward jetzt von Tage zu Tage kritisch
wir befanden uns in seichtem Wasser, der Wind tr
uns an die Küste, und flößte zugleich die ganze ungehe
Eismasse auf uns zu. Ganz augenscheinlich mußten
von der Eismasse ans Land getrieben werden, wofern
länger zwischen ihr und dem Lande verweilten, und
nicht etwa früher als wir auf den Grund gerieth.
unter dem Winde schien sie sogar das Land beynahe sch
erreicht zu haben, und es blieb uns keine Richtung off
als nach Südwesten hin.

Am 19ten um acht Uhr Morgens kam der Wi
wieder nach Westen, so daß ich den Lauf nochmals nor
wärts richten konnte, und mich um Mittag in 70°
nördlicher Breite und 196° 42′ östlicher Länge b
fand. Hier hatten wir Treib-Eis in ziemlicher Me

n uns her, und das große Eisfeld lag noch zwey See-
ellen gegen Norden. Um halb zwey Uhr erreichten
r den Rand desselben, der zwar nicht so dicht war wie
es, das wir zuerst gesehen hatten, allein dennoch in
ungeheuren und zu nahe an einander gedrängten Stük-
n vor uns lag, als daß wir einen Versuch die Schiffe
rchzubringen hätten wagen können.

Auf dem Eise lag eine erstaunliche Menge Wallrosse,
d weil wir bis dahin diese Thiere für Seekühe gehal-
hatten, die gut zu essen sind, so schickte ich, da es
s an frischen Lebensmitteln sehr fehlte, die Boote bey-
Schiffe aus, um einige davon zu erlegen. Als nun
ends unsere Boote, mit neun Stück vermeinter See-
he, an Bord unseres Schiffs zurückkehrten, und so
ncher Matrose, der schon ein Paar Tage lang vorher
es Thier dieser Art, das er sahe, gleichsam mit den
gen verzehrt hatte, endlich einen leckern Schmaus
genießen hofte, traten ein Paar von unsern Leuten,
ehedem diese Thiere in Grönland gesehen hatten, mit
Nachricht hervor, daß es nicht Seekühe, sondern
epferde (Wallrosse) wären, die man dort niemals
. Wie sehr fand sich nicht ein jeder bey dieser Nach-
t in seinen Erwartungen betrogen! Doch ließen wir uns
ch nichts abhalten, so lange von unseren Meerunge-
eren zu zehren, als ein Stück davon übrig blieb; und
gab wenige an Bord, die nicht diese frische Speise un-
n Pöckelfleische vorgezogen hätten. Das Fett ist an-
gs süß wie Mark, wird aber in wenig Tagen ranzig,
n es anders nicht eingesalzen wird, wodurch es sich weit
ger hält. Das magere Fleisch ist grob, schwarz und
etwas wildem Geschmack; das Herz hingegen
neckt beynahe so gut als Ochsenherz. Das ausge-
nolzene Fett giebt ein reichliches Oel, welches in
npen sehr gut brennt. Die Felle sind überaus dick,
kamen uns bey unserm Tau- und Takelwerk gut zu

statten. Die Zähne oder Hauer waren jetzt bey allen se klein, und sogar bey den ältesten und größten nicht über sec Zoll lang. Wir schlossen daraus, daß sie ihre alten Zäh kürzlich verloren haben müßten. Diese Thiere liegen Heerden von vielen hunderten auf dem Eise, und dräng sich übereinander wie Schweine. Ihr Brüllen ist sehr la und kündigte uns bey neblichtem Wetter, oder des Nach die Nähe des Eises an ehe wir es noch sehen konnten. N fanden wir die ganze Heerde schlafend, sondern jeder hielten einige davon Wache. Diese weckten, wenn ihnen ein Boot nahte, die zunächst bey ihnen schlaf den auf, und durch diese pflanzte sich der Lärm wei fort, bis in wenigen Augenblicken die ganze Heerde a gewacht war. Sie hatten aber deswegen noch ke Eile wegzukommen, sondern warteten bis man Fe auf sie gegeben hatte; alsdenn stürzten sie sich in der ä sersten Unordnung übereinander ins Meer. Dieje gen, die nicht auf den ersten Schuß todt niederfiel gingen mehrentheils für uns verloren, wenn wir sie a tödtlich verwundet hatten. Diese Thiere kamen uns üb gens lange nicht so gefährlich vor, wie sie von einig beschrieben werden; sie waren es nicht einmal, wenn m sie angrif, und die Gefahr war bey ihnen mehr sche bar, als wirklich. Oft folgten sie unseren Booten großen Schaaren und kamen dicht daran hervor; all man brauchte nur etwas Pulver von der Pfanne abbr nen zu lassen, oder auch nur die Flinte gegen sie zu ri ten, so tauchten sie augenblicklich unter. Das We chen vertheidigt, im Wasser und auf dem Eise, ihr J ges bis aufs äußerste, und setzt sogar ihr eignes Le dabey hinten an. Das Junge verläßt auch seine M ter nicht, und bleibt selbst dann noch bey ihr, wenn getödtet ist; man hat also, sobald man diese erlegt h das erstre sicher. Im Wasser hält die Mutter ihr J ges zwischen den Vorderflossen.

Herr Pennant giebt in seiner Synopsis of Qua-
rupeds S. 335. *) eine sehr gute Beschreibung dieses
Thiers unter der Benennung des nordischen Wallrosses
(*arctic Walrus*) allein eine gute Abbildung davon habe
ich nirgends gesehen, daher die hier beygefügte, aus
welcher zugleich die Jagd auf diese Thiere zu ersehen ist,
den Lesern angenehm seyn wird. Ich weiß nicht, warum man darauf verfallen ist, es ein Seepferd (*Sea horse*)
u nennen, denn mit Pferden hat es nicht die geringste
Aehnlichkeit: doch ist seahorse vielleicht nur eine Verstümmelung des Russischen Namens Morse (*Morsch*).
Unstreitig ist es aber ebendasselbe Thier, das im Meerbusen St. Lorenz eine **Seekuh** genannt wird, und allerdings hat es auch mehr Aehnlichkeit mit Kühen als
mit Pferden, wiewohl sie sich auch nicht weiter als auf die
Schnauze erstreckt. Mit Einem Worte, das Thier ist
einem Robben ähnlich, aber ungleich größer. Hier folgen die Verhältnisse des Maaßes von einem, welches
aber bey weitem noch nicht das größte war.

		Fuß.	Zoll.
Länge von der Schnauze bis zum Schwanze		9	4
Länge des Halses von der Schnauze bis zum Schulterknochen		2	6
Höhe der Schulter		5	—
Länge der Flossen	der vorderen	2	4
	der hinteren	2	6
Breite der Flossen	der vorderen	1	$2\frac{1}{2}$
	der hinteren	2	—
Breite der Schnauze		—	$5\frac{1}{2}$

*) Seitdem hat Herr Pennant dieses Thier nochmals in seinem neuen (vortreflichen) Werke, Arctic Zoology, unter No. 72 beschrieben, wohin wir den Leser verweisen. Anmerkung der Urschrift.

	Fuß.	Zoll.
Dicke der Schnauze	1	3
Umfang des Halses dicht an den Ohren	2	7
Umfang des Leibes bey den Schultern	7	10
Umfang bey den Hinterflossen	5	6
Von der Schnauze bis an die Augen		7
Gewicht des Körpers ohne Kopf, Haut und Eingeweide	854 Pfun	
Kopf	41½	—
Haut	205	—

Wovon diese Thiere sich nähren mögen, ist mir nicht b kannt geworden, denn in ihren Magen fanden wir nicht

Bey dieser Gelegenheit, da wir eben einen Gege stand der Naturgeschichte vor uns haben, verdient noch a gemerkt zu werden, daß wir schon seit einigen Tagen öfte Enten, schaarenweis, nach Süden fliegen gesehen ha ten. Sie waren von zweyerley Art, und die eine weit grö ser als die andere. Die größeren waren braun; von der kle nen Art hingegen war entweder die Ente oder der En rich weiß und schwarz, die andern braun. Einige wol ten auch Gänse gesehen haben. Dies scheint denn do anzuzeigen, daß es gegen Norden hin Land giebt, w diese Vögel zu bestimmter Jahrszeit Schutz finden, br ten, und von wo sie jetzt nach einem wärmeren Himmel striche zurückkehrten.

Während daß wir unsere Wallrosse aufluden, hat uns das Eis gleichsam von allen Seiten umringt, un es blieb uns kein Ausweg, als nach Süden, woh wir auch den Lauf richteten.

Hier kreuzten wir ab und zu, bis sich am 21sten u zehn Uhr Morgens der Nebel zertheilte, und wir da feste Land von Amerika sahen. Wir befanden uns in 69 32′ nördlicher Breite und in 195° 48′ östlicher Län nicht weit von dem großen Eise; also war die gan Masse, die wir gesehen hatten, keinesweges fest od nbeweglich, sondern offenbar nach Süden vorgerückt, nd stand jetzt schon da, wo wir noch vor einigen Tagen ie See offen gefunden hatten. Nachmittags schickte h, weil wir eben wenig Wind hatten, den Lootsen mit nem Boote aus, um die Strömung zu untersuchen; er nd aber gar keine. Ich steuerte also weiter nach jenem heil der Amerikanischen Küste hin, der uns vor Augen g, und dessen südliche Spitze ich Cap Lisburne annte. Sie liegt in 69° 5′ nördlicher Breite und 94° 42′ östlicher Länge, und scheint bis dicht an die See ziemlich hohes Land zu seyn. Doch kann auch aches Land unter demselben liegen, welches wir in der ntfernung von zehn Seemeilen noch nicht sehen konn- n. Sonst hatten wir gegen Norden überall eine nie- rige Küste gefunden, von welcher sich das Land allmälig 1 einer mittelmäßigen Höhe erhebt. Die jetzt vor uns egende Küste hatte, ein Paar Stellen ausgenommen, inen Schnee, und war von grünlicher Farbe; Wal- ung konnten wir aber nicht darauf entdecken.

Da ich nunmehr fand, daß ich, wegen des Eises, lngs der Küste nicht weiter würde nordwärts kommen önnen, wollte ich noch versuchen, was weiter ab vom ande zu thun wäre, und schiffte also mit einem Nord- ind nach Westen. Die Luft ging schneidend rauh und alt, und Nebel, Sonnenschein, Hagel und Schlos- n wechselten mit einander ab. Am 26sten, da wir ns in 69° 36′ nördlicher Breite und 184° östlicher änge befanden, erblickten wir wieder Eis, und es schien glich nicht, als ob wir hier mehr Hofnung hätten, ach Norden zu kommen, wie dort an der Küste. Um inf Uhr Nachmittags hatte das Eis, welches hoch und icht war, uns wieder wie in eine Bucht eingeschlossen, daß wir den einzigen Ausweg suchen mußten, der ach Osten hin noch offen war. Tages darauf näherten ir uns nochmals dem Rande desselben, und da gegen

Abend der Wind sich fast ganz gelegt hatte, ging ich
den Booten hin, um es näher zu untersuchen.
bestand aus einzelnen Stücken von verschiede
Größe, die so dicht an einander lagen, daß ich ka
mit einem Boote zwischen die äußersten Ränder hin
dringen konnte. Die größten Stücken, welche
äußern Rand des ganzen Feldes ausmachten, hiel
vierzig bis funfzig Schritt (*yards*) in der Länge und
kleinsten zwischen vier und fünf. Jene mußten mei
Bedünkens mehr als dreißig Fuß tief unter die Ob
fläche des Wassers gehen. Mit einem Schiffe hindu
gehen zu wollen, wäre eben so viel gewesen, als gegen F
senstücke an zu segeln. Ich fand das Eis ganz durchsi
tig, die Oberfläche (von oben her) ausgenommen, wel
etwas schwammig war. Es schien sich ganz allein
gefrornem Schnee gebildet zu haben; und zwar mu
es im Meere selbst entstanden seyn. Denn, abgere
net, daß es höchst unwahrscheinlich, oder vielmehr
möglich ist, daß solche ungeheure Massen auf Flüs
herabgeschwommen seyn sollten, die kaum für ein B
Tiefe genug haben; so fand ich auch schlechterdings k
Landprodukt in diesem Eise stecken, welches doch unfe
bar der Fall gewesen seyn würde, wenn es in einem Flu
er sey nun groß oder klein, entstanden wäre. Eben
unwahrscheinlich kam es mir auch vor, daß dieses
ein Produkt eines einzigen Winters seyn sollte; vieln
würde ich der Meynung seyn, daß zu der allmäligen B
dung desselben eine große Anzahl Winter erfordert wer
Denn so viel ich urtheilen konnte, wäre es ungerei
gewesen, zu erwarten, daß die wenigen noch übrig
Sommertage dieses Jahres auch nur den zehnten Th
der jetzt vorhandenen Eismasse zum Schmelzen bring
sollten, da sie die stärkste Wirkung der Sonnenstrahlen
reits überstanden hatte. Ueberhaupt trägt wohl
Sonne sehr wenig zur Verminderung derselben be

enn so beträchtlich der Zeitraum ist, in welchem sie ber dem Horizonte bleibt, so scheint sie doch selten länger ls einige Stunden hintereinander zwischen den Wolken ervor, und läßt sich oft viele Tage lang nach einander gar icht sehen. Fast nur der Wind, oder eigentlich die urch den Sturm erregten Wogen, machen solche ungeeure Eismassen kleiner, indem sie mit Gewalt ein Stück an das andre reiben, hier Theile aushöhlen, und ort andre von oben herabspülen, so weit sie nämlich reichen können. Dies bemerkten wir deutlich an vielen Stücken, deren obere Fläche zum Theil herabgewaschen var, indeß die Grundlage noch ganz fest stand, und wie ine Untiefe den über dem Wasser hervorragenden Theil es Eises, in einem Umfange von mehreren Klaftern, mgab. Wir untersuchten die Tiefe des Wassers, welches über einem solchen abgespülten Theile stand, und anden sie bis funfzehn Schuh, so daß die Schiffe drüber hätten wegsegeln können. Hätte ich diese Tiefe nicht elbst gemessen, so würde ich nie geglaubt haben, daß das Gewicht des Eises über der Wasserfläche groß genug väre, um das übrige so tief hinunter zu drücken *). Eine stürmische Jahrszeit kann daher gar leicht eine größere Menge Eises vernichten, als in mehreren Wintern wieder entstehen kann, und vermuthlich wird auf diese Art eine immer zunehmende Anhäufung des Eises verhindert. Daß aber demungeachtet noch immer ein Vorrath vom

*) Das Gewicht und die Masse des Eises über dem Wasser ist allemal mit dem Gewicht und der Masse des Eises welches unter die Wasserfläche sinkt, im Verhältniß, vermuthlich im Durchschnitt wie eins zu zehn; oder mit andern Worten: Eis ist nur um ein geringes leichter als Wasser, daher muß es beynahe ganz untersinken. Wenn man sagt, das Gewicht des Eises über dem Wasser sey die Ursach, weshalb das übrige Eis unter tauche, so drückt man sich freylich etwas uneigentlich aus. G. F.

Eise übrig bleibt, wird jeder eingestehen müssen, der zu Stelle gewesen ist; und nur etwa ein Weiser, der di Natur in seinem Cabinette studiert, dürfte es bestreiten.

Als ich mich mit den Booten eine Weile am Ei aufgehalten hatte, nöthigte mich ein starker Nebel, frü her als ich wünschte an Bord zurückzukehren; denn je konnten wir von einigen Wallrossen, die wir erlegt ha ten, nur eins für jedes Schiff mitnehmen. Ueberal auf dem Eise bemerkten wir eine in der That unglaub lich große Anzahl dieser Thiere; daher schickten wir auc am folgenden Morgen, als sich der Nebel zertheilt unsere Boote nochmals auf die Jagd, und ließen sovi von diesem Meer-Wildpret holen, als wir brauchter um die Mannschaft, die nun anfieng Geschmack dara zu finden, hinlänglich damit zu versorgen.

Am 29sten August näherten wir uns der Küste vo Asien, die der gegenüberliegenden Amerikanischen in j dem Betracht ähnlich ist, und aus niedrigem Lande be steht, welches, tiefer hinein, höher wird, und überal nicht nur von Waldung, sondern auch von Schnee ent blößt, und mit einer bräunlichen Moosart bewachsen is In der Niederung, zwischen der Anhöhe und den Meere, lag ein Landsee, der sich, soweit das Aug reichte, südostwärts erstreckte. Eine an dieser Küst gelegene stelle, felsigte Spitze in 68° 56′ nördliche Breite und 180° 51′ östlicher Länge erhielt den Namen Cap North *). In der Nähe desselben sieht man zwe Berge, zwischen denen vielleicht eine Bay liegt. Wei ter hin muß die Küste sich nach Westen wenden, wei wir kein andres Land nördlicher liegen sahen, obgleic der Horizont in dieser Gegend ziemlich heiter war.

*) Vermuthlich dem Lord North zu Ehren; sonst kann es auch Nordcap bedeuten. G. F.

Meine Absicht weiter nach Westen zu gehen vereitelte er Wind, der uns nicht gestattete das Cap North zu mschiffen, und Nebel und Schnee in Menge mit-rachte. Ich eilte daher, aus Furcht, daß uns das Eis in die Enge treiben möchte, vom Lande hinweg zu ommen.

Die Jahreszeit war nunmehr so weit verstrichen, und ie Zeit, wo wir Frost erwarten mußten, so nahe vor er Thür, daß es nicht rathsam war, noch in diesem Jahre die Fahrt in das Atlantische Meer ferner zu versu-hen, da ohne dies so wenig Anschein zu einem glückli-hen Erfolg vorhanden war. Ich nahm mir daher vor, inen bequemen Platz aufzusuchen, wo wir unsern Vor-ath von Holz und Wasser ergänzen könnten. Auch fing ch an darüber nachzudenken, wie ich den Winter zum Besten der Geographie und Seekunde zubringen, und ugleich die Schiffe in Stand setzen könnte, im nächsten Sommer nach Norden zurückzukehren, um die Durch-ahrt aufzusuchen.

Zwey und vierzigstes Hauptstück.

Rückkehr vom Cap North, längs der Küst von Asien. Aussicht des Landes. Burneys Ei land. Cap Serdze-Kamen, die nördlichst Gränze von Berings Reise. Ostcap vo Asien; dessen Lage und Beschaffenheit. Bemer kungen über Herrn Müllers Nachrichten. Di Tschuktschen. St. Lorenz-Bay. Zwey an dere Bayen. Wohnungen der Eingebohrnen de Landes. Berings Vorgebirge Tschu kotskoi. Berings genaue Darstellung die ser Küste. Insel St. Lorenz. Ueberfahrt a die Küste von Amerika. Cap Darby. Kah les Vorgebirge (*bald head*). Cap Denbig auf einer Halbinsel. Insel Besborough Ergänzung des Holz- und Wasservorraths. Be such von den Einwohnern; Beschreibung ihre Person, und ihrer Wohnungen. Landesprodukte Spuren, daß die Halbinsel ehedem ganz vo Meere umgeben gewesen sey. Lieutenant King Bericht. Norton-Sund. Mondsbeobach tungen daselbst. Beweis, daß Herrn von Stäh lins Charte unrichtig sey. Plan unserer zukün tigen Operationen.

Wir segelten nunmehr mit einem frischen Winde o wärts, längs der Asiatischen Küste hin, und hatten hä fige Schneeschauer, wobey es so trübe ward, daß wir n mit der äußersten Behutsamkeit fortrücken durften, un um mehrerer Sicherheit willen, des Nachts einige Stu den lang beylegen mußten. Um zehn Uhr erblickten w endlich wieder Land, und zwar eine flache Spitze, an d en Ostseite wir einen Kanal oder eine Oefnung sahen, welche, hinter der Spitze, das daselbst befindliche Wasser mit dem Meere vereinigt. Vermuthlich hängt der vorhinerwähnte See, hier, mit dem Meere zusammen. Die Küste war im Ganzen genommen flach, nur im Innern war einiges bergichtes Land zu sehen, alles aber mit neulich gefallenen Schnee bedeckt. Tages darauf entdeckten wir eine Insel, welche in 67° 45′ nördlicher Breite etwa drey Seemeilen weit vom festen Lande liegt, vier bis fünf Englische Meilen im Umkreise hält, von mittlerer Höhe ist, eine steile felsichte Küste hat, und in unsrer Charte den Namen Burneys-Eiland führt. Ihr gegenüber ist das feste Land sehr bergigt, und einige Berge haben eine beträchtliche Höhe. Einige Stellen dicht am niedrigen Seestrande ausgenommen, war alles mit Schnee bedeckt. Diese letztern zwey Tage her, hatte das Quecksilber im Thermometer selten über dem Gefrierpunkte, oftmals aber unter demselben gestanden, und auf dem Verdecke gefror das Wasser in unsern Gefäßen.

Am 1sten September befanden wir uns wieder an der Küste, wo sie verschiedene felsichte Spitzen bildet, welche vermittelst eines niedigen Strandes verbunden sind, und nicht die entfernteste Hofnung einen Hafen zu finden übrig lassen. Etwas von der See ab, hob sich das Land in mehreren Hügeln, und in einiger Entfernung von der Küste lag wieder ein kleines Inselchen. Ich war nunmehr sehr deutlich überzeugt, hier sey das Land der Tschuktschen oder die Nord-Ostküste von Asien, (bis wohin Bering im Jahr 1728 gekommen ist,) und das Vorgebirge, welches Herr Müller Serdze Kamen nennt, weil ein Felsen auf demselben wie ein Herz aussehen soll. Indeß scheint Herr Müller nur noch einen sehr unvollständigen Begrif von der Lage dieser Gegend gehabt zu haben; denn man sieht auf diesem Vorgebirge viele hohe Felsen, worunter es denn

freylich wohl einen oder den andern geben mag, d
Aehnlichkeit mit einem Herzen hat. Cap Serdze K
men ist ein hohes Vorgebirge, das in 57° 3′ nördl
cher Breite und 188° 11′ östlicher Länge liegt, und g
gen die See einen steilen felsichten Absturz hat. Ostwär
von demselben ist die Küste hoch und steil, nach West
hingegen niedrig; und von dieser Seite geht sie bis na
dem Cap North ununterbrochen Nord-Nordwest od
Nordwest zum Westen fort. In gleichen Entfernung
vom Ufer ist die Tiefe, wie es auch an der entgegeng
setzten Amerikanischen Küste der Fall ist, allenthalb
dieselbe; die größte, die wir bemerkten, beträgt dr
und zwanzig Faden. Des Nachts oder bey Nebelw
ter ist daher an diesem Lande das Senkbley kein übl
Wegweiser.

Am zweyten folgten die Schneeschauer ziemlich schn
aufeinander; doch brach einmal in einem hellen Auge
blick die Sonne hervor, die wir seit fünf Tagen nicht g
sehen hatten. Der Wind blieb immer noch nördlic
die Luft überaus kalt, und das (Fahrenheitische) Therm
meter stieg nie über 50° und fiel oft bis auf 30°. U
Mittag befanden wir uns, einer Beobachtung zufolg
in 65° 37′ nördlicher Breite. Wir behielten jetzt he
teres Wetter und Sonnenschein, und schiften längs d
Küste in einer Entfernung von vier Englischen Meil
hin. Am Lande erblickten wir verschiedne Einwohn
und einige von ihren Wohnungen, welche wie klei
Erdhügel aussahen. Abends segelten wir das östlich
Cap, dessen am elften August Erwähnung geschehen i
vorbey, jenseit dessen die Asiatische Küste südwestwär
fortgeht. Diejenigen unter uns, die der Stählin
schen Charte völligen Glauben beymaßen, hatt
es für die Ostspitze seiner Insel Alaschka gehalten
allein nunmehr waren wir völlig überzeugt, daß es da
östlichste Vorgebirge von Asien, und vermuthlich au

s eigentliche Tschukotskoi-Noß sey, obgleich das-
ige, welches Bering mit diesem Namen belegte,
ter südwestwärts liegt. Denn wenngleich Herr
üller, in seiner Charte von den Russischen Entdek-
gen, das Tschukotskoi-Noß beynahe in 75°
dlicher Breite verlegt, und es sich noch weiter nach
en, als dieses Cap erstrecken läßt; so scheint er mei-
Bedünkens, doch nicht hinlänglichen Grund dazu
abt zu haben. In der That kann man in seiner
nen Nachricht, oder vielmehr in der Deschneffischen,
angegebene Entfernung des Noß vom Anadir-
sse keinesweges mit einer so nördlichen Lage reimen.*)
hoffe indeß diese Gegenden wieder zu besuchen, und
schiebe die nähere Auseinandersetzung dieses Punkts
dahin. Indessen nehme ich aber an, wie Bering
n vor mir gethan hat, daß dies die östlichste Spitze
Asien sey. Es ist eine ziemlich hohe Halbinsel, die
mittelst einer niedrigen und allem Anschein nach sehr
malen Landenge mit dem festen Lande zusammenhängt.
gen die See hat es einen jähen felsichten Absturz,
vor der Spitze selbst liegen einige, Kirchthürmern
liche, Felsen. Es liegt in 66° 6′ nördlicher Breite
190° 22′ östlicher Länge, und ist von dem Vorge-
ge des Prinzen von Wales, oder der Westspitze
gegenüber liegenden Amerikanischen Küste, nur drey-
Seemeilen weit entfernt.

Jenseit des Vorgebirges schifften wir auf die Nord-
e der St. Lorenzbay zu, in welcher wir am zehn-

---

*) Avec le vent le plus favorable on peut aller par mer de cette pointe (des Tschuktschis) jusqu'a l'Anadir en trois fois 24 heures; et par terre, le chemin ne peut guéres être plus long. Muller p. 13.

ten August geankert hatten *). Um acht Uhr des fol
den Morgens erreichten wir jene Spitze, und erblic
verschiedene Einwohner an eben demselben Orte, wo
sie besucht hatte, und einige andre auf dem entgege
setzten Ufer der Bay; allein keiner von ihnen versu
es, zu uns zu kommen, wiewohl das Wetter gün
genug dazu war. Dies befremdete uns in so fern,
wir denen, die wir neulich besucht, keine Ursach geg
hatten, mit unserer Gesellschaft unzufrieden zu s
Diese Leute müssen die Tschuktschi seyn, welch
der Zeit, da Herr Müller schrieb, noch nicht u
Russischer Botmäßigkeit standen. Ihr ganzes Be
gen gegen uns, scheint auch zu beweisen, daß sie
nicht überwunden sind, obgleich die Russen, entw
unmittelbar oder vermittelst der benachbarten Natio
mit ihnen handeln müssen, weil die Tschuktschen
nicht im Besitz der Speere seyn könnten, die wir
ihnen gesehen hatten.

Die St. Lorenzbay ist im Eingange wenig
fünf Seemeilen breit, und vier Seemeilen tief; g
das Innerste läuft sie schmäler zu, und ist daselbs
den Seewinden ziemlich gesichert, vorausgesetzt, da
für Schiffe auch Wasser genug hat. Ich mochte
jetzt nicht untersuchen, so lieb es mir sonst gewesen w
hier einen Hafen anzutreffen, wohin ich mich im
genden Jahre hätte begeben können. Allein mir
hauptsächlich daran einen Hafen zu finden, wo ich
bekommen könnte, und einen solchen durfte ich fre
in der hiesigen Gegend nicht erwarten. Die Küste

*) Von diesem Tage hat sie auch ihren Namen erh
Sonderbar ist es, daß Bering auch gerade am
August 1728 hier vorbeysegelte, und deshalb die benach
Insel nach demselben Heiligen benannte. Anmerk.
Urschrift.

rts von dieser Bay bildet eine neun Seemeilen weit deinwärts gehende Bucht oder einen Fluß; oder das d müßte hier so niedrig seyn, daß wir es nicht hätten en können.

Um ein Uhr Nachmittags sahen wir etwas vor uns, wir anfänglich für einen Felsen hielten, es war aber todter Wallfisch, den etliche Einwohner der Asiati- n Küste getödtet hatten, und jetzt ans Land zogen. e schienen sich hinter diesem Thiere verbergen zu wol- , um nicht von uns gesehen zu werden; diese Vorsicht : aber unnöthig, denn wir setzten unsern Lauf fort, e uns um sie zu bekümmern.

Am vierten, bey Tages Anbruch, steuerte ich nord- wärts, um den Einbusen, den wir am vorigen Tage hen hatten, näher in Augenschein zu nehmen; al- bald darauf kam der Wind aus dieser Gegend, glich schiffte ich südwärts längs der Küste, bey zwey ern Bayen vorüber, deren jede ungefähr zwey See- len tief ins Land hineingeht. Die nördlichste hat en auffallend runden Berg im Rücken, und vor der ten liegt eine Insel. Ob in beyden hinreichende fe für Schiffe sey, ist noch sehr zweifelhaft, da wir mal seichtes Wasser fanden, so oft wir uns dem Ufer herten. Das Land ist hier sehr bergicht und nackt. An hreren Stellen, längs dem Seestrande, sahen wir ohnungen der Einwohner, und daneben allemal che Gerüste von Knochen, wie ich vorhin beschrieben be, die, ihrer Weisse wegen, sehr weit in die Ferne tbar sind.

Da ich bemerkte, daß sich das Land westwärts nach n Anadirskischen Meerbusen zöge, wohin zu hen ich keinen Beruf hatte, so richtete ich den Lauf h Süden, um die von Bering entdeckte St.

Lorenz-Insel zu Gesicht zu bekommen, welche [s]
auch um acht Uhr Abends in einer Entfernung von
Seemeilen zeigte. Zu gleicher Zeit sahen wir in [ei]
Entfernung von zwölf Seemeilen die südliche Spitze [d]
festen Landes, welche ich für diejenige halte, der [Be]
ring, mit allem Rechte, den Namen Suchotsk[i]
sche Ostspitze oder Cap Tschukotskoi beygelegt [hat,]
weil von diesem Theil des Landes verschiedne Eingebohrne
ihn besuchten, die, ihrer eignen Aussage zufolge, [zu]
Volke der Tschuktschen gehörten. Es liegt nach [mei]
ner Berechnung in 64° 13′ nördlicher Breite und
186° 36′ östlicher Länge. Ueberhaupt bin ich dem [An]
denken Berings das Zeugniß schuldig, daß er [die]
Küste sehr gut gezeichnet, und die Breiten und Län[gen]
der verschiedenen Spitzen richtiger bestimmt hat, [als]
von ihm, bey den Hülfsmitteln wovon er Gebrauch [ma]
chen konnte, zu erwarten stand. Ich gründe dieses [Ur]
theil nicht auf die Müllersche Nachricht von se[iner]
Reise, noch auf die dabey befindliche Charte, sondern
Dr. Campbells Nachricht in seiner Ausgabe der Har[ris]
schen Sammlung von Reisebeschreibungen *), und au[f]
hinzugefügte Charte, welche umständlicher und richt[iger]
sind, als die Müllerischen. Je fester ich aber überz[eugt]
war, daß ich mich nunmehr an der Asiatischen K[üste]
befände, desto mehr sahe ich die Unmöglichkeit ein,
Stählinische Charte von dem neuen nordischen Arch[ipel]
mit meinen Wahrnehmungen zu reimen. Ich w[ußte]
mir diesen Unterschied nicht anders zu erklären, als w[enn]
ich annahm, ich hätte einen Theil von seiner I[nsel]
Alaschka für das Amerikanische feste Land gehal[ten,]
und den Kanal, der sie davon trennt, verfehlt. D[och]
blieb auch in diesem Falle der Unterschied noch im[mer]

*) Vol. II. p. 1016. u. f.

groß. Es lag mir viel daran, diese Sache noch in
nwärtiger Jahrszeit ins Reine zu bringen, damit ich
tiges Jahr nur Einen Zweck vor Augen haben möchte.
il nun ferner diese nordischen Inseln so beschrieben
den, als ob sie Ueberfluß an Holz hätten, so schmei-
e ich mir, daß ich einen Vorrath davon, dessen wir
sehr benöthigt waren, daselbst einnehmen könnte,
Falle ich so glücklich wäre sie anzutreffen. In dieser
cht richtete ich den Lauf nach der Amerikanischen
e, und sahe bereits am folgenden Tage Land südost-
s liegen, welches wir für Andersons Eiland,
eine nahe dabey gelegene Insel hielten, und folglich
unterſuchten. Am sechsten, um vier Uhr Morgens,
ckten wir die Amerikanische Küste unweit Schlit-
Eiland (*Sledge island*). Sollte es nun möglich
, daß ein Theil der von mir gesehenen Küste, nicht
s Land, sondern die Insel Alaschka gewesen wäre,
ußte es der jetzt hier vor uns liegende seyn. In
m Falle mußte ich die Durchfahrt zwischen der Insel
dem festen Lande verfehlt haben, indem ich mich
der ersten Entdeckung desselben nicht beständig ost-
s gehalten, sondern nach Westen begeben hatte.
wußte also recht gut, wohin ich gehen müßte, um
dieser Ungewißheit zu kommen. Um acht Uhr
ds am siebenden, befanden wir uns bereits nahe am
e, erblickten daselbst ein Licht, und sahen zwey Ka-
mit einem Haufen Leute besetzt, auf uns zukommen.
legten bey, um sie herannahen zu lassen; allein alles
umsonst; trotz unserer Freundschaftszeichen, blieben
ine Viertelmeile von uns, und wir mußten sie endlich
ssen, um unsern Lauf längs der Küste fortzusetzen.
Abend des folgenden Tages erreichten wir eine Land-
e, die ich Cap Darby nannte, welche in 64° 21'
licher Breite und 197° östlicher Länge liegt, und
its welcher das Land sich mehr nach Norden wendet.

Bald am folgenden Morgen hatten wir die angene
Aussicht einer waldreichen Küste vor uns, derglei
wir seit langer Zeit nicht gehabt hatten; und so wie
nordwärts schifften, zeigte sich nordostwärts mehr La
als eine Fortsetzung desjenigen, an dem wir uns be
den. Nach Süden, und auch nach Osten hin, erb
ten wir zwey Inseln, (wenigstens hielten wir sie daf
und jenseits derselben lag in großer Entfernung ein h
Land. Letzteres sollte nun einstweilen das feste Land
das andere Land die Insel Alaschka seyn. Allein f
jetzt ward es zweifelhaft, ob wir zwischen beyden du
kommen würden, denn je weiter wir nordwärts gin
desto seichter fanden wir das Wasser. Die Boote m
ten deshalb vorausgehen, um das Senkbley zu wer
ich schickte auch die Discovery voran, und blieb, u
fähr in der Mitte, zwischen der Küste zur linken und
nördlichsten Insel zur Rechten. Um drey Uhr N
mittags waren wir bey der Insel vorbey gekommen,
befanden uns nur in viertehalb Faden Wassers;
einmal hatte unser Schiff (die Resolution) sogar
Schlamm vom Boden aufgerührt. Ungeachtet wir
ganzen Kanal von einer Seite zur andern mit den S
fen und Booten untersuchten, fanden wir doch die T
nirgends größer. Es war also die höchste Zeit zurü
kehren, zumal da der Wind uns entgegen kam, und
zurück laviren mußten. Die Gefahr wäre noch gr
gewesen, wenn der Wind an Stärke zugenommen
hohe Wellen erregt hätte, wodurch unsere Schiffe l
hätten auf den Grund kommen können. Wir befa
uns jetzt nur eine Seemeile weit von einer gegen No
am westlichen Ufer belegenen Spitze die ich den Ka
kopf, oder die kahle Spitze (*Bald head*) nannte. We
hin sahe es aus als ob sich die Küste, Nordostwärts,
eine andre Spitze endigte, und hinter dieser schien
das hohe Land zu erstrecken, das sich über den In

zeigt hatte, oder, wie einige unter uns meinten, sich dasselbe anzuschliessen. Westwärts vom Kahlkopf det das Ufer eine Bay mit einem niedrigen Strande, f welchem wir eine Anzahl Hütten gewahr wurden.

Die ganze Nacht hindurch fuhren wir fort zurück: aviren, und bei Tages Anbruch hatten wir wieder e Tiefe von sechs Faden erreicht. Um 9 Uhr befanden r uns ungefähr eine Seemeile weit vom östlichen Ufer. er ging ich mit Herrn Lieutenant King in zwei Booten s Land, um Holz und Wasser zu suchen. Wir stiegen einer stumpfen Ecke aus, die aus senkrechten Schich: i einer dunkelblauen, mit Quarz und Glimmer ver: schten Felsart bestand. An den Strand gränzt ein maler Streifen Landes, worauf jetzt hohes Gras und as Angelika wuchs. Jenseit desselben steigt das Ufer llings hinan, und auf der Höhe fanden wir eine Heide t allerhand Arten von Beeren; weiter hineinwärts ir die Gegend eben, und mit Sprossen: Tannen dünn setzt, desgleichen mit Birken und Weiden, aus denen in aber höchstens nur Besen binden konnte. Am trande fanden wir Fährten von Thieren aus dem irschgeschlecht und von Füchsen; auch lag daselbst eine lenge Treibholz und an frischem Wasser war kein Man: l. Ich ging an Bord zurück, in der Absicht die chiffe hier vor Anker legen zu lassen; allein der Wind rd nordöstlich, und da ihm die Küste offen lag, begab mich hinüber nach dem östlichen Lande, in Hofnung rt ebenfalls Holz anzutreffen. Um acht Uhr Abends ssen wir am südlichsten Ende der nördlichsten von den rhin erwähnten Inseln die Anker fallen, entdeckten er gleich am folgenden Morgen, daß dieses bis dahin r eine Insel gehaltene Land, nur eine Halbinsel sey, lche vermittelst einer flachen Landenge mit dem festen nde zusammenhängt, und an jeder Seite eine Bay t. Wir lavirten in die Bay an der Südseite, und

kamen daselbst um Mittag in fünf Faden Tiefe, a
einem schlammigen Grunde vor Anker. Die Spitze d
Halbinsel, die etwa drey Englische Meilen von uns e
fernt war, nannte ich Cap Denbigh.

Auf der Halbinsel erblickten wir einige Leute, v
denen einer sich in einem Kanot zu uns begab. S
schenkte ihm ein Messer und einige Glaskorallen, w
über er sehr zufrieden schien. Als wir ihm durch Zeich
zu verstehen gaben, daß er uns etwas zu essen brin
möchte, verließ er uns sogleich, und ruderte ans La
Unterwegs begegnete ihm ein anderer, der ein P
gedörrte Lachse in seinem Kahn hatte; diese nahm er i
ab, kam damit an Bord zurück, und wollte sie niem
den als mir übergeben. Einige von unsern Leuten gla
ten, er hätte unter der Benennung Capitane n
mir gefragt; allein sie müssen sich wohl geirrt hab
denn er kannte zwar denjenigen, der ihm das Messer u
die Glaskorallen gegeben hatte; wie aber sollte er wis
daß ich der Capitain wäre? Bald nachher kamen n
einige Einheimische, die uns gegen Kleinigkeiten v
schiedne getrocknete Fische überließen. Am meisten v
langten sie nach Messern; auch mochten sie Taback g

Nach dem Mittagsessen schickte ich Herrn Lieuten
Gore nach der Halbinsel, um zu sehen, ob das
Holz und Wasser zu finden wäre, oder vielmehr
Wasser, denn von Treibholz lagen die Ufer der B
rund umher bedeckt. Zu gleicher Zeit schickte je
Schiff ein Boot aus, um in der Bay allenthalben
Senkbley zu werfen. Um drey Uhr Nachmittags n
ten wir uns des frischen Nordostwindes bedienen,
tiefer in die Bay zu gehen, und lichteten in dieser Abs
die Anker; allein die Untiefen, die man überall zwey
drey Englische Meilen weit vom Ufer entdeckte, leh
uns bald, daß es unmöglich sei. Wir kreuzten da
ab und zu, bis Herr Gore um acht Uhr mit e

dung Holz an Bord zurückkehrte. Auf seinen Bericht, ß frisches Wasser nur sparsam anzutreffen wäre, und ß es sehr mühsam sey, Holz zu laden, weil die Boote on in einiger Entfernung vom Ufer auf den Grund rieben, steuerte ich nach dem gegenüberliegenden Ufer rück, und schickte bereits um acht Uhr des folgenden orgens sämmtliche Boote mit gehöriger Mannschaft ter Anführung eines Officiers ab, um an dem Orte, ich vorhin ausgestiegen war, Holz zu laden. Eine itlang kreuzten wir noch ab und zu, und ließen hier- f in fünf Faden, weniger ein Viertel, unsere Anker len. Die Insel unter dem östlichen Ufer, südwärts n Cap Denbigh, lag von diesem Ankerplatz funf- n Seemeilen entfernt, gegen Südosten. Ich nannte Besborough-Eiland.

Wir lagen hier sehr unsicher auf einer offenen Rhee- ; daher entschloß ich mich unsern Wasservorrath jetzt ht zu ergänzen, weil dieses Zeit kosten würde, son- rn lediglich Holz zu laden, und dann einen bequemern kerplatz aufzusuchen. Wir lasen also Treibholz vom trande auf, und da der Wind längs der Küste ging, nnten die Boote hin und zurück segeln, und ihr Ge- äft desto schneller vollenden.

Nachmittags ging ich ans Land, und spazierte etwas iter hinein. Wo keine Waldung stand, war alles mit eide und andern Pflänzchen bedeckt, die zum Theil eeren in großer Menge trugen. Alle Beeren waren t reif, und die Heidelbeeren schon überreif; in Blüthe nd ich fast keine einzige Pflanze. Das Strauchwerk, e Erlen, Birken und Weiden, machte es beschwer- h, zwischen den Bäumen fortzukommen. Letztere wa- n durchgängig von der Art der Sprossentanne, und ner hatte mehr als sechs oder acht Zoll im Durchmes- . An dem Seestrande lagen indeß einige doppelt so ke Stämme. Uebrigens ist alles Treibholz in diesen nordischen Gegenden Tannenholz; wenigstens sah ich ein Stück von anderer Art.

Am folgenden Tage fand sich eine einheimische Familie bey unsern Holzsammlern ein. Aus wie viel Personen sie anfänglich bestand, kann ich nicht sagen; sah nur einen Mann und seine Frau nebst ihrem Kind und einem vierten Geschöpf, das außer der menschlichen Gestalt, nichts menschliches an sich hatte, und in aller Absicht der ungestalteste Krüppel war, den ich je gesehen, oder von dergleichen ich je gehört habe. Auch der andre Mann war beynahe blind und sowohl er als seine Frau sahen bey weitem nicht wohl aus, als wir so manchen Menschen an dieser Küste gefunden hatten. Bey beyden war die Unterlippe durchbohrt. Sie besaßen auch einige solche Glaskorallen, als wir schon bey ihren Landsleuten bemerkt hatten. Eisen war indeß ihre Lieblingswaare. Gegen ... Messer, die wir aus einem alten eisernen Faßbande fabricirt hatten, erhielt ich von ihnen beynahe vier Centner Fische, die sie heute oder den Tag zuvor gefangen hatten. Es waren Forellen darunter, und die übrigen schienen sowohl dem Geschmack als der Größe nach zwischen Hering und Meeräsche zu gehören. Dem Kinde, welches ein Mädchen war, schenkte ich einige Glaskorallen, worauf zuerst die Mutter dann der Vater und der Krüppel und zuletzt das Mädchen selbst zu weinen anfingen, welches indeß nicht lange dauerte *). Ehe es noch dunkel

*) Herr Capitain King hat noch folgendes von seiner Zusammenkunft mit derselben Familie mitgetheilt „da ich am ... die Holzsammler begleitete, kam ein Canot mit Eingebornen auf uns zu. Ich winkte ihnen anzulanden, worauf ein Mann bey Jahren und eine Frau ausstiegen. Dieser schenkte ich ein kleines Messer, und gab ihr zu verstehen, sie sollte ein weit größeres bekommen, wenn sie mir Fische verkaufen wollte. Sie winkte mir, ihr zu folgen. Ich begleitete sie ungefähr eine Englische Meile weit, und

rde, waren beyde Schiffe hinlänglich mit Holz versorgt, d jedes hatte noch oben drein ungefähr zwölf Tonnen asser an Bord genommen. Am 14ten schickte ich Leute s Land, um Besen zu schneiden, die uns mangelten, d Zweige von der Sprossentanne mitzubringen, aus lchen wir Bier brauen wollten. Gegen Mittag aber lten wir die sämmtliche Mannschaft wieder ab, weil

---

dann lun?, weil der Mann, indem wir über einen steinichten Strand gingen, niedergefallen war und sich den Fuß starck verwundet hatte. Das Weib wies auf seine Augen, die mit einem dicken, weißen Felle bedeckt waren. Nach diesem Vorfall hielt er sich dicht an die Frau, die ihn von allen Hind[illegible]ssen im voraus benachrichtigte. Sie trug in der Kapuze ihrer Jacke ein kleines Kind, welches ich anfänglich für ein Bündel hielt, bis ich es schreyen hörte. Ungefähr zwey Englische Meilen weit von unserm Landungsorte erreichten wir das offene mit Fellen bedeckte Boot dieser Leute, welches jetzt auf der Seite lag, so daß es inwendig gegen den Wind geschützt war, und anstatt einer Hütte diente. Ich mußte nunmehr mit den Augen des Mannes eine sonderbare Operation vornehmen. Erstlich belehrte mich das Weib meinen Athem anzuhalten, dann auf die kranken Augen zu hauchen, und zuletzt, darauf zu spucken. Hierauf nahm sie meine beyden Hände, legte sie dem Manne auf den Magen, hielt sie eine Zeitlang in dieser Stellung, und erzählte indessen vermuthlich die Geschichte des Unfalls, der ihre Familie betroffen hätte, indem sie zuweilen auf ihren Mann, zuweilen auf einen erbärmlichen Krüppel, der zur Familie gehörte, zuweilen auch auf ihr Kind zeigte. Ich kaufte ihnen alle Fische ab, die sie hatten, worunter [illegible]ne Lachse, Lachsforellen und Meeräschen waren, und sie [illegible]ten dieselben in der Folge sehr getreulich dem Matrosen [illegible], den ich darnach abschickte. Der Mann war ungefähr fünf Fuß und zwey Zoll hoch, wohl proportionirt, und von heller Kupferfarbe; sein Haar war schwarz und kurz, und der Bart nur schwach. Das Weib war kurz und dick, und ihr Gesicht voll und rund. Sie trug eine Jacke von Hirschhäuten mit einer Kapuze. Beyde hatten schwarze Zähne, welche gleichsam abgeschliffen schienen, und dem Gaumen gleich standen. Das Weib war von der Lippe bis zum Kinne punktirt.“

der Wind stärker geworden war, und auf dem Se strande die Wogen so erregt hatte, daß die Boote nic ohne die größte Beschwerlichkeit anlanden konnten.

Da man noch immer zweifelte, ob die Küste, welcher wir uns jetzt befanden, ein Theil einer Insel od des festen Landes von Amerika wäre, und die Schiffe w gen des seichten Wassers diesen streitigen Punkt nicht en scheiden konnten, so schickte ich Herrn Lieutenant Kin mit zwey Booten ab, um Untersuchungen anzustelle welche endlich allem Streit und aller Verschiedenh der Meynungen über diese Sache ein Ende machen kön ten *). Am folgenden Tage gingen die Schiffe hinüb

---

err Capitain King hat die Güte gehabt, uns sei istruktion mitzutheilen, und die Beschwerlichkeite womit die Ausführung derselben verknüpft war, zu erza len. Die Instruktion war folgende:

„Sie müssen bis zu der äußersten Spitze, die wir a „vergangenen Mittwoch gesehen haben, oder, falls Sie „für gut finden, noch etwas weiter nach Norden geh „daselbst aussteigen und von den Höhen aus wo mögli „entdecken, ob das Land, worauf sie sich alsdann befind „werden, (welches man für die Insel Alaschka hält) wirkli „eine Insel sey, oder mit dem ostwärts gelegenen Land „welches der Vermuthung nach das Amerikanische Contine „ist, zusammenhänge. Im erstern Falle müssen Sie d „Tiefe des Wassers in dem Canal zwischen beyden erforsche „imgleichen Acht geben, von welcher Seite die Fluth herei „kommt. Hängt im Gegentheil das Land von beyde „Küsten zusammen, so verlieren Sie keine Zeit mit Erfo „schung der Tiefe, sondern kehren so geschwind als mögli „zu den Schiffen zurück, welche Sie unter der Spitze, w „wir am verwichenen Freytag lagen, vor Anker antreff „werden. Sollte sich das Wetter verschlimmern wollen, „kehren sie zu den Schiffen zurück, auch ohne jenen Auftra „in Erfüllung gebracht zu haben. Auf keinen Fall abe „dürfen Sie länger als fünf Tage ausbleiben; und je ehe „das Geschäft geendigt werden kann, desto besser. Soll „irgend ein unvorhergesehener Zufall die Schiffe von dies „Küste wegtreiben, so daß Sie innerhalb einer billigen Ze

die Bay an der Südostseite des Cap Denbigh, d warfen daselbst Nachmittags die Anker. Gleich

---

„nicht zurückkommen könnten, so ist der Sammelplatz der „Hafen Samganudha, das ist der Ort wo wir zuletzt „unsern Wasservorrath ergänzt haben.“

„James Cook.“

„An Herrn Lieutenant King.“

„Am 14ten um acht Uhr Abends machten wir uns in „unserm Boot (cutter) auf den Weg, nachdem vorher das „Signal gegeben worden, daß die Discovery das ihrige „mitschicken sollte. Unglücklicherweise mußte es sich so „fügen, daß sich die Mannschaft in den Booten bereits den „ganzen Tag über müde gearbeitet hatte. Indeß ruderten „sie ohne Unterlaß, bis ein Uhr Morgens am 15ten gegen „das Land hin. Ich wünschte hauptsächlich dicht unter das „Land zu kommen, um mich des Vortheils des Windes zu „bedienen, der bisher ganz richtig alle Abende von der Küste „her gewehet, bey Tage aber den Sund hinabwärts aus „Nordnordost gestrichen hatte; allein da die Leute nunmehr „erschöpft waren, spannten wir unsere Segel aus, und „schiften queer über die Bucht, welche die westwärts vom „Kahlkopf (*Bald head*) gelegene Küste bildet. Gegen drey „Uhr kam uns, wie ich erwartet hatte, der Wind entgegen; „also mußte wieder zu den Rudern gegriffen werden. Das „Boot der Discovery, (ein schwerer, in den königlichen „Werften gebauter Cutter, dahingegen das unsrige aus „Deal war) hatte uns schon in der Nacht aufgehalten, und „nunmehr ruderten wir bald so weit, daß wir es aus dem „Gesichte verloren; auch wollte ich nicht warten, bis es „uns erreichte, denn ich hatte Hofnung die äußerste vor „uns gelegene Spitze noch zeitig genug zu erreichen, um „die Höhe, bevor es dunkel würde, zu ersteigen. Dies „wünschte ich um so mehr da der heutige Tag vorzüglich „heiter war, und wir weit und breit umher sehen konnten. „Um zwey Uhr Nachmittags befanden wir uns noch zwey „Englische Meilen weit vom Kahlkopfe (*Bald head*) unter „dem Schutze des hohen Ufers und in ruhigem Wasser. „Allein in dem Augenblicke wo wir unsern Endzweck beynah „erreicht hatten, wurden die ermüdeten Ruderer, zwey „ausgenommen, vom Schlafe überwältigt, und all mein „Zureden vereitelt. Sie ließen die Ruder sinken und fielen „schlafend von der Bank. Wenn man bedenkt, daß sie

darauf besuchten uns verschiedne Einwohner in ihr Kähnen, und vertauschten etwas getrockneten Lachs gegen die Kleinigkeiten, die unsere Leute ihnen geben konnten. Am 16ten bey Tages Anbruch erhielten wir wieder einen Besuch von neun Männern, deren jeder sein eigen Kanot führte. Sie näherten sich dem Schiffe mit Behutsamkeit, und offenbar in keiner andern Absicht, als um ihre Neugier zu befriedigen. Am Hintertheil des Schiffs stellten sie ihre Kähne in eine Reihe und unterhielten uns mit einem Gesang, wozu einer von ihnen eine Art von Trommel schlug, und ein andrer mit den Händen und dem ganzen Körper tausend poßierliche Bewegungen machte. Indeß hatte weder der Gesang noch die begleitenden Gebärden, etwas wildes. In Statur und Gesichtszügen konnte keiner von uns die Leute von denen unterscheiden, die wir überall an den Amerikanischen Küsten, **Königs Georgs Su**nd ausgenommen, gesehen hatten. Ihre Kleidung, die hier hauptsächlich von den Fellen eines Thieres aus dem Hirschgeschlechte verfertigt war, hatte völlig denselben Schnitt, auch waren ihre Unterlippen durchbohrt, und mit Schmuck behangen.

Ihre Wohnungen stehen dicht am Seestrande: sie sind aus Klötzen von Holz zusammengesetzte, schräg herablaufende Dächer, die mit Gras und Erde bedeckt sind

„bereits müde waren, ehe wir abreiseten und daß sie n„mehr sechzehn Stunden lang in einer unruhigen See „kurzen Wellen gerudert hatten, so wird man sich in „That nicht wundern, daß ihre Kräfte erlagen da sie w„geschlafen noch eine Erquikung zu sich genommen hat„Die beyden Herrn (Unterofficiere) die ich bey mir h„und ich wir sahen uns nunmehr gezwungen, selbst „Ruder anzugreifen, und bald nach drey Uhr landeten „zwischen dem Kahlkopfe und einer andern weiter ostw„hervorstehenden Spitze."

nd keine Seitenwände haben. Der Fußboden ist eben-
lls mit Klötzen belegt; der Eingang befindet sich an
nem Ende des Hauses, und die Feuerstätte gleich in-
rhalb desselben; auch ist unweit der Thüre ein kleines
ch angebracht, wodurch der Rauch hinauszieht.

Nach dem Frühstück schickte ich einige Leute auf die
albinsel, um Besen und Tannensprossen zu holen. Zu
eicher Zeit gab ich der Hälfte der noch am Bord zu-
ckgebliebenen Mannschaft Erlaubniß, ans Land zu ge-
n, und Beeren zu lesen. Als diese zu Mittag zurück-
men, schickte ich die andre Hälfte in gleicher Absicht
s Land. Die hier befindlichen Beeren sind wilde Jo-
nnisbeeren, Heidelbeeren, Moosbeeren, u. a. m.
ch ging selbst ans Land, und durchsuchte einen Theil
r Halbinsel. An mehreren Orten fand ich gutes Gras,
d fast überall wuchsen Kräuter. Das niedrige Land,
elches die Halbinsel mit dem festen Lande verbindet, ist
rch viele enge Buchten eingeschnitten, und auf dem-
lben stehen viele Teiche voll Wasser, von denen einige
hon mit Eise belegt waren. Wir sahen daselbst eine
Menge Gänse und Trappen; allein sie waren so scheu,
ß man ihnen auf einen Flintenschuß nicht beykommen
onnte. Auch bemerkten wir einige Schnepfen, und
f der Höhe zweyerley Waldhüner. Im Walde wim-
elte es von Mücken. Einige von den Officieren waren
eiter gekommen, als ich, und hatten verschiedne Ein-
bohrne beyderley Geschlechts angetroffen, die sich ganz
flich gegen sie betrugen. Die Halbinsel selbst scheint
ir ehedem eine Insel gewesen zu seyn; denn auf der
ndenge bemerkte ich Spuren, daß die See vor Zeiten
rüber gestanden haben müsse. Ja noch jetzt ist es al-
m Anschein nach nur eine Art von Damm, aus Sand,
teinen und Holz, welche die See ausgeworfen hat,
rch den die Landenge vor ferneren Ueberschwemmun-
n gesichert wird. Dieser Damm zeigte augenschein-

lich, daß die See hier Land ansetze, und man fand der allmähligen Anhäufung desselben ganz deutl Spuren.

Um sieben Uhr Abends kam Herr King zurück, berichtete mir, er sey mit den Booten drey bis vier S meilen weiter gegangen, als wir in den Schiffen hä kommen können. Hierauf sey er an der Westseite a gestiegen, und habe von der Höhe beyde Küsten ve nigt gesehen. Am Ende des Einbusens sey ein kle Fluß befindlich, vor dessen Mündung sich Sand Schlamm in Bänken aufgehäuft hätte, und übe habe er das Wasser seicht befunden. Das Land se sey, eine ziemliche Strecke gegen Norden hin, nied und sumpfig; weiterhin steige es in Hügeln empor, ren völliger Zusammenhang zu beyden Seiten des E sens sich leicht entdecken lasse. Von der Höhe, wo H King diese Beobachtungen angestellt hatte, konnte viele weitläuftige Thäler übersehen, worinn Flüsse abströmten, an deren Ufer reichliche Waldung sta Diese Thäler wurden von mittelmäßig hohen und s abhängigen Hügeln eingeschlossen. Einer von den F sen, nach Nordwesten hin, schien ansehnlich zu se und nach seiner Richtung konnte man muthmaßen, er sich oben in der Bay ins Meer ergießen mußte. nige von Herrn Kings Begleitern waren noch ti landeinwärts gedrungen, und hatten die Bäume stä gefunden, je weiter sie gekommen waren.

Dem Ritter Fletcher Norton *), Sprecher Unterhauses, und Herrn Kings nahem Anverwand zu Ehren, nannte ich den Busen, der sich nordwä bis auf 64° 55′ nördlicher Breite erstreckt, Norton Sund. Die Bay, wo wir jetzt vor Anker lagen, li

*) Nunmehrigen Lord Grantley.

der Südostseite desselben, und wird von den Eingeboh-
n des Landes Tschaktuhl (*Chacktole*) genannt. Sie
aber, da sie den Süd- und Südwestwinden offen liegt,
e unsichere Rheede. Ueberhaupt ist in dem ganzen
nde kein einziger Hafen befindlich; allein wir hatten zum
ück, während der ganzen Zeit unseres hiesigen Aufent-
ts, den Wind von Norden und Nordosten her, und
züglich schönes Wetter. Dies gab uns Gelegenheit,
ischen dem 16ten und 17ten inclusive sieben und
enzig Reihen von Mondsbeobachtungen anzustellen.
as mittlere Resultat bestimmte die östliche Länge un-
es Ankerplatzes an der Westseite des Sundes auf

		197° 13′.
ie nördliche Breite beträgt	-	64° 31′.
ie Abweichung der Magnetnadel	-	25° 45′. östlich.
ie Inclination	-	70° 25′

Ansehung der Fluth machten wir nur die Bemer-
ng, daß sie bey Nacht zwischen zwey und drey Fuß
igt, bey Tage hingegen kaum merklich ist.

Da ich nun endlich vollkommen überzeugt war, daß
s Herrn von Stählins Charte unrichtig wäre; und
ich die Gegend, die seine eingebildete Insel Alasch-
einnahm, dem Amerikanischen festen Lande wiedergege-
n hatte: so war es hohe Zeit, diese nordischen Gegenden
verlassen, und mich auf den Winter an einen Ort zu be-
ben, wo ich Erfrischungen für meine Mannschaft, nebst
em kleinen Vorrath von Lebensmitteln einnehmen
nnte. Es schien mir unwahrscheinlich, daß Petro-
wlowsk, oder der Hafen St. Peter und St. Paul
Kamtschatka, beydes in hinreichender Menge für das
edürfniß einer so zahlreichen Mannschaft würde liefern
nächstdem bewogen mich noch andere Ursachen, für-
t, meine Zuflucht nicht dorthin zu nehmen. Die
le, wovon alles übrige abhing, war die Abneigung,
ich gegen eine Unthätigkeit von sechs bis sieben Mo-

nathen hegte, welche doch unfehlbar die Folge des Ue-
berwinterns in diesen nordischen Gegenden gewesen seyn
würde. Weil nun kein anderes Land so bequem für uns
gelegen war, und für unsere Bedürfnisse so viel versprach
als die Sandwichs-Inseln, so entschloß ich mich
dahin zu gehen, zuvor aber die Schiffe mit einem Vorrath von frischem Wasser zu versorgen. In dieser Absicht nahm ich mir vor, an der Amerikanischen Küste
einen Hafen zu suchen, folglich südwärts längs derselben
hinabzuschiffen, und die hiesigen Entdeckungen mit jenen
nordwärts vom Cap Newenham zu verbinden. Fände
ich keinen Hafen, so war es meine Absicht nach Samganudha zu gehen, welches auch im Fall einer Trennung zum Sammelplatze bestimmt war.

Drey und vierzigstes Hauptstück.

Entdeckungen nach unserer Abreise von Nortons-Sund. Stuarts-Insel. Cap Stephens. Seichte Spitze (*point Shallow-Water*). Untiefen an der Amerikanischen Küste. Clerke's Insel. Gore's Insel. Zinnen-Insel (*Pinnacle island*). Ankunft zu Unalaschka. Verkehr mit den Eingebohrnen und mit den Russischen Handelsleuten. Charte der Russischen Entdeckungen, die mir Herr Ismailof mittheilt. Deren Unrichtigkeiten. Lage der von den Russen besuchten Inseln. Nachricht von ihrer Niederlassung auf Unalaschka. Von den Eingebohrnen der Insel. Ihre Person; Kleidung; Schmuck; Nahrung; Wohnungen und Hausgeräth. Handarbeiten. Art das Feuer anzuzünden. Kanots. Geräthe zum Fischen und Jagen. Fische und Seethiere. See- und Wasservögel; Landvögel. Begräbnißart. Aehnlichkeit der hiesigen Einwohner von Amerika mit den Grönländern und Esquimaux. Fluthen. Beobachtungen zu Bestimmung der Länge von Unalaschka.

Am 17ten frühe gingen wir unter Segel und versuchten es, zwischen dem festen Lande und der Insel Besborough, südwärts zu schiffen; allein, obgleich diese Insel sechs bis sieben Englische Meilen vom Lande liegt, vereitelte dennoch die geringe Tiefe des Wassers unser Vorhaben, und wir mußten also außerhalb der Insel bleiben. Am folgenden Tage ging es uns mit einer andern Insel, welche wir Stuarts Eiland nannten, nicht

besser. Sie liegt in 63° 35′ nördlicher Breite und s
zehn Seemeilen Südwestwärts vom Cap Denbig
ist an einigen Orten ziemlich hoch, größtentheils aber n
drig, und hat etwa sieben Seemeilen im Umkreise. An ihr
Westseite liegen einige Felsen im Meere. Die Kü
des festen Landes ist hier sehr niedrig, wiewohl wir tie
hineinwärts hohes Land erblickten. Der Insel geg
über befindet sich in 63° 33′ nördlicher Breite u
197° 41′ östlicher Länge, eine Landspitze, welche i
Cap Stephens nannte. Am Ufer der Insel sowo
als des festen Landes sahen wir einiges Treibholz, ab
auf keinem von beyden war ein einziger Baum in Wach
thum zu sehen. Im Nothfall kann man, zwischen d
Nordostseite dieser Insel und dem festen Lande, in fü
Faden Tiefe ankern, und ist alsdenn zwar gegen westlic
südliche und östliche Winde gesichert, liegt aber den nör
lichen gänzlich offen. Ehe wir Stuarts Eilan
erreicht hatten, segelten wir bey ein Paar ganz klein
Inselchen vorbey, welche zwischen uns und dem fest
Lande lagen. Auf der Küste kamen einige Mensch
ans Ufer, die uns durch Zeichen einz en schienen
näher zu kommen.

Jenseits Stuarts Eiland fanden wir immer we
niger Wasser, ja zuletzt, um acht Uhr Abends, wenig
als vier Faden; ich ging deshalb nordwärts, und ließ d
Nacht hindurch laviren. Die Südspitze des Landes, d
wir, zu der Zeit, da wir umlegten, sehen konnt
nannte ich Point Shallow-Water, (die Spitze des seic
ten Wassers.) Bey Tagesanbruch versuchten wir e
den Lauf südwärts fortzusetzen; allein wir waren so we
zwischen Untiefen hinein gerathen, daß wir bald we
wärts, und zuletzt gar Nordnordwest schiffen mußt
um nur wieder in tieferes Wasser zu kommen. Da
gleich der Wind aus Ost-Nordosten kam, so war
schlechterdings nicht länger rathsam, an dieser Küste

'elben. Südwärts von Point Shallow-water, sahen
wir kein Land. Diese Spitze liegt nach meiner Rechnung in 63° nördlicher Breite; und von da an, bis zum
Shoal Ness, (dem Vorgebirge der Untiefen) in 60°
nördlicher Breite, bleibt also die Küste unentdeckt.
Wahrscheinlich können sich ihr nur Boote oder kleine
Fahrzeuge nähern; wenigstens würde es, falls es Kanäle
für größere Schiffe giebt, Zeit erfordern, sie ausfindig zu
machen, und, meines Erachtens, müßte man einen solchen
Kanal nahe an der Küste suchen. Vom Mastkorbe aus
zeigte sich die See, von der Menge Sandbänke umher,
ganz fleckigt. Das Wasser war schlammig, trübe und
zugleich weniger salzig als auf unsern neulichen Anker-
plätzen. Ich vermuthe daher, daß in dieser noch unbekannten Gegend sich ein beträchtlicher Strom in das
Meer ergießt.

Sobald wir uns wieder in einer Tiefe von acht Faden befanden, ließ ich nach Westen, und in der Folge noch
südlicher steuern, um das am fünften entdeckte Land aufzusuchen. Wir hatten jetzt einen ziemlich starken Nordwind mit Hagel und Schneeschauern, und eine ziemlich
hohle See; folglich waren wir den Sandbänken noch zu
rechter Zeit entkommen. Das vor uns liegende Land war
zu weit im Westen, als daß es Andersons Insel hätte
seyn können; ich nannte es daher Clerkes Eiland.
Es liegt in 63° 15' nördlicher Breite und 190° 30' östlicher Länge und schien eine ziemlich große Insel mit vier
oder mehr Hügeln zu bilden, welche durch niedriges Land
mit einander verbunden sind, so daß es in der Ferne wie
eine Inselgruppe aussieht. Unweit der Ostseite dieses
Eilands liegt ein kleines Inselchen, welches sich durch
drey hohe Felsen auszeichnet. Sowohl die große als die
kleine Insel waren bewohnt.

Da wir längs den Ufern von Clerkes-Eiland
vergebens bemühet gewesen waren einen Hafen zu finden,

verließ ich es, und lief südwestwärts nach dem Land welches ich am 29sten Julius entdeckt hatte. Der Nor wind war noch immer frisch, und brachte Schlossen u. Schnee mit. Es ist merkwürdig, daß, sobald wir u in der Mitte zwischen beyden Welttheilen befanden, u von keinem Lande gegen Norden weiter geschützt ware sogleich das Wetter trübe wurde und Schneeschau mitbrachte, da wir doch vorher, die ganze Zeit über i Norton-Sunde, bey ebendemselben Winde, heiter Wetter gehabt hatten. Sollte dieser Unterschied ni daher gekommen seyn, daß die Berge im Norden nes Sundes die Dünste an sich zogen und nicht wei ließen?

Bey Tages Anbruch, am 23sten, erblickten wir d vorhinerwähnte Land, in einer Entfernung von sieb oder acht Seemeilen. Es sahe wie eine Gruppe v Inseln aus, wiewohl es doch nur aus einer einzig Insel bestand, welche sich von Nordwest nach Südos dreyßig Englische Meilen weit erstreckt; ihre südöstli Spitze ist das bereits genannte Cape Upright (das a rechte oder steile Cap). Die Insel ist nur schmal, beso ders da, wo die Hügel durch niedrige Landengen mit e ander verbunden sind. Ich erfuhr in der Folge, daß den Russen völlig unbekannt geblieben ist, und gab i daher, als einer uns eigenthümlichen Entdeckung, d Namen Gore's Eiland. Sie schien unfruchtbar u unbewohnt zu seyn; wenigstens sahen wir keine Einwo ner. Auch ließen sich um dieselbe her nicht so viele Vög als bey der vorher entdeckten Insel, sehen. Dafür aber blickten wir einige Meer-Ottern, welche wir nordwärts v dieser Breite nirgends angetroffen hatten. Vier Seemeil weit vom Cape-Upright liegt ein kleines Inselchen, d sen hohe Spitze sich in verschiedene Zinnenähnliche F sen endigt, woher es den Namen der Zinneninse (*Pinnacle island*) erhielt. Nachdem wir das E

Upright vorbey gesegelt waren, richtete ich den Lauf nach Samganudha, weil ich nicht länger einen andern Hafen suchen wollte. Denn entweder existirten die Inseln, wo ich einen zu finden gehoft hatte, gar nicht, oder sie lagen wenigstens in einer ganz andern Länge und Breite, als diejenige, wohin die neueren Chartenmacher sie verlegt haben.

Am 24sten des Abends ging der Wind nach Südwesten und Süden herum, und fing an stärker zu werden. Wir beharrten indeß in unserm östlichen Lauf bis um acht Uhr am folgenden Morgen, da wir uns in 58° 32′ nördlicher Breite und 191°, 10′ östlicher Länge befanden, und nach Westen umlegten. Bald hernach ward der Sturm heftiger, so daß wir nichts als unsre große Segel und ganz eingerefte Marssegel beybehielten. Unser Schiff (die Resolution), bekam jetzt ein Leck, so daß die Branntweinkammer voll Wasser war, ehe wir es noch gewahr wurden. Um nicht auf die Nordwestwärts vom Cap Newenham gelegenen Sandbänke zu gerathen, durften wir es nicht wagen, das Schiff umzulegen, sondern schifften bis am Abend des 26sten westwärts fort, gingen dann nach Osten, und hatten von dem Leck weiter keine Ungelegenheit, woraus wir, zu unserer grossen Beruhigung sahen, daß es über der Wasserlinie läge. Der Sturm war nunmehr vorbey, allein der Wind blieb noch einige Tage lang Südlich und Südwestlich.

Endlich erblickten wir am zweyten Oktober, mit anbrechendem Tage, die Insel Unalaschka südwärts vor uns. Weil wir sie aber hier unter einem neuen Gesichtspunkte sahen, und das Land überdies in Nebel gehüllt war, konnten wir unsere Lage erst um Mittag, durch Beobachtung der Polhöhe, bestimmen. Zehn Meilen westwärts von Samganudha liegt eine Bay, welche (bey den Eingebohrnen) Egutschschak (*Egoochshac*) heißt. Mir war ein jeder Hafen gleich, sobald er sich und bequem für unsere Absicht war; wir steuerten also i die Bay hinein, fanden aber sehr tiefes Wasser, und w ren im Grunde froh, wieder hinaus zu kommen. I dieser Gegend wohnten viele Eingebohrne und besucht uns verschiedentlich, um getrockneten Lachs und ande Fische gegen Tabak zu vertauschen. Aller Taback, d wir an Bord hatten, war nur wenige Tage zuvor un unsere Mannschaft ausgetheilt worden; er reichte ab nicht zur Hälfte, um alle zu befriedigen. Allein Sor losigkeit ist dem Englischen Matrosen eigen; daher gi es auch bey diesem Tauschhandel so wenig sparsam z als ob wir im Begrif wären, in Virginien anzulande Die natürliche Folge dieser Unvorsichtigkeit war die, d binnen zweymal vier und zwanzig Stunden, der Tab im Tauschhandel mit den Einwohnern, gegen taus pro Cent an Werth verlor.

Am dritten, um ein Uhr Nachmittags, anker wir im Hafen Samganudha. Am folgenden M gen mußten die Zimmerleute die beschädigte Stelle Schiff ausbessern, und zu gleicher Zeit richteten wir al Gepäck in den Vorrathskammern so ein, daß bey kün gem Leckwerden das Wasser sogleich zu den Pumpen h unterlaufen könnte. Neben dieser Arbeit ergänzten unsern Vorrath von frischem Wasser, und luden e Menge Ballast ein.

Die Pflanzen, die wir bey unserm vorigen Aufe halte hier bemerkt hatten, waren jeßt größtentheils sc abgestorben; wir hielten uns also an die Beeren, wel überall in großer Menge vorhanden waren. Um u diese heilsame Erfrischung so viel als möglich zu nuße machen, hatte ein Drittheil unserer Mannschaft Erla niß ans Land zu gehen, um Beeren zu sammlen, und ihrer Zurückkunft wurden sie von einem andern Dritt abgelöset. Auch von den Eingebohrnen erhielten wir di

Beeren in beträchtlicher Menge. Wenn auch schon in dem einen oder dem andern Schiffe ein Keim vom Scharbock vorhanden gewesen wäre, so mußte der Genuß dieser Beeren, und das Sprossenbier, welches die Leute einen Tag um den andern zu trinken bekamen, hinreichend seyn, ihn gänzlich auszurotten.

Die Einwohner brachten uns auch einen reichlichen Vorrath von Fischen, theils frisch theils getrocknet, und zwar anfangs meistens lauter Lachse. Der frische Lachs war zum Theil vollkommen wohlschmeckend; doch eine Art, welche wir, wegen der Gestalt des Kopfs, den krummnasigten nannten, war es weniger. Wir zogen in der Bay einigemal das Netz, und fingen eine Menge Lachsforellen, und einmal eine Meerbutte, welche zwey hundert vier und funfzig Pfund wog. Da uns diese Methode aber nicht mehr glücken wollte, versuchten wir, was mit Angeln zu thun wäre, und schickten alle Morgen ein Boot aus; welches selten ohne acht oder zehn Meerbutten zurückkehrte. Diese waren wegen ihrer Größe hinreichend, das ganze Schiffsvolk mit einer Mahlzeit zu bewirthen, und von so vortreflichem Geschmack, daß die meisten sie den Lachsen vorzogen. Auf die Art erhielten wir nicht nur Fische genug für unser gegenwärtiges Bedürfniß, sondern nahmen auch noch Vorrath mit in See, und genossen a[...]en wichtigen Vortheil, unsere Schiffsprovisionen zu ersparen.

Am achten erhielt ich von einem Einwohner von Unalaschka, Namens Derramuschk ein für hiesige Gegend seltenes Geschenk. Es war ein Roggenbrod, oder vielmehr eine Pastete in Form eines Brods, denn wir fanden einen stark gepfefferten Lachs darin. Der Mann hatte ein ähnliches Geschenk für Herrn Capitain Clerke, und ein Billet an jeden von uns, welches wir aber nicht lesen konnten, weil es in einer uns unbekannten Sprache geschrieben war. Wir mußten na-

türlicherweise auf die Vermuthung gerathen, daß di
Geschenke von Russen kämen, die sich etwa in der Na
barschaft befänden. Diesen unsern unbekannten Fre
den schickten wir daher durch denselben Booten ein
Flaschen Rum, Wein, und Porterbier, weil wir glau
ten, daß diese ihnen willkommen seyn würden, wo
wir uns auch, wie wir bald nachher erfuhren, nicht
irrt hatten. Ich schickte ferner den Corporal der S
soldaten, Lediard, einen verständigen Mann, mit d
Derramuschk ab, um nähere Erkundigung einzu
hen, und befahl ihm, im Fall er Russen anträfe, ihn
begreiflich zu machen, daß wir Engländer, die Freun
und Alliirten ihrer Nation, wären.

Am zehnten kam Lediard mit drey Russischen S
leuten oder Pelzhändlern zurück. Sie wohnten nebst ei
gen andern zu Egutschschak, wo sie ein Wohnhaus,
nige Vorrathshäuser und eine Schaluppe von etwa dre
ßig Tonnen hatten. Einer von diesen dreyen war entw
weder der Capitain oder der Steuermann des Fahrzeug
ein anderer konnte eine gute Hand schreiben, und ve
stand die Arithmetik; alle drey aber waren verständig
artige Leute, und bezeigten sich sehr bereitwillig, m
über alles, was ich von ihnen wissen wollte, Auskun
zu geben. Es ward uns indeß sehr schwer, einander
verstehen, da wir keinen Dollmetscher hatten. Die Ve
suche ihrer Landsleute, das Eismeer zu beschiffen, u
die Entdeckungen, welche Bering, Tschirikof u
Spangenberg, von Kamtschatka aus, gemac
hatten, waren ihnen wohl bekannt; den Lieutena
Synds oder Synd hingegen kannten sie nur dem N
men nach. Als ich ihnen des Herrn von Stählin
Charte vorlegte, konnten sie nicht errathen, welche We
gegend darin vorgestellt wäre. Ich zeigte ihnen endli
Kamtschatka, und einige andere bekannte Oerter a
dieser Charte; hierauf fragten sie mich, ob ich die dara

zeichneten Inseln gesehen hätte? da ich dies verneinte, gte einer den Finger auf die Stelle der Charte, wo eine Menge Inseln liegen, und sagte dabey: er sey in der Ge nd lange umher gekreuzt, ohne je Land zu finden. unmehr legte ich ihnen meine eigne Charte vor, und fand, ß sie von der Amerikanischen Küste durchaus weiter chts wußten, als den Theil, der dieser Insel (Unalasch-) gegenüber liegt. Einer von ihnen sagte, er habe Be ngen auf seiner Amerikanischen Reise begleitet; er ußte aber damals sehr jung gewesen seyn, denn er sah ch jetzt, sieben und dreyßig Jahr nach jener Reise, cht alt aus. Nie ist wohl das Andenken eines großen Mannes mehr geehrt worden, als Berings von die n Leuten. Da der Handel, den sie treiben, überaus rtheilhaft, und die unmitelbare Folge der zweyten eereise dieses geschickten Befehlshabers ist, dessen Un- ücksfälle vielen Privatpersonen eine Quelle des Reich- ums wurden, und dem Russischen Reiche zum gemei- n Besten gereichten; so ist diese Verehrung seines An- nkens in der That sehr natürlich und billig. Dennoch ürden es die Russen vielleicht nie gewagt haben, fernere eisen zu unternehmen und gegen Amerika hin Entdek- ngen zu machen, wenn Berings Schicksal es nicht wollt hätte, daß er auf jene Insel die seinen Namen hrt, geworfen werden und daselbst sterben mußte; denn r elende Ueberrest seiner Mannschaft brachte von hier s eine hinlängliche Menge kostbaren Pelzwerks zur robe mit. Nach seiner Zeit scheint die Fortsetzung der ntdeckungen weniger eine Staatsangelegenheit, als ein nternehmen von bloßen Privatkaufleuten gewesen zu yn, die vom Hofe nur Aufmunterung dazu erhielten.

Die drey Russen blieben über Nacht bey mir, be- chten am folgenden Morgen Herrn Capit. Clerke, und rließen uns sehr vergnügt über ihre Aufnahme bey uns, it dem Versprechen, in wenigen Tagen wieder zu kommen, und eine Charte von den Inseln zwischen Un-laschka und Kamtschatka mitzubringen.

Während, daß ich am 14ten Abends in Begleitun Herrn Webers, ein kleines Dorf nicht weit von San-ganudha besucht hatte, war ein Russe daselbst ans Lan gestiegen, der unter seinen Landsleuten auf dieser und de benachbarten Inseln der vornehmste war, und Erasi Gregoriow-Syn Ismailof hieß. Er kam i einem Kanot, worin drey Mann saßen, und mit ih kamen zwischen zwanzig und dreyßig Mann, jeder in e nem besondern Fahrzeuge. Sobald sie am Lande ware errichteten sie, aus Materialien die sie mitgebracht hatte für den Ismailof ein kleines Gezelt. Ihnen selb dienten ihre eignen Kanots und Ruder, welche sie au stellten und mit Gras bedeckten, statt eines Obdach und die Einwohner des Dorfes hatten also nicht nöthig sie in ihren Wohnungen zu beherbergen. Ismailo nöthigte uns in sein Gezelt, und setzte uns getrocknete Lachs und Beeren vor, das heißt, er bewirthete un mit dem Besten, was er hatte. Er schien ein verstä diger, geschickter Mann zu seyn; und es that mir weh nicht anders als durch Zeichen und Zahlen oder Fig ren mit ihm sprechen zu können. Indeß waren di Hülfsmittel doch von großem Nutzen. Ich bat ihn Tag darauf, zu mir an Bord zu kommen; dies that er au mit allen seinen Gefährten, und zwar in keiner ande Absicht, als einen Besuch bey uns abzulegen.

Nunmehr erwartete ich, daß er mir die Charte m theilen würde, welche mir seine Landsleute versproch hatten; allein er vertröstete mich von neuem darauf, u hielt auch in der Folge Wort. Die Geographie der h sigen Gegenden und alle Russische Entdeckungen kan er sehr genau, und zeigte mir alle Unrichtigkeiten neueren Charten an. Er hatte den Lieutenant Sy nach Norden begleitet, auf welcher Fahrt sie seiner A

ge zufolge nicht weiter, als bis Tschukotskoi Noß,
ter besser, als bis zur St. Lorenzbay gekommen wa-
n, denn er zeigte mir auf meiner Charte genau eben
eselbe Stelle, wo ich gelandet hatte. Von da begaben
sich nach einer Insel in 63° nördlicher Breite, wo sie
ter nicht landeten, und für die er mir auch keinen Na-
en angeben konnte; ich vermuthe indeß, daß es eben
eselbe gewesen ist, die ich Clerke's Insel genannt
ibe. Wohin Synd weiter gegangen, oder wie er
e zwey Jahre zugebracht, welche nach Ismailofs
ericht seine Reise dauerte, konnte oder wollte er mir
cht sagen. Vielleicht verstand er unsere Fragen darüber
cht, wiewohl wir uns übrigens ihm fast in allem ver-
ändlich machten. Man konnte daher auf den Verdacht
mmen, er habe trotz seiner Versicherung jene Reise
cht mitgemacht.

Ismailof sowohl als die übrigen versicherten, daß
e nichts vom festen Lande von Amerika gegen Norden
üßten; auch hätte weder Synd noch sonst jemand
asselbe neuerlich gesehen. Sie nennen es Alasch-
a, wie Herr von Stählin seine große Insel nennt.
Stachtan Nitada hingegen, wie es auf den neuen
Charten heißt, ist den hiesigen Leuten, sowohl Russen als
Eingebohrnen, ein völlig unbekannter Name; beyde ken-
en es aber noch unter der Benennung Amerika. So-
iel wir von Ismailof und seinen Landsleuten vernah-
en, haben die Russen mehrmals versucht, auf dem
Theile des festen Landes, welcher Unalaschka gegenber liegt, festen Fuß zu fassen; allein die Einwohner,
elche ihrer Beschreibung zufolge, ein verrätherisches
Volk seyn sollen, haben sie allemal zurückgetrieben.
Sie nannten mir zwey oder drey Capitains oder Be-
ehlshaber, welche von jenen Eingebohrnen ermordet
orden waren; und einige Russen zeigten uns Wunden,
elche sie dort empfangen hatten.

Einige andre Nachrichten, welche Ismailof u
mittheilte, verdienen hier eingerückt zu werden, sie m
gen nun wahr befunden werden oder nicht. Im Ja
1773, sagte er, sey eine Reise in Schlitten über d
Eismeer nach drey großen Inseln, welche der Mü
dung des Kowymaflusses gegenüber liegen, an
stellt worden. Wir wußten anfangs nicht, ob er ni
etwa jene Reise meyne, welche schon Müller anfüh
allein er schrieb uns die Jahrzahl auf, und gab die I
seln auf der Charte an *). Mehr als alles andere erre
aber eine Reise, die er selbst gethan hatte, unsere A
merksamkeit. Am 12ten May 1771 wäre er nämli
von Bolscherezk in einem Russischen Fahrzeuge, n
einer von den Kurilischen Inseln, Namens Marik
abgegangen, welche in 47° nördlicher Breite liegt, ein
Hafen hat, und worauf eine Russische Niederlassung b
findlich ist. Von dieser Insel war er nach Japan g
kommen, wo er sich nur kurze Zeit aufgehalten hab
muß; denn sobald die Japanesen erfuhren, daß er u
seine Gefährten Christen wären, gaben sie durch Zeich
zu verstehen, sie möchten sich wegbegeben; thaten ihn
aber, so weit wir ihn verstehen konnten, keine Belei
gung oder Gewalt an. Von Japan kam er nach Ca
ton, und von da in einem Französischen Schiffe na

*) Die neueste Reise dieser Art, deren Müller erwäh
geschah im Jahr 1724. Doch muß man um Ismail
Gerechtigkeit wiederfahren zu lassen, noch anführen, d
eine Herrn Pennant mitgetheilte und von Herrn Co
benutzte Handschrift meldet: im Jahr 1768 habe der G
verneur von Sibirien drey junge Officiere in Schli
über das Eis nach den Inseln vor der Mündung d
Kowymaflusses geschickt. Folglich kann auch leicht e
ähnliche Schlittenreise im Jahr 1773 unternommen wor
seyn. Herr Coxe setzt jene Expedition in das Jahr 17
allein die Handschrift des Herrn Pennant ist zuverlä
Anmerkung der Urschrift.

ankreich. Von Frankreich reisete er nach St. Pe-
sburg und ward dann wieder nach Kamtschatka ge-
ickt. Was aus dem Fahrzeuge geworden war, worin
zuerst sich eingeschifft hatte, konnten wir nicht erfah-
n; und eben so dunkel blieb uns die Hauptabsicht dieser
eise. Seine Erzählung war uns, da er nicht ein Wort
anzösisch verstand, überhaupt etwas verdächtig. Er
ißte nicht einmal irgend eines der gemeinsten Dinge,
er, sowohl an Bord des Französischen Schiffes als
Frankreich, in täglichem Gebrauch gesehen haben
ißte, französisch zu nennen. Dagegen konnte er aber
r genau bestimmen, wann er an einem Orte angekom-
n, und von demselben wieder abgegangen wäre, und
rieb uns auch diese verschiedenen Zeitpunkte auf *).

Am folgenden Morgen wollte mir Ismailof mit
em Meer-Otterfelle ein Geschenk machen, welches in
amtschatka, wie er mich versicherte, achtzig Rubel
rth wäre. Ich fand indeß für gut, es abzulehnen,
hm aber einen Vorrath von getrockneten Fischen und
ige Körbe voll Lilien- oder Sarann-Zwiebeln an,
lche in der Beschreibung von Kamtschatka vorkommen.
rr Ismailof aß hierauf bey Herrn Capitain Clerke
Mittage, versprach uns, in einigen Tagen wiederzu-
mmen, und verließ uns dann mit seinem ganzen Gege. Seinem Versprechen gemäß legte er am 19ten
en zweyten Besuch bey uns ab, und brachte die vor-
erwähnten Charten mit, wovon er mir eine Copie zu
hmen erlaubte. Ich muß über dieselben folgende An-
rkungen machen:

---

*) Entweder ist Ismailof selbst ein Begleiter des berühm-
ten Beniowski gewesen, oder er hat bloß dessen sonderbare Reise von Kamtschatka nach Frankreich erzählt;
doch scheint das erstere wahrscheinlicher. G. F.

Es waren zwey Charten, welche alle Kennzeich der Aechtheit an sich trugen. Die erste enthielt den P schinskischen Meerbusen; die Küste der Tartarey zum 41° nördlicher Breite hinab; die Kurilischen I seln, und die Halbinsel Kamtschatka. Seit der Ver tigung dieser Charte hatte der Capitain von der Flo Wasili Irkischof *), im Jahr 1758, die Küste der T tarey von Ochotsk und dem Amurstrom bis nach J pan oder 41° nördlicher Breite befahren. Herr I mäilof erinnerte auch, daß er selbst einen großen T der Seeküste der Halbinsel Kamtschatka bericht habe, und beschrieb das Instrument, welches er dazu braucht hatte, welches vermuthlich ein Theodolit (Ast labium) gewesen ist. Nach seinem Berichte, hat Ostküste von Kamtschatka nur zwey Hafen, wel für Schiffe taugen, nämlich die Bay von Awatscha und den Fluß Olutora in dem Busen gleiches N mens. An der Westküste findet man gar keinen Haf und auf der ganzen Westseite des Penschinskischen Me busens ist, außer Ochotsk, Yamsk der einzige, man an den Amurstrom kommt. Die Kurilisch Inseln haben ebenfalls nur Einen Hafen, und zw an der Nordostseite von Marikan in 47½° nördlic Breite, wo die Russen, wie bereits erwähnt worden sich niedergelassen haben.

Die zweyte Charte war für mich die interessantes weil sie alle Russische Entdeckungen ostwärts von Kam schatka, gegen Amerika zu, enthielt. Diese Entdeckung sind aber, wenn man Berings und Tschiriko Reise abrechnet, von geringem oder gar keinem Bela Die Gegend, wo Tschirikof die Amerikanische Kü

se

*) Im Englischen Orginal, Wawseelee Irkeechoff.

**) In der Urschrift steht überall Awatska.

h, wird in dieser Charte zwischen 58° und 58½° nördli-
er Breite und in 75° östlicher Länge von Ochotsk oder
8½° von Greenwich angegeben; und der Ort, wo
ering vor Anker ging, in 59½° nördlicher Breite
d 63½° östlicher Länge von Ochotsk, oder 207° von
reenwich. Die Länge nicht zu gedenken, die aus vie-
n Ursachen unrichtig seyn kann, weichen auch die hier
gegebenen Breiten der Küste, welche von beyden See-
hrern gesehen worden, und zwar hauptsächlich des von
schirikof entdeckten Theils, sehr von denen in Herrn
üllers Nachrichten und Charte ab. Ob aber die
üllerische oder diese, von Herrn Ismailof jetzt vorge-
gte, Charte die unrichtigste sey, möchte schwer zu be-
mmen seyn, und jetzt auch nicht einmal die Mühe einer
ntscheidung lohnen. Hingegen verdienen die zerstreu-
n Inseln zwischen Amerika und Kamtschatka, von 52
s 55° nördlicher Breite mehr Aufmerksamkeit. Is-
ailofs Bericht zufolge, ist weder die Anzahl noch
e Lage dieser Inseln hinlänglich bestimmt. Er strich
gefähr den dritten Theil derselben weg, und versicherte,
ß sie gar nicht existirten. Von manchen andern ver-
derte er die Lage um ein beträchtliches, und setzte hin-
, daß seine Beobachtungen diese Verbesserung erfor-
ten. Auch hatten wir keine Ursach daran zu zweifeln;
n da diese Inseln beynahe unter gleicher Polhöhe lie-
, so war es leicht, daß verschiedene Seefahrer, nach
leitung ihrer Schiffsrechnung, eine Insel oder eine
selgruppe für die andre halten, und sich mit einer
en Entdeckung schmeicheln konnten, da sie doch nur
schon vorher entdeckten, in einer andern Lage als ihre
rgänger ihnen zuschreiben, gesehen hatten.

Die Inseln St. Macarius, St. Stephan,
. Theodor, St. Abraham Verführungs-
land (*Seductions island*) und einige andere, welche
n auf Herrn Müllers Charte steht, standen in der

gegenwärtigen nicht, und sowohl Herr Ismailof,
die andern, versicherten mich, daß man zu wiederhol
malen vergebens darnach gesucht habe. Gleichwohl
es unbegreiflich, wie Herr Müller, von dem die n
folgenden Chartenmacher diese Inseln entlehnt hab
sie in seiner Charte ohne einige Autorität eingerückt ha
sollte. Ich meines Theils, habe auf das Zeugniß di
Leute, welches ich für gültig hielt, diese Inseln
meiner Charte weggelassen, und bey den übrigen, eb
falls nach Anleitung jener Gewährsmänner, die er
derlichen Verbesserungen angebracht. Außerdem
durfte es noch einer andern Berichtigung, indem
Unterschied der Länge zwischen der Bay von Awats
und dem Hafen Samganudha, nach astronomis
Beobachtungen an beyden Orten, um sechstehalb G
größer ist, als ihn die Charte angiebt. Ich nehme
daß dieser Irrthum durchaus herrscht, wiewohl es
vielleicht auch anders verhalten kann. An einigen O
waren auch Unrichtigkeiten in der Breite, die aber k
einen Viertel Grad betrugen.

Ich will nun von den einzelnen Inseln selbst n
einige Nachricht geben und zwar mit denen zunächst
Kamtschatka gelegenen anfangen, wobey die Länge
Hafen Petropawlowsk in der Bay von Awatscha an
rechnet wird. Die erste ist die Berings-Insel
55° nördlicher Breite und 6° östlicher Länge.
Seemeilen nach Ost zum Süden oder Ost-Südosten
dem südlichen Ende derselben liegt Mednoi Ostr
(*Maidenoi Ostroff*) oder die Kupferinsel. Hierauf
Atakau in 52° 45′ nördlicher Breite und 15°
16° (östlicher) Länge. Diese Insel erstreckt sich
Westen nach Osten ungefähr achtzehn Seemeilen,
scheint dasselbe Land zu seyn, welches Bering an
und den Berg St. Johannes nannte. In
Nähe desselben liegen aber keine Inseln, ausgenom

Paar unbedeutende, Ostnordostwärts, drei oder vier
emeilen weit von dem östlichen Ende der Insel.

Nunmehr kommen wir an eine Gruppe von sechs
r mehr Inseln, wovon zwey, Atghka und Amluk,
zlich groß und mit einem guten Hafen versehen sind.
e Mitte dieser Gruppe liegt in 52° 30′ nördlicher
eite und 28° (östlicher) Länge von Awatscha; sie
mt von Osten nach Westen vier Grade ein. Dies
d die Inseln, von denen Herr Ismailof sagte, sie
ßten um vier Grade östlicher liegen, welche Angabe
auch hier befolgt habe. Da, wo sie in meiner Charte
zeichnet sind, lag (in Ismailofs Charte,) eine an-
e Gruppe von zehn kleinen Inseln, welche, wie man
sagte, gänzlich weggestrichen werden müßten. Ein
ches Schicksal betraf zwey Inseln, zwischen dieser
ppe und derjenigen zu welcher Unalaschka gehört.
die Stelle dieser zwey kam eine einzelne Insel, Na-
s Amogtha, welche aber auf der Charte in 51° 45′
licher Breite und 4° Länge nach Westen lag.

Es wäre überflüßig, noch mehr hinzuzufügen, um
uthun, wie unrichtig die Lage von verschiedenen dieser
eln angegeben seyn könne, und um mich von aller
uld dabey loszusagen. Hingegen findet diese Unrich-
it weiter nicht bey derjenigen Gruppe von Inseln
, wovon Unalaschka eine der vornehmsten und
r die einzige ist, die einen Hafen hat. Die meisten
ieser Gruppe gehörigen Inseln haben wir gesehen,
ihre Länge und Breite ziemlich genau bestimmt, zu-
in dem Hafen Samganudha auf der Insel Una-
chka, der als unser fester Punkt angesehen werden
. Diese Gruppe erstreckt sich eigentlich bis zu den
libut- (Meerbutten)- Eilanden, vierzig Seemei-
Ostnordostwärts von Unalaschka. Innerhalb
lben war auf Ismailofs Charte eine Durchfahrt
e Bristol-Bay angemerkt, wodurch eine Strecke

von etwa funfzehn Seemeilen, die ich noch zum fe
Lande gerechnet hatte, in eine Insel Namens Unin
verwandelt wird. Diese Durchfahrt konnte uns um
leichter entgehen, weil sie sehr enge und so seicht
soll, daß sie nur von Booten und ganz kleinen Fahr
gen befahren werden kann.

Sowohl aus der Charte, als aus Ismailofs
der andern Russen Zeugniß, erhellte, daß sie seit B
rings Zeiten ihre Entdeckungen nicht weiter über
Gränze hinaus fortgesetzt haben. Alle stimmten da
überein, daß kein Russe sich so weit nach Osten nie
gelassen habe, als der Ort liegt, wo Capitain Cle
das Papier von den Eingebohrnen erhielt. Herr J
mailof, dem ich dieses Papier mittheilte, las es du
und sagte, es wäre in Umanak geschrieben. Von
erhielten wir übrigens den Namen Kodiak (Kad
womit die größte der Schumagins-Inseln bezei
wird *), wiewohl sie auf seiner Charte noch keinen N
men hatte. Die Namen aller übrigen Inseln sind
aus dieser Charte entlehnt; denn wir schrieben jeden
wie er ihn aussprach. Es sollten, seiner Aussage zuf
lauter Namen seyn, welche die Eingebohrnen selbst
Inseln beylegen; doch müssen in diesem Falle einige
verunstaltet worden seyn. Merkwürdig ist es, daß
denjenigen Inseln, welche Ismailof weggestr
haben wollte, gar keine Namen standen; gewißerm

*) Eine Handschrift, die uns Herr Pennant mitgetheilt
sagt, daß im Jahr 1776 ein Russisches Fahrzeug in K
gewesen sey. Anmerkung der Urschrift. Ver
lich wird hier Dmitri Bragins Reise gemeynt
wovon Herr Collegienrath Pallas im 2ten Th
neuen nordischen Beyträge einen Auszug mitg
hat. G. F.

len mir dieser Umstand doch eine Bestätigung der Be-
uptung, daß sie gar nicht vorhanden wären.

Ich habe bereits erwähnt, daß sowohl die Russen
die hiesigen Insulaner das feste Land von Amerika
aschka nennen. Diese Benennung gehört zwar
entlich dem Theile, welcher zunächst an Unimak
nzt; allein sie bedienen sich derselben demungeachtet
das Amerikanische feste Land überhaupt anzudeuten,
)on sie sehr wohl wissen, daß es von großem Umfange.

Soweit gehen die Nachrichten, die hiesige Geo-
phie betreffend, welche ich von den Russen erhielt.
glaube auch, daß sie weiter nicht im Stande waren,
über diesen Gegenstand mehr Licht zu geben. Zu
derholtenmalen versicherten sie mich, daß sie von kei-
andern, als den auf der Charte angegebenen Inseln
s wüßten, und daß kein Russe je einen Theil des
)wärts belegenen Amerikanischen festen Landes gese-
hätte, außer demjenigen, welcher dem Lande der
huktschen gegenüber liegt.

Wenn Herr von Stählin nicht gröblich hintergan-
worden ist, so frage ich, was ihn verleiten konnte,
so auffallend unrichtige Charte herauszugeben, wo
iele von diesen Inseln in völliger Verwirrung durch-
nder geworfen sind, und nirgends eine Spur von
hrheit hervorleuchtet? gleichwohl beliebt es ihm, sie
sehr richtige kleine Charte zu nennen.
Wahrheit aber ist es eine Charte, für welche der un-
ndste unter seinen ungelehrten seefahrenden Lands-
n sich geschämt haben würde, seinen Namen herzu-
n*).

Man wird bemerkt haben, daß schon mehrere Stellen in
unseres großen Seemannes Tagebuch etwas Unwillen gegen
des Herrn Staatsraths von Stählin Beschreibung des

Herr Ismailof blieb bis zum 21sten bey uns, nahm an diesem Tage zum letztenmal von uns Absch Ich hatte ihm zuvor einen Brief an die Lords von Admiralitätscommission anvertraut, worin ich zugl eine Charte von allen nördlichen von mir besuchten sten beygeschlossen hatte. Er sagte mir, er würde G genheit haben, den Brief künftiges Frühjahr nach Ka schatka, oder nach Ochotsk zu bestellen, von w im Winter nach St. Petersburg gelangen w Auch gab er mir einen Brief an Herrn Major Be den Gouverneur von Kamtschatka, der in Bolsc retzk residirt, und einen andern an den Commenda von Petropawlowsk. Herr Ismailof schien, seinen Talenten zu urtheilen, für einen höheren

---

neuen nordischen Archipelagus verriethen, und den Aus droheten, der hier mit soviel Heftigkeit und fast mit B keit geschieht. Niemand, der in diesem Fache bewa ist, wird wohl einen Augenblick zweifeln, daß der verd volle Gelehrte mit dem es Cook zu thun hat, viel seiner Entschuldigung und Rechtfertigung würde vorbringen können, wenn er noch gelebt hätte, um Angrif zu beantworten. Auch wird niemand billiger die anderweitigen Verdienste eines solchen Mannes um zweytes Vaterland verkennen, wenn gleich nicht geläu werden kann, daß die Klagen über seine Charte gegr sind. Von einer andern Seite aber ist der gerechte des Seemannes und Entdeckers auch in mehr als Rücksicht verzeihlich, da ihn diese Charte nicht nur führen, sondern auch der größten Gefahr aussetzen, ihm unersetzlichen Zeitverlust verursachen konnte; aber, als das bekannte Muster von einem unermüdeten bis zum Erstaunen, genauen Beobachter und Geogra jede Unrichtigkeit und vermeynte Nachlässigkeit bey um so viel unverzeyhlicher fand, je weniger er sich dergleichen Fehler zu Schulden kommen ließ. Uebri verdienen hier die Nachrichten, welche Herr Collegien Pallas in seinen lesenswürdigen neuen nordischen trägen gesammelt hat, nachgeschlagen und mit Ismailofischen Berichten verglichen zu werden.

ngskreis gemacht, als derjenige war, in welchem wir
n antrafen. Er besaß ziemliche Geschicklichkeit in der
ternkunde, und Kenntnisse in den nützlichsten Zweigen
r angewandten Mathematik. Ich schenkte ihm einen
adleyschen Oktanten, dergleichen er vermuthlich noch
e gesehen hatte, mit dessen Gebrauch und Nutzen er
er binnen kurzer Zeit bekannt wurde.

Am 22sten des Morgens, versuchten wir mit einem
üdostwinde in See zu gehen; es wollte uns aber nicht
lingen. Den folgenden Nachmittag besuchte uns ein
usse, Namens Jakob Jwanowitsch Soposnikof,
r ein Boot, oder kleines Fahrzeug, in Umanak kom-
andirte. Dieser Mann zeichnete sich durch seine große
escheidenheit aus, und wollte kein starkes Getränk
sten, welches doch seinen übrigen Landsleuten, die wir
r angetroffen hatten, außerordentlich wohl behagte.
: wußte mir bestimmter als Herr Ismailof zu sagen,
is für Vorrath wir zu Petropawlowsk antreffen
irden, und zu welchem Preise manches zu haben wäre.
le Nachrichten zusammen genommen, liefen indeß dar-
f hinaus, daß alles, dessen wir bedürftig waren,
rt sehr selten wäre und in sehr hohem Preise stände.
on Mehl, zum Beyspiel, kostete das Pud (36 En-
sche oder 40 Russische Pfunde) drey bis fünf Rubel,
Rennthier (*deer*) eben so viel. Dieser Mann sagte
s, er würde künftigen May in Petropawlowsk
n, und, wenn ich ihn anders recht verstanden habe,
inen Brief dorthin überbringen. Er trug ein so großes
erlangen etwas von mir an Herrn Major Behm mitnehmen, daß ich, ihm zu gefallen, ihm ein kleines
rnglas mitgab.

Nachdem wir mit den Russen bekannt geworden wa-
, hatten einige von unsern Officieren verschiedentlich
e Niederlassung auf der Insel besucht, wo man sie
erzeit mit treuherziger Gastfreundschaft empfangen

hatte. Diese Russische Niederlassung bestand in eine
Wohnhause, und zwey Waarenlagern *). Ausser d
Russen sahe man eine Anzahl Kamtschadalen u
Eingebohrne, die jenen als Bediente oder Leibeigne a
warteten. Indeß hielten sich an demselben Orte a
Eingebohrne auf, die von den Russen unabhängig
seyn schienen. Diejenigen aus ihrem Volke, welche d
Russen gehörten, waren lauter Mannspersonen. V
muthlich hatte man sie noch als Knaben von ihren Elt
genommen, oder gekauft; denn es waren ihrer noch j
gegen zwanzig Kinder. Alle wohnen in einem Ha
beysammen, die Russen am obern (innern) Ende,
Kamtschadalen in der Mitte, und die Eingebohr
unten (beym Eingange), wo ein großer Kessel festste
in welchem ihr Essen zubereitet wird. Dieses best
hauptsächlich aus Seethieren und Fischen, nebst eini
wild wachsenden Wurzeln und Beeren. Zwischen d
vornehmsten und geringsten Tisch ist fast gar kein Un
schied, ausgenommen, daß die Russen die Kochku
etwas besser verstehen, und auch schlechte Speisen d
Gaumen angenehm zu machen wissen. Ich habe
einem Wallfisch gegessen, der, wie sie ihn zubereit
mir sehr gut schmeckte; auch backen sie in der Pfa
eine Art Pudding aus fein zerriebenen Lachsrogen,
gar füglich die Stelle des Brods vertreten kann. D
und wann mögen sie wohl eigentliches Brod kosten, o
ein Gericht essen, worin Mehl eingemischt wird; d
sind dieses blos zufällige Leckerbissen. Außer dem S
der Beeren, den sie während der Mahlzeit genießen,

---

*) Das Wort Niederlassung wird hier etwas uneigent
gebraucht, denn, wie man sieht, muß man sich hier k
Kolonie, sondern eher einen Handelsposten dabey denk
Das Englische Wort settlement will aber weiter nic
sagen. G. F.

Wasser ihr einziges Getränk; daß sie kein stärkeres ha- n, mag indeß wohl zu ihrem größten Glücke gereichen.

Die Insel liefert ihnen nicht nur Lebensmittel, son- rn größtentheils auch Kleidung, welche hauptsächlich is Fellen besteht, und nicht leicht schicklicher gewählt erden könnte. Den Kopf bedecken sie mit einer Pelz- ütze. Ihr Oberkleid sieht aus, wie bey uns ein Fuhr- anns-Hemde, und geht bis an die Kniee. Unter die- n tragen sie ein, auch wohl zwey Camisöler und ein aar Beinkleider, imgleichen Stiefeln; die Solen und s Oberleder dieser letztern sind von Russischem Leder, e Schäffte hingegen von einer Art starker Darmhaut macht. Die beyden Befehlshaber, Ismailof und wanowitsch (Sopoſnikof) trugen jeder einen cat- nenen Rock, und hatten auch, nebst einigen andern, emden von Seidenzeug, welche wahrscheinlich ihre ein- gen Kleidungsstücke von fremder Arbeit waren.

Auf allen beträchtlichen Inseln zwischen Unalaschka und Kamtschatka wohnen Russen, in der Absicht elzwerk einzusammeln, worunter hauptsächlich die eer-Ottern oder wie die Russen sie nennen, See-Bi- r, ihr eigentliches Augenmerk sind. Sie fragten nie ch irgend einem andern Thiere, ob sie gleich Felle von ringerem Werth ebenfalls mitnehmen. Es ist mir cht beygefallen, sie zu befragen, wie lange die Po- n auf Unalaschka und den benachbarten In- n existiren; allein schon nach der Unterwürfigkeit der ingebohrnen zu urtheilen, kann die Niederlassung nicht nz kürzlich geschehen seyn *). Von Zeit zu Zeit wer- n die Pelzhändler durch andere abgelöset. Diejenigen,

*) Die Russen fingen im Jahr 1762 an Unalaschka zu besuchen. S. Coxes Russian Discoveries chap. VIII. p. 10. Anmerkung der Urschrift.

die wir hier antrafen, waren im Jahr 1776
Ochotsk hier angekommen und kehren im Jahr 17
zurück; folglich wird ihr Aufenthalt in den Inseln we
stens vier Jahre dauern.

Es ist nunmehr Zeit, daß ich von den Eingebohrnen
ser Insel einige Nachricht gebe. Allem Anschein nach,
es die friedlichsten, harmlosesten Leute, die ich je gese
habe, und in Absicht der Ehrlichkeit könnten sie der
sittesten Nation auf Erden zum Muster dienen.
ich indeß bey ihren Nachbaren, die kein Verkehr
den Russen haben, bemerkte, läßt mich vermuthen,
diese Tugend eben keine ihrer ursprünglichen Anla
sondern die Folge ihrer gegenwärtigen Abhängigkeit
In der That haben sich auch die Russen, (wofern and
einige der unsrigen sie recht verstanden), genöthigt g
hen, einige Beyspiele von Strenge zu geben, ehe sie
Insulaner zur Ordnung bringen konnten *). Das Be
was zur Beschönigung der etwanigen Härte, womit
anfangs diese Insulaner behandelt haben mag, ge
werden kann, besteht darin, daß sie von den besten
gen gewesen ist und ein vollkommenes Einverständ
zwischen beyden Nationen zuwege gebracht hat.
Eingebohrnen haben ihre eignen Oberhäupter, und sch
nen ihre Freyheit und ihr Eigenthum ungehindert zu
nießen. Ob sie den Russen einen Tribut erlegen o
nicht, konnten wir nicht entdecken; doch schien das
stere einige Wahrscheinlichkeit für sich zu haben.

Die Eingebohrnen sind von kleiner Statur, a
wohlbeleibt und gut gebildet; sie haben einen kurzen Ha

*) Auch Coxe, am angeführten Orte, erwähnt der Fe
seligkeiten zwischen den Russen und Eingebohrnen. Anm
kung der Urschrift.

erbrannte (*swarthy* *) dicke Gesichter, schwarze Augen, eine Bärte, und langes schwarzes schlichtes Haar. Die Männer lassen es im Nacken fliegen, und schneiden s vorn ab, die Weiber hingegen binden es in einen Schopf zusammen.

Ihrer Kleidung habe ich bereits weiter oben erwähnt. Beyde Geschlechter trugen sie von einerley Schnitte, nd der ganze Unterschied besteht in dem Stoffe woraus e verfertigt werden. Der Weiberrock wird aus Robenfellen, und der Männerrock aus Vogelhäuten gemacht, beyde gehen bis über die Kniee. Die Weiber agen keine andere Kleidung; die Männer haben aber och einen Ueberrock von Darmhäuten, welcher der Nässe widersteht, und woran eine Kapuße ist, die man ber den Kopf ziehen kann. Einige tragen auch Stiefeln, nd alle durchgehends haben eine ovale, vorstehende, ölzerne Müße, mit einem Rande, der um den Kopf hließt. Diese Mützen sind grün oder anders gefärbt, nd um den obern Theil des Randes herum stecken lange Borsten von einem Seethiere, an denen Glaskorallen ufgereihet werden. Vorn ist ein kleines Bildchen von Knochen, oder auch ein Paar derselben, angebracht. Die hier beygefügte Abbildung eines Eingebohrnen aus er Insel Unalaschka, giebt von ihrer Gesichtsbildung, on dem eben beschriebenen Kopfputz und zum Theil auch on der Kleidung einen anschaulichen Begriff.

Schminke ist unter ihnen nicht im Gebrauch; die Weiber punktiren sich aber ein wenig im Gesicht, und

---

*) Die Gesichtsfarbe, die hier durch swarthy oder verbrannt ausgedruckt wird, scheint nach diesem Worte zu urtheilen, der Farbe der südlichen Europäer ähnlich zu seyn; denn das Wort swarthy wird auch gebraucht wenn von Portugiesen und Spaniern die Rede ist. Es durch schwärzlich zu übersetzen, möchte nicht so schicklich seyn. G. F.

Personen beyderley Geschlechts durchbohren die Unt
lippe, in welcher sie ein Stück Knochen befestigen. D
Mannspersonen in Unalaschka tragen indeß die
Schmuck nur selten; hingegen sieht man fast kein ein
ges Weib ohne denselben. Einige befestigen Glaskor
len unter den Naselöchern an die Oberlippe, und a
hängen Zierrathen in die Ohren.

Ihre Nahrung besteht in Fischen, Seethieren, V
geln, Wurzeln, Beeren, und sogar Tang oder S
kraut. Im Sommer trocknen sie eine große Menge F
sche, und bewahren sie in kleinen Hütten für den Win
auf; vermuthlich legen sie für diese Jahrszeit auch B
ren und Wurzeln ein. Sie essen fast alles roh; ih
ganze Kochkunst besteht in Kochen und Backen, wov
sie jenes vermuthlich erst von den Russen gelernt habe
Einige von ihnen besitzen kleine messingene Kessel; w
dergleichen nicht hat, bedient sich eines flachen Stein
auf welchen von Thon ein hoher Rand aufgesetzt wir
Ich war einst zugegen, als der Befehlshaber von Un
laschka den rohen Kopf einer eben gefangenen Steinbu
zum Mittag verzehrte. Ehe er aber etwas davon erhiel
aßen zwey von seinen Bedienten die Kiefern davon, oh
weitere Vorbereitung, außer daß sie den Schleim ausdrüc
ten. Hierauf schnitt einer dem Fische den Kopf ab, gi
damit ans Meer, wusch ihn ab, brachte ihn zurück, un
setzte sich neben den Befehlshaber, legte den Kopf a
ein wenig Gras, das er vorher gepflückt hatte, un
streuete das übrige vor dem Befehlshaber. Dan
schnitt er große Stücken von den Backen des Fisches ab
und legte sie so hin, daß der vornehme Mann sie errei
chen konnte, und dieser verschluckte sie dann auch mi
eben so gutem Appetit und eben so viel Vergnügen, al
man bey uns rohe Austern verschluckt. Nachdem er sic
satt gegessen hatte, ward der Rest des Kopfs in Stücke
geschnitten, und unter seine Leute ausgetheilt, die da

leisch mit den Zähnen herunterrissen, und wie Hunde, den Knochen nagten.

Dieses Volk ist zwar an sich nicht so schmützig als ndere Wilde, welche sich mit Schminke beschmieren; lein in ihren Wohnungen ist alles voll Unrath und Unziefer. Ihre Häuser bauen sie auf folgende Art: zust wird eine länglicht viereckige Grube gegraben, welche ten über funfzig Fuß lang, und über zwanzig breit, ehrentheils aber kleiner, ist. Ueber dieser Vertiefung ird von Treibholz, welches die Wellen aus Land georfen haben, ein Dach errichtet. Dieses Dach wird erst mit Gras, und dann mit Erde gedeckt, und sieht glich von außen wie ein Misthaufen aus. Mitten in nselben, ist gegen jedes Ende hin eine viereckige Oefng gelassen, durch welche das Licht in das Haus hinnfällt. Eins von diesen Löchern dient ganz allein als enster, das andere aber ist zugleich die Thüre, wo jermann mit Hülfe einer Leiter, oder eigentlich eines alkens, in welchen Stufen eingehauen sind, ein- und sgeht. In einigen Häusern ist außerdem noch eine hür auf ebener Erde angebracht; doch ist diese Einrichng nicht gewöhnlich *). An den Seiten und Enden r Hütte umher, hat jede Familie, deren mehrere nsammen wohnen, ihr abgesondertes Zimmer, wo sie hläft, und bey ihrer Arbeit sitzt. Dieser Sitz ist keine ank, sondern vielmehr eine ausgehölte Rinne, die inendig rund um das Haus gegraben, und mit Matten edeckt ist, so daß sie ziemlich reinlich aussieht. Die

*) Herr Coxe beschreibt die Wohnungen der Einwohner von Unalaschka und den übrigen Fuchsinseln mehrentheils eben so, wie Capitain Cook. S. Russian Discoveries p. 149. Auch Histoire des différents peuples soumis à la Domination des Russes, par M. Levesque. Tom. I. p. 40 41. Anmerkung der Urschrift.

Mitte des Hauses hingegen gehört allen Familien gemei schaftlich, und eben deswegen darf man daselbst keine Spu von Reinlichkeit erwarten. Denn obgleich trocknes Gra darüber gestreut wird, so ist es dennoch der Sammelpla aller Unreinigkeit, wo auch das Harnbehältniß steh dessen Gestank dadurch eben nicht gemildert wird, da beynahe zu allen Zeiten entweder Leder oder rohe Thie häute darin eingeweicht werden. Hinter und über d Rinne sind die wenigen Sachen aufgestellt, die den ga zen Reichthum dieser Insulaner ausmachen, z. B. ih Kleidungsstücke, Matten und Häute.

Ihr Hausgeräthe sind Schaalen, Löffel, Eime Kannen, wie Matten geflochtene Körbe, und zuweil ein Russischer Kessel oder Topf. Alle diese Geschirre si sehr zierlich gearbeitet, und nicht übel gestaltet, ung achtet wir bey den Einwohnern kein andres eisern Werkzeug fanden, als Messer und Aexte. In der Th war es auffallend, daß sie, obgleich die Russen mitt unter ihnen wohn n, weit weniger Eisen besaßen, a die benachbarten Völkerschaften auf dem festen Lande v Amerika, die vielleicht nie einen Russen gesehen od Verkehr mit ihm gehabt hatten. Wahrscheinlich si einige Glaskorallen, ein wenig Rauch- und Schnu tabak hinreichend, ihnen alles, was sie entbehren kö nen, abzukaufen. Es giebt aber auch wenige unter ihne die nicht zugleich Tabak rauchen, käuen, und schnupfe ein Luxus, wobey sie, allem Ansehen nach, stets a bleiben müssen.

Auch zeigten sie kein Verlangen nach mehrerem E sen, oder andern Werkzeugen, Nähnadeln etwa ausg nommen, dergleichen sie sich sonst von Knochen mache Mit denselben nähen sie nicht nur die Häute ihrer K nots und ihre eigne Kleidung, sondern verfertigen au eine Art von Stickerey, wozu sie, statt des Zwirn Sehnenfasern nehmen, die sie so dünn spalten, als je

rbeit es erfordert. Die Nätherey ist aber bloß ein Ge-
häft der Weiber, die hier Schneider, Schuster und
Bootmacher, oder eigentlicher, Boot-Ueberzieher sind;
nn das Geripppe von Holz, über welches die Häute
nähet werden, wird vermuthlich von den Männern ge-
mmert. Sie flechten ferner Matten und Körbe von
ras, die schön und stark sind. Ueberhaupt bemerkt
an an ihren Arbeiten einen Grad von Zierlichkeit und
ollkommenheit, woraus deutlich erhellet, daß es ihnen
eder an Geschick, noch an Geduld fehlen muß. In
ren Wohnungen sahe ich nirgends Feuer; sondern sie
erden durch eine Art Lampe, von einfacher Erfindung,
gleicher Zeit erleuchtet und geheizt. Sie besteht in
ner Steinplatte, welche an einer Seite eine tellerför-
ige Vertiefung hat. In diese gießen sie Oel, und
gen etwas dürres Gras hinein, welches die Stelle des
ochtes vertritt. Sowohl Männer als Weiber erwär-
en sich auf die Art, daß sie eine solche Lampe zwi-
hen die Beine stellen, und einige Minuten lang dar-
er kauern.

Feuer können sie sowohl anschlagen, als durch Rei-
n hervorbringen. Das erstere thun sie dadurch, daß
zwey Steine an einander schlagen, wovon einer vor-
r stark mit Schwefel angeschmiert worden ist. Das
tere wird vermittelst zweyer Stücke Holz verrichtet, wo-
n eines ein achtzehn Zoll langes Stöckchen, das andere
er platt ist. Auf dieses letztere drucken sie die Spitze des
töckchens, und quirlen es schnell umher, wodurch
nn in wenigen Minuten Feuer entsteht. Diese Art
uer anzuzünden ist in sehr vielen Welt-Gegenden
lich, und wird auch von den Kamtschadalen, den
rönländern, den Brasilianern, den Otaheitiern, den
enholländern und wahrscheinlich von vielen andern
ationen gebraucht. Einige gelehrte und sinnreiche
änner haben sich auf diese Gewohnheit berufen, um

zu beweisen, daß diese oder jene Nation mit einer (dern von einerley Abkunft sey; allein zufällige Ueber(stimmung in wenigen besonderen Fällen, kann niem den zu diesem Schlusse berechtigen, und eben so we kann eine Verschiedenheit der Sitten und Gebräu zweyer Nationen beweisen, daß sie von verschiedener H kunft sind. Ich könnte diese Meynung noch außer d angeführten Beyspiel mit vielen andern Gründen (terstützen.

Bey den Insulanern von Unalaschka sahen (nichts, das Waffen, es sey zur Vertheidigung oder (Angrif, ähnlich gewesen wäre. Schwerlich läßt (glauben, daß die Russen sie in diesem wehrlosen Zusta gefunden haben sollten; vielmehr ist es so gut als gew daß sie dieselben, um ihrer eignen Sicherheit willen, vö entwafnet haben. Eine ähnliche politische Bewan scheint es mit dem Umstande zu haben, daß die Ein bohrnen keine große Kanots, wie alle ihre Nachbar besitzen; hier fanden wir nur ein Paar; die aber den R sen zugehörten. Die Kähne der Eingebohrnen sind (der kleinsten Art, die wir auf allen hiesigen Amerikanisch Küsten gesehen hatten, sonst aber, einen geringen Un schied abgerechnet, mit jenen von einerley Bauart. D Hintertheil der hiesigen endigt sich wie abgeschnitten, d Vordertheil hingegen ist gabelförmig, und zwar so, d die obere Spitze hervorsteht, die untere aber mit d Wasser gleich ist. Es ist schwer zu begreifen, wa sie auf diese Gestalt verfallen sind, da die Gabel sich (leicht an alles anklammert was ihr in Weg kommt, (folglich, um dieses zu verhindern, von einer Spitze andern ein Stöckchen befestigt werden muß. Uebrig ist die Bauart dieser Kanots dieselbe wie in Grönla und bey den Eskimaux; das Gerippe besteht aus dün Latten, und der Ueberzug aus Robbenfellen. Sie sind gefähr zwölf Schuh lang, in der Mitte anderth

Schuh breit, und zwölf bis vierzehn Zoll tief. Im Nothfall können sie zwey Mann führen; alsdenn muß der einer der Länge nach ausgestreckt liegen, indeß der andere in dem runden Loche sitzt, welches beynah in der Mitte des Kanots angebracht ist. Rund um dieses Loch gehet ein Kreis oder Reif von Holz, um welchen ein Stück Darmhaut genähet ist, die durch einige lederne Riemen an ihrem auswendigen Rande wie ein Beutel zusammengeschnürt werden kann. Der Mann setzt sich in den Reif, schnürt die Haut fest um seinen Leib, über seinen Ueberrock, der von eben solcher Darmhaut verfertigt ist, und zieht die Riemen über seine Schultern, damit sich nichts verschieben kann. Die Ermel seines Kleides sind um die Knöchel festgebunden, an seinen Hals schließt es fest an, die Kapuze wird über den Kopf gezogen, und bleibt wegen der Mütze festsitzen; also ist es beynah unmöglich, daß ihm ein Tropfen Wasser bis auf die Haut oder in das Kanot dringen kann. Sollte es dennoch geschehen, so hat er einen Schwamm bey sich, womit er es wegnimmt. Sein Ruder hat an jedem Ende eine Schaufel und wird in der Mitte mit beyden Händen gehalten. Er schlägt es regelmäßig abwechselnd und schnell, auf einer und der andern Seite ins Wasser. Auf diese Art bewegt sich das Kanot sehr geschwind, und in schnurgerader Linie. Als wir von Egutschschak nach Samganudha segelten, begleiteten zwey oder drey Kanots unser Schiff, ob es gleich in einer Stunde sieben Englische Meilen zurücklegte.

Ihre Fischgeräthschaft und Jagdspieße liegen, an Riemen befestigt, auf dem Kanot in Bereitschaft. Sie sind alle vortreflich aus Holz und Knochen gearbeitet und von den Grönländischen, die Cranz beschreibt, wenig verschieden. Der merklichste Unterschied findet beym Wurfspieße statt, dessen Spitze hier zuweilen nur einen Zoll lang ist, dahingegen die Grönländer, wie

Cranz erzählt, sie bis auf anderthalb Schuh lang m[illegible] chen sollen. Die Eingebohrnen besitzen einen hoh[illegible] Grad von Geschicklichkeit, zur See und in Flüssen, F[illegible] sche mit dem Wurfspieße zu treffen; doch bedienen sie si[illegible] auch der Angelhaken, der Netze und Wehre. Ihre H[illegible] ken sind von Knochen, und die Leinen von Sehnen g[illegible] macht. Man findet in den hiesigen Gewässern eben di[illegible] Fische, welche in den nordischen Meeren überhaupt ang[illegible] troffen werden, als: Wallfische, Nordcaper, Meerschw[illegible] ne, Schwerdtfische, Steinbutten, Kabeliau, Lachs[illegible] Forellen, Zungen und andere Platteissen, und vielleic[illegible] noch viele andere Arten, die uns aber nicht vorgekomme[illegible] sind. Steinbutten und Lachse sind am häufigsten un[illegible] machen die vorzüglichste Speise der Insulaner aus; we[illegible] nigstens waren es die einzigen Sorten, welche sie zu[illegible] Wintervorrath verwahrten. Allenfalls dörren sie auc[illegible] etwas Kabeliau zu diesem Behuf. Nordwärts vom 60[illegible] nördlicher Breite ist die See gleichsam von allen Fisch[illegible] leer; die Wallfische sind aber desto häufiger.

Das ganze Geschlecht der Robben ist hier nicht s[illegible] zahlreich als in manchen andern Meeren. Dies ist abe[illegible] um so weniger zu verwundern, da es sowohl auf beyde[illegible] festen Ländern als auf den dazwischen liegenden Inseln[illegible] kaum ein unbewohntes Plätzchen giebt, wo die Einwoh[illegible] ner nicht auf diese Thiere Jagd machen sollten, um si[illegible] zur Nahrung und Decke zu gebrauchen. Auf dem Ei[illegible] sieht man Wallrosse in erstaunlicher Menge, und di[illegible] Meer-Otter ist, wie ich glaube, bloß dem hiesig[illegible] Meere eigen *). Zuweilen sahen wir auch ein Thie[illegible] welches einen Kopf wie der Robbe hatte, aber wie ei[illegible] Wallfisch Wasser spritzte. Es war größer als ein Robbe[illegible]

*) Man findet sie auch in Brasilien, wenn anders die dorti[illegible] Sorigueibeju nicht eine besondere Gattung ist. G.

nd seine Farbe war weiß mit dunkeln Flecken. Wahr-
heinlich war es die Seekuh oder der Manati.

Von den Seevögeln und Wasservögeln überhaupt
aube ich behaupten zu dürfen, daß sie hier weder so
hlreich noch in so verschiedenen Gattungen angetroffen
erden, als man sie im nördlichen Theile des Atlanti-
hen Oceans zu sehen gewohnt ist. Doch giebt es auch
nige, von denen ich mich nicht erinnere, sie jemals an-
rwärts gesehen zu haben, vorzüglich den vorhinerwähn-
n Papagentaucher, Stellers Alca monochroa (*A. cir-
rata, Pallas*) und eine schwarz und weiße Ente, welche
ir von Kraschenninikofs Stein-Ente *) noch
rschieden zu seyn scheint. Alle andere Vögel, die wir
er bemerkt haben, sind in dem Werke dieses Schrift-
llers angezeigt, einige Gattungen ausgenommen, die
r nah am Eise fanden, wovon aber wieder die meisten,
elleicht gar alle, von Martens in seiner Reise nach
pitzbergen und Grönland beschrieben worden sind.
twas außerordentliches ist es dennoch, daß Penguine,
e man in so manchen Gegenden des Meeres sieht, hier
cht angetroffen werden. Auch die Albatrosse sind hier
gewöhnlich selten; folglich scheint dies nicht ihr ur-
ründliches Klima zu seyn.

Die wenigen Landvögel auf diesen Inseln scheinen
cht von den Europäischen abzuweichen; doch können
h einige Gattungen hier aufhalten, die uns nicht vorkommen sind. In den Wäldern um Nortons Sund
ard ein sehr schöner Vogel geschossen, der, wie man mir
rsichert, zuweilen in England angetroffen wird, und da-
bst the Chatterer (französisch *le jaseur*; deutsch der
eidenschwanz) genannt wird. In jener Gegend

bemerkten unsere Leute noch verschiedene andere kleine V
gel, doch nicht in Menge, und nur von wenig Arte
z. B. Spechte, Dompfaffen, Grünfinken, und eine klei
Meise.

Da sich unsere Spatziergänge an der Küste nicht w
landeinwärts erstreckten, so darf man nicht erwarten, d
wir von den einheimischen Thieren und Pflanzen viel w
sen sollten. Außer Mücken sahe ich wenig andere I
sekten, und von kriechenden Amphibien bemerkte ich n
Eidechsen. Auf Unalaschka und den andern Insi
giebt es keine Thiere aus dem Hirschgeschlechte; a
findet man daselbst keine andere Hausthiere, als Hun
Die einzigen vierfüßigen Thiere, die wir außerdem d
zu sehen bekamen, waren Füchse und Wiesel; doch s
ten uns die Einwohner, daß es auch Hasen und die v
Kraschenninikof erwähnten Marmotten (Ziesel) ge
Offenbar nehmen also die Einwohner ihren Unterh
größtentheils aus der See und den Flüssen. Auch m
sen sie zur See ihre Zuflucht nehmen, um so viel H
aufzulesen, als zum Bauen und andern Bedürfnissen
fordert wird, da weder auf den Inseln noch auf den nä
sten Küsten des festen Landes ein einziger Baum wächs

Die Gelehrten behaupten, daß die Saamen
Pflanzen auf allerley Art, von einer Weltgegend zur
dern, ja sogar auf Inseln mitten in großen Oceanen, s
von allen andern Ländern verführt werden. Woher m
es doch nun wohl kommen, daß auf dem benachbar
Theile des Amerikanischen festen Landes und auf den
liegenden Inseln keine Bäume wachsen? beyde haben
streitig eine so bequeme Lage, um durch alle jene Mit
wovon ich je gehört habe, Saamen zu empfangen,
irgend eine waldreiche Küste. Sollte nicht die Na
gewissen Arten von Erdreich die Kraft, Bäume
selbst ohne Beyhülfe der Kunst hervorzubringen, vers
haben? was das Treibholz an den Ufern dieser Ins

betrift, so kommt es ohne Zweifel von Amerika her. Denn obgleich die nächste Küste keine Waldungen hat, so mag doch im Innern des Landes Holz genug wachsen, welches die Gießbäche im Frühling losreißen und in die See schwemmen können. Auch kann von den bewalde-ten Küsten, ungeachtet ihrer grösseren Entfernung, eine beträchtliche Menge Treibholz herbey geflößt werden.

Es giebt eine ziemlich große Anzahl von verschiede-nen Kräutern in Unalaschka, wovon die meisten gegen das Ende des Junius blühten. Einige davon fin-det man auch in Europa, andere in Amerika, und zwar hauptsächlich in Neufundland, noch andere in Kamt-schatka, wo die Eingebohrnen sich ihrer, wie die hiesigen Insulaner, zur Nahrung bedienen. Die vorzüglichste Gattung ist die Saranne, oder Lilienzwiebel, welche ungefähr die Größe einer Knoblauchzwiebel und eine runde Form hat, und in eine Menge kleinerer Zwiebeln theilbar ist, die endlich Körner wie Grütze bilden. Ge-kocht schmeckt sie beynahe wie Salep, und keinesweges unangehm. Sie scheint indeß hier selten zu seyn; denn außer jenem Vorrath davon, den uns Herr Ismai-lof zum Geschenk machte, und der uns einige wohl-schmeckende Gerichte gab, konnten wir weiter keine auf-treiben.

Zu den Lebensmitteln der Insulaner gehören noch ei-nige andere wild wachsende Wurzeln; die Stängel einer Pflanze, welche wie Angelika aussieht; und verschiedene Arten von Beeren, nämlich Brombeeren, Moosbeeren oder Sauerbeeren, Heidelbeeren, kleine rothe Beeren, die in Neufundland Rebhunsbeeren heißen, und eine andere Gattung von braunen Beeren, die wir nicht kann-ten, und die fast wie Schlehen schmecken, übrigens aber keine Aehnlichkeit damit haben. In Menge geges-sen, ziehen sie stark zusammen, und man könnte Bran-tewein davon destilliren. Herr Capitain Clerke machte einen Versuch, sie aufzubewahren; allein sie gingen in Gährung über, und wurden so geistig, als ob sie in Brannntwein gelegt gewesen wären.

Außer diesen Pflanzen giebt es noch einige andere, die weder von den Russen noch von den Eingebohrnen gebraucht werden, uns aber Dienste leisteten. Wi ließen uns z. B. wilden Portulak, Erbsensprossen, ein Art Löffelkraut und Kresse, u. a. m. in Suppen oder al Salat wohlschmecken. Auf den Niederungen und in de Thälern findet man reichlich Gras, welches sehr dich und hoch aufschießt. Meines Erachtens konnte auf Una laschka Rindvieh das ganze Jahr hindurch ohne Stal lung aushalten. An vielen Stellen schien der Erdbode auch zum Anbau von Korn, Wurzeln und Gemüseat ten sehr geschickt; allein für jetzt begnügen sich sowohl di Russischen Handelsleute, als die Eingebohrnen, mi dem, was die Natur von selbst hervorbringt.

Unter den Einwohnern sahen wir gediegenen Schwe fel im Gebrauch; aber woher sie ihn bekommen hatten konnte ich nicht erfahren. Wir fanden auch Ocherar ten; ferner einen Stein, der Purpurfarbe, und eine andern, der eine gute grüne Farbe giebt. Ich zweifle ob der letztere bekannt ist; im natürlichen Zustande ist e von grau-grüner Farbe, grob und schwer. In Oel i er leicht auflöslich, aber im Wasser verliert er seine Ei genschaften. In Unalaschka ist er selten, auf de Insel Unimak aber soll er häufig angetroffen werden An den Steinen am Strande und auf den Bergen be merkte ich nichts ungewöhnliches.

Die Eingebornen von Unalaschka begraben ihr Todten auf den Gipfeln der Berge, und schütten übe dem Grabe einen kleinen Erdhügel auf. Als ich einma spatzieren ging, zeigte mir einer von den Insulanern, de mich begleitete, mehrere dergleichen Grabhügel. Eine lag am Wege von dem Hafen zum Dorfe, und auf de selben waren Steine aufgehäuft. Wir bemerkten, daß jeder Vorübergehende einen Stein hinzufügte. Dergleichen Steinhaufen, welche durch Kunst entstanden zu seyn schienen, giebt es verschiedene, und einige mußten, allem Anschein nach, sehr alt seyn.

Was für Begriffe sie sich von der Gottheit und seinem zukünftigen Leben machen, weiß ich nicht. Eben so wenig sind uns ihre Lustbarkeiten oder Zeitvertreibe bekannt geworden. Nie sahen wir etwas, das den geringsten Bezug auf diese Gegenstände gehabt hätte.

Unter einander sind sie überaus fröhlich und freundschaftlich, und gegen uns betrugen sie sich mit der größten Höflichkeit. Die Russen sagten uns, daß sie mit den einheimischen Weibern keinen Umgang hätten, weil sie keine Christen wären. Unsere Brittischen Matrosen waren freylich weniger gewissenhaft, aber dafür hatten sie auch Ursache zu bereuen, daß die Einwohnerinnen von Unalaschka sich ihnen mit so wenig Zurückhaltung ergaben. Sie mußten dafür durch eine gewisse Krankheit büßen, die hier nichts weniger als unbekannt ist. Die hiesigen Insulaner leiden oft an Krebsgeschwüren oder ähnlichen Schäden, welche diejenigen, die damit behaftet sind, sorgfältigst zu verhehlen suchen. Es scheint nicht, daß sie ein hohes Alter erreichen. Nirgends sahe ich einen Mann oder eine Frau, deren Alter man auf sechzig Jahre hätte schätzen können, und wenige schienen über funfzig Jahre alt zu seyn. Vermuthlich wird ihr Leben durch ihre harte Lebensart verkürzt.

Seit unserer Ankunft in Prinz Wilhelms Sunde, habe ich mehreremale die auffallende Aehnlichkeit erwähnt, die das Volk, welches die Nordwestküste von Amerika bewohnt, in seiner Bildung, Kleidung, Waffen und Fahrzeugen mit den Grönländern und Eskimaux hat. Doch erstaunte ich weit weniger über dies alles, als über die Verwandtschaft der Grönländischen und

Eskimauischen Mundart, mit denen von Norton's Sund und Unalaschka, wovon man sich aus der vo mir entworfenen Tabelle der übereinstimmenden Wört überzeugen kann *). Doch muß dabey vorläufig erinne werden, daß man auf die ganz genaue Darstellung od Nachbildung der Wörter, die wir an dieser Seite vo Amerika gesammlet haben, nicht allzusehr rechnen dürf denn nach Herrn Andersons Tode hatten wir wenig die sich um Dinge dieser Art Mühe geben mochten, un ich habe öfters bemerkt, daß eben dasselbe Wort, au dem Munde eben desselben Einheimischen, von zwey od drey Leuten aufgeschrieben, bey genauer Vergleichun nicht wenig verschieden ausfiel **). Dennoch sind d Worte, von deren Aussprache wir gewiß sind, hinlän lich, um wahrscheinlich darzuthun, daß diese Völke schaften einen gemeinschaftlichen Ursprung haben. I dieses der Fall, so läßt sich kaum an einer Art von G meinschaft zweifeln, die im Norden, zwischen dies Westseite von Amerika und der östlichen Küste desselb Welttheils, zur See, durch die Baffinsbay, Statt fi den muß; doch einem Schiffe können Eis und ande Hindernisse diese Fahrt auf immer verbieten. Dies w wenigstens jetzt meine Meynung.

Die Fluth ist in diesen nordischen Gegenden nirgen beträchtlich, außer in dem großen (Cooks) Fluss Sie steigt überall von Süden oder Südost herauf, un folgt der Richtung der Küste nach Norden. Zwisch Nortons Sund und dem Vorgebirge des Pri zen von Wales fanden wir eine Strömung nach Nor

---

*) Man wird dieselbe, nebst andern Wortverzeichnissen, a Schluße des folgenden Bandes finden.

**) Die Schuld hievon liegt einzig und allein an dem so ga unbestimmten Werthe der Buchstaben in der Englisch Sprache. G. F.

sten, zumal in der Gegend des Vorgebirges, und in-
rhalb Schlitten Eiland, (*Sledge-island*); doch
streckte sie sich gar nicht weit von der Küste, und war
ch nicht regelmäßig oder beständig. Nordwärts von
esem Vorgebirge fanden wir sowohl an der Americani-
hen als an der Asiatischen Küste, weder Fluth noch
Strömung, so oft wir auch darnach forschten. Daraus
stand bey einigen Leuten an Bord des Schiffs die Mei-
ung, daß beyde Küsten entweder durch Land oder durch
is zusammenhingen. Da wir von Norden her nie eine
hle See hatten, und, fast queer über von einem festen
nde zum andern, das Eis vor uns liegen sahen, so ge-
ann diese Meynung noch mehr Gewicht. Die nörd-
he Breite im Hafen Samganudha, am Strande,
trägt 53° 5' und die Länge, nach mehreren Beobach-
ngen, 193° 30' östlich. Am 12ten Oktober war die
bweichung der Magnetnadel, wenn man das mittlere
esultat mehrerer Beobachtungen mit drey Compassen
mmt, 19° 59' 15" östlich, und die mittlere Inclina-
on des Nordpols der Magnetnadel 69° 23' 30".

Vier und vierzigstes Hauptstück.

Abreise von Unalaschka. Insel Amoght Sonderbare Lage eines Felsen. Meerenge zwisch Unalaschka und Unella. Lauf nach Süde Unfall an Bord der Discovery. Entdeckung ein von den Sandwichs-Inseln, Mauwi. Verke mit den Einwohnern. Besuch von Terriob Entdeckung der Insel Owaihi (*Owhyhe* Mondfinsterniß. Die Mannschaft will kein Bi von Zuckerrohr trinken. Schlechtes Tauwe Lob der Einwohner von Owaihi. Unser Sch (Resolution) erreicht die Ostseite der Insel, u schifft längs der Südostseite hinunter. Aussi des Landes und Besuch der Eingebohrnen. D Discovery vereinigt sich wieder mit uns. Lan same Fahrt nach Westen. Der Lootse Herr Bli untersucht die Bay Karakakua. Großer Z sammenfluß von Einwohnern. Die Schiffe geh in der Bay vor Anker.

Am 26sten des Morgens gingen wir vom Hafen Sa ganudha unter Segel, und liefen mit einem südlich Winde nach Westen. Ich hatte mich nunmehr entschl sen, nach den Sandwichs-Inseln zurückzukehre im Fall wir hinlängliche Erfrischungen fänden, die Wi termonathe daselbst zuzubringen, und alsdann den La nach Kamtschatka zu nehmen, um dort, gegen d Mitte des Maymonats, im künftigen Sommer anz kommen. Diesem Entschluß zufolge, gab ich auf de Fall, daß die Schiffe von einander getrennt würde Herrn Capitain Clerke Verhaltungsbefehle und b stimmte die Sandwichs-Inseln zum ersten, und de

afen Petropawlowsk in Kamtschatka zum
eyten Sammelplatz.

Wir fuhren fort nach Westen zu schiffen, bis wir
n 27sten einen heftigen Sturm mit Regen, Schnee
d Hagel bekamen. Sobald er vorüber war, setzten
ir, bey Nord und Nordwest-Wind, unsern Lauf nach
üden fort. Am 29sten um halb sieben Uhr des Mor-
ns erblickten wir Land, welches wir für die Insel
mogtha hielten. Da wir aber bald einsahen, daß es
möglich seyn würde, nach Westen hin diese Insel zu
nschiffen, indem der Wind nunmehr aus dieser Gegend
m; so richtete ich den Lauf nach Unalaschka zurück;
der Absicht nordwärts und ostwärts von dieser Insel
gehen, denn mich südostwärts durchzuarbeiten, durfte
bey einem so heftigen Winde nicht wagen. Nach der
ingenuhr befanden wir uns damals in 191° 17′ östli-
er Länge und in 53° 38′ nordlicher Breite und das
nd lag uns gegen Süden vier Seemeilen weit entfernt.
olglich bekommt diese Insel hier eine ganz andere Lage,
s sie in der Russischen Charte hat; doch gehörte sie
ch zu denjenigen, von denen Herr Ismailof sagte,
e wären unrichtig angegeben. Im Grunde ist es auch
cht einmal ganz ausgemacht, ob die vor uns liegende
nsel, Amogtha war; denn so wie Ismailof seine
harte verbessert hatte, lag in dieser Breite kein Land.
llein von dieser Charte muß man, wie ich schon gesagt
abe, keine Genauigkeit fordern *).

Um elf Uhr, da wir nordostwärts schifften, entdeck-
n wir, vier Seemeilen weit von uns, in 53° 57′ nörd-

---

*) Auf der Charte von Krenitzins und Lewaschews Reise in 1768 und 1769, die wir in Coxens Werke p. 251. finden, liegt eine Insel Amuckta nicht weit von dem Orte, den Capitain Cook der Insel Amoghta einräumt. Anmerkung der Urschrift.

licher Breite und 191° 2′ östlicher Länge einen hohe thurmähnlichen Felsen, der in der Russischen Char fehlt *), und an dem wir in der vorigen Nacht ganz na vorbey gesegelt seyn mußten. Daß er sehr steil sey, kon ten wir daraus schließen, weil sich die Wellen, die je sehr hoch gingen, nirgends als am Felsen selber brant ten. Um drey Uhr Nachmittags erblickten wir Un laschka, und hielten uns näher am Winde, weil wir nic mehr vor Einbruch der Nacht durch die Meerenge ko men konnten. Um Mittag des folgenden Tages befa den wir uns mitten in der Meerenge, zwischen Un laschka und Unella, und um drey Uhr Nachmitta waren wir glücklich hindurch gekommen, und hatten a Inseln im Rücken. Nunmehr schiften wir, mit eine heftigen Nordnordwestwinde und bey heiterem Wett nach Süden.

Am Montag, den zweyten November, kam d Wind aus Süden, und wuchs noch vor Nacht zu eine so gewaltigen Sturm an, daß wir beylegen mußte Die Discovery lösete einige Kanonen, und wir bea worteten dieselben, ohne zu wissen, was sie bedeuten so ten. Um acht Uhr konnten wir sie nicht mehr sehe sie kam aber schon am folgenden Morgen wieder zu Vorschein, und um zehn Uhr erreichte sie uns. Da d Wind etwas nachgelassen hatte, und wieder nach We

*) Ob er gleich in Ismallofs Charte nicht vorhanden wa so ist er doch auf der vorhin erwähnten Charte von Kr nitzins und Lewaschews Reise angemerkt. Ueb haupt kommt diese Charte sehr mit Capitain Cooks A gabe der hiesigen Inselgruppe überein; auch die seltsa zerschnittenen Ufer von Unalaschka werden auf beyd Charten einander sehr ähnlich dargestellt. Dieser Umsta verdient wohl angemerkt zu werden, da die neueren Ru schen Charten dieses Archipels so sehr unrichtig sind. A merkung der Urschrift.

ordwest herumgegangen war, spannten wir unsere Se-
el aus, und setzten den Lauf nach Süden fort. Am sech-
en Abends in 42° 12′ nördlicher Breite und 201° 26′
stlicher Länge beobachteten wir die Abweichung der Ma-
netnadel, und fanden sie 17° 15′ nach Osten. Am
lgenden Morgen in 41° 20′ nördlicher Breite und
02° östlicher Länge flog ein Wasserrabe einigemal um
as Schiff herum. Diese Vögel gehen selten weit vom
ande, und behalten es mehrentheils im Gesicht; daher
ermuthete ich, daß hier Land nahe seyn müßte, allein
ir konnten keines erblicken. Nachmittags hatten wir
einahe Windstille, und Capitain Clerke machte sich
iese Gelegenheit zu Nutze, um mich zu besuchen. Er
nachrichtigte mich, daß in der zweyten Nacht nach un-
er Abreise von Samganudha sich an Bord seines
Schiffes ein trauriger Vorfall ereignet habe. Ein großes
Tau hatte sich losgerissen, einen Matrosen erschlagen,
nd den Bootsmann nebst zwey oder drey andern verwundet. Abends am dritten hatte der Sturm seinem
Segel- und Takelwerk beträchtlichen Schaden zugefügt
nd er hatte die Kanonen lösen lassen, damit wir beyle-
en möchten.

Am achten hatten wir einen gelinden Nordwind, mit
anz heitrem Wetter, und den folgenden Tag in $39\frac{1}{2}$°
nördlicher Breite eine acht Stunden lange Windstille,
uf die ein Südwind und schönes Wetter folgte. Wir
ießen es nicht ungenutzt verstreichen; alle unsere Leute,
ie mit der Nadel umzugehen wußten, machten sich dar-
n, die Segel auszubessern; und die Zimmerleute setzten
ie Boote wieder in Stand. Am 12ten um Mittag, in
8° 14′ nördlicher Breite und 206° 17′ östlicher Länge
rhielten wir wieder einen Nord- und am 15ten in 33° 30′
nördlicher Breite einen Ost-Wind. Nunmehr erblickten
wir auch zum erstenmal wieder einen Tropikvogel und
ine Dorade. Am 17ten ging der Wind nach Süden

IMAGE EVALUATION
TEST TARGET (MT-3)

6"

Photographic
Sciences
Corporation

23 WEST MAIN STREET
WEBSTER, N.Y. 14580
(716) 872-4503

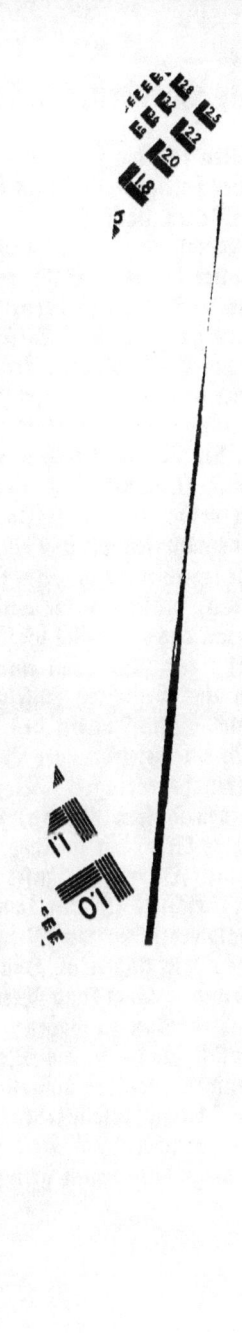

herum, und blieb so, bis zum 19ten Nachmittags, b
er, während eines heftigen mit Regen begleiteten Stoße
plötzlich über Westen nach Norden zurückging. W
befanden uns damals in 32° 26′ nördlicher Breite u
207° 30′ östlicher Länge. Bald wurde der Wind
heftig, daß wir die Marssegel doppelt einreffen mußte
wobey uns eines ganz zerriß. Dieser Wind war ind
der Vorläufer des Passatwindes, der am 18ten in 25
nördlicher Breite aus Osten und Ostsüdosten kam.

Ich fuhr indessen fort südwärts zu segeln, bis w
uns am 25sten bey Tagesanbruch in 20° 55′ nördlich
Breite befanden. Nunmehr ließ ich die Schiffe in ei
ger Entfernung neben einander segeln, und gen West
steuern. Abends näherten wir uns einander wieder, un
um Mitternacht legten wir bey. Am folgenden Morge
bey Tagesanbruch, erblickten wir auch schon Land, un
sahen bald, daß wir das vorigemal die Gruppe der Sand
wichs-Inseln nur zum Theil entdeckt hätten; den
die vorhin von uns besuchten Inseln lagen noch we
unter dem Winde. Im Innern des vor uns liegende
Landes zeigte sich ein sattelförmiger Berg, dessen Gipf
über den Wolken hervorragte. Von demselben hat
das feste Land einen sanften Abhang, und endigte sich
ein jähes felsichtes Ufer, an welches die Wellen fürch
terlich anschlugen. Da wir die Insel nicht ostwärts um
schiffen konnten, richtete ich den Lauf westwärts läng
der Küste. Bald erblickten wir Menschen hin und wi
der am Strande, und fingen an Häuser und Pflanzu
gen zu unterscheiden. Das Land schien sowohl Holzun
als Wasser im Ueberfluß zu haben; und an mehrere
Stellen stürzten sich Bäche in das Meer.

Es war nunmehr von der äußersten Wichtigkeit fü
uns, daß wir auf diesen Inseln Lebensmittel zu erhalte
suchten. Ich wußte aber schon aus der Erfahrung, da
es mir schlechterdings nicht damit gelingen würde, sobal

n freyer Handel mit den Einwohnern erlaubt wäre,
s ist, wofern es einem jeden frey stände, zu erhandeln
as er wollte, und auf welche Art es ihm gut dünkte.
ch ertheilte daher den Befehl, daß der Handel allen
d jeden verboten seyn sollte, die nicht ausdrücklich von
ir und Capitain Clerke zu diesem Geschäfte bevoll-
ächtigt wären; und diese dazu ernannten Personen er-
elten den Auftrag, schlechterdings nur Lebensmittel
d Erfrischungen einzuhandeln. Ich verbot ferner,
ß Weiber, ausgenommen unter gewissen Einschränkun-
n, an Bord gelassen werden sollten. Allein das Uebel,
lches ich durch diese letztere Verordnung verhindern
llte, hatte sich, wie ich bald entdeckte, bereits unter
n Einwohnern eingeschlichen.

Um Mittag in 20° 59′ nördlicher Breite und
3° 50′ östlicher Länge sahen wir eine niedrige Fläche,
e eine Landenge vor uns. Da ich bemerkte, daß sich
ige Kanots näherten, ließ ich beylegen. Sobald sie
das Schiff gekommen waren, stiegen die Leute ohne
n mindesten Verzug an Bord. Sie gehörten mit den
inwohnern der von uns besuchten weiter unter dem
inde gelegenen Inseln, zu einer und eben derselben
ation, und waren, wenn wir sie nicht unrecht verstan-
, schon von unserm vorigen Besuch unterrichtet.
as die Sache aber völlig außer allen Zweifel setzte,
r die Lustseuche, wovon verschiedene von ihnen die
nnzeichen an sich hatten, und die soviel mir bewußt
r auf keine andere Art als durch Verkehr mit ihren
n uns besuchten Nachbaren an sie hätte gelangen können.

Unsere Gäste verkauften uns eine Menge sogenannte
ekatzen oder Dintenwürmer (*Sepia*) für Nägel und
tückchen Eisen. An Früchten und Wurzeln brachten
uns nur wenig, erzählten uns aber, daß ihre Insel
gleichen in Menge hervorbringe, und auch mit
chweinen und Hünern reichlich versehen sei. In der

gewissen Erwartung, daß wir am folgenden Mor- wieder Besuch erhalten würden, kreuzten wir die ga- Nacht ab und zu, und liefen am Morgen ganz nahe dem Ufer hin. Anfangs kamen nur wenige; allein ge- Mittag hatte sich die Gesellschaft ziemlich verstärkt. S- brachten Brodfrucht, Batatten, Tarro oder Aronsw- zeln, einige Pisangfrüchte und kleine Schweine, u- vertauschten sie gegen Nägel und Eisengeräthe, welc- im Grunde alles war, was wir ihnen anbieten konnt- Gegen vier Uhr hatten wir ihnen die ganze Ladung ab- kauft, und da sie nicht aufgelegt zu seyn schienen, e- zweite zu holen, spannten wir die Segel aus, und e- fernten uns vom Lande.

Ich hatte bemerkt, daß die Schiffe während der Z- da wir beygelegt hatten, des frischen Windes ungeach- nach Osten getrieben würden; folglich mußte die St- mung diese Richtung nehmen. Dieser Umstand flö- mir die Hofnung ein, gegen den Wind herum, auf - Ostseite der Insel kommen zu können, so daß wir alsde- die ganze Leeseite vor uns hätten. Ich fing also an laviren, und erreichte am 30sten Nachmittags das Nor- Ost-Ende der Insel. Hier besuchten uns die Einwohn- in verschiedenen Kanots, die großentheils einem Ob- haupt, Namens Terriobu gehörten, der selbst - einem derselben zu mir kam, und mich mit zwey od- drey Ferken beschenkte. Von den übrigen Leuten tausc- ten wir einige Früchte ein. Nach Verlauf zweyer Stu- den verließen sie uns alle bis auf sechs oder acht Person- die Lust bezeugten bey uns zu bleiben. Bald nachher kam - großes doppeltes Segelkanot, um auf sie zu warten, u- wir zogen es an einem Stricke die ganze Nacht über hin- uns her. Abends entdeckten wir eine andere Insel, geg- den Wind, welcher die Insulaner den Namen Owai- (*Owhyhee*) beylegten. Diejenige, an deren Küste -

s seit einigen Tagen aufgehalten hatten, nannten sie auwi (Mowee).

Da ich merkte, daß wir Owaihi noch erreichen nten, richtete ich am ersten December den Lauf dahin. sere Gäste aus Mauwi wollten uns aber nicht beglei, sondern stiegen in ihr Kanot und gingen ans Land. sieben Uhr Abends hatten wir die Nordseite von vaihi völlig erreicht, und lavirten die Nacht hindurch und zu. Früh am zweyten sahen wir mit Verwunde ng die Gipfel der Berge in Owaihi mit Schnee eckt. Ihre Höhe kam uns nicht außerordentlich vor; d dennoch schien der Schnee an einigen Orten ziemlich zu seyn, und lange gelegen zu haben. Indem wir s näherten, kamen verschiedene Einwohner zu uns. fänglich bezeigten sie etwas Schüchternheit, ließen aber bald an Bord locken, und zuletzt auch überreden, der ans Land zu gehen und uns zu bringen, was wir urften. Bald nachdem diese wieder am Lande ausge gen waren, kamen sehr viele Einwohner in ihren Käh, und brachten uns einen ziemlichen Vorrath von Fer, Früchten und Wurzeln. Bis sechs Uhr Abends en wir den Tauschhandel ununterbrochen fort, und fernten uns dann, in der Absicht, gegen den Wind d um die Insel zu laviren.

Am vierten des Abends beobachteten wir eine Mondsterniß; Herr King mit einem Nacht-Sehrohr, und mit einem Teleskop von einem Ramsdenschen Sextan welches sich, meines Erachtens, zu diesem Endzweck gut schickt.

	St.	Min.	Sec.		
der Finsterniß	6	3	25	— Länge	204° 40′ 45″.
	8	27	25	—	204° 25′ 15″.
tlere Länge östl.					204° 38′

Der Halbschatten war wenigstens zehn Minuten vor u
nach der Finsterniß sichtbar. Gleich nach dem Ende
Finsterniß beobachteten wir die Entfernung des Mon
von Pollux und *a* des Widders, wovon der eine östl
der andere westlich stand. Man hat selten Gelegenh
unter einer solchen Verbindung von Umständen zu b
achten; wenn man sie aber hat sollte man sie nie vor
laßen, weil die lokalen Unrichtigkeiten, denen
Beobachtungen ausgesetzt sind, einander in diesem F
aufheben, da sie in allen andern Fällen die Beobacht
eines ganzen Mondes erfordern würden. Das Resu
dieser Beobachtung giebt - - 204° 19′ 47″ östl. Lä

Die Längenuhr gab für dieselbe Zeit nämlich 4 Uhr 30 Min. } 204° 4′ 45″

Die Strömung, von der ich vorhin erwähnte,
sie nach Osten ginge, hatte nunmehr aufgehört, we
stens gewannen wir nicht viel mehr im Laviren.
sechsten gegen Abend, handelten wir, etwa fünf E
meilen weiter an der Küste hinauf, und nahe am La
wieder mit den Einwohnern, allein unser Handel
diesmal von keinem Belang. Ich näherte mich d
am folgenden Morgen nochmals dem Lande, und sog
kamen eine Menge Leute zu uns. Wir legten die Se
bey, trieben bis zwey Uhr Nachmittags einen sta
Handel mit den Einwohnern, und kauften auf vier
fünf Tage lang Schweine, Früchte und Wurzeln in
reichender Menge von ihnen ein. Mit diesem Vorrath
gen wir weiter, und fuhren fort gegen den Wind zu lav

Unter andern Erfrischungen hatten wir hier auch
Menge Zuckerrohr eingehandelt. Bereits einige T
vorher hatte ich entdeckt, daß ein starker Absud d
Rohrs ein sehr schmackhaftes Bier gäbe; ich ließ
noch mehr davon brauen, damit die ganze Mannscha
trinken möchte. Allein, als man das Faß anzapfte, w
kein einziger es auch nur kosten. Da ich bey der ganzen

reitung dieses Getränks weiter keine Absicht hatte, als
fern Branntweinvorrath für einen kälteren Himmels-
ich aufzubewahren; so gab ich mir keine Mühe, sie
weder mit Gewalt oder durch Ueberredung zum trinken
nöthigen; denn ich wußte übrigens wohl, daß wir
m Scharbock nichts zu befürchten hätten, solange wir
andern frischen Lebensmitteln aus dem Pflanzenreiche
reichlich wie bisher versorgt würden. Damit ich aber
inen Hauptendzweck nicht verfehlte, so befahl ich, daß
f beiden Schiffen kein Grog (mit Wasser verdünnter
ranntwein) ausgetheilt werden sollte. Ich selbst und
ine Officiere fuhren fort, so oft wir Zuckerrohr bekommen
nten, Bier davon zu trinken, welches wir durch etwas
opfen, den wir an Bord hatten, noch um vieles verbesser-
. Es schmeckt wie frisches von Malz gebrautes Bier, und
ch dünkt, an dessen Zuträglichkeit für die Gesundheit wird
emand zweifeln, wiewohl mein unbedachtsames Schiffs
lk vorgab, das es ihnen übel bekäme. Eben dieses Vor-
nds wollten sie sich schon im Nutka Sunde bedienen,
n nicht das Sprossenbier zu trinken, welches ich dort ma-
n ließ; allein, es mußte ihnen entweder noch zu rechter
it einfallen, daß man ihnen dieses Getränk jetzt nicht zum
stenmal anböte, oder was sonst die Ursach seyn mochte,
z, sie versuchten es damals nicht, ihre vorgehabte
iedersetzlichkeit zu äußern, und ich erfuhr erst bei dieser
elegenheit, daß sie schon damals so etwas im Schilde
führt hätten. Ueberhaupt darf man sicher darauf
faßt seyn, daß eine jede Neuerung an Bord eines
chiffes, wenn sie den Seeleuten auch noch so vortheil-
t und zuträglich seyn sollte, unfehlbar ihren stärksten
iederspruch erfahren muß. Sowohl die Suppentä-
chen, als das Sauerkraut, wurden anfangs als abscheu-
hes Zeug verschmäht, welches kein Mensch genießen
nnte. In der That giebt es wenige Befehlshaber,
auf ihren Schiffen so viel neue und zuvor nicht übliche

Speisen und Getränke eingeführt haben, als ich, d[...] vor andern sich so oft Gelegenheit darbot, dergleichen versuchen, ja den oft die Noth zwang, zu solchen Hül[...] mitteln seine Zuflucht zu nehmen. Indem ich aber [...] und dort von dem alten Herkommen abwich, habe [...] meine Leute in vorzüglichem Maaße von der schreckli[...] sten Krankheit, dem Scharbocke, bewahrt, der viellei[...] auf friedlichen Reisen mehr Matrosen hinweggerast [...] als der Feind in Kriegszeiten hat erlegen können.

Bis zum 13ten hielten wir uns in einiger Ent[...] nung vom Lande, und näherten uns dann demselb[...] gegen den Wind, sechs Seemeilen weiter hinauswä[...] als das vorigemal. Wir trieben mit den Einwohn[...] die uns besuchten, einigen Handel, und gingen d[...] wieder in See. Am 15ten war ich willens wieder gegen die Küste hin zu steuern, um Wurzeln und Frü[...] zu bekommen; allein weil eben der Wind Südsüdost [...] worden war, durfte ich eine so günstige Gelegenheit n[...] vorbeylassen, um Ostwärts zu kommen, und wo mög[...] die südöstliche Seite der Insel in Augenschein zu nehm[...]

Den 16ten blieb der Wind mehrentheils Südost [...] Süden, am 17ten schwankte er zwischen Süden [...] Osten, und am 18ten ging er unaufhörlich aus e[...] Gegend in die andere, wobey harte Stöße und Wi[...] stillen, mit Gewittern und Regengüssen abwechselt[...] Nachmittags hatten wir einige Stunden lang den W[...] aus Westen; Abends ward er aber Ost zum Süden, [...] daß wir dicht am Winde nach Süden gingen. [...] Südostspitze der Insel lag fünf Seemeilen weit von [...] im Südwest zum Süden, und ich machte mir gew[...] Rechnung darauf, sie umschiffen zu können. Um ein [...] am folgenden Morgen ward es aber windstill, und [...] wurden dem Schwung des Meeres aus Nordosten üb[...] lassen, der uns schnell gegen das Land trieb. Sc[...] lange vorher, ehe der Tag anbrach, sahen wir Lich[...]

n Lande, welches nicht mehr als eine Seemeile weit
tfernt war. Die Nacht war finster, mit Gewittern
d Regen. Um drey Uhr folgte auf diese Stille ein
Wind aus Südost zum Osten; er kam aber in heftigen
t Regen begleiteten Stößen. Wir richteten den Lauf
ch Nordosten, weil wir auf dieser Seite am bequem-
n das Land zu vermeiden glaubten; wäre es aber Tag
wesen, so würden wir die andere Seite gewählt haben.
s das Tageslicht anbrach, sahen wir die Küste von
ord zu West bis Südwest zu West vor uns liegen;
d eine fürchterliche Brandung längs den Ufern, die
t nicht über eine halbe Seemeile weit entfernt waren.
ir hatten uns also augenscheinlich in der allergrößten
efahr befunden, und waren auch noch nicht in Sicher-
it; denn wir konnten nur mit Noth in gehöriger Ent-
nung von der Küste bleiben. Unsere Lage war um so
l mißlicher, da ein Strick am großen Marssegel zer-
; denn hierdurch ward das Segel von oben bis unten
chlitzt und fast zu gleicher Zeit gingen beyde Bram-
el verloren, ob sie gleich noch nicht die halbe Zeit ge-
nt hatten. Wir machten uns indeß einen günstigen
gendblick zu Nutze, spannten frische Segel aus, und
ßen das Land hinter uns zurück. Die Discovery war
nselben nicht nahe gekommen, sondern hatte sich weiter
dwärts gehalten, so daß wir sie erst um acht Uhr er-
kten.

Ich muß bey dieser Gelegenheit anmerken, daß wir
Stricke, an welchen die Segel festgenähet werden,
erzeit zu schwach befunden haben. Dies war nicht nur
e unaufhörliche Quelle von Verdruß und Mühe, son-
n wir büßten auch dadurch manches Segel ein. Ich
nschte auch der Bemerkung überhoben zu seyn, daß
ohl das Tauwerk und Segeltuch, als aller übrige
hiffsvorrath, den die königliche Flotte bekömmt, ge-
inglich schlechter ist als der welcher in Kauffarthey-

Schiffen gebraucht wird. Ich weiß zwar wohl, daß
Officiere von der Flotte fast durchgehends glauben,
königlichen Munitionen wären besser, als alle and
und keine Schiffe würden so gut ausgerüstet, als
zur Flotte gehörigen. Was die Menge betrift, ha
sie völlig Recht; allein mit der Güte verhält es sich
ders. Auch kommt es selten so weit daß man die Qual
der Vorräthe auf die äußerste Probe bringt. Denn
meiniglich werden Sachen schon für nicht mehr taug
erklärt, oder doch zu einem anderweitigen Gebrauch
wendet, ehe sie noch zur Hälfte abgenutzet sind.
auf solchen Reisen, wie die unsrigen, hat man Gele
heit, die Munitionen gehörig zu prüfen, denn un
Lage brachte es mit sich, daß wir alles bis aufs äuße
und so lange nur ein Fetzen oder Stich hielt, nu
mußten *).

Bey Tagesanbruch ließen die Einwohner am L
eine weiße Fahne wehen, welches wir für ein Fried

---

*) Capitain Cook hat vielleicht zum Theil Recht, wei
einiges Tauwerk, dessen man sich in der Flotte bedient,
demjenigen, welches die Kauffahrer gebrauchen, vergl
Dies ist zumal in Kriegszeiten der Fall, wo man
Theil des nothwendigen Tauwerks auf Contract
machen lassen, weil die königlichen Werfte die ganze Q
tität nicht in der erforderlichen Zeit liefern können.
ist es aber gewiß eine ausgemachte Sache, daß es
bessere Stricke giebt, als die, welche in den königl
Werften gemacht werden. Diese Erläuterung habe
auf das Zeugniß eines Seeofficiers von hohen Range
großer Geschicklichkeit, eingerückt. Er empfiehlt inde
der Ausrüstung solcher Schiffe, die auf Entdekungen
gehen, die nöthige Vorsicht, daß man ihnen ja kein a
als ächtes, in den königlichen Werften verfertigtes
werk mitgeben, und überhaupt dahin sehen müsse, da
dergleichen Schiffen jede Art Munition von den besten E
schaften und so gut sey, als sie nur gemacht werden kö
Anmerkung der Urschrift.

nd Freundschaftszeichen hielten. Einige von ihnen wag- n sich auch in See: allein da der Wind stärker wurde, d es nicht rathsam war zu warten, so ließen wir sie d hinter uns zurück.

Nachmittags machte ich nochmals einen Versuch, e Ostspitze der Insel zu umschiffen, und da dieser aber- als fehlschlug, steuerte ich zur Discovery hin, doch ne die Hofnung zu meinem Zweck zu gelangen, ganz fzugeben, da die geringste Aenderung des Windes dies leicht bewerkstelligen konnte.

Am 20sten um Mittag lag die Südostspitze uns im üden, drey Seemeilen weit entfernt; die Schneeberge gen im Westnordwesten, und bis ans nächste Ufer tten wir etwa vier Englische Meilen. Nachmittags m eine Anzahl Einwohner in mehreren Kanots mit Pi- ngfrüchten und einigen Schweinen zu uns. Erstere ren uns äußerst willkommen, da wir schon seit einigen gen keine vegetabilische Erfrischungen mehr gehabt tten; allein sie reichten kaum auf einen Tag hin. Ich herte mich daher am Morgen dem Lande wieder, und ufte von den Einwohnern, die in ihren mit Lebensmit- n beladenen Kanots, in großer Anzahl zu uns kamen, en beträchtlichen Vorrath. Noch nie hatte ich im rkehr mit allerley wilden Nationen so viel offenherzi- s und zutrauliches bemerkt, als im Charakter dieser sulaner lag. Nichts war gewöhnlicher, als daß sie e sämmtlichen Waaren, die sie zum Tausch mitgebracht tten, in das Schiff hinauf reichten, und dann erst bst hineinstiegen und auf dem Verdeck den Handel lossen. Die Einwohner von Otaheiti trauten uns, ch so vielen wiederhohlten Besuchen, dennoch nie so llkommen, und ich schließe daraus, daß die Leute von waihi in ihren Verhandlungen unter einander ehrli- er zu Werke gehen müssen, als die Otaheitier; denn er von seinen Landsleuten keine Redlichkeit gewohnt ist,

wird nicht bereitwillig seyn, Fremdlingen zu trau
Die hiesigen Insulaner versuchten es auch nicht ein e
ziges mal, uns im Tauschhandel zu hintergehen, o
etwas zu entwenden. Sie wußten aber gar gut, w
um wir so lange an ihren Küsten umherkreuzten, u
waren im Handel sehr geübt; denn ob sie gleich Leb
mittel, und vorzüglich Schweine, in großem Ueberflu
herbeyführten, bestanden sie doch auf ihren Preis, u
ehe sie etwas um einen geringeren Preis hingegeben h
ten, nahmen sie es lieber mit sich ans Land zurück.

An eben diesem Tage sahen wir den mit Schnee
deckten Pik sehr deutlich. Die Menge des Schn
schien sich noch vermehrt zu haben, und sich weiter hin
zu erstrecken. Am 23sten hatten wir Hofnung, um
östliche Ende der Insel zu schiffen, weil der Wind
Nordost zu Osten kam; allein er legte sich bald ganz
gar, und brachte uns von neuem in Gefahr, durch
Wogen ans Land geworfen zu werden. Während
Windstille besuchten uns wieder Insulaner, und brach
uns Schweine, Hüner, Früchte und Wurzeln.
einem kauften wir auch eine Gans, die ungefähr
Größe einer Türkischen Ente, dunkelgraues Gefie
schwarzen Schnabel und Füße hatte.

In der Nacht legten wir um. Da wir uns dar
verließen, daß man es auf der Discovery bemerken
unserm Beyspiel folgen würde, machten wir das Sig
nicht; aber dadurch wurden wir von dem andern Sch
getrennt. Nunmehr fand sich ein Nordostwind ein,
am folgenden Abend gelang es uns endlich, die Süd
spitze der Insel zu umschiffen, wonach wir mit so vi
Beharrlichkeit getrachtet hatten. Am Mittag hatten
uns zwey Seemeilen weit vom nächsten Ufer in 19°
nördlicher Breite und 205° 3′ östlicher Länge befun

Die Discovery ließ sich noch nicht sehen; ich h
indeß daß sie mit demselben Winde, der uns so gün

vesen war, bald zu uns stoßen würde. Nachdem ich dieser Südostspitze der Insel, (welche, beyläufig ge- t, in 19° 34′ nördlicher Breite und 205° 6′ östlicher ige liegt) so lange gekreuzt hatte, bis ich sahe, daß es geblich seyn würde, länger zu warten, mußte ich ver- ithen, daß Herr Capitain Clerke die Nordostspitze ht habe umschiffen können, und mir folglich unter dem inde entgegen kommen würde.

Ich hielt mich zwischen fünf und zehn Seemeilen m Lande; dieser Entfernung wegen besuchte uns auch zum 28sten nur Ein Kanot. An diesem Tage kamen er zwölf oder vierzehn, mit Lebensmitteln beladen, so it zu uns in See. Es war mir leid, daß die guten sulaner sich diese Mühe gegeben hatten, weil ich nicht t ihnen handeln konnte. Mein Vorrath war noch ht erschöpft, und ich wußte aus Erfahrung, daß die hweine nicht am Leben blieben, und die Wurzeln bin- n wenigen Tagen in Fäulniß übergingen. Am 30sten rten wir, daß unser Vorrath zu Ende ginge, und am lgenden Tage kamen die Einwohner, indem wir uns m Lande wieder genähert hatten, und brachten Früchte d Wurzeln, aber in allem nur drey Schweine zum erkauf; vermuthlich, weil sie jene nicht los geworde. ren, die sie vorher zu Markte gebracht hatten. Unser smaliger Handel ward durch einen gewaltigen Regen- ß unterbrochen. Ohnedies befanden wir uns noch zu it von der Küste, und doch hielt ich es wegen des ver- derlichen Windes, und der schief herein rollenden und Ufer fürchterlich brandenden Meereswogen, nicht für hsam, näher zu gehen. Am Abend ward es heiter, d wir brachten die Nacht mit Laviren zu.

Bey Tagesanbruch aber hingen wieder schwere Wolken Dunstkreise, und das neue Jahr (der erste Januar 1779) hm unter starken Regengüssen seinen Anfang, die mit igen Zwischenräumen bis nach 10 Uhr dauerten. Hier-

auf ward das Wetter heiter und der Südwind fing
frischer zu wehen. Nunmehr, da wir uns fünf Englis
Meilen weit vom Lande befanden, kamen die Einwoh
mit Früchten und Wurzeln, und zuletzt auch mit eini
Schweinen. Wir handelten bis drey Uhr Nachmitta
und segelten dann nach der Leeseite (unter dem Win
der Insel, um die Discovery aufzusuchen. Wir bra
ten drey Tage damit hin, die ganze Südostseite der In
zu beschiffen, weil wir des Nachts immer unsere Stat
durch Laviren zu behalten suchten, und einen Theil
Tages beylegten, um mit den Einwohnern handeln
können. Oft kamen sie fünf Seemeilen weit zu uns h
aus; allein ihre Ladung war allemal sehr unbeträchtli
entweder weil sie befürchteten, ihre Waaren in der S
zu verlieren, oder keinen Absatz zu finden. Das vorz
lichste was wir von ihnen erhielten, war sehr gutes Sa
Am fünften segelten wir bey der Südspitze der Insel v
über, welche in 18° 54′ nördlicher Breite liegt. A
derselben steht ein ziemlich großes Dorf, dessen Einwo
ner haufenweis mit ihren Schweinen und Weibern
den Schiffen herbeyeilten. Es war unmöglich, die W
ber abzuwehren; sie kamen an Bord, und betrugen s
mit weit weniger Zurückhaltung, als ich jemals and
wärts gesehen hatte, so, daß es schien, sie wären
keiner andern Absicht gekommen, als sich unsern Leut
preis zu geben.

Da ich eine Menge Salz eingekauft hatte, wies
alle Schweine zurück, die nicht zum Einsalzen taug
indeß konnte ich sie selten über funfzig bis sechzig Pf
schwer erhalten. Daß wir noch mit Vegetabilien v
sehen waren, war kein geringes Glück; denn wir be
men hier fast gar keine zu sehen, und die Gegend sch
auch zum Anbau nicht zu taugen. Ueberall zeigten
Spuren einer vulkanischen Verwüstung, ob wir gl
den feuerspeyenden Berg nicht gewahr werden konn

dieser Theil der Küste welcher nach Norden 60° west-
ch, fortgeht, ist gegen die herrschenden Winde geschützt;
in wir fanden daselbst keinen Ankergrund. Sogar
ine halbe Englische Meile weit vom Strande konnten
ir mit einer Leine von hundert und sechzig Faden den
Grund nicht erreichen.

Am folgenden Morgen besuchten uns die Einwohner
on neuem, und brachten uns ebendieselben Handelsar-
ikel wie zuvor. Ich schickte Herrn Bligh, den Loot-
n, in einem Boot aus, um an der Küste das Senk-
ley zu werfen, auszusteigen, und sich nach frischem
Wasser umzusehen. Als er zurückkam, gab er mir die
Nachricht: er habe, zwey hundert Faden weit vom Lande,
it hundert und sechzig Faden keinen Grund gefunden;
inen Bach oder eine Quelle habe er am Strande nicht
ntdecken können; in den Vertiefungen des Felsen sey
ur Regenwasser anzutreffen, und dies sey obendrein et-
as salzig, da das Seewasser hineinsprütze. Die ganze
berfläche des Landes sey mit Schlacken und Asche be-
ckt; und nur hie und dort wachse eine kleine Anzahl
flanzen hervor.

Zwischen zehn und elf Uhr sahen wir mit Vergnügen
e Discovery um die Südspitze der Insel herumkom-
en; und um ein Uhr Nachmittags stieß sie wieder zu
s. Herr Capitain Clerke kam an Bord, und be-
chtete mir: er habe vier bis fünf Tage an der Stelle,
o wir getrennt worden, umhergekreuzt und dann durch
viren die Ostspitze der Insel umschift; widrige Winde
tten ihn aber ziemlich weit von der Küste entfernt. Die
nze Zeit über hätte er einen Insulaner an Bord be-
lten, der aus freyer Wahl bey ihm geblieben wäre,
d nicht habe weggehen wollen, ob er gleich Gelegen-
it dazu gehabt habe.

Am achten bemerkten wir, daß uns während der
Nacht die Strömung eine ziemliche Strecke gegen den

Wind zurückgeführt hatte, so daß wir uns der Südw
spitze der Insel gegenüber befanden. Hier legten wir b
um mit den Einwohnern zu handeln. Vier Män
und zehn Weiber blieben die Nacht über an Bord.
die Gesellschaft der letzteren mir nicht gelegen war,
näherte ich mich gegen Mittag der Küste, und schickt
mit einigen Kanots, die zu uns kamen, wieder ans La

Am 10ten hielten uns Windstillen, Nordostwi
und die Strömungen, die noch immer stark nach Südo
gingen, sehr in unserm Laufe zurück. Am folgen
Morgen näherten wir uns der Küste, und erhielten
such von den Einwohnern, erhandelten aber nur
wenig von ihnen. Viele hatten sogar nicht das gerin
zum Tausch mitgebracht, und dies schien uns ein ü
zeugender Beweis, daß die hiesige Gegend der I
sehr arm an Produkten sey, und daß wir bereits all
was die Einwohner entbehren könnten, eingetauscht
ben mußten. Am 12ten fanden wir, eine Englis
Meile weit vom Ufer, mit dem Senkbley, Grund
fünf und funfzig Faden Tiefe, auf feinem Sande. Ta
darauf gingen wir mit einem gelinden Süd-Süd-
Winde weiter Nord-Nordwestwärts. Es kamen z
einige Kanots zu uns, allein sie brachten nur Schwei
aber keine Früchte und Wurzeln, die uns doch am n
kommensten gewesen wären, weil wir uns schon wie
an unsere Schiffskost halten mußten. Endlich kan
doch am 14ten verschiedne Einwohner von der nördlic
ren Gegend der Insel, die uns außer Schweinen a
Wurzelwerck zum Verkauf anboten. Den ganzen
genden Tag über wurden wir reichlich versorgt, n
das schöne Wetter eine große Menge Leute zu uns lock
Viele von unsern Gästen übernachteten an Bord, u
ließen ihre Kanots, an Stricken, hinter unserm Sch
nachfolgen.

Früh am 16ten zeigte sich dem Anschein nach eine
iy, und ich schickte sogleich Herrn Bligh mit einem
ıet von jedem Schiffe, um sie zu untersuchen. Wir
ren zur Zeit noch drey Seemeilen weit davon entfernt.
ınmehr eilten von allen Seiten her die Einwohner in
n Kähnen herbey, und gegen zehn Uhr hatten sich ihrer
ıt weniger als tausend um die beyden Schiffe versam-
t. Ein jeder Kahn war gepfropft voll Menschen, und
Schweinen und andern Lebensmitteln schwer beladen.
e friedlichen Gesinnungen dieser guten Insulaner wa-
nicht zu verkennen; denn es war auch nicht ein einzi-
unter ihnen, der irgend ein Gewehr bey sich geführt
te. Blos Neugier und der Handel trieben sie an,
ı zu besuchen. Es war wohl kein Wunder, daß un-
der ungeheuren Menge, die sich zuweilen an Bord des
hiffs befand, mancher auch einen Hang zum Stehlen
ken ließ. Einer nahm das Ruder eines Boots mit
; man entdeckte ihn zwar, allein es war zu spät, um
Gestohlne wieder zu bekommen. Indeß hielt ich dies
für eine gute Gelegenheit den hiesigen Einwohnern
Gebrauch des Feuergewehrs bekannt zu machen, und
ı zwey oder drey Flintenschüsse und eben so viel Kano-
kugeln über das Kanot hinfeuern, worin das Ruder
ggebracht wurde. Da ich nicht die Absicht hatte je-
nden Schaden zu thun, und folglich keine Wirkung
olgte, so schien die Menge mehr in Erstaunen, als in
rcht und Schrecken zu gerathen.

Am Abend kehrte Herr Bligh mit der Nachricht
ück, daß er eine Bay mit gutem Ankergrunde gefunden
e, wo auch frisches Wasser leicht zu bekommen sey.
h entschloß mich sogleich, die Schiffe darin auszubes-
n und mir alle Erfrischungen, welche die Insel darbot,
Nutze zu machen. Gegen die Nacht verließen uns fast
ı unsere Gäste; doch blieben auch viele zurück, die um
laubniß gebeten hatten, an Bord schlafen zu dürfen.

Neugier war nicht die einzige Triebfeder, die sie dazu
gereitzt hatte, wenigstens mußten einige von ihnen n
Nebenabsichten gehabt haben, denn am Morgen verm
ten wir verschiedene Sachen. Ich fand daher für g
inskünftige nicht so viele über Nacht zu beherbergen.

Um elf Uhr Vormittags ließen wir in der B
welche die Einwohner Karakakua nennen, in dr
zehn Faden, auf Sandgrund, eine Englische Meile n
vom nordöstlichen Ufer, die Anker fallen. Die Sch
waren von einer Menge Kanots umringt, und auf
Verdecken wimmelte es von Eingebohrnen. Nirge
hatte ich auf allen meinen Reisen eine so große Me
Menschen an Einem Orte versammelt gesehen. Au
denen, die in den Kähnen zu uns gekommen waren,
deckte die Menge der Zuschauer das ganze Ufer der B
und viele hunderte schwammen wie Fische um uns h
Die ganze Scene war uns auffallend und neu; auch w
ten es jetzt wenige bedauren, daß wir am vorigen Som
nicht so glücklich gewesen wären, durch die nördli
Durchfahrt nach Hause zu kommen. Jene vereite
Hofnung verschafte uns wenigstens den Vortheil,
Sandwichs-Inseln zum zweyten mal zu besuch
und unsere Reise mit einer Entdeckung zu bereichern,
zwar die letzte, aber in mancher Rücksicht die wichtig
von allen zu seyn scheint, die von Europäern im gan
stillen Ocean noch gemacht worden sind.

Hier endigt sich Capitain Cooks Tagebuch. Die übri
Begebenheiten dieser Reise, erzählt, in den folgen
Hauptstücken, Herr Capitain King.

apitain Kings Tagebuch der Reisebegebenheiten, seit der Rückkehr nach den Sandwichs-Inseln.

Erstes Hauptstück.

Beschreibung der Bay Karakakua. Eraunlicher Zulauf der Einwohner. Macht der Vornehmen über das Volk. Koah, ein Priester nd Krieger, legt einen Besuch bey uns ab. Behreibung des Maraïs zu Kakua. Feyerlichkein, welche bey Capitain Cook's Landung beachtet wurden. Errichtung der Sternwarten. roße Kraft des Verbots, welches Tabu genannt ird. Anweisung, wie man in heissen Ländern chweinefleisch einsalzen soll. Bekanntschaft mit er Priestergesellschaft. Ihre Gastfreyheit und eygebigkeit. Empfang des Capitain Cook's. oahs Verschlagenheit. Ankunft des Terreo-, Königs dieser Insel. Merkwürdige Feyerhkeit. Der König stattet Besuch ab und Capiin Cook erwiedert denselben.

n der Westseite der Insel Owaihi, in dem Bezirk Kor liegt eine Bay, die bey den Einwohnern Kakakua (*Karakakooa*) heißt. Sie geht ungefähr eine nglische Meile landeinwärts, und ihre Grenzpunkte d zwey flache, eine halbe Seemeile weit in der Richg von Südsüdost und Nordnordwest von einander entene, Landspitzen. Auf der nördlichen, welche niedrig d unfruchtbar ist, liegt ein Dorf, welches die Ein-

wohner Kauraua (*kowrowa*) nennen. Ein zweyt
größeres, Namens Kakua, liegt in der Vertiefung
Bay, an einem Hayn von hohen Kokos-Palmen; z
schen ihnen ragt ein steiles schroffes Felsenufer herv
welches von der Seeseite unzugänglich ist. Südwä
hat das Land, etwa eine Englische Meile weit hineinwär
ein rauhes Ansehen; allein jenseits dieser Strecke hebt
sich mit einer sanften Lehne, und zeigt überall umzäu
Pflanzungen mit Kokoswäldchen, zwischen denen al
mit Wohnungen gleichsam besäet ist. Das Seeufer ri
um die Bay ist gänzlich mit schwarzem Korallfelsen
deckt; bey stürmischem Wetter ist daher das Anlanden s
gefährlich. Doch befindet sich neben dem Dorfe Kak
ein schöner mit Sand bedeckter Strand, an dessen ein
Ende man einen Begräbnißort oder ein Marai,
am entgegengesetzten einen Brunnen mit süßem Wa
antrift. Capitain Cook fand diese Bay zu seiner
sicht, die Schiffe auszubessern und zugleich Wasser
Lebensmittel einzunehmen, bequem genug, und ließ
bald, in einer Entfernung von einer Englischen Vier
meile vom nördlichen Ufer, die Schiffe mit mehre
Ankern festmachen.

Die Einwohner hatten kaum bemerkt, daß wir W
lens wären, in der Bay vor Anker zu gehen, als
schon in großen Haufen vom Lande herbeyeilten,
ihre Freude durch Singen, Jubelgeschrey und allen
wilde ausschweifende Gebärden zu erkennen gaben.
kurzer Zeit stiegen sie nicht nur schaarenweise auf
Verdeck, sondern es saßen auch überall an den Sei
und im Takelwerk beyder Schiffe unzählige Mensch
Eine große Anzahl Weiber und kleiner Jungen, wel
keine Kanots hatten bekommen können, schwammen h
fenweise um uns her, und blieben auch, da sie
Bord keinen Platz mehr fanden, den ganzen Tag ü
im Wasser.

Unter andern Vörnehmen, die sich an Bord der Resolution begaben, zeichnete sich bald ein junger Mann,
Namens Paria (*Pareea*), durch seine vorzügliche Autorität vor andern aus. Er stellte sich selbst dem Capitain Cook vor, und eröfnete ihm zugleich, er sey ein
Dschakanih (*Jakanee*) *) des Königs. Letzterer war
gegenwärtig in einer kriegerischen Unternehmung gegen
die Insel Mauwi (*Mowee*, begriffen, von wo man
ihn in drey bis vier Tagen zurück erwartete. Capitain
Cook machte dem Paria einige Geschenke, und ge-
wann ihn dadurch ganz und gar für uns. Dies war
kein geringer Vortheil, denn ohne ihn wären wir schwerlich mit seinen Landsleuten fertig geworden. Es ereig-
nete sich bald ein Vorfall, wo wir seiner Hülfe bedurften. Wir hatten noch nicht lange vor Anker gelegen,
als wir gewahr wurden, daß sich die Discovery stark
auf eine Seite neigte, weil sich auf eben derselben eine
ungeheure Menge Menschen daran anklammerten. Zugleich bemerkten wir auch, daß die Mannschaft nicht
vermögend war, die hellen Haufen abzuhalten, die sich
noch immer in das Schiff drängten. Aus Besorgniß,
daß es Schaden leiden möchte, zeigte Capitain Cook
unserm Paria die Gefahr, und dieser eilte augenblicklich der Discovery zu Hülfe, trieb die Leute hinaus und
nöthigte sogar die Kähne, die sich in unzähliger Menge
darum hergelagert hatten, sich zu entfernen.

Dieser Vorfall schien zu beweisen, daß die Gewalt
der Vornehmen über die niederen Volksklassen im äußersten Grade despotisch seyn müsse. Noch an eben dem

*) In der Folge fanden wir, daß dieser Titel verschiedenen andern Personen gegeben wurde; ob er aber ein Amt oder einen Verwandschaftsgrad bedeute, konnten wir nie mit Gewißheit erfahren. Anmerkung der Urschrift.

Tage hatten wir an Bord der Resolution einen neu
Beweis hiervon. Der Schwarm der Eingebohrnen ha
sich so vermehrt, daß wir unsere Geschäfte durcha
nicht verrichten konnten. Capitain Cook wandte
daher an den Kanina (*Kaneena*) einen andern Vorn
men, der ihm zugethan war. Dieser befahl sogleich al
seinen Landsleuten das Schiff zu verlassen; und zu
serm nicht geringen Erstaunen sprangen sie, ohne
einen Augenblick zu bedenken, alle über Bord.
einziger blieb etwas zurück, und schien nicht recht Lust
haben dem Befehle zu gehorchen; sogleich hob ihn K
nina mit beyden Armen auf, und schleuderte ihn
Meer.

Die beyden hier genannten Befehlshaber waren st
ke, wohlproportionirte Männer, von ganz besonders
genehmer Gesichtsbildung. Kanina, dessen Port
Herr Weber gezeichnet hat, war einer der schöns
Menschen, die ich je gesehen habe, gegen sechs Sch
hoch, mit regelmäßigen, ausdrucksvollen Zügen,
funkelnden dunkelfarbigen Augen. Sein Gang war
gezwungen, fest und voll Anstand. Mit Vergnü
wird man das trefliche Bild dieses fast idealisch schö
Mannes hier beygefügt finden.

Während des langen Zeitraums, den wir mit Kr
zen um diese Insel her zugebracht hatten, war das B
tragen der Einwohner, die von Zeit zu Zeit in See
uns kamen, untadelhaft, ehrlich und aufrichtig ge
sen, und hatte nie eine Spur von Neigung zum Di
stahl verrathen. Wir bemerkten diesen Umstand als
was ganz ungewöhnliches, zumal da wir es nur
Personen vom niedrigsten Stande, entweder Leibeig
oder Fischerleuten, zu thun gehabt hatten. Nunmehr a
wandte sich das Blatt, und die unzähligen Schaaren
Eingebohrnen des Landes, die in jedem Winkel
Schiffes ihr Wesen trieben, benutzten fleißig die G

genheit, unbemerkt stehlen, und vielleicht auch wohl
gar, im Fall einer Entdeckung, ungestraft entkommen
zu können, da unsrer nur wenige waren. Zum Theil
glaubten wir, diese Veränderung in ihrem Betragen
auch der anmunternden Gegenwart ihrer Befehlshaber
zuschreiben zu müssen; denn wenn wir einer entwendeten
Sache nachspürten, fanden wir sie zuletzt gemeiniglich
im Besitz irgend eines Mannes von Ansehen, auf dessen
Veranstaltung der Diebstahl also vermuthlich begangen
worden war.

Bald nachdem unser Schiff durch Anker völlig gesichert war, führten unsere beyden Freunde Paria und Kanina, einen dritten Befehlshaber, Namens Koah, an Bord. Man gab uns zu verstehen, er sey ein Priester, und habe sich in seiner Jugend als Krieger ausgezeichnet. Es war ein hagerer, schwacher alter Mann von unansehnlicher Statur, mit triefenden rothen Augen, und am ganzen Leibe mit einem weißen Aussatz oder Schorf bedeckt, welches Folgen des unmäßigen Awatrinkens waren. Man führte ihn in die Kajüte, wo er sich dem Capitain Cook mit großer Ehrfurcht nahte, und ihm ein Stück rothes Zeug, welches er zu dem Ende mitgebracht hatte, über die Schultern warf. Dann trat er einige Schritte zurück, bot ein kleines Ferken dar, und hielt es so lange, bis er eine ziemlich lange Rede geendigt hatte. Diese Feyerlichkeit, die wir während unseres Aufenthalts in Owaihi sehr oft wiederholen sahen, sollte, so viel wir aus allerley Nebenumständen urtheilen konnten, eine Art von gottesdienstlicher Anbetung vorstellen; denn die Götzenbilder der Einwohner waren sämmtlich mit rothem Zeuge bekleidet, und ihren Eatuas (Göttern) brachten sie gemeiniglich kleine Ferken zum Opfer.

Nach der Ceremonie, aß Koah mit dem Capitain Cook, und genoß reichlich von allem, was ihm vorge-

setzt ward, ausgenommen, daß er, wie überhaupt al
Einwohner dieser Inselgruppe, unsern Wein oder ander
geistige Getränke ungern zum zweyten mal kosten wollt
Abends begleiteten Capitain Cook, Herr Bayly un
ich ihn ans Land. Wir stiegen auf dem sandigen Strand
aus, wo uns vier Männer mit Stäben, an deren End
ein Büschel Hundshaar befestigt war, empfingen. Die
gingen vor uns her, und riefen dabey mit lauter Stimm
eine kurze Formel aus, wovon wir indeß nur das Wo
Orono *) unterscheiden konnten. Die am Ufer ve
sammelte Menge entfernte sich, als wir uns näherte
und es ließ sich niemand sehen, einige wenige ausgenom
men, die sich unweit den Hütten des benachbarten Do
fes zur Erde niedergeworfen hatten.

Ehe ich die Anbetung, die dem Capitain Cook hi
bezeigt wurde, und die übrigen Feyerlichkeiten bey se
nem Empfang in dieser Insel beschreibe, muß ich no
etwas von dem Marai sagen, welches an der Südsei
des Strandes von Kakua befindlich war. Dieses de
Gottesdienste gewidmete Gebäude bestand aus eine
viereckigen dichten Steinhaufen, der etwa vierzig Schri
(*yards*) lang, zwanzig breit und vierzehn hoch seyn mocht
Oben war derselbe platt oder eben, gut gepflastert, un
mit einem hölzernen Zaun umgeben, auf welchem d
Schädel der beym Tode ihrer Vornehmen geopferte
Gefangenen steckten. Mitten in dem so eingeschloss

*) Dies war der Name, den die Einwohner von Owai
dem Capitain Cook gewöhnlich beylegten. Die bestimm
Bedeutung desselben konnten wir nie erfahren. Zuweil
nannten sie auch ein unsichtbares im Himmel wohnend
Wesen bey diesem Namen. Auch erfuhren wir, daß derse
Titel einem Manne von hohem Range und großer Gew
auf der Insel gebühre, der mit dem Dalai Lama d
Tataren, oder dem geistlichen Kaiser (Dairi) von Jap
viele Aehnlichkeit hat. Anmerkung der Urschrift.

nem Platze stand ein verfallenes altes hölzernes Gebäude, welches mit dem Zaun zu beyden Seiten durch eine steinerne Mauer zusammenhing, so daß der ganze Raum in zwey Theile abgetheilt wurde. Auf der landwärts gelegenen Seite standen fünf, etwa zwanzig Schuh lange, Pfähle, welche einem etwas unregelmäßigen Gerüste zur Stütze dienten. Gegenüber, nach dem Meere hin, waren zwey kleine Häuser angebracht, welche durch einen bedeckten Gang zusammenhingen.

Koah führte uns, durch einen bequemen Steig, der von dem Strande nach der Nordwestlichen Ecke des gepflasterten Hofes hinaufging, auf die Zinne dieses Gebäudes. Am Eingang in den Hof erblickten wir zwey hölzerne Bilder, mit verzerrten Zügen, von denen jedes ein langes, geschnitztes Stück Holz, in Form eines umgekehrten Kegels auf dem Kopfe hatte. Der übrige Körper war nicht ausgebildet, und in rothes Zeug gehüllt. Hier trat uns ein junger Mann von hoher Statur mit einem langen Barte entgegen und stellte den Capitain Cook den Bildsäulen vor; dann sang er eine Art von Hymnus, worin Koah mit einstimmte, und führte uns nachher an das jenseitige Ende des Marai, wo die fünf Pfähle standen. Am Fuß derselben machten zwölf Bilder einen halben Cirkel und gerade vor der mittelsten Figur, stand ein hoher Tisch, oder ein Gestell, welches genau dem Hwatta (whatta) oder Altar in Otaheiti ähnlich war. Auf demselben lag ein bereits in Fäulniß übergegangenes Schwein, und unter demselben Zuckerrohr, Kokosnüsse, Brodfrucht, Pisang und süße Bataten. Koah stellte den Capitain unter diesen Altar, nahm das Schwein herunter, und hielt es ihm vor, wobey er zum zweytenmal mit vieler Heftigkeit und geläufiger Zunge, eine lange Rede hielt. Hierauf ließ er das Schwein zur Erde fallen, und führte unsern Capitain an das Gerüst; beyde kletterten hinan, und zwar nicht ohne

Gefahr hinunterzustürzen. Nunmehr sahen wir oben au
dem Marai eine feyerliche Procession hereinkommen
Sie bestand aus zehn Männern, welche ein großes le
bendiges Schwein und ein großes Stück rothes Zeu
trugen. Nachdem sie noch ein Paar Schritte vorwärt
gethan hatten, hielten sie still, und warfen sich zur Erd
nieder Kärikia (*Kaireekeea*) der vorhinerwähn
junge Mann, ging zu ihnen, nahm ihnen das Zeug ab
und brachte es dem Koah, welcher den Capitain dam
bekleidete. Hierauf brachte er ihm das Schwein da
welches Kärikia während der Zeit auf eben die Art al
den Zeug abgehohlt hatte.

Indeß nun Capitain Cook so in rothes Zeug gewi
kelt, in einer etwas unbequemen Stellung, in der Höh
stand, und sich mit Mühe an den Stücken des morsche
Gerüstes festhalten konnte, fingen Kärikia und Koa
ihren Gottesdienst an, und sangen zuweilen mit eina
der, zuweilen auch abwechselnd. Dies dauerte eine g
raume Zeitlang; endlich ließ Koah das Schwein falle
und stieg mit dem Capitain Cook herunter. Nunme
führte er ihn vor den zuletzt erwähnten Bildern vorbe
sagte im Vorübergehen jedem Bilde etwas in einem hö
nenden Ton, und schnippte mit den Fingern gegen si
Endlich brachte er ihn vor das mittelste Bild, welche
da es mit rothem Zeug bekleidet war, in höherem An
hen stehen mochte. Daher fiel er auch vor demselb
nieder, küßte es, und verlangte ein gleiches von de
Capitain Cook, der sich bey dieser ganzen Feyerlichk
durchaus nach Koahs Vorschrift verhielt.

Hierauf führte man uns zurück in die andere Abth
lung des Marai, wo eine Vertiefung im Pflaster b
findlich war, welche zehn bis zwölf Schuh ins Gevier
und etwa drey Schuh Tiefe haben mochte. Wir stieg
in dieselbe hinab, und Capitain Cook mußte sich zw
schen zwey hölzerne Bilder setzen, indeß Koah den ein

rm des Capitains unterstützte, und mich den andern ützen ließ. Hierauf kam eine zweyte Procession von inwohnern, die ein gebratenes Schwein, einen Pudding, nebst Kokosnüssen, Brodfrucht und andern Pflanzenspeisen trugen. Als sie sich näherte, trat Kärikia n ihre Spitze, und hielt das Schwein wie gewöhnlich em Capitain vor. Zugleich fing er wie vorher einen esang an, worin ihm seine Gehülfen zu gesetzter Zeit ntworteten. Nach jeder Gegenstrophe schienen die Absätze überhaupt immer kürzer zu werden, bis zuletzt Kärikia nur zwey oder drey Worte sang, worauf denn ie übrigen, zum Beschluß, das Wort: Orono! usriefen.

Diese Opferceremonie dauerte ungefähr eine Viertelunde. Als sie vorbey war setzte sich das Volk gegenber, und fing an das gebratene Schwein zu zerlegen, e Pflanzenspeisen zu schälen, und die Kokosnüsse aufbrechen. Andere waren mit Zubereitung des Awaanks beschäftigt, wozu, wie in den Freundschafts-Inln, die Pfefferwurzel gekäuet wird. Kärikia nahm n Stück vom Kern einer Kokosnuß, kaute es, wickelte in ein Stück Zeug, und rieb damit dem Capitain das iesicht, den Kopf, die Hände, Arme und Schultern. ierauf ging der Awatrank herum, und nachdem wir von gekostet hatten, machten sich Paria und Koah ran, das Fleisch des Schweines in kleinere Bissen zu reissen, und uns in den Mund zu stopfen. Ich konnte leicht geschehen lassen, daß mich Paria fütterte, da sich in allen Stücken sehr reinlich hielt; allein Capin Cook, den Koah bediente, erinnerte sich an das le halb verwesete Schwein, und konnte keinen Bissen nunterschlucken. Dazu kam noch, daß der gute Alte, n ihm eine besondere Ehre anzuthun, den Bissen erst bst durchkäute, wodurch natürlicherweise des Capitains el eben nicht vermindert wurde.

Als diese letzte Ceremonie, die Capitain Cook, so viel es sich thun ließ, zu beschleunigen suchte, vorbe war, vertheilten wir einige Stückchen Eisen, nebst an deren Kleinigkeiten, unter das Volk, welches damit äu serst zufrieden schien, und verließen dann das Marai Die Männer mit ihren Stäben begleiteten uns wiede an unsere Boote, und wiederholten dieselben Worte die sie schon im Hingehen gesagt hatten. Die Ein wohner zogen sich wieder zurück, und die wenigen, welch in der Nähe blieben, fielen, indem wir längs dem Ufe vorübergingen, zur Erde nieder. Wir eilten sogleich a Bord, hatten den Kopf voll von allem, was wir geseh hatten, und waren überaus vergnügt, daß unsere neu Freunde es so gut mit uns zu meynen schienen. Schwe lich läßt sich die Bedeutung der verschiedenen Feyerlich keiten, womit man uns hier empfing, bestimmt angeben selbst die Muthmaßungen darüber können nur einseiti und unsicher seyn: indeß verdienten sie, wegen ihre Neuheit und Sonderbarkeit, der Länge nach beschriebe zu werden. Ohne allen Zweifel lag darin ein Ausdru von tiefer Ehrfurcht der Einwohner, der sogar, wa den Capitain Cook persönlich betrift, nahe an wirklich Anbetung zu grenzen schien.

Am folgenden Morgen ging ich mit einer Wache vo acht Seesoldaten, den Lieutenant und Corporal mit ein geschlossen, ans Land, um die Sternwarte in einer so chen Lage errichten zu lassen, daß ich zugleich auf die m dem Wasserfüllen und andern Arbeiten beschäftigten Leu Acht haben und im erforderlichen Falle sie beschütz könnte. Indem wir in dieser Absicht einen Platz mitte im Dorfe in Augenschein nahmen, der uns sehr beque dünkte, erbot sich Paria, mit immer gleicher Berei willigkeit, sowohl um sein Ansehen geltend zu mache als um uns zu begünstigen: er wolle einige Häuser ni derreissen lassen, welche uns am Beobachten gehinde ben würden. Allein wir hielten es für das Beste, die: Anerbieten abzulehnen, und wählten ein Batatten: d dicht am Marai, welches man uns auch ohne Wi: rrede einräumte. Um aller Zudringlichkeit von Seiten r Einwohner zuvorzukommen, heiligten die Priester gleich diesen Bezirk, und zwar dadurch, daß sie ihre täbe rund umher an der Mauer, welche ihn einschloß, festigten.

Diese Art von religiöser Interdiction, heißt bey ihnen abu (*taboo*), ein Wort, welches wir während unse: s Aufenthalts bey den hiesigen Insulanern, oft aus: echen hörten, und dessen Wirkung sich sehr weit er: eckte. In der allgemeinen Beschreibung dieser Inseln rd, unter dem Abschnitt von der Religion, etwas aus: hrlicheres darüber vorkommen; für jetzt ist die Bemer: ng hinlänglich, daß es uns in eine vollkommnere Ab: nderung versetzte, als wir selbst mannichmal wünschten. ie wagte es ein Kanot, in unserer Nähe anzulanden. ie Einwohner setzten sich wohl auf die Mauer; allein den untersagten oder tabuirten Bezirk hinein zu :ten wagte keiner, bevor wir ihm nicht Erlaubniß dazu ben. Auch waren es nur Männer, die auf unser Ver: ngen mit Lebensmitteln über das Fel^ kamen; die Wei: r hingegen konnte keine Art von Ueberredung dahin ingen, daß sie sich uns näherten; selbst Geschenke wur: n vergeblich angeboten. Man versuchte es, den Koah d Paria zu bestechen, daß sie uns Weiber zuführen öchten; allein die unausbleibliche Antwort war immer, ß der Eatua und ihr König Terreobu sie umbrin: n würde. Unsere am Bord der Schiffe zurückgeblie: nen Leute hatten großentheils diesem Umstande eine genehme Unterhaltung zu verdanken: denn dorthin ömte nun unaufhaltsam der große Haufe, und haupt: chlich die Weiber, so daß es unumgänglich nothwendig ar, von einer Stunde zur andern das Schiff von allen

Gästen zu befreyen um Raum zur Arbeit zu haben. gab man sich daher zur Veränderung das Schausp zwey bis drey hundert Frauenzimmer auf einmal Wasser springen, und sie so lange darin herumplätsch zu lassen, bis es ihnen wieder erlaubt werden konnte, Bord zurück zu kommen.

Vom 19ten bis zum 24sten fiel nichts bemerke würdiges vor. Die beyden Befehlshaber Paria Koah verließen uns in dieser Zwischenzeit, um dem nige, Terreobu entgegen zu gehen, der in einer dern Gegend der Insel angekommen war. Währ der Zeit mußte das Schiff auf der Seite kalfatert, das Tau- und Takelwerk sorgfältig besichtigt und aus bessert werden. Capitain Cook unterließ auch ni eine Menge Schweinefleisch, als künftige Schiffs zur See, einsalzen zu lassen. Der Erfolg, den wir diesem letzten Geschäfte hatten, überstieg alles, was zuvor in dieser Art geleistet worden war, und verdient her, daß ich die Art und Weise, wie dabey zu We gegangen wurde, etwas näher beschreibe.

Bisher hatte man es für ausgemacht angeno men, daß es nicht möglich sey, in heißen Ländern Flei einzusalzen, weil daselbst die Auflösung so schnell vor gehe, daß das Fleisch bereits den Keim zur Fäulniß beko me, ehe es das Salz gehörig annehmen könne. Vor Ca tain Cook hat niemand es versucht, diese Meynung prüfen und zu berichtigen. Seine ersten Versuche, die im Jahr 1774 auf der zweyten Reise in das Südm anstellte, waren zwar noch unvollkomm , und der E wartung nicht völlig entsprechend; allein ihr Erfolg wies schon damals zur Gnüge, daß man sich bisher duldig von einem Vorurtheil habe regieren lassen. Sei gegenwärtige Reise konnte allem Anschein nach ein Ja länger dauern, als der Zeitraum, für welchen wir m Lebensmitteln versehen worden waren; folglich sahe

ch gezwungen, entweder auf irgend eine Art für den Un-
rhalt seiner Mannschaft neue Anstalten zu treffen, oder
ie Fortsetzung seiner Entdeckungen aufzugeben. Er
tte also einen Antrieb mehr, um jene Versuche zu wie-
rholen, und sie übertrafen diesmal, im Erfolg, seine
chgespanntesten Erwartungen.

Die zum Einsalzen gewählten Schweine waren von
lerley Größe, und wogen von vier bis zwölf Stein,
n Stein zu vierzehn Pfund gerechnet. Die Schlacht-
it war allemal des Nachmittags, und unsre Methode fol-
nde: Sobald die Haare abgebrühet, und die Einge-
eide fortgeschaft waren, ward jedes Schwein in Stücke
n vier bis acht Pfunden zerschnitten, und die Schen-
lknochen, der Rückgrad, desgleichen bey den größern
chweinen auch die Rippen herausgenommen. Hier-
f wischte man Stück für Stück sorgfältig ab, besich-
gte es, riß das geronnene Blut aus den Adern, und
b dann das Fleisch noch ganz warm, den Einsalzern.
unmehr wurden die Stücke zuerst mit Salz wohl ein-
rieben, dann auf ein Gerüst in freyer Luft, in Haufen
bereinander gelegt, mit Planken (oder Brettern) be-
ckt, und mit den schwersten Gewichten, die wir darauf
gen konnten, gepreßt. So mußte alles bis am Abend
egen bleiben, und dann wurden die Stücken nochmals
mber abgewischt und untersucht, imgleichen von allem
rdächtigen gesäubert. Hierauf kamen sie in das Faß,
orin eine starke Salzlache befindlich war; und hier un-
rsuchte man sie täglich ein, auch wohl zweymal von
euem, um zu sehen, ob sie das Salz angenommen hät-
n. War dies *nicht* der Fall, welches man sogleich am
eruch der Salzlache merken konnte; so nahm man jedes
Stück heraus, durchsuchte es genau, und legte die ge-
und befundenen in frischgemachte Lache. Wenn indeß
lle vorhinerwähnte Vorsicht bey der Zubereitung beob-
chtet worden war, hatte man selten einen solchen Fall

zu befürchten. Nach Verlauf von sechs Tagen nah man die Stücke zum letzten mal heraus, besichtigte nochmals, preßte sie wieder ein wenig (*slightly*) u packte sie, mit abwechselnden dünnen Salzschichten d zwischen, in Tonnen. Ich habe einige dergleichen To nen mit Schweinfleisch, welche wir im Januar 1779 Owaihi eingesalzen hatten, mit mir nach Hause gebrac und es um Weihnachten 1780, mehreren Personen England zu kosten gegeben, die es vollkommen gesu und untadelhaft fanden. *).

Um den Faden der Begebenheiten wieder anzukn pfen, muß ich nunmehr erzählen, daß wir noch ni lange in unserer Sternwarte eingerichtet waren, als n in unserer Nachbarschaft die Wohnungen einer Gese schaft von Priestern entdeckten, die unsere Aufmer samkeit dadurch auf sich zogen, daß sie sich zu gesetz Zeiten am Marai einfanden, um ihre Amtsgeschä

*) Herr Vancouver ein Midschipman an Bord der Disc very, der hernach zum Lieutenant der Kriegsschaluppe Ma tin ernannt wurde, hat im Jahr 1782 während einer Ex dition an der Küste von Tierrafirma in Amerika, die hi empfohlene Methode mit Englischem sowohl als Spanische Schweinefleisch und zwar mit dem besten Erfolg versuc Er wiederholte den Versuch in Jamaika mit Rindfleis welches die Proviant-Commission den Schiffen liefert doch gelang es ihm nicht, weil man beym Schlachten u bey der übrigen Behandlung vermuthlich nicht vorsicht genug verfahren war. Man hatte nämlich die Rinder a gehenkt, und geöfnet, ehe sie noch völlig ausgeblutet hatte dadurch waren die Blutgefäße der Luft ausgesetzt worde und das darin enthaltene Blut, anstatt wegzufließen, gera nen. Da er aber einst bey dem Schlachten eines Ochs selbst zugegen war, der mit gehöriger Vorsicht an Bord d Schaluppe Martin gebracht wurde, ließ er etwas dav salzen, welches auch innerhalb einer Woche das Salz vol kommen angenommen hatte, und ohne Zweifel sich so lan man wollte, gehalten haben würde; indeß ward der Versu nicht weiter fortgesetzt. Anmerkung der Urschrift.

verrichten. Ihre Hütten standen rings um einen
eich mit Wasser, in einem Hayn von Kokos-Palmen,
; sie von dem Strande, und von dem übrigen Dorfe
sonderte, und völlig ein Klostermäßiges, halb einsied-
risches Ansehen hatte. Ich gab dem Capitain Cook
n dieser Entdeckung Nachricht, und er nahm sich des-
lb vor einen Besuch daselbst abzulegen. Da es sehr
vermuthen war, daß man ihn wieder, wie zuvor, mit
lerley Feyerlichkeiten empfangen würde, so mußte Herr
Weber ihn begleiten, um das merkwürdigste dabey zu
ichnen.

Gleich nach seiner Ankunft am Strande, führte man
n zu einem geheiligten Gebäude, welches hier Harre-
: Orono, das Haus des Orono genannt wurde.
or dem Eingange desselben ließ man ihn, am Fuß eines
lzernen Götzenbildes, niedersitzen, welches von eben
r Art, wie jene auf dem Marai, zu seyn schien.
ier mußte ich wieder einen seiner Arme unterstützen,
deß Kärikia ihn mit rothem Zeuge bekleidete, und
Begleitung von zwölf Priestern, ihm mit den gewöhn-
hen Feyerlichkeiten ein Ferken zum Opfer brachte.
an schnürte hierauf dem Ferken den Hals zu, und
rf es in ein dazu bereitetes Kohlenfeuer. Sobald die
aare abgesengt waren, brachte man es wieder dar, und
ederhohlte dabey den vorhinbeschriebenen Gesang.
ann hielt man das todte Ferken dem Capitain eine Zeit-
ng unter die Nase, und legte es hernach nebst einer
okosnuß zu seinen Füßen. Hierauf setzten sich die Prie-
r, bereiteten Ava, und ließen ihn herumgehen. Zust ward ein fettes, ganz zubereitetes Schwein servirt,
omit man uns, wie das vorige mal, fütterte.

So oft hernach Capitain Cook, während unseres
ufenthalts in der Bay, ans Land kam, ging einer von
n Priestern vor ihm her, rief aus, daß der Orono
landet sey, und befahl dem Volke, sich niederzuwerfen.

Eben derselbe Priester war auch sein immerwährend Begleiter, so oft er sich ins Boot begab. Hier sta er, mit einem Stabe in der Hand, gemeiniglich i Vordertheil, und verkündigte den Einwohnern in ihr Kähnen seine Annäherung, worauf sie unverzüglich n Rudern inne hielten, sich auf das Gesicht niederwarf und so lange in dieser Stellung blieben, bis er vorü war. So oft er sich bei der Sternwarte aufhielt, k Kärikia sogleich mit seinen Amtsbrüdern herb eyge und überreichte, mit den gewöhnlichen Feyerlichkeit Schweine, Kokosnüsse, Brodfrucht, u. s. w. B dieser Gelegenheit baten oftmals einige Befehlshaber v geringerer Bedeutung um Erlaubniß dem Orono Geschenk bringen zu dürfen, und wenn ihnen diese Bi gewährt wurde, boten sie, in eigner Person, gemein lich mit deutlichem Ausdruck von Furcht in ihren Zügi das Schwein dar, indeß Kärikia und die Priester d gewöhnlichen Hymnus sangen.

Soweit war das meiste nur Höflichkeitsbezeugun nur äußere Feyer und Parade; allein dabei ließ es Priestergesellschaft nicht bewenden. Unsere am Lande s aufhaltende Parthei, erhielt täglich einen Vorrath v Schweinen und Pflanzenspeise, der mehr als hinreiche für unsern Unterhalt war; und mit gleicher Sorgfalt u Genauigkeit, schickten sie täglich mehrere Kähne n Lebensmitteln beladen an Bord; ohne je das gering dafür zu verlangen, oder auch nur einen entfernten Wi deshalb fallen zu lassen. Ihre Geschenke schienen, sie mit so vieler Regelmäßigkeit dargebracht wurden, der That vielmehr Ausübungen einer Religionspflic als bloße Wirkungen der Freygebigkeit zu seyn. W erkundigten uns zuweilen, auf wessen Rechnung m uns so herrlich bewirthete, und erhielten zur Antwo es geschehe auf Kosten eines vornehmen Mannes, N mens Kau (Ka=u, *Kaoo*), des Oberpriesters. Dies

kann, von dem man uns zugleich sagte, daß er Kåri-
jas Großvater wåre, begleitete den König, und war
ßglich abwesend.

Alles was den Charakter und das Betragen dieses
Volks betrift, muß dem Leser, wegen des nachher er-
lgten traurigen Auftrittes, doppelt wichtig seyn. Es
hört also auch die Bemerkung hieher, daß wir nicht
mer eben so viel Ursach hatten, mit der Aufführung
r kriegerischen Befehlshaber, oder Erihs, so zufrieden
seyn, wie mit den Priestern. Im ganzen Verkehr mit
nen, fanden wir sie sehr aufmerksam auf ihren eignen
ortheil; und wollte man auch ihre Dieberenen ent-
uldigen, weil dieser Hang unter den Insulanern im
üdmeere so allgemein ist, so ließen sie sich doch noch
ßerdem allerley Anschläge zu Schulden kommen, die
en nicht sehr rühmlich waren. Hievon nur Ein Bey-
el, worin, zu meinem Leidwesen, hauptsächlich unser
eund Koah mit verflochten war *). Wenn uns irgend
Mann von Ansehen Schweine zum Geschenke brachte,
egten wir jederzeit beträchtliche Gegengeschenke zu
chen. Die Folge war unausbleiblich, es fehlte uns
ht nur nie an diesem Vorrath, sondern wir hatten
meiniglich weit mehr als wir brauchen konnten. Bey
chen Gelegenheiten pflegte Koah, der unser unzer-
nnlicher Begleiter war, sich die Schweine auszubitten,
uns zur Last waren, und er konnte sich allemal Rech-
ng darauf machen, sie sicher zu erhalten. Einst
achte ein Befehlshaber, den Koah selbst uns vorge-
llt hatte, ein Schwein zum Geschenk, welches wir für
es von denen erkannten, die nur eben zuvor an Koah
rabfolgt worden waren. Wir hegten gleich den Ver-

*) Koah war aber, laut Seite 207 doch auch ein Priester.
G. F.

dacht, daß man uns zu hintergehen suchte, und entd[...]ten auf weitere Nachfrage bald, daß der angebliche [...]fehlshaber nur ein gemeiner Kerl war. Jetzt erinner[...] wir uns mancher andern einzelnen Umstände, die [...] sehr gegründete Ursach zu der Vermuthung gaben, [...] wir schon mehrmals auf ähnliche Art in Contribu[...] gesetzt worden wären.

Alles blieb in seinem gewöhnlichen Gange bis [...] 24sten, da zu unserer großen Verwunderung kein ei[...]ger Kahn vom Lande abstieß, und keiner von den E[...]wohnern aus seinem Hause hervorkam. Nach Verl[...] einiger Stunden erfuhren wir endlich, daß die Bay [...] Einwohnern untersagt, tabu, und das Verkehr mit [...] aufgehoben worden wäre, weil Terriobu nunm[...] ankommen würde. Wir hatten auf einen solchen V[...]fall nicht gerechnet und für den heutigen Tag noch [...] Gemüse eingetauscht, mußten also auch diesmal [...] dasselbe vorlieb nehmen. Unsere Leute waren indeß [...] sehr an diese Erfrischungen gewöhnt, um sie so glei[...]gültig entbehren zu können; daher suchten sie am folg[...]den Morgen die Einwohner durch Drohungen und V[...]sprechungen herbey zu locken. Schon war es ihnen e[...]lich soweit gelungen, daß einige sich fertig machten, [...] ihren Kähnen vom Lande abzustoßen, als ein Befe[...]haber hinzukam, und die Einwohner auseinander [...] jagen suchte. Man schoß ihm eine Flintenkugel ü[...] den Kopf weg, und dies hatte sogleich den erwünsch[...] Erfolg, daß er sein Vorhaben fahren ließ, und die [...]fuhr von nun an wieder offen blieb. Nachmittags [...] Terriobu doch gleichsam nur incognito, um sei[...] Besuch an Bord der Schiffe abzustatten. Ihn beg[...]tete nur Ein Kanot, worin seine Gemahlin und Kin[...] befindlich waren. Er blieb bis gegen zehn Uhr Abe[...] am Bord, und kehrte dann nach dem Dorfe Kaura[...] (*Kowrowa*) zurück.

Am folgenden Tage, gegen Mittag, ging der König ...inem großen Kanot, von zwey andern begleitet, von ... Dorfe ab, und ließ sich langsam und in großer ...cht nach den Schiffen hin rudern. In dem ersten ...not saß er selbst, nebst seinen Vornehmen, in kostbare ... Federn besetzte Mäntel und Helme gekleidet *), und ...ngen Spießen und Dolchen bewafnet. Im zwey... kam der ehrwürdige Kau (Kaoo), der Oberpriester, ... seine Amtsbrüder, die ihre Götzenbilder auf rothen ...g zur Schau gelegt hatten. Diese Bilder waren ...mäßige Büsten von Korbmacherarbeit, welche mit ...rley Schattirungen von kleinen Federn, auf die Weise ... die Mäntel der Vornehmen, überzogen waren. Die ...gen bestanden aus großen Perlausterschalen, in deren ...telpunkt eine schwarze Nuß befestigt war. Im Ra... führten sie eine doppelte Reihe von großen Hunds...ien, und dieser so wie die übrigen Gesichtszüge, ...en äußerst verzerrt. Indem der Zug vorwärts ging, ...gen die Priester ihre Hymnen mit vieler Feyerlichkeit ... nachdem sie rund um die Schiffe gerudert hatten, ...gen sie nicht an Bord, sondern begaben sich nach dem ...rande, wo wir unsern Posten hatten.

Sobald ich sie herankommen sahe, ließ ich unsere ...ne Wache aufziehen, um den König zu empfangen; ... Capitain Cook, der vom Schiffe aus ebenfalls be...kt hatte, wohin er seinen Weg nähme, folgte ihm, ... kam fast zu gleicher Zeit mit ihm an. Wir führten ... Insulaner in unser Gezelt. Sie hatten sich daselbst ...m niedergelassen, als der König sich schon wieder er...

*) Die Form dieser Mäntel und Helme, deren schon im vori...gen Bande Seite 400 u. f. gedacht worden, ist hier in diesem Bande, auf dem Bildniß des Anführers Kanina, S. 290, zu ersehen.

hob, und mit sehr vielem Anstande den Mantel, den selbst getragen, über des Capitains Schultern warf, i einen kostbaren befiederten Helm aufsetzte, und ei zierlich gearbeiteten Fächer in die Hand gab. Hier breitete er noch fünf oder sechs andere Mäntel von a nehmender Schönheit und hohem Werthe vor des Ca tains Füßen aus. Dann brachten seine Leute vier gr Schweine, nebst Zuckerrohr, Kokosnüssen und Br frucht, und zuletzt schloß sich die Ceremonie damit, d Capitain Cook und der König ihre Namen wechseln welches in allen Südseeinseln so gebräuchlich ist und das stärkste Freundschaftsband betrachtet wird.

Nunmehr kam eine Procession von Priestern z Vorschein, die einen ehrwürdigen alten Mann an ih Spitze hatte. Ihnen folgte eine lange Reihe Männ welche theils große Schweine herbeyführten, theils tatten, Pisangs u. d. gl. trugen. Ich merkte es uns Freund Kárikia an den Augen ab, daß dieser Alte Oberpriester wäre, von dessen Freygebigkeit wir schon lange gelebt hatten. Er hielt ein Stück rothes Zeug Händen, wickelte es um Capitain Cooks Schulte und brachte ihm dann mit den gewöhnlichen Ceremon ein kleines Ferken dar. Man bereitete ihm einen S dicht neben dem Könige; hierauf fing Kárikia mit s nen Begleitern die Feyerlichkeiten an, und Kau ne den Befehlshabern stimmten in den Antworten o Chören mit ein.

Mit Verwunderung erkannte ich in der Person d Königs denselben schwachen, ausgemergelten alten Man der uns an Bord der Resolution besucht hatte, als r uns noch am Nordostende von der Insel Mau (*Mowee*) befanden. Es währte auch nicht lange so hat wir unter seinem Gefolge mehrentheils alle diejenig Personen wieder erkannt, welche damals die Nacht Bord zubrachten. Unter dieser Anzahl befanden sich

nigs beyde jüngere Söhne, von denen der ältere un-
fähr sechzehn Jahr alt seyn mochte; imgleichen sein
ffel Maiha-Maiha, den wir aber kaum wieder
kennen konnten, weil er sein Haar mit einem schmutzig
unen Teig und Puder eingeschmiert, und dadurch das
deste Gesicht, das ich jemals gesehen, noch scheus-
ler gemacht hatte.

Nach den ersten Empfangsceremonien führte Capitain
ok den König und so viele Vornehme als sein Boot
gen konnte, an Bord der Resolution, wo man sie mit
n ersinnlichen Ehrenbezeugungen aufzunehmen suchte.
pitain Cook zog dem Könige ein Hemde an, und um-
rete ihn mit seinem eigenen Hirschfänger. Der uralte
u war nebst etwa sechs andern alten Befehlshabern
Lande geblieben, und hatte seinen Aufenthalt in den
iesterwohnungen genommen. Die ganze Zeit über
sich kein einziges Kanot in der Bay erblicken, und
Einwohner blieben entweder in ihren Hütten, oder
en niedergeworfen zur Erde. Ehe der König das
hiff verließ, erhielt Capitain Cook noch Erlaubniß,
der Handel wieder seinen gewöhnlichen Gang neh-
n könnte; allein demungeachtet blieb, aus Ursachen
wir nicht ergründen konnten, das Interdict (Tabu)
en die Frauenzimmer in voller Kraft, und keine durfte
ihrer Hütte hervorkommen, oder mit unsern Leuten
gehen.

Zweytes Hauptstück.

Fernere Nachricht von dem Verkehr mit d
Eingebohrnen. Von ihrer Freygebigkeit, u
ihrem Hange zur Dieberey. Beschreibung ein
Faustschlägerey. Tod eines Matrosen, und B
tragen der Priester bey seinem Begräbniß. V
kauf des Holzes und der Bilder auf dem Mara
Nachfrage der Einwohner wegen unserer Abrei
nebst ihrer Meynung von der Absicht unserer A
kunft. Terriobu's prächtige Geschenke an d
Capitain Cook. Abfahrt der Schiffe von Owa
hi. Die Resolution wird im Sturm beschädi
und muß wieder einlaufen.

Durch die stille harmlose Aufführung der hiesigen E
wohner war jede Besorgniß von Gefahr bey uns gänzl
verschwunden, so daß wir nicht einen Augenblick anst
den, unter allen Umständen uns ihnen anzuvertra
und mitten unter sie zu gehen. Täglich spazierten O
ciere von beyden Schiffen, theils in kleinen Gesellsch
ten, theils auch ganz allein auf der Insel umher u
blieben oft über Nacht aus. Ich würde kein Ende find
wenn ich jeden Zug von Güte und Höflichkeit aufzeich
wollte, womit sie bey solchen Gelegenheiten aufgeno
men wurden. Auf den Wegen versammelten sich über
die Einwohner um sie her, bemüheten sich eifrig, ihr
auf allerley Art behülflich zu seyn, und waren nie
friedner, als wenn man ihre Dienste nicht ausschl
Sie ersannen sogar allerley Kunstgriffe, um unsere A
merksamkeit auf sich zu ziehen, oder um uns länger
ihrer Gesellschaft zurückzuhalten. Die Jungen u
Mädchen liefen, wenn wir durch ihre Dörfer ging
vor uns her, und hielten uns auf jedem freyen Pla

ſ, wo nur für eine Gruppe zum Tanzen Raum war.
ſt luden ſie uns ein, unter dem Schatten ihrer Hütten
ſriſchungen zu genießen; oft ſaßen wir in einem Kreiſe
n jungen Weibern und Mädchen, die ihre ganze Kunſt
d Geſchicklichkeit aufboten, um uns mit Liedern und
inzen zu unterhalten.

Der Genuß, den uns ihr ſanftes Betragen und ihre
ſtfreyheit verſchaften, ward gleichwohl durch den Hang
n Stehlen, den ſie mit den übrigen Bewohnern der
dländer gemein haben, oft unterbrochen. Es ſchmerzte
, daß wir mannichmal in die Verlegenheit kamen,
ſtlich ſtrafen zu müſſen, da wir ſo gern alle Härte
mieden haben würden, wenn uns nicht die Noth dazu
wungen hätte. Einſt entdeckte man einige der geſchick-
en Schwimmer und Taucher, die ſich unter den Schif-
damit beſchäftigten, die Nägel auszuziehen, womit
Boden beſchlagen war. Sie wußten dies, vermit-
t eines kurzen Stöckchens, an deſſen einem Ende ein
ſelſtein befeſtigt war, ſehr geſchickt zu bewerkſtelligen.
rch dieſen Zeitvertreib kam die Sicherheit der Schiffe
ſehr in Gefahr, als daß wir geduldig hätten zuſehen
nen. Man mußte endlich mit Schroot auf die Nagel-
be ſchießen; allein dies war noch nicht hinreichend ſie zu
treiben; ſie tauchten nur unter, und waren dann vom
hiffe ſelbſt gedeckt. Alſo blieb kein anderes Mittel
ig, als ein Exempel zu ſtatuiren, und einen von ihnen
Bord der Discovery durchpeitſchen zu laſſen.

Ungefähr um eben die Zeit machte ſich eine groſſe
ſellſchaft von Officieren beyder Schiffe auf den Weg,
in das Innere der Juſel zu dringen, und die Natur-
ducte derſelben genauer kennen zu lernen. Von ihrer
iſe wird in der Folge eine ausführliche Nachricht vor-
nmen. Hier will ich vorläufig nur bemerken, daß ſie
n alten Kau eine neue Veranlaſſung gab ſeine Frey-
igkeit auszuüben, und ſich aufmerkſam gegen uns zu

bezeugen. So bald er ihre Abreise erfuhr, schickte ihnen einen ansehnlichen Vorrath von Lebensmitteln na und ließ Befehl ergehen, daß die Einwohner ihnen a ihrem ganzen Wege in allen Stücken hülfreiche Ha leisten sollten. Noch mehr leuchtete die feine und un gennützige Denkungsart dieses Mannes daraus herv daß man sogar die Leute, die er abgeschickt hatte, auf kein ley Weise bewegen konnte das geringste Geschenk anzun men. Nach einer sechstägigen Reise kamen die Her wieder zurück, ohne weiter als etwa zwanzig Englis Meilen ins Land vorgedrungen zu seyn, woran th ihre Wegweiser, theils aber auch die unwegsame Geg Schuld hatte.

Das Ruder der Resolution bedurfte einer vollstän gen Reparatur, und ward zu dem Ende am 27sten fr ans Land geschickt. Zu gleicher Zeit mußten die Zimm leute, in Begleitung einiger Insulaner, die K a u s schickte, sich im Lande nach Planken umsehen, um ein andere nothwendige und vor Alter morsch geword Stücke zu ersetzen.

Am 28sten besuchte Capitain C l e r k e, der bis wegen seiner Unpäßlichkeit fast beständig an Bord blieben war, zum erstenmal den König T e r r i o b u dessen Hütte. Man empfing ihn mit eben den Form täten wie den Capitain C o o k; und beym Weggehen hielt er, obgleich sein Besuch ganz unerwartet gekomm war, ein Geschenk von dreißig großen Schweinen, u auf eine Woche lang Vorrath an Früchten und Wurz für seine sämmtliche Mannschaft.

Noch hatten wir von ihren Lustbarkeiten und ih athletischen Uebungen nichts gesehen. Diesen Ab aber wurden wir, auf Verlangen einiger unserer Offici mit einem Baxen unterhalten. Zwar vermißten wir wohl das feyerliche und prächtige, was diese Spiele den F r e u n d s c h a f t s - I n s e l n so sehenswürdig ma

ß auch die Geschicklichkeit und Kraft der dortigen Käm-
er; indeß waren doch einige Umstände dabey verschie-
n, und eben deshalb bemerkenswerth.

Wir fanden auf einem ebenen Platze unweit unserer
ezelte eine ungeheure Menge Menschen versammelt.
litten inne blieb ein langer Raum für die Kämpfer offen,
 dessen hinterem Ende die Richter unter drey Stan-
rten saßen, woran oben einige Schnitzel Zeug von aller-
 Farben, nebst den Häuten von ein Paar wilden Gän-
, und einigen kleinen Vögeln, imgleichen Büschel
n Federn hingen. So bald alles in Bereitschaft war,
ben die Richter das Zeichen zum Angrif, und sogleich
chienen die beyden Kämpfer. Sie kamen langsam her-
, hoben die Füße hinten stark in die Höhe, und stri-
n die Solen mit der Hand. Indem sie sich einander
herten, warf jeder einen verächtlichen Blick auf seinen
egner, maß ihn gleichsam mit den Augen von Kopf bis
den Füßen, blickte dann bedeutend auf die Zuschauer,
engte die Muskeln an, und, mit Einem Wort, machte
erley affektirte Grimassen. So bald sie einander er-
chen konnten, streckten sie beyde Arme gerade vor ihr
esicht hin, auf welches alle Schläge gerichtet waren.
iese theilten sie, nach unserer Meynung, auf eine sehr
geschickte Art aus; denn sie schleuderten den ganzen
m dabey. Sie versuchten es nie den Streich des
egners abzuwehren, sondern entgingen ihm durch eine
eugung des Körpers, oder dadurch, daß sie zurücktra-
. Der Kampf ward übrigens sehr schnell entschieden.
n sobald einer zu Boden geschlagen wurde, oder auch
r unversehens fiel, so ward er für besiegt angesehen
d der Ueberwinder triumphirte dann in allerley verzerr-
 Gebärden, die, ihrer Absicht gemäß, unter den Zu-
auern gemeiniglich ein lautes Gelächter erregten. Der
ieger wartete nunmehr auf einen zweyten Gegner, und
ls er diesen auch überwand, auf einen dritten, bis die

Reihe an ihn kam, einem stärkern unterliegen zu müss
Bey diesen Kämpfen wird eine sonderbare Regel beoba
tet; wenn nämlich ihrer zwey zum Angrif in Bereitsch
stehen, kann ein dritter zwischen ihnen auftreten,
sich, welchen er will, zum Gegner wählen, und d
muß sich der andere zurückziehen. Mannichmal folg
einander drey oder vier auf diese Art, ehe es zum An
kam. Wenn der Kampf ungewöhnlich lange daue
oder gar zu ungleich schien, kam ein Befehlshaber,
endigte ihn dadurch, daß er einen Stock zwischen
Streitenden hielt. Die gutmüthige Art, womit a
zuging, erfreute uns hier, so wie auf den Freu
schafts-Inseln. Da wir uns aber diese Spiele
gebeten hatten, erwarteten die Zuschauer durchgehe
daß wir auch selbst daran Theil nehmen würden,
forderten unsere Leute beständig dazu auf; diese
innerten sich weislich der Stöße, welche sie auf
Freundschafts Inseln davon getragen hatten, und bli
gegen alle Ausforderungen taub.

An eben diesem Tage starb ein Matrose, einer von
Constabels Gehülfen, Namens Wilhelm Watm
Ich führe diese Begebenheit desto umständlicher an
seltener sich bisher Todesfälle unter uns zugetragen ha
Er war ein alter Mann, der wegen seiner treuen
hänglichkeit an den Capitain Cook sehr viel Achtung
diente. Ein und zwanzig Jahre lang hatte er als
soldat gedient, und war dann im Jahr 1772 als Ma
an Bord der Resolution eingetragen worden. Nach
er mit Capitain Cook die Reise nach dem Südpol
than hatte, bekam er durch dessen Vermittelung, zugl
mit demselben, eine Stelle im Hospital zu Greenw
Weil er aber einmal beschlossen hatte, seinem Wohlth
überall zu folgen, verließ er auch wieder mit ihm zugl
seinen Posten im Hospital, und trat die neue Reise
ihm an. Während derselben hatte er öfters an leid

ieberanfällen gelitten; und bey unserer Ankunft in der hie-
jen Bay, erholte er sich eben von einer solchen Krank-
it. Man hatte ihn auf einige Tage ans Land geschickt;
il er aber bald völlig wieder hergestellt zu seyn glaubte,
t er selbst, daß man ihn wieder an Bord nehmen
öchte. Hier hatte er kaum eine Nacht zugebracht, als
n ein Schlagfluß traf, der innerhalb ein Paar Tagen
nem Leben ein Ende machte.

Auf Verlangen des Königs dieser Insel begruben
r ihn auf dem Marai, und zwar mit aller der Feyerhkeit, welche wir in unserer Lage einem Leichenbegäng-
 geben konnten. Der alte Kau und seine Amtsbrüder
iren stumme aber aufmerksame Zuschauer, während
ß wir das Begräbniß-Formular aus dem Gebetbuche
en. So bald wir anfingen das Grab zu verschütten,
herten sie sich demselben mit Ehrfurcht, und warfen
 todtes Schwein, nebst einigen Kokosnüssen und Pi-
ngs hinein. Auch gingen sie in drey folgenden Nächten
, um Schweine bey demselben zu opfern, und ihre
ttesdienstliche Ceremonien, Gebete und Hymnen wäh-
en bis Tagesanbruch. Zu Haupten des Grabes errich-
en wir einen Pfahl, und an denselben ward ein vier-
tes Brett genagelt, worauf der Name des Verstorbe-
n, sein Alter und sein Todestag geschrieben war. Die
nwohner versprachen uns, dieses Denkmal nicht hin-
zunehmen, und ohne Zweifel wird es auch so lange
 bleiben, als die verweslichen Materialien des-
ben, der Witterung widerstehen werden.

Ein Hauptbedürfniß unserer Schiffe war das Brenn-
lz, woran es uns jetzt sehr gebrach. Capitain Cook
ug mir deswegen auf, mit den Priestern in Unterhand-
ng zu treten, und ihnen den Zaun oder die Einfassung
en auf dem Marai abzukaufen. Ich gestehe es, an-
glich zweifelte ich sehr, ob dieser Vorschlag schicklich
äre; denn es stand zu befürchten, daß man die bloße

Erwähnung desselben, für Gottlosigkeit halten möch
Allein ich hatte mich sehr geirrt. Mein Ansuchen v
ursachte nicht die aller mindeste Verwunderung, vielm
erhielt ich das verlangte Holz, ohne allen Anstand, u
man bedung sich nicht die geringste Bezahlung dafür a
Indem die Matrosen es wegtrugen, sah ich, daß ei
auch eines von den geschnitzten Bildern aufgeladen ha
und bey näherer Erkundigung fand ich schon die ga
Anzahl, so viel ihrer am Marai in einen halben Kr
aufgestellt gewesen waren, in unserm Boote. Die Ma
sen hatten sie, in Beyseyn der Einwohner, von ih
Stelle weg nach dem Boote hingeschaft, und diese ha
sich darüber nicht im mindesten entrüstet, sondern v
mehr [illegible]iche Hand dabey geleistet. Ich hielt es
deß für [illegible]ysam, mit Kau deshalb zu sprechen.
hörte alles sehr gleichgültig an, nur bat er sich das n
telste Bild wieder aus, auf das man, wie ich vorhin
wähnt habe, etwas mehr zu halten schien, und trug
selbe in eine von den Priesterwohnungen.

Schon seit einigen Tagen hatte sich Terriobu
seinen Unterbefehlshabern sehr fleißig nach der Zeit
serer Abreise erkundigt. Ich ward durch diese wied
hohlte Nachfrage sehr neugierig, wieder von ihnen
erfahren, was die hiesigen Einwohner von uns dächt
und was für Vorstellungen sie sich von dem Bewegun
grunde und den Absichten unserer Reise machten.
über diesen Punkt einige Auskunft zu erlangen, spa
ich keine Mühe. konnte aber auch weiter nichts hera
bringen, als daß sie sich einbildeten; wir kämen von ein
Lande her, wo Miswachs gewesen wäre, und bey unse
Besuch bey ihnen hätten wir weiter keine Absicht,
uns recht satt zu essen. Freylich konnte ihnen die hag
Gestalt einiger von unsern Leuten, der gute Appetit,
mit wir insgesammt von ihren frischen Lebensmitteln ze
ten, und unsere große Begierde, so viel Mundvorrat

ß wir nur immer habhaft werden konnten, einzutau-
ʃen und mit uns zu nehmen, sie zu einem solchen Ge-
nken füglich berechtigen. Dazu kam noch der für ihre
Begriffe unerklärbare Umstand, daß wir keine Weiber
itgebracht hatten; ferner, unser friedliches Betragen
d unwehrhaftes Ansehen. Man mußte lachen, wenn
an sah, wie s.. unsern Matrosen mit der Hand auf den
Bauch klopften und an den Seiten hinunter fuhren, und
nen, theils mit Zeichen theils mit Worten, zu ver-
ehen gaben, es sey jetzt Zeit, daß sie sich wieder auf
n Weg machten; wenn sie aber in der nächsten Brod-
ichtzeit wiederkommen wollten, würde man besser im
Stande seyn, ihrem Bedürfniß abzuhelfen. Man konnte
cht umhin, ihnen vollkommen Recht zu geben; denn
mal hatte sich das Aussehen unserer Leute, selbst wäh-
nd unseres kurzen Aufenthalts, sehr merklich gebessert,
daß ihre wohl ausgestopften Wänste den Landesproduk-
n Ehre machten; und andern Theils hatten wir nun-
ehr in Zeit von sechzehn Tagen eine so unerhörte Menge
chweine und Pflanzenspeisen aufgezehrt, daß die Ein-
ohner wohl wünschen konnten, uns abschiffen zu sehen.
emungeachtet ist es sehr wahrscheinlich, daß Ter-
obu bey seiner Nachfrage weiter keine Absicht hatte,
s sich auf den Fall gehörig vorzubereiten, um uns mit
eschenken, die seiner gewohnten Ehrerbietung und
engebigkeit gegen uns angemessen wären, zu entlassen.
o bald wir ihm daher die Nachricht ertheilten, daß
ir übermorgen absegeln würden, bemerkten wir, daß
vorzüglich eine Art von Ausruf durch die Dörfer ge-
hah, vermittelst dessen man das Volk aufbot, ihrem
önige Schweine und Pflanzenspeise zu liefern, damit
sie dem Orono bey seiner Abreise darbringen könnte.

An diesem Tage gab uns einer von den Einwohnern
n Strande ein ganz eignes unterhaltendes Schauspiel.
r hielt eine Klapper, dergleichen bereits an einem

andern Orte beschrieben worden sind *), in der Ha
um den Hals trug er eine Schnur, woran einige Bl
chen Meergras befestigt waren, und an den Beinen g
ein stark geflochtenes Netzwerk etwa neun Zoll breit h
um, an welches eine große Menge Hundszähne in R
hen befestigt waren. Nunmehr ließ er sich im Ta
sehen, der aber durchaus chargirt, und mit den s
samsten Verzerrungen begleitet war. Diese Pantomi
hatte zuweilen etwas unwiderstehlich lächerliches, ob
gleich ihr im Ganzen keinen Sinn oder Ausdruck ab
winnen konnte. Die hier beygefügte Abbildung die
Tänzers, ist nicht nur was die körperliche Bildung
hiesigen Einwohner im Ganzen betrifft, ziemlich char
teristisch sondern man sieht auf derselben zugleich die A
wie das Maro oder der Gürtel befestigt wird, nebst
Klapper, und dem Schmuck an den Waden welchen l
tern Zierrath wir bey mehreren Tänzern bemerkten.

Gegen Abend ging das Schauspiel der Faustschlä
und Ringer von neuem an, und nach dem Beschluß
selben brannten wir den unbedeutenden Rest unsers V
rathes von Feuerwerken ab, die wir noch übrig hatt
Nichts in der Welt konnte mehr dazu gemacht seyn,
Bewunderung der Insulaner zu erregen, und ihnen ein
Begrif von unserer großen Ueberlegenheit zu geben,
eben diese Kleinigkeit. Capitain Cook hat bereits
Wirkung beschrieben, welche das Feuerwerk in Ha
pa-i hervorbrachte: das gegenwärtige, so weit es au
in jedem Betracht, jenem nachstehen mußte, erregte de
unter den hiesigen Einwohnern kein geringeres Erstaun

Die Schiffszimmerleute waren nunmehr schon dr
Tage abwesend, und hatten nichts von sich hören lasse
wir fingen daher an, ihrer Sicherheit wegen besorgt

*) Man sehe im vorhergehenden Bande Seite 436. u. f.

gen. Der alte Kau, dem wir unsere Bedenklichkeiten äußerten, ward darüber nicht weniger unruhig; und den nahmen wir, mit ihm gemeinschaftlich, Maaßregeln ihnen nachzuschicken, als sie alle wohlbehalten zurückkamen. Sie hatten nämlich weiter, als wir anfänglich glaubt, ins Land gehen müssen, ehe sie zu ihrer Absicht taugliche Bäume hatten finden können. Theils dieser Umstand, theils die schlimmen Wege und die Beschwerlichkeiten des Transports, hatten sie so lange aufgehalten. Von ihren Wegweisern konnten sie nicht Rühmens genug machen; diese guten Leute hatten immer dafür gesorgt, ihnen Lebensmittel zu verschaffen, und zugleich sehr sorgfältig ihre Geräthschaft bewacht.

Der folgende Tag war endlich zu unserer Abreise bestimmt. Terriobu ließ nunmehr den Capitain Cook und mich, in die Gegend von Kau's Aufenthalte, zu sich laden. Bey unserer Ankunft fanden wir den Boden umher mit Bündeln von Zeuge bedeckt, ferner lagen eine erstaunliche Menge rother und gelber Federn, da, die an Kokosfasern gebunden waren, und eine beträchtliche Anzahl Beile und anderes Eisengeräth, welches die Einwohner durch den Tauschhandel mit uns an sich gebracht hatten. Nicht weit davon bemerkten wir einen ungeheuren Haufen Früchte, Wurzeln und Pflanzenspeise aller Art, nebst einer sehr beträchtlichen Heerde Schweine. Wir wußten anfänglich nicht, ob wir dies alles zum Geschenk bekommen sollten, bis uns Kárikia belehrte, daß es eine Gabe oder ein Tribut von den Einwohnern dieses Bezirks an den König wäre. Sobald wir uns niedergelassen hatten, kamen auch die Einwohner, und legten ein Gebund nach dem andern dem Könige zu Füßen, breiteten die Zeuge vor ihm aus, und zeigten die Federn und das Eisengeräth zur Schau. Der König schien an diesem Beweise ihrer Ergebenheit Wohlgefallen zu haben, suchte ungefähr ein Drittel von dem

Eisengeräthe, eben so viel von den Federn, und eini
wenige Stücke Zeug aus, ließ sie bey Seite legen, u
schenkte dann dem Capitain Cook und mir alles übri
Zeug, nebst allen Schweinen, Früchten, u. d. gl. W
erstaunten über den Werth und die Größe dieses G
schenks, welches alles was wir je in den Freun
schafts- und Societäts-Inseln bekommen hatte
bey weitem übertraf. Unsere Boote mußten es soglei
an Bord führen, wo die größern Schweine zum Einsa
zen ausgesucht, die Pflanzenspeise hingegen, nebst ein
dreyßig kleineren Schweinen unter die Mannschaft be
der Schiffe vertheilt wurde.

An eben diesem Tage verließen wir das Mara
und brachten unsere Gezelte, nebst der Sternwarte a
Bord. Der Talisman der in dem Worte Tabu steck
war kaum hinweggenommen, so stürzten die Einwohn
in den Bezirk, den wir eben verlassen hatten, und su
ten emsig umher, in Hofnung irgend etwas von We
zu finden, das wir etwa zurückgelassen haben könnte
Ich war zuletzt am Lande geblieben und wartete auf
Rückkehr des Boots, welches mich abholen sollte. Ba
versammelte sich eine Menge Leute um mich her, und i
mußte mich bey ihnen niedersetzen. Sie stimmten da
über unsere Trennung eine Wehklage an, und mir sel
kostete es etwas, mich von ihnen loszureißen. B
dieser Gelegenheit wird man es mir weniger verdenke
daß ich einen geringfügigen Umstand erzähle, der hau
sächlich mich selbst betrift. Während unseres ganz
Aufenthalts in der Bay, hatte ich über unsere Leute d
Commando gehabt, und war eben dadurch genauer m
den Einwohnern bekannt geworden, als manche ande
die ihrer Berufsgeschäfte wegen hatten an Bord bleib
müssen. Die Einwohner ihrer Seits kannten mich al
ebenfalls genauer, und gaben mir durch ihr Betrag
überhaupt ihre Zuneigung zu erkennen. Vor allen ab

neten sich ihre Priester aus, deren gränzenlose Güte
unerschütterliche Freundschaft ich nie genugsam an-
mnen, und nie zu oft rühmen kann. Da ich keine
legenheit aus den Händen ließ, mir ihre Liebe zuzu-
ern, war ich ... so glücklich gewesen, mir dieselbe
em Maaße zu erwerben, daß mir, als die Nachricht
unserer nahen Abreise allgemein verbreitet wurde,
allerschmeichelhaftesten Anerbietungen geschahen, wo-
ich ihren dringenden Bitten Gehör geben, und bey
en bleiben wollte. Ich entschuldigte mich damit, daß
itain Cook seine Einwilligung nicht dazu geben
de; allein dieser Einwendung suchten sie durch den
rschlag zu begegnen, ich sollte mich in das Gebirge
hten, wo sie mich bis nach der Abreise unserer Schiffe
bergen könnten. Hiergegen versicherte ich aber, daß
Capitain auf keinen Fall die Bay ohne mich verlassen
de. Demzufolge begaben sich Terriobu und Kau
em Capitain Cook, für dessen Sohn sie mich hiel-
, und brachten ihr Gesuch, daß ich bey ihnen zurück-
ben möchte, förmlich bey ihm an. Um ein Anerbie-
, welches so viel theilnehmendes Gefühl verrieth,
t gerade zu von sich zu weisen, erwiederte er, daß
nich zwar diesmal nicht entbehren könne; allein künf-
s Jahr, wo er die Insel nochmals zu besuchen ge-
hte, würde er sich bemühen, alles nach ihrem Wunsch
urichten.

Früh Morgens am vierten, lichteten wir die Anker,
segelten, in Begleitung der Discovery und im Ge-
e einer großen Anzahl Kanots, aus der Bay. Ca-
in Cook hatte sich vorgenommen, die noch übrige
unbekannte Küste von Owaihi vollends zu unter-
hen, indem er sich noch einige Hofnung machte, da-
st eine etwas mehr geschützte Rheede, als die, wo
bisher gelegen, anzutreffen. Schlug diese Erwar-
g fehl, so wollte er die Südostseite von Mauwi in

Augenschein nehmen, wo, laut den Nachrichten eini
Insulaner, ein vortreflicher Hafen vorhanden seyn soll

Das Wetter war so wohl an diesem als am folg
den Tage sehr still, und wir konnten also nur sehr la
same Fortschritte nordwärts machen. Noch immer
gleiteten uns Einwohner in einer Menge von Kähn
und Terriobu gab dem Capitain dadurch einen ne
Beweis seiner Freundschaft, daß er ihm ein ansehnlic
Geschenk von Schweinen und Pflanzenspeise nachschic

In der folgenden Nacht suchten wir, mit Hi
eines leichten Lüftchens, das vom Lande her wehte, nc
wärts weiter zu kommen, und befanden uns am sech
(Februar) früh, nachdem wir die westliche Spitze
Insel umschifft hatten, einer tiefen Bay gegenüb
welche bey den Einwohnern Toe-yah-yah Toe-y
yah heißt. Es hatte großen Anschein, daß wir
einen sichern und bequemen Hafen antreffen würden,
im Ganzen die Lage gut gedeckt war, und sich nordostwä
einige schöne Wasserbäche zeigten. Hiemit stimmte a
Koahs Aussage völlig überein, der bis jetzt den C
tain Cook noch immer begleitete, und, uns zu gefal
den Namen Britanni angenommen hatte. Wir
ten daher ein Boot aus, und schickten den Lootsen,
unserm Britanni zum Geleitsmann, ab, um die B
zu untersuchen, während daß die Schiffe sich ebens
durch Laviren hinein arbeiteten.

Nachmittags überzog sich der Himmel, und
Windstöße, vom Lande her, wurden so heftig, daß
alle Segel einziehen, und unter dem einzigen Kreuzs
segel beylegen mußten. Zu Anfang des Sturms
ließen uns alle Kanots; auch rettete Herr Bligh,
Loots, bey seiner Rückkehr eine alte Frau und zu
Männer, deren Kanot der Wind umgeschlagen ha
Außer diesen Verunglückten befanden sich eine große

Frauenzimmer an Bord, welche die Männer, in Eilfertigkeit sich selbst zu retten, zurückgelassen hatten. Der Loots stattete nunmehr dem Capitain Cook sei Bericht ab. Er war bey einem Dorfe, dem einzigen, ches er an der Nordseite der Bay gesehen hatte, land gestiegen. Man hatte ihn zu einigen Brunnen führt, die er aber für unsere Absicht unbrauchbar be . Hierauf hatte er sich weiter in die Bay begeben, wel tief ins Land geht, und sich bis an den Fuß eines sehr die Augen fallenden hohen Berges am Nordwestende Insel erstreckt. Doch anstatt eines Hafens, den er auf Brittannis Versicherung zu finden gehofft, e er weiter nichts angetroffen, als eine niedrige mit ppen besäete Küste, und an derselben ein flaches Ko nlager, welches sich über eine Meile vom Ufer er ckte. Außerhalb desselben war, in einer Tiefe von nzig Faden, der Boden sandig. Während diesen ersuchungen hatte sich Britanni davon geschlichen, ches wir so auslegten, als ob er sich fürchtete zurück mmen, weil er uns unrecht berichtet hatte.

Gegen Abend ließ der Sturm etwas nach, und ge ete uns unsere Segel aufzuspannen. Allein um ternacht kehrte er mit solchem Ungestüm zurück, daß unsere beyden Marssegel dabey einbüßten. Gegen rgen am siebenten heiterte sich der Himmel auf; wir den frische Segel an die Stengen, und schifften mit ndem Winde weiter. Indeß hatte sich das Wetter n Mittag noch nicht entschieden, und da wir bis auf Seemeilen von der Küste abgekommen waren, ge ete sich keiner von den Einwohnern, in seinem Kahne ns zu kommen. Unsere Gäste mußten also, größten s wider ihren Willen, noch länger bey uns vorlieb nen, ob sie gleich alle von der Seereise krank waren, viele von ihnen ihre Säuglinge am Ufer zurückge n hatten.

Nachmittags näherten wir uns dem Lande, obsc der Wind noch öfters in heftigen Stößen kam. Un fähr in einer Entfernung von drey Seemeilen erblick wir ein Kanot mit zwey Männern, die vermuthlich letzten Sturm verschlagen worden waren. Sie ruder auf uns zu, und wir legten bey, um sie an Bord zu n men. Allein die Unglücklichen waren von ihrer Anstr gung so erschöpft, daß sie, wofern nicht einer von den sulanern, die sich im Schiffe befanden, ihnen zu Hülf ihr Kanot gesprungen wäre, dasselbe schwerlich allein dem Strick, den wir ihnen zuwarfen, befestigt ha würden. Wir hatten Mühe ihnen an den Seiten Schiffs hinauf zu helfen, und sie an Bord zu bring auch fanden wir jetzt in demselben Kanot ein Kind etwa vier Jahren, welches sie unter einen Queersitz bunden hatten, wo es nur mit dem Kopf über dem W ser hervorragte. Nunmehr erfuhren wir, daß sie be am vorletzten Morgen das Ufer verlassen, und seit Zeit weder Speise noch Trank zu sich genomm hät Wir reichten ihnen beydes mit der in solchen en wöhnlichen Vorsicht, und übergaben das Kind der P eines Weibes. Am folgenden Morgen hatten sie sämmtlich erholt.

Um Mitternacht hatte es indessen noch einen St abgesetzt, in welchem unser Fockmast so stark beschä worden war, daß wir, statt der im Nutkasunde gebrachten Ausbesserung, eine von Grund aus neue thig fanden, und zu dem Ende kein andres Mittel ü behielten, als den Mast auszuheben. Jetzt war noch die Frage, ob wir nach der Bay von Karakal zurück gehen, oder es darauf ankommen lassen sollten, in den Inseln unter dem Winde ein Hafen anzutre seyn würde. Jene Bay war freylich nicht so bequ daß sich nicht mit vieler Wahrscheinlichkeit noch ein unserm Vorhaben vortheilhafter gelegene hätte erwa

m; zudem hatten wir die dortige Gegend an Lebens-
tein schon so ziemlich erschöpft. Allein, von einer
ern Seite war die Gefahr zu groß, einen Ort, der
igstens ziemlich gedeckt war, zurückzulassen, ohne
der dahin zurückkehren zu können, und statt dessen
glich auf eine Hofnung zu bauen, welche doch fehlschla-
konnte, und uns alsdenn ohne Hülfe lassen mußte.
Indessen näherten wir uns dem Lande wieder, um
Einwohnern Gelegenheit zu geben, ihre Landsleute
unsern Schiffen abzuholen; allein, ob wir gleich um
tag nur eine Englische Meile vom Ufer entfernt wa-
, so kamen doch nur wenige Kanots zu uns ab, die
dazu gepropft voll Leute waren. Es blieb also kein
erer Rath, als ein Boot auszusetzen, und unsere
ste darin ans Land zu schicken. Der Loots begleitete
und bediente sich dieser Gelegenheit, um die Süd-
e der Bay (Toe-yah-yah) zu untersuchen; er
aber daselbst gar kein frisches Wasser.
Bey veränderlichem Winde und einer starken nach
rden fluthenden Strömung, kamen wir nur langsam
. Am neunten, des Abends um acht Uhr, überfiel
abermals ein heftiger Sturm aus Südost, und um
Uhr des Morgens entdeckten wir, mitten in einem
ungestümsten Windstöße, Brandungen dicht bey uns,
zwar diejenigen, welche wir bereits ehemals, etwas
dwärts von der Westspitze der Insel Owaihi, wahr-
ommen hatten. Es blieb uns gerade noch Raum genug
ig, um sie vermeiden zu können, und hierauf löseten
einige Kanonen, um der Discovery die Gefahr an-
igen.
Vormittags ward es ruhig, und wir erhielten Be-
von verschiedenen Einwohnern. Sie erzählten uns,
die neulichen Stürme großen Schaden angerichtet
ten, und daß mehrere große Kanots zu Grunde gegen wären. Den ganzen Tag hindurch lavirten wir

gegen den Wind, und waren noch vor Abend nur Englische Meile weit von der Bay (Karakakua); es indeß nicht rathsam war, im Dunkeln weiter zu ge kreuzten wir die Nacht hindurch ab und zu, und li endlich, am folgenden Morgen bey Tagesanbruch, Anker an unserm vorigen Ankerplatze fallen.

Drittes Hauptstück.

Verdächtiges Betragen der Einwohner bey serer Rückkehr nach der Bay von Karaka Ein Diebstahl an Bord der Discovery, und sen Folgen. Die Einwohner wagen einen An auf eines unserer Boote, und nöthigen die M schaft, dasselbe im Stich zu lassen. Capi Cooks Aeußerungen über diesen Vorfall. anderer Anschlag auf die Sternwarte. Der D covery wird ein Boot gestohlen. Capitain Co Maaßregeln, um solches wiederzubekommen. geht ans Land, um den König zu sich an B einzuladen. Der König wird durch seine Ge lin zurückgehalten, und es entsteht ein St Man erhält die Nachricht, daß einer von un Leuten einen Befehlshaber getödtet habe. Hie geräth alles in Gährung. Ein Befehlshaber drohet Capitain Cook, der ihn darauf ersch Die Einwohner wagen einen allgemeinen An Capitain Cooks Ende. Nachricht von seine leisteten Diensten, und Entwurf seines Charakt

Der elfte und zum Theil der zwölfte gingen damit hin, Fockmast auszuheben, und ihn mit den Zimmerleuten Land zu schicken. Außer dem Schaden, den wir schon vo merkt hatten, sahen wir jetzt noch, daß er ziemlich ange- st war, und in der Mitte ein so großes Loch hatte, daß bis fünf kleine Kohlköpfe darin Raum gehabt hätten. n Stück hatten wir noch die großen Blöcke von ro- r Toa- oder Keulenholze (*Casuarina*) an Bord, che wir anfänglich zu Ankerstöcken bestimmt hatten; e konnten so bequem zur Ausbesserung des Mastes ge- acht werden, daß wir ihn nicht abzukürzen brauchten. die Zeit nicht ungenutzt vorbey streichen zu lassen, hten wir die astronomischen Instrumente [illegible]s Land, errichteten unsere Zelte auf dem Mar[illegible] wohin) der Astronom, Herr Bayly begleitete. Unsere che bestand aus einem Corporal und sechs Seesolda- Die Priester, mit denen wir wieder im besten Ver- men lebten, belegten die Stelle, wo wir den Mast hin- acht hatten, mit dem Tabu, das ist, sie pflanzten rund diesen Ort ihre Stäbe auf, und untersagten dadurch Einwohnern den Zutritt zu demselben. Die Zimmer- e und andere Arbeiter konnten also ihre Geschäfte un- rt und in völliger Sicherheit betreiben. Unter diese iter gehörten auch die Segelmacher, welche den aden, den der Sturm an unsern Segeln verursacht e, in einem Hause neben dem Marai, welches die Priester zu dem Ende geliehen hatten, ausbes- mußten.

Ich komme nunmehr auf unsere Begebenheiten mit Einwohnern zurück, wodurch die traurige Catastro- des 14ten Februars stufenweise vorbereitet wurde. erstaunten schon, da wir vor Anker gekommen wa- nicht wenig über den großen Unterschied zwischen unse- etzigen und ehemaligen Aufnahme. Diesmal vernah- wir kein frohlockendes Geschrey, kein Gewirr und ümmel unter den Insulanern; die ganze Bay war und einsam; kaum schlichen sich hie und dort einzelne ne längs dem Ufer hin. Die Neugier, die einen so

großen Antheil an der ehemaligen Bewegung unter
Einwohnern gehabt hatte, konnte jetzt allerdings bef
digt seyn; allein von Leuten, die uns bisher mit so vi
Gastfreyheit bewirthet, und uns unter so vielen Freu
schaftsbezeugungen entlassen hatten, erwarteten wir bil
daß sie uns, wenn gleich nicht aus Neugier doch
freudiger Theilnehmung an unserm Wohlbefinden,
Frohlocken über unsere Wiederkehr hätten entgegen e
sollen.

Wir überließen uns allerley Muthmaßungen ü
diese ungewöhnliche Stille, bis unser Boot, welches
Kundschaft ans Land gegangen war, wieder zurückkeh
Der größte Theil unserer Besorgnisse verschwand,
wir erfuhren, daß Terriobu abwesend sey, und
Bay unter dem Tabu, oder Bann, zurückgelassen h
Die meisten von uns beruhigten sich bey dieser Nachri
andre waren indeß der Meynung: — oder waren es
leicht die nachfolgenden Ereignisse, die ihnen erst hin
her die Vermuthung einflößten? — in dem Betra
der Einwohner sey etwas Verdächtiges; das abgesch
tene Verkehr mit uns, in Abwesenheit des Königs,
nur ein Mittel sich zur Berathschlagung mit seinen
nehmen Zeit zu verschaffen; es werde wahrscheinlich
Frage entschieden, wie man sich gegen uns zu beneh
habe? Ob dieser Verdacht gegründet war, oder ob
einfachere Nachricht der Einwohner, der Wahrheit
her kam, konnten wir nie mit Zuverläßigkeit entschei
Es war freylich möglich, daß unsere schleunige Wie
kehr, ohne sichtbare Ursach, den Einwohnern auffa
und sie beunruhigen konnte. Es fiel uns auch
schwer, ihnen die Nothwendigkeit, die uns zurückge
ben hatte, begreiflich zu machen. Allein Terrio
erschien am folgenden Morgen und besuchte den Capi
Cook. In seinem Betragen war nichts Zweydeutig
und mit ihm kam die Menge der Einwohner zurück,

ten ihr friedliches Verkehr mit uns, im besten Vorhmen, fort, wie zuvor. Dies sind wenigstens starke
weise, daß sie eben so wenig ein verändertes Betra-
n im Schilde führten, als sie dergleichen von unserer
ite befürchten mochten.

Zur Bestätigung der letzteren Meynung dient ein
nstand, der sich schon bey unserm vorigen Hierseyn er-
gnete, und zwar den Tag vorher, ehe uns der König
suchte. Ein Insulaner hatte an Bord der Resolution
Schwein verkauft und den Kaufpreis bereits empfan-
n, als Paria hinzukam, und ihm rieth, das Schwein
cht so wohlfeil zu lassen. Diese Unart ward ihm sehr
arf verwiesen, und man stieß ihn hinweg. Bald darauf
rd das Tabbu über die Bay gesprochen, und schon
aubte jedermann, den Einwohnern sey das Verkehr
it uns aus keiner andern Ursach untersagt worden, als
gen der einem Befehlshaber angethanen Schmach.
an sieht, wie mißlich es ist, aus den Handlungen
es Volks, dessen Sprache und Sitten man nicht kennt,
lgerungen ziehen zu wollen; und nicht weniger, wie
le Schwierigkeiten es hat, bey so vieler Ungewißheit,
der kleinste Irrthum die nachtheiligsten Folgen haben
an, im Verkehr mit diesen Leuten allen Anstoß zu ver-
iden.

Bis Nachmittags am 13ten, ging alles ru... seinen
ang. Gegen Abend gab mir ein Officier von der Disc...
ry, der die Aufsicht über das Wasserfüllen am Lande hatte,
achricht, daß sich einige Befehlshaber am Brunnen un-
it des Strandes eingefunden, und die Insulaner, welche
zum Fortrollen der Tonnen als Gehülfen seiner Ma-
sen gemiethet gehabt, fortgejagt hätten; ihr ganzes
etragen schien dabey so verdächtig, als ob sie es bey
sem Unfug nicht bewenden lassen wollten. Auf sein Ver-
gen gab ich ihm einen Seesoldaten zu, der aber nur das
eitengewehr mitnehmen durfte. Nicht lange nachher

kam der Officier zum zweyten mal, und brachte die Nachricht, daß sich die Einwohner mit Steinen bewaffnet hätten, und sich sehr unbändig gebärdeten. Ich ging also selbst hin, und ließ mich von einem Seesoldaten mit seinem Schießgewehr begleiten. Als wir uns näherten, ließen die Insulaner ihre Steine fallen. Ich sprach hierauf mit einigen der Vornehmern, die nunmehr das zusammengelaufene Volk auseinander trieben, und denen, die sich willig finden ließen, ferner erlaubten, unsern Leuten beym Wasserfüllen behülflich zu seyn. Nachdem ich hier alles beruhigt hatte, ging ich dem Capitain Cook entgegen, den ich eben in seinem Boot aus Land kommen sah, und erstattete ihm Bericht von diesem Vorfalle. Er gab mir Befehl, auf den Fall, daß man uns mit Steinen würfe oder sonst übel begegnete, sogleich mit scharfgeladenem Gewehr auf die Angreifenden Feuer zu geben. Dem zufolge beorderte ich den Corporal, die Flinten der Schildwachen statt mit Schroot mit Kugeln laden zu lassen.

Als wir eben zusammen nach den Gezelten zurückkehrten, zog ein fortdauerndes Musketenfeuer von der Discovery unsere Aufmerksamkeit auf sich. Die Schüsse waren gegen ein Kanot gerichtet, das nach dem Lande hineilte und von einem unserer kleinen Boote verfolgt ward. Wir vermutheten sogleich, daß ein Diebstahl vorgegangen wäre; und der Capitain befahl mir mit einem Seesoldaten ihm zu folgen, und die Leute die aus dem Kanot aussteigen würden, in Verhaft zu nehmen. Wir liefen nach dem Ort hin, wo das Kanot anlanden mußte; aber als wir ankamen, hatten es die Leute schon verlassen, und waren entkommen.

Wir glaubten, die gestohlnen Sachen müßten von Wichtigkeit seyn, weil man deshalb so ernstliche Maßregeln ergriffen hatte; auch wußten wir damals noch nicht, daß sie zurück gegeben wären. Daher woll

ir die Hofnung sie wiederzubekommen nicht fahren lassen,
id entschlossen uns, den Flüchtlingen nachzusetzen. Wir
kundigten uns nach dem Wege den sie genommen hät-
n und folgten ihnen, bis es anfing dunkel zu werden,
wa drey Englische Meilen weit von unsern Gezelten.
ier kam es uns so vor, als wenn die Einwohner uns
it erdichteten Nachrichten nur immer weiter zu locken
chten; wir machten daher dem Nachsuchen ein Ende,
id kehrten an den Strand zurück.

Während unserer Abwesenheit hatte sich ein Austritt
n der ernsthaftesten und unangenehmsten Art zugetra-
n. Der Officier, den man in dem kleinen Boot ab-
schickt hatte, kehrte schon mit den gestohlnen und wie-
r erhaltenen Sachen an Bord des Schiffs zurück, als
gewahr wurde, daß Capitain Cook mit mir den Die-
n nachsetzte. Nun bildete er sich ein, er müsse das
n Strande aufgezogene Kanot in Beschlag nehmen.
nglücklicherweise gehörte es dem Paria, der in dem-
lben Augenblick von der Discovery hinzukam, und es
it vielen Betheurungen seiner Unschuld wieder ver-
ngte. Der Officier weigerte sich es herauszugeben;
e Mannschaft des andern Boots, welches auf den Ca-
tain wartete, schlug sich zu ihm, und nun entstand eine
schlägerey, wobey Paria mit einem Ruder einen so
ftigen Schlag auf den Kopf bekam, daß er zu Boden
irzte. Nunmehr fielen die Insulaner, welche in der
läbe zusammen gelaufen und bisher ruhige Zuschauer
blieben waren, unsere Leute mit einem solchen Steinre-
n an, daß diese in der äußersten Unordnung die Flucht er-
iffen, und nach einer vom Ufer etwas entlegenen Klip-
schwammen. Augenblicklich stürzten die Insulaner
er das Boot her, plünderten es rein aus, und würden
völlig in Stücken zerschlagen haben, wenn nicht Pa-
a selbst, der sich von seinem Schlag erholte, und ihn
ich schon zu vergessen schien, sein Ansehen gebraucht

hätte. Er trieb den ergrimmten Haufen fort, winkte u
sern Leuten, sie sollten wiederkommen und ihr Boot
Besitz nehmen, und gab zu verstehen, er würde s
Mühe geben, die herausgenommenen Sachen wie
herbey zu schaffen. In der That folgte er ihnen au
nachdem sie vom Lande abgegangen waren, in sein
Kanot mit eines Midschipmans Mütze, und einigen a
dern erbeuteten Kleinigkeiten nach. Er schien äuße
betroffen, und fragte, ob ihn Orono nun tödten, o
ob er ihm morgen erlauben würde an Bord zu komme
Als man ihm versicherte, er würde freundschaftlich auf
nommen werden, grüßte er den Officier nach Land
brauch durch gegenseitige Berührung der Nasen, u
ruderte dann nach dem Dorfe Kaurana hinüber.

Capitain Cook war über die Nachricht von dies
Vorfall sehr beunruhigt, und sagte: indem wir uns
rück an Bord begaben: „ich fürchte, diese Leute werd
mich zu gewaltsamen Maaßregeln zwingen; denn w
können es nicht zugeben, daß sie sich einbilden, sie h
ten einen Vortheil über uns errungen." Da es indess
Abend geworden war, konnte weiter nichts geschehe
und Capitain Cook begnügte sich also damit, daß er d
Insulaner, die sich an Bord seines Schiffs befande
Männer und Weiber ohne Unterschied, auf der Ste
fortjagen ließ. Sobald dies geschehen war, kehrte i
ans Land zurück.

Weil sich unser ehemaliges Zutrauen gegen die Ei
wohner durch ihr heutiges Betragen sehr verminde
hatte, verdoppelte ich die Wachen auf dem Mara
und befahl, man sollte mich rufen, so bald man jema
den am Strande lauren sähe. Um elf Uhr bemerkte m
fünf Insulaner, welche am Fuß des Marai umherkr
chen, und sich mit vieler Behutsamkeit uns zu nähe
schienen, aber sobald sie sahen, daß sie entdeckt wäre
sich aus dem Staube machten. Um Mitternacht wag

wieder einer dicht an die Sternwarte. Allein als die
childwache eine Kugel über seinen Kopf weg schoß,
rif er sammt den übrigen die Flucht, und wir hatten
die Nacht über Ruhe.

Am folgenden Morgen begab ich mich bey Tagesan-
ch an Bord der Resolution, um die Längen-Uhr abholen. Schon unterwegs riefen mich einige von der
iscovery an, um mir zu erzählen, daß ihr Boot in
Nacht von dem Ankerboy, woran es festgelegen,
gemacht und weg gestohlen worden sey.

Als ich an Bord kam, fand ich die Seesoldaten un-
den Waffen, und Capitain Cook war im Begrif
e Flinte mit doppeltem Laufe zu laden. Ich fing an
n zu erzählen, was in der Nacht vorgefallen sey, er
terbrach mich aber voll Eifer, und sagte mir: „das
oot der Discovery sey verloren, und er mache Anstalt
wieder zu bekommen. In dieser Absicht werde er sich
es Mittels bedienen, welches ihm in Fällen, wo et-
s von Wichtigkeit entwendet werden, noch niemals
lgeschlagen sey; er würde nämlich den König oder ei-
e der Vornehmsten Erihs an Bord zu bekommen
hen, und sie daselbst so lange als Geisel gefangen hal-
, bis er das Boot zurück bekommen hätte. Auch
be er Befehl ertheilt, alle Kanots anzuhalten, die sich
terstehen würden, die Bay zu verlassen; denn er sey
llens, sich ihrer zu bemächtigen und sie in Stücken zer-
lagen zu lassen, wofern er nicht in Gutem zu seinem
veck kommen könne." Dem zufolge wurden die Boote
n beyden Schiffen voll bewafneter Mannschaft in der
ay umher postirt; und noch ehe ich das Schiff verließ,
tte man bereits auf einige Kanots, welche zu entkom-
en suchten, Kanonen abgefeuert.

Zwischen sieben und acht Uhr verließen Capitain
ook und ich das Schiff zu gleicher Zeit. Er nahm in
inem Boote Herrn Lieutenant Phillipps und neun See-

soldaten mit, und ich ging in einem kleinen Boote zu u
sern Arbeitern am Strande zurück. Capitain Cook g
mir, ehe wir uns trennten, noch den letzten Auftrag,
sollte die Einwohner auf unserer Seite der Bay besä
tigen, und sie versichern, es würde ihnen kein Leides
schehen; ferner, ich sollte meine Leute zusammenhal
und auf meiner Hut seyn. Hierauf fuhr er nach Ka
raua, dem Aufenthalt des Königs, und ich an d
Strand. Den Seesoldaten ertheilte ich sogleich die
messensten Befehle, das Zelt nicht zu verlassen, ihre G
wehre scharf zu laden, und sie nie aus der Hand zu leg
Dann ging ich in die Hütten des alten Kau und
Priester, und erklärte ihnen, so gut ich mich verständl
machen konnte, was jene feindliche Anstalten, worü
sie schon in große Bestürzung gerathen waren, zu bed
ten hätten. Daß uns ein Boot gestohlen worden s
wußten sie bereits. Ich versicherte sie, daß ihnen, u
den Bewohnern des dießeitigen Dorfs nicht die minde
Gefahr bevorstände, obgleich der Capitain entschloss
sey, sich das Boot wiederzuverschaffen und die Urhe
des Diebstahls zu bestrafen. Diese Erklärung mußt
die Priester auf mein Verlangen, dem Volke mitth
len, und es zugleich ermahnen, sich ohne Furcht, al
ruhig und friedlich zu verhalten. Kau fragte mich se
dringend, ob Terriobu in Gefahr sey? Ich betheue
ihm das Gegentheil, und beruhigte dadurch sowohl i
selbst als seine Amtsbrüder.

Während der Zeit hatte Capitain Cook noch unt
weges das große Boot, welches an der Nordspitze d
Bay lag, von diesem Posten abgerufen, und mit si
nach Kauraua genommen. Er stieg mit dem Lieu
nant und den neun Soldaten ans Land, und marschi
dann in das Dorf. Hier ward er mit den gewöhnlich
Ehrenbezeugungen empfangen, das Volk warf sich nämli
zur Erde nieder, und man brachte ihm, so wie es sor

schehen war, Opfer von kleinen Ferken. Da noch kei
n Insulaner von seinem Vorhaben das Geringste ahn
e, erkundigte er sich nach Terriobu, und seinen bey
 Söhnen, ein Paar Knaben, die an Bord des Schif
 seine beständigen Gäste gewesen waren. Die Kna
 kamen mit den Insulanern, die man nach ihnen ausge
ickt hatte, bald zum Capitain, und führten ihn sogleich in
 Hütte, wo Terriobu die Nacht zugebracht hatte,
 so eben erwacht war. Capitain Cook lenkte das
espräch auf das gestohlene Boot, und merkte bald, daß
 König nichts von dem Anschlage gewußt habe. Die
nladung des Capitains, sich mit ihm einzuschiffen und
 Tag an Bord des Schiffes zuzubringen, nahm Ter
obu an und stand schon auf, um ihn zu begleiten.

Alles ging nach Wunsch. Die beyden Knaben saß
 bereits in dem Boote, und die übrige Gesellschaft
herte sich dem Seeufer, als eine Frau bey Jahren,
amens Kani-kabaria, die Mutter der beyden
naben, und eine von des Königs geliebtesten Frauen,
n nachfolgte, und ihn mit vielen Thränen bat, er
öchte sich ja nicht an Bord begeben. Zu gleicher Zeit
nen zwey Befehlshaber, welche mit ihr gekommen
ren, hinzu, hielten den König zurück, bestanden drauf,
ß er nicht weiter gehen sollte, und nöthigten ihn mit
ewalt sich niederzusetzen. Von allen Seiten her, ver
mmelten sich die Einwohner, denen das Kanonenfeuer
d die Anstalten in der Bay vermuthlich schon große
nruhen verursacht hatten, und drängten sich an den
apitain Cook und ihren König heran. Als der Lieute
nt seine Leute mitten im Gedränge sah, wo sie im Noth
ll ihre Gewehre nicht brauchen konnten, that er dem
apitain den Vorschlag, sie auf den Klippen längs dem
fer in eine Linie zu stellen. Der Haufe machte ihnen
gleich Platz, und sie postirten sich ungefähr dreyßig
chritte weit von dem Orte, wo der König sich nieder

gelassen hatte, und wo er noch voll Schrecken und B
stürzung saß. Capitain Cook, der sein Vorhaben ni
gern aufgeben wollte, drang ferner mit allem Nachdr
in ihn, er möchte sich entschließen weiter zu gehen. (
oft aber der König sich geneigt bezeigte, dem Capitain
folgen, traten die Befehlshaber hervor, und hiel
ihn zuerst mit Bitte und Vorstellungen und hernach
offenbarer Gewalt zurück. Alle waren in der größ
Unruhe, und es blieb gar keine Hofnung übrig, o
Blutvergießen den König entführen zu können. Als (
pitain Cook dies bemerkte, ließ er sein Vorhaben e
lich fahren, und sagte zu Herrn Phillips: man k
ihn nicht mit Gewalt an Bord bringen, ohne das Le
vieler Einwohner in Gefahr zu setzen.

Der Anschlag, welchen Capitain Cook am La
ausführen wollte, war also mislungen; doch war
seine Person nicht einmal ein Schatten von Gefahr v
handen, bis ein Nebenumstand der ganzen Sache ei
andern Ausschlag gab. Einige Kanots hatten sich v
Lande zu entfernen gesucht; die in der Bay posti
Boote hatten Feuer auf sie gegeben, und unglücklic
weise war durch den Schuß ein Oberhaupt vom er
Range gefallen. Capitain Cook ging, als er vom K
nige zurück kam, ganz gemächlich nach dem Stra
hin, als die Nachricht von diesem Todesfall sich e
im Dorfe verbreitete. Alles gerieth sogleich in die
genscheinlichste Gährung. Die Männer schickten i
Weiber und Kinder fort, legten ihre Kriegs-Matten
und bewafneten sich mit Spießen und Steinen. (
ner trat, mit einem Stein und einem langen eiser
Dolch*) in der Hand, zum Capitain heran, schwenkte i

*) Die Einwohner haben eine Art Waffen, welche sie Pah
nennen. Denselben Namen gaben sie den langen eiser

Hohn, sein Gewehr, und drohte ihm mit dem eine. Umsonst rief ihm Capitain Cook zu, er sollte ruhig verhalten; endlich wurd er durch den Ueber- h des Menschen so gereizt, daß er eine Ladung Schroot ihn abschoß. Das Schroot prellte aber ab, und der huß that weiter keine Wirkung, als daß er die Ein- ner nur noch mehr erbitterte und noch verwegener hte, so daß sie anfingen, die Soldaten mit Steinen werfen. Ein Ehri wollte Herrn Phillips mit Dolch erstechen, verfehlte ihn aber, und bekam da- einen Schlag mit dem Flintenkolben. Jetzt that itain Cook den zweyten Schuß mit einer Kugel, und kte dadurch einen der vordersten Insulaner nieder. s war gleichsam das Signal zu einem allgemeinen einregen, der mit einem Musketenfeuer von den Sol- n und aus den Booten erwiedert ward. Wider alle vartung hielten die Insulaner das Feuer mit uner- ockenem Muthe aus, und ehe man von neuem laden nte, fielen sie mit schrecklichem Geheul auf unsere nnschaft los. Und nun erfolgte ein gräßlicher Auf- t voll der äußersten Verwirrung.

Vier Seesoldaten wurden im Rückzuge zwischen den ppen abgeschnitten und der Wuth der Feinde geop- , und drey andere gefährlich verwundet. Der Lieu- nt bekam einen Dolchstich zwischen den Schultern; h hatte er zum Glück seinen Schuß noch aufgehoben, erschoß den Kerl, als er eben im Begriffe war, ihm zweyten Stoß zu versetzen. Unser unglücklicher Be- lshaber stand, als man ihn zum letztenmal deutlich sah, Rande des Wassers, und rief den Bootsleuten zu, sie

---

Nägeln, die vermuthlich, um gangbarer gemacht zu werden, am Bord der Schiffe umgeschmiedet wurden, damit sie einige Aehnlichkeit mit den inländischen Pahuas erhielten. G. F.

sollten mit feuern einhalten und ans Land rudern. Ein
von unsern Leuten, welche bey diesem Auftritte zuge
waren, behaupteten: man habe, ohne seinen Wink
erwarten, angefangen Feuer zu geben, und er sey ä
serst bemühet gewesen, allem weitern Blutvergie
Einhalt zu thun. War dies der Fall, so läßt sich
vieler Wahrscheinlichkeit behaupten, daß seine Men
lichkeit ihm das Leben gekostet hat; denn so lange er
Insulanern die Spitze bot, wagte es keiner, die H
gegen ihn aufzuheben, indem er sich aber umwandte,
den Booten seine Befehle zu ertheilen, stieß man i
den Dolch in den Rücken, und er stürzte ins Wasser
sich hin. Da ihn die Insulaner fallen sahen, erho
sie ein großes Jubelgeschrey, schleppten den Leichn
ans Land, und rissen einander den Dolch aus den H
den, um ihn mit wilder Wuth zu zerfleischen.

So fiel unser großer, vortreflicher Befehlshab
Nicht zu frühzeitig für ihn selbst, für ihn, dessen Le
eine Reihe großer glänzender und glücklicher Untern
mungen war, und der die Vollendung des großen G
schäftes, wozu die Vorsicht ihn nur geboren werden
noch erlebte. Nur den Genuß des Ruhms, den er
reits errungen hatte, entriß ihm der Tod. Diejeni
aber, die sich auf seine weise Führung voll Zuversi
verließen, denen seine theilnehmende Vorsorge ihre B
schwerden erleichterte, und Trost in ihren Mühseligk
ten gab, fühlten seinen Verlust tief, und bejammer
ihn unaussprechlich. Wer könnte auch unser Schrec
und die allgemeine Bestürzung mahlen, die auf einen
furchtbaren als unerwarteten Schlag erfolgte! Ich wen
lieber den Blick von dieser Trauerscene hinweg, und
trachte die Hauptzüge in dem Charakter des großen Ma
nes. Folgender kurzer Entwurf von seinem Leben u
seinen Thaten ist zugleich das letzte Opfer, das ich sein
Andenken darbringen kann!

Capitain James (Jacob) Cook ward im Jahr 27 unweit Whitby in Yorkshire geboren. In er Jugend gab man ihn zu einem Krämer auf einem achbarten Dorf in die Lehre. Allein seine Neigung mte mit dieser Beschäftigung so wenig überein, daß bald aus Ueberdruß den Laden verließ, und auf eige Antrieb zu einem Kohlen-Schiffer ging, bey dem er n Lehr-Jahre aushalten mußte. Beym Ausbruch Krieges im Jahr 1755 trat er in königliche Dienste, kam an Bord des Schiffes Eagle (Adler) welches als Capitain Hamer und in der Folge Sir Hugo lliser commandirte. Letzterer entdeckte bald seine rdienste, und brachte ihn auf das Quarterdeck*).

Im Jahr 1758 war er Loots im Northumber nd, dem Admiralschiff derjenigen Flotte, welche Lord lville an der Küste von Amerika commandirte. r las er, wie er mir oft selbst erzählt hat, während es harten Winters zum erstenmal den Euklides, und dirte ohne weitere Anleitung, durch eigenen Fleiß einigen wenigen Büchern Mathematik und Stern de. Zu eben dieser Zeit, wo er das Mangelhafte er früheren Erziehung zu ersetzen, und sich neue nntnisse zu erwerben suchte, hatte er großen Antheil den geschäftigsten Auftritten des Krieges in Amerika. r Admiral Sir Carl Saunders, wählte ihn bey Belagerung von Quebec zu den wichtigsten nauti en Dienstgeschäften. Bey dem Angrif zu Mont reucy führte er die Boote an, begleitete sie bis zu Anhöhen von Abraham, untersuchte die ganze

*) Quarterdeck ist dasjenige Verdeck über dem Hintertheil des Schiffs, wo die Officiere auf- und abgehen dürfen. Der Ausdruck, jemanden auf das Quarterdeck bringen, heißt also ihn zum Officier machen, worunter aber auch Midschipmen, Lootsengehülfe und Lootsen gehören. G. F.

Fahrt, und legte Boyen, damit die großen Schiffe d
sicherer den Fluß hinabsegeln konnten. Der Muth
die Geschicklichkeit, womit er dieses Geschäft ausfüh
erwarben ihm die Freundschaft des Admirals, und
Lord Colville, die auch Zeitlebens seine eifrige Fürs
cher blieben. Als der Krieg zu Ende war, erhielt er
Lord Colville's und Sir Hugo Palliser's E
pfehlung den Auftrag, den Meerbusen St. Lor
und die Küsten von Neufundland aufzunehmen. D
ses Geschäft setzte er bis ins Jahr 1767 fort, da
Sir Eduard Hawke zum Anführer einer Reise n
der Südsee ausersah, welche zur Beobachtung
Durchgangs der Venus angestellt, und wobey zugl
Entdeckungen in jenem Meere gemacht werden sollten

Seine Dienste von der Zeit an, sind zu bekannt,
hier angeführt zu werden, und sein Ruhm ist verh
nißmäßig zu hoch gestiegen, als daß er meines Lobes
dürfte. Offenbar war Capitain Cook recht eigentlich
Unternehmungen dieser Art geboren, und besaß die d
erforderlichen Eigenschaften im höchsten Grade. Fr
Gewohnheit und Uebung, der ganze Gang seines D
stes, und die immer rege Betriebsamkeit seines Gei
erhoben ihn gemeinschaftlich auf eine Stufe der Vollk
menheit in seiner Kunst, die nur sehr Wenige erreich

Sein Körper war von dauerhafter Natur, zur
heit abgehärtet, und konnte das härteste Ungemach
dulden. Sein Magen verdaute die gröbsten und un
genehmsten Speisen. Mäßigkeit war bey ihm im Gru
kaum noch eine Tugend, da es ihm nichts kostete,
jeder Art von Enthaltung zu unterwerfen. Eben so
und stark als sein Körper, waren auch die Eigenschaf
seines Geistes. Sein Verstand war hell und weitum
send; seine Beurtheilungskraft, in allem, was auf s
Dienstgeschäfte Beziehung hatte, schnell und sich
seine Entwürfe hatten männliche Kühnheit, und tru

ohl in der Anordnung als in der Ausführung, das
ginelle Gepräge des Genies. Sein Muth war kalt
entschlossen, und im Augenblick der Gefahr von be-
underswürdiger Gegenwart des Geistes begleitet.
ine Sitten waren einfach und kunstlos. Vielleicht
nte man seinem Temperamente Hitze und Leidenschaft
werfen, wenn nicht sein äußerst wohlwollendes und
schenfreundliches Gefühl auch diese entwafnet hätte.
Dies sind nur schwache Umrisse von Capitains Cooks
rakter. Aber der hervorstechendste Zug darin ist die
erwährende Beharrlichkeit in der Ausführung seines
ptzwecks; eine Eigenschaft, wodurch er nicht nur alle
fahren und alles Ungemach überwand, sondern auch
Mangel der gewöhnlichen Erholung nicht fühlte.
ährend der langen mühsamen Reisen, die er unter-
m, ließ seine Thätigkeit und sein Eifer nicht einen
genblick nur im geringsten nach. Keine zufällige Ver-
ung konnte ihn nur eine Minute zurückhalten. Selbst
Zwischenräume der Erholung, welche zuweilen un-
meidlich waren, und von uns allen mit Verlangen
rtet wurden, litt er, so leicht auch ein jeder, der
Anstrengung des Dienstes kennt, ein Verlangen nach
olung entschuldigen wird, nur mit einer Art von Un-
ld, wenn er nicht zu gleicher Zeit den Vortheil dar-
ziehen konnte, zur ferneren Ausführung seines Ent-
ungsplans Anstalten zu treffen.

Es wäre überflüßig, hier die Begebenheiten anzu-
len, wo diese Eigenschaften, während seiner großen
wichtigen Unternehmungen, am meisten hervorleuch-
. Ich begnüge mich damit, daß ich das Resultat
r Bemühungen, unter den beyden Rubriken: Geo-
phie und Schiffahrt angebe, und jede in ein
s Licht stelle.

Keine Wissenschaft hat wohl jemals durch Einen
n so großen Vortheil gewonnen, als die Geogra-

phie durch den Capitain Cook. Während seiner er Reise entdeckte er die Societäts-Inseln, bestim den Umfang von Neu-Seeland, entdeckte die Me enge, welche beyde Inseln trennt und seinen Na führt, und nahm die ganze Küste derselben auf. H auf entdeckte und untersuchte er die bis dahin gänzlich bekannt gebliebene Ostküste von Neuholland, einer Strecke von mehr als sieben und zwanzig Gra der Breite, oder über zwey tausend Englischen Meil

Auf der zweyten Reise löste er das große Prob von einem südlichen festen Lande und durchschiffte Halbkugel zwischen dem 40 und 70sten Grade der Br dergestalt, daß er den Wahn von dem Daseyn jenes geblichen Landes vernichtete, wenn nicht etwa noch g nahe am Pol, wohin die Schiffahrt nicht dringen ka Land vorhanden seyn sollte. Während dieser Untern mung entdeckte er Neu-Caledonien, welches n Neuseeland die größte Insel im südlichen st Meere ist; ferner die Insel Georgien, und eine bekannte Küste, die er Sandwich-Land benan und die das Thule der südlichen Halbkugel ist. A bestimmte er die Lage verschiedener früheren Entdec gen, und fügte, während eines zweymaligen Bes innerhalb der Wendekreise, mehrere neue hinzu.

Vor allen aber zeichnet sich die Fahrt, deren schichte wir jetzt erzählen, durch den Umfang und Wichtigkeit der Entdeckungen aus, die darauf gem worden sind. Außer einigen kleineren Eilanden im lichen Theile des stillen Meeres, entdeckte er, nordw vom Aequator, die Gruppe der Sandwichs-Ins die vermittelst ihrer Lage und ihrer Produkte vor allen dern Entdeckungen im Südmeere eine wichtige Bezieh auf den ganzen Zusammenhang der Europäischen S fahrt haben können. Hierauf erforschte er was noch der Westamerikanischen Küste zu entdecken übrig

schen dem 43sten und 70sten Grad der Breite, in
r Strecke von drey tausend fünfhundert Englischen
eilen; er setzte die Nähe der beyden Continente Asien
Amerika außer Zweifel; ging durch die Meerenge,
lche diese Welttheile trennt, und untersuchte die Kü-
n zu beyden Seiten so weit gen Norden, daß er bün-
darthun konnte: eine westliche oder östliche Durch-
rt aus dem stillen Meer in das Atlanti[illegible]che sey unmög-
h. Mit einem W[illegible]: die See von Amur und den
panesischen Archipelagus ausgenommen, wel-
den Europäern noch wenig bekannt sind, hat er die
drographie der bewohnbaren Erde vollendet.

Als Seemann waren seine Dienste vielleicht nicht
nder glänzend und sicherlich nicht minder verdienstlich
r wichtig. Die Methode die Gesundheit der See-
te zu erhalten, welche er entdeckt und mit so glückli-
m Erfolg angewendet hat, macht Epoche in der
hiffahrt, und bringt seinen Namen unter den Freun-
und Wohlthätern des Menschengeschlechts, auf künf-
Jahrhunderte.

Wer die Geschichte der Schiffahrt kennt, braucht
ht erst zu lernen, wie theuer man ehemals die Vor-
ile erkaufte, welche nur durch lange Seereisen er-
ht werden können. Die furchtbare Krankheit, welche
dergleichen Unternehmungen unzertrennlich ist, pflegte
den Entdeckungsfahrten ehedem so schrecklich zu wü-
n, daß die bloße Erzählung davon beynahe zu grau-
d ist. Ohne eine unverantwortliche Tyranney über
Leben unserer Seeleute ausüben zu wollen, hätte man
lich dieses Hinderniß als unübersteiglich ansehen,
auf Unternehmungen von dieser Art gänzlich Ver-
t thun müssen. Aber Capitain Cook war dazu be-
nmt, der Welt durch wiederholte Versuche zu zeigen,
man Entdeckungsreisen in unbekannten Gegenden,
mit beständigem Wechsel des Clima's, zu der unge-

wöhnlichen Länge von drey oder vier Jahren ausdeh
könne, ohne der Gesundheit der Seeleute zu schad
oder auch nur die Wahrscheinlichkeit der Erhaltung
mindesten zu verringen. Die von ihm befolgte M
thode beschreibt und erläutert er selbst in einem Aufsa
welcher im Jahr 1776 in der königlichen Gesellsch
der Wissenschaften vorgelesen ward, und dem die G
sellschaft die goldne Schaumünze des Ritters Go
fried Copley zuerkannte. Die etwa noch dazu
hörigen neuen Bemerkungen, welche er auf der geg
wärtigen letzten Reise aus Erfahrungen zog, komm
an ihrem Orte vor.

Seine Geschicklichkeit als Seemann mögen diej
gen beurtheilen, die von dieser Art des Dienstes ei
Begrif haben. Wer drey Entdeckungsfahrten von so
gewöhnlicher Dauer, womit soviel Gefahr und Schw
rigkeit verbunden war, in so vielen verschiedenen
gen, mit einem so gleichförmigen und unabänderl
glücklichen Erfolg, ausführen konnte, dem wird
leicht nicht nur eine gründliche und genaue Kenntniß
nes Geschäftes, sondern auch ein viel umfassendes, gro
Genie, einen Reichthum an Hülfsmitteln, und e
gleiche Fertigkeit sowohl in den größten als in den ge
sten Gegenständen des Dienstes zugestehen.

Nach dieser getreuen Nachricht von dem Tode m
nes stets verehrten Freundes, die theils aus eigner B
obachtung theils aus der Erzählung andrer geschöpft
und nach einer kurzen Uebersicht seines Charakters
seiner Verdienste, überlasse ich nun sein Andenken
Dankbarkeit und Bewundrung der Nachwelt, und
nieße mit Wehmuth der ehrenvollen Auszeichnung,
mir durch seinen Verlust zu Theil geworden ist: daß
auf dem Titel dieses Werks meinen Namen zu dem
nigen hinzugefügt sehe, und seinem Andenken die

gung und Ehrerbietung bezeigen kann, die ich ihm ßt, so lange er lebte, aus innerm Antrieb zu erwei bemühet war.

Viertes Hauptstück.

Begebenheiten, welche der Tod des Capitain ook in Owaihi veranlaßte. Tapferes Be-ngen eines Lieutenants der Seesoldaten. Ge-hrliche Lage unserer Leute auf dem Marai. Ta-erkeit eines Einwohners. Berathschlagung we-n künftiger Maaßregeln. Forderung an die inwohner, den Körper des Capitains auszulie-rn. Ausflüchte und hinterlistige Aufführung s Koah, und der übrigen Oberhäupter. Fre-es Betragen der Einwohner. Beförderung der fficiere. Ankunft zweyer Priester mit einem heil des Leichnams. Sonderbare Handlung eyer Knaben. Das Dorf Kakua wird in rand gesteckt. Unglückliche Vernichtung der riester Wohnung. Ausliefrung der Gebeine des pitain Cook. Abreise von Karakakua-ay.

Wie schon erzählt worden ist, wurden viere von den eesoldaten, die den Capitan Cook begleitet hatten, ch die Einwohner auf dem Platze getödtet; die übri nebst ihrem Lieutenant, Herrn Phillips, warfen in das Wasser, und retteten sich unter dem Schutze es scharfen Feuers von dem Boote. Bey dieser Ge-enheit gab Herr Phillips einen auffallenden Be-s von Tapferkeit und Liebe für seine Leute. Er hatte

kaum das Boot erreicht, als er einen von den Seesold-
ten, der nicht sonderlich schwimmen konnte, mit de
Wellen kämpfend und in Gefahr schweben sah, von der
Feinde ergriffen zu werden; sogleich sprang er, ungeach
tet er selbst stark verwundet war, zu seinem Beystand in
Wasser, und ob er gleich einen so heftigen Steinwurf a
den Kopf bekam, daß er selbst beynahe untergesunke
wäre; so ergriff er dennoch den Soldaten, und brach
ihn in Sicherheit.

Unsere Leute in den Booten, die während des ga
zen Vorganges nur etwa zwanzig Schritte vom Lande g
standen hatten, unterhielten noch einige Zeitlang ein he
tiges Feuer, um ihren unglücklichen Kameraden, i
Fall noch einer oder der andere von ihnen lebte, Gel
genheit zu geben, daß sie entkommen könnten, und
aben der Absicht wurden einige Kanonenschüsse von d
Resolution gethan. Als die Einwohner dadurch endli
zum Weichen gebracht wurden, eilten fünf von unse
jungen Cadetten in einem kleinen Boote nach dem Uf
hin, wo sie die Körper ihrer Landsleute ohne Lebensz
zeichen auf der Erde liegen sahen. Da sie ihre Amm
nition meistens schon verbraucht hatten, und ihrer ei
so geringe Anzahl war, hielten sie es für gefährlich d
Leichnahme hinweg schaffen zu wollen, ließen sie dah
nebst zehn Gewehren in dem Besitz der Einwohner, u
kehrten zu den Schiffen zurück.

Sobald man sich von der allgemeinen Bestürzun
welche dieser unglückliche Vorfall unter der Mannsch
beyden Schiffe verbreitete, etwas erholt hatte, erinner
man sich an unsere Leute bey dem Marai, wo der Ma
und die Segel nur unter einer Bedeckung von sech
Mann am Lande lagen. Unmöglich kann ich meine Un
ruhe während dieses ganzen Vorganges schildern. D
wir uns nur eine kleine Englische Meile weit von de
Dorfe Kauraua befanden, konnten wir deutlich seh

ß sich ein ungeheurer Haufen auf dem Platze versam- melte, wo Capitain Cook eben gelandet war; auch hörten wir das Musketen-Feuer, und bemerkten ein außerordentliches Gewirre und Bewegung unter dem Haufen. Nachher sahen wir die Einwohner fliehen, die Boote aber vom Lande abstoßen und in großer Stille zwischen den Schiffen hin und her fahren. Mein Herz ahndete nichts Gutes, auch war es, da es auf ein so theures schätzbares Leben ankam, unmöglich, bey so befremdenden, drohenden Anzeigen ruhig zu bleiben. Ich wußte außerdem, daß der Capitain, durch einen langen ununterbrochen glücklichen Fortgang seiner Unterhandlungen mit den Bewohnern dieser Inseln, so viel Zutrauen zu ihnen hatte, daß ich immer fürchtete, es möchte ihn einmal in einem unglücklichen Augenblick zu unachtsam machen; und jetzt überdachte ich die ganze Gefahr der ihn dieses Zutrauen aussetzte, ohne eben vielen Trost aus der Erfahrung schöpfen zu können, durch die es veranlaßt worden war.

Das Volk, welches in großer Anzahl um die Mauern unsres geheiligten Feldes versammlet war, schien eben so verlegen als wir selbst, wie alles, was sie sahen und hörten, zu erklären wäre; ich versicherte also, sobald ich das erste Musketen-Feuer hörte, sie sollten nicht beunruhigt werden, und ich wünschte auf alle Fälle, Frieden mit ihnen zu halten. In dieser Lage blieben wir, bis die Boote an Bord zurück gekehrt waren. Als aber Capitain Clerk durch sein Seherohr bemerkte, daß wir von den Einwohnern umringt waren, befürchtete er, sie möchten uns angreifen, und ließ mit zwey vierpfündigen Kanonen auf sie feuern. Glücklicherweise thaten die Kugeln, so gut man auch gezielt hatte, keinen Schaden; indeß gaben sie den Einwohnern einen augenscheinlichen Beweis von ihrer großen Wirkung; denn eine derselben brach einen Kokosnußbaum, unter welchem eine Anzahl von ihnen saß, in der Mitte ab, und die andere zersplitterte einen Felsen, der in einer geraden Linie mit ihn stand. Da ich ihnen eben auf das eifrigste betheu hatte, daß sie sich in völliger Sicherheit befänden, w ich über diesen feindlichen Angrif äußerst betreten, u schickte, damit er nicht wiederholt würde, sogleich Boot an den Capitain Clerke, und ließ ihm sage ich stände noch bis jetzt mit den Einwohnern im freun schaftlichsten Vernehmen; wenn mich aber in der Fol die Umstände nöthigen sollten, mein Betragen gegen zu ändern, so würde ich eine Fahne aufstecken, um ih anzuzeigen, daß er uns Beystand leisten möchte.

Wir erwarteten nunmehr die Rückkehr des Boot mit der äußersten Ungeduld. Nach einer Viertelstun die wir unter der quälendsten Angst und Ungewißheit z brachten, kam Herr Bligh, und bestätigte unsre Fur nur zu sehr. Zugleich brachte er uns Befehl, die Z ter so schnell als möglich abzubrechen, und die Seg die zum ausbessern am Lande waren, an Bord zu schick Während der Zeit hatte auch unser Freund Kärik von einem Einwohner, der von der andern Seite d Bay gekommen war, Capitain Cook's Tod erfahre und kam bekümmert und niedergeschlagen zu mir, um fragen, ob diese Nachricht gegründet sey?

Unsere Lage war jetzt sehr kritisch und gefährlich; u ser Leben stand auf dem Spiel, und überdem kam auch auf den Ausgang der ganzen Unternehmung u auf die Rückkehr eines unsrer Schiffe an. Der M der Resolution und unsere meisten Segel, deren Verl unersetzlich gewesen wäre, lagen unter der geringen B deckung von sechs Seesoldaten, am Ufer, und obsch die Einwohner bis jetzt noch nicht die geringste Neigu geäußert hatten, uns zu beleidigen, so war es doch se ungewiß welche Wirkung die Nachricht von dem Vo gang in Kauraua auf sie thun würde. Damit nic

wa die Furcht vor unsrer Rache, oder das glückliche
}eyspiel, welches die Einwohner vor sich sahen, sie an-
eiben möchte, die gegenwärtige vortheilhafte Gelegen-
:it zu nutzen und uns einen zweyten Streich zu versetzen,
ıb ich vor, ich glaube die Nachricht von Capitain
ooks Tode nicht, und bat zugleich den Kärikia, er
öchte ihr wiedersprechen. Zugleich gab ich ihm den
ath, den alten Kau und die übrigen Priester in
n großes Haus nahe an dem Marai zu bringen, theils
n sie, im Fall es aufs äußerste käme, zu sichern, theils
n ihn in der Nähe zu haben, und mich, wo möglich,
ines Ansehens bey dem Volke zur Erhaltung des Friedens
dienen zu können. Nunmehr stellte ich die Seesoldaten
f die Höhe des Marai, einem starken vortheilhaften
osten, befahl Herrn Bligh auf das strengste, nur ver-
eidigungsweise zu verfahren, und ging dann an Bord
r Resolution, um dem Capitain Clerke unsre gefährliche
ige vorzustellen. Sobald ich das Ufer verließ, griffen
e Einwohner unsere Leute mit Steinen an, und kaum
ıtte ich das Schiff erreicht, als ich die Seesoldaten
hon feuern hörte. Ich kehrte daher unverzüglich an
ıs Ufer zurück, und fand daselbst, daß die Umstände
it jedem Augenblick drohender wurden. Die Einwoh-
:r bewafneten sich, legten ihre Matten an, und ihre
nzahl vergrößerte sich zusehends. Ich bemerkte auch
rschiedene große Haufen, die längs den jähen Felsen
f uns zukamen, welche das Dorf Kakua von der
lordseite der Bay trennen, an welcher das Dorf Kau-
aua liegt. Anfangs warfen sie hinter der Mauer her-
or, womit ihre Pflanzungen umgeben sind, Steine nach
ns; da sie aber keinen Widerstand fanden, wurden sie
ald kühner, und einige entschlossene Kerle, die unter
en Felsen längs dem Ufer hergekrochen waren, zeigten
ch auf einmal am Fuß des Marai, um ihn, wie es
hien, von der Seeseite, als dem einzigen zugänglichen

Orte, zu bestürmen. Sie ließen sich auch nicht ehe
vertreiben, bis wir vielfältig auf sie Feuer gegeben, un
einen von ihnen getödtet hatten. Einer von diesen Kri
gern gab ein Beyspiel von Tapferkeit, das besonder
erwähnt zu werden verdient. Als er, ungeachtet de
Feuers von unserm ganzen Commando zurückkehrte, u
den Leichnam eines Getödteten fortzutragen, ward er ve
wundet, und mußte daher den Leichnam fallen lasse
und sich zurückziehen. Nach einigen Minuten kam
wieder, ward zum zweyten mal von einer Kugel getroffe
und an seinem Vorhaben gehindert. In diesem Auge
blick kam ich bey dem Marai an, und sah ihn zum dritte
mal, blutend und entkräftet zurückkehren. Als ich erfuh
was sich zugetragen hatte, verboth ich den Soldaten z
feuern, und man ließ ihn seinen Freund forttrage
Kaum war ihm dies gelungen, als er selbst niederstürz
und starb.

Da nunmehr eine anseh. .che Verstärkung von beyde
Schiffen gelandet hatte, zogen sich die Einwohner hint
ihre Mauern zurück. Hierdurch erhielt ich Zugang z
den Freundschaftlichen Priestern; und schickte sogleic
einen von ihnen an das Volk ab, um zu versuchen, ob s
zu Bedingungen zu bewegen wären, und um ihnen vo
zuschlagen, daß meine Leute nicht mehr feuern sollte
wenn sie nicht mehr mit Steinen würfen. Dieser Wa
fenstillstand ward angenommen, und man ließ uns ung
stört den Mast in See stoßen, und die Seegel, nebst de
astronomischen Instrumenten, fortschaffen. Sobald wi
den Marai verlassen hatten, nahmen sie ihn in Besit
und schleuderten einige Steine nach uns hin, die uns abe
keinen Schaden thaten.

Es war halb zwölf Uhr, als ich an Bord der Discove
ry anlangte wo man über unser künftiges Verhalten noc
keine bestimmte Maaßregeln entworfen hatte. Wi
beschlossen auf alle Fälle, darauf zu bestehen, daß unse

Boot zurückgegeben, und der Leichnam unsers Befehlshabers ausgeliefert werden sollte, und ich selbst stimmte noch dafür, daß wir, im Fall unsere Forderung nicht sogleich erfüllt würde, einige entschlossene Schritte thun müßten. Ob man gleich glauben wird, daß mein Schmerz über den Tod meines geliebten, geehrten Freundes, vielen Antheil an dieser Meynung gehabt hat, so waren doch gewiß auch viele andere, wichtige Ursachen vorhanden, welche mich dazu bewogen. Die Verwegenheit, die der Tod unseres Anführers den Einwohnern eingeflößt, und der kleine Vortheil, welchen sie den vorhergehenden Tag über uns erhalten hatten, mußte sie aufmuntern, noch ferner einen oder den andern gefährlichen Versuch zu wagen, besonders da ihnen die bisherigen Vorfälle noch keine rechte Furcht vor unserm Schießgewehr eingeflößt haben konnten, und da es überdies, wider alle unsre Erwartung, nicht das mindeste Schrecken unter ihnen verursacht hatte. Auf der andern Seite waren die Schiffe in einer so kritischen Lage und in so schlechtem Vertheidigungszustande, überdem auch die Mannszucht unter uns so übel beschaffen, daß wir unmöglich für die Folgen hätten stehen können, wenn man zur Nachtzeit einen heftigen Angrif auf uns gewagt hätte. In dieser Besorgniß waren die meisten Officiere eben der Meynung, wie ich; und in der That konnte nichts den Einwohnern mehr Muth zu einem Angrif geben, als unsere anscheinende Neigung zu einem Vergleich, welche sie nur unsrer Schwäche oder Furcht beymessen konnten.

Zur Empfehlung friedlicherer Maaßregeln ward hingegen mit Recht angeführt: das Unglück sey nun einmal unwiderruflich geschehen, und die vorige Freundschaft und Güte der Einwohner gebe ihnen ein Recht auf unsere Achtung, besonders da der letzte traurige Vorfall kein abgeredetes Unternehmen schiene, und da Terriobu's Bereitwilligkeit, dem Capitain Cook an

Bord zu folgen, als seine Knaben sich wirklich schon im Boote befanden, ihn ganz von dem Verdachte befreyen müsse, als habe er um den Diebstahl gewußt. Das Betragen seines Weibes und der Erihs lasse sich leicht der Furcht zuschreiben, welche der Anblick der bewaffneten Leute, die Capitain Cook an das Ufer begleitet hätten und die kriegerischen Zurüstungen in der Bay, bey ihnen verursacht haben müsse. Diese letztern wären dem freundschaftlichen zutraulichen Umgange, der bisher zwischen beyden Theilen Statt gehabt hätte, so wenig angemessen gewesen, daß die Einwohner die Waffen ergriffen zu haben schienen, um sich der gewaltsamen Entführung ihres Königs zu wiedersetzen, wie man von einem Volke, welches seinen Oberhäuptern so eifrig ergeben sey, leicht habe erwarten können." Außer diesen menschenfreundlichen Gründen, führte man noch andere an, welche die Klugheit an die Hand gab. „Wir litten Mangel an Wasser und andern Erfrischungen, und an dem Vordermast mußte man erst noch sechs bis sieben Tage arbeiten, ehe er aufgerichtet werden konnte; der Frühling näherte sich nun allmählig und wir dürften die Fortsetzung unsrer nördlichen Unternehmungen nicht aus den Augen verlieren; ein rachsüchtiger Streit mit den Einwohnern könne uns also nicht allein den Vorwurf der Grausamkeit zuziehen, sondern auch eine unvermeidliche Verzögerung in der Ausrüstung der Schiffe veranlassen."

Capitain Clerke war für diese letztere Meynung, und ob ich gleich überzeugt war, daß wir der Menschlichkeit und Vorsichtigkeit durch einen unmittelbaren nachdrücklichen Beweis von unserm Unwillen, mehr Genüge geleistet hätten, war ich doch nicht unzufrieden, daß mein Rath verworfen ward. Das verachtende Betragen der Einwohner gegen uns, und ihre daraus fließende Bemühung sich unsern Beschäftigungen am Lande zu widersetzen, waren zwar ohne Zweifel Folgen von ihrer

schen Erklärung unserer Langmuth, und nöthigten uns
ch zuletzt, vertheidigungsweise gewaltthätig zu verfah-
n; allein ich zweifle dennoch sehr, ob die Umstände uns
den Augen der Welt gerechtfertigt hätten, wenn wir
e angreifende Theil gewesen wären. Wenn man die
trenge bloß als Verwahrungsmittel gebraucht, kann
allemal übel ausgelegt werden; und zwar um desto
er, weil gerade der glücklichste Erfolg einen neuen
cheingrund giebt, sie für übereilt und unnöthig zu
lten.

Indeß wir uns beschäftigten, einen Plan zu unserm
nftigen Verhalten zu entwerfen, blieb immer eine
ßerordentliche Menge Einwohner am Strande ver-
mmelt, und einige von ihnen waren so kühn, daß sie
h den Schiffen bis auf einen Pistolenschuß näherten,
d uns durch verschiedene verächtliche, herausfordernde
ebehrden beschimpften. Die Matrosen konnten nur
t der größten Mühe abgehalten werden, bey dieser
elegenheit ihre Waffen zu brauchen; da wir uns aber
ma. zu friedlichen Maaßregeln entschlossen hatten,
ssen wir die Kanots unangefochten zurückkehren.

Unserm Entschlusse gemäß, erhielt ich in Gegenwart
r Mannschaft und in den bestimmtesten Ausdrücken, den
efehl mit allen Booten beyder Schiffe, die gut be-
annt und bewaffnet seyn sollten, ans Land zu rudern,
n die Einwohner zu einer Unterredung zu bewegen, und
möglich eine Zusammenkunft mit den Oberhäuptern
bewirken. Gelänge dieser Versuch, so sollte ich sie
fordern, uns die Leichname unsrer Landsleute, vor-
glich aber den Leichnam des Capitain Cook's auszu-
fern; im Fall einer Weigerung sollte ich ihnen mit un-
er Rache drohen, aber nicht eher feuern, als bis wir
gegriffen würden, und unter keinen Umständen landen.

Ich verließ die Schiffe um vier Uhr Nachmittags.
ndem wir uns dem Strande näherten, bemerkte ich

schon aus allen Anzeigen, daß wir feindlich empfang werden würden. Alle Einwohner wären in Bewegun die Weiber und Kinder zogen sich zurück, die Männ legten ihre Kriegs-Matten an und bewaffneten sich m langen Speeren und Dolchen. Wir wurden auch g wahr, daß sie seit diesem Morgen an dem Platze, w Capitain Cook gelandet war, Brustwehren von St nen aufgeworfen hätten, vermuthlich weil sie fürchten wir möchten sie von dieser Seite angreifen. Sobald uns erreichen konnten, fingen sie an Steine auf uns schleudern, die uns indeß keinen Schaden thaten. D ich nunmehr einsah, daß alle Versuche sie zu einer U terredung zu bewegen, fruchtlos seyn würden, wenn i ihnen nicht zuerst eine Veranlassung zu gegenseitig Vertrauen gäbe; so ließ ich die bewaffneten Boote in halten, und näherte mich allein in dem kleinen Boo mit einer weißen Fahne in der Hand. Diese ward, n mir zu meiner großen Zufriedenheit ein allgemeines Fre den-Geschrey der Einwohner zu erkennen gab, aug blicklich als ein Friedenszeichen angesehen. Die Weib kehrten sogleich von der Berglehne zurück, wohin sie s auf den Weg begeben hatten; die Männer warfen ih Matten ab, und alle setzten sich am Wasser nieder, u luden mich mit ausgebreiteten Armen ein, ans U zu kommen.

Obschon dieses Betragen sehr freundschaftliche G sinnungen auszudrücken schien, konnte ich doch nic umhin, noch einigen Verdacht zu hegen. Als ich ind sah, daß Koah unbegreiflich kühn und zuversichtlic mit einer weißen Fahne in der Hand, gegen das Bo hin schwamm, hielt ich es für nöthig, dieses Zeichen d Zutrauens zu erwiedern, und nahm ihn in mein Bo auf, ob er gleich bewaffnet war; ein Umstand, der fre lich mein Mißtrauen keineswegs verringerte. Ich mu gestehen, daß ich schon lange nicht die vortheilhaft ynung von diesem Manne gehabt hatte. Die Prie- sagten uns immer, er sey boshaft, und uns nicht vogen; und wiederhohlte Entdeckungen seiner hinter- igen und betrügerischen Anschläge hatten ihre Aussage tätigt. Dieses alles, nebst dem empörenden Austritt diesem Morgen, bey dem er eine vorzügliche Rolle pielt hatte, erregten bey mir, als ich ihn so nahe sah, äußersten Abscheu gegen ihn; und als er mit erheu- lten Thränen zu mir kam um mich zu umarmen, hatte einen so starken Verdacht gegen seine Absicht, daß ich h nicht erwehren konnte, die Spitze seines Pahua r Dolches, den er in der Hand hielt, zu ergreifen d von mir abzuwenden. Ich sagte ihm, ich sey ge- mmen, Capitain Cooks Leichnam zu fordern und ieg zu erklären, wenn er nicht sogleich ausgeliefert irde. Er versicherte mich, dieses würde sobald als glich geschehen, und er wolle sich selbst darum bemü- n. Hierauf bat er mich so zuversichtlich, als ob gar hts besonders vorgefallen wäre, um ein Stück Eisen, ang in die See, und rief, indem er ans Ufer schwamm, nen Landsleuten zu, wir wären wieder vollkommen te Freunde.

Wir warteten mit der größten Unruhe beinahe eine tunde auf Koah's Zurückkunft. Während dieser it waren die übrigen Boote dem Ufer so nahe gekom- n, daß sie sich in einiger Entfernung von uns mit nem Theil der Einwohner in ein Gespräch hatten ein- ssen können, wobey ihnen denn deutlich zu verstehen geben ward, der Leichnam sey in Stücken geschnitten, d tiefer ins Land geschleppt worden. (Ich für mein heil erfuhr diesen Umstand erst nach meiner Rückkunft Bord).

Als ich nunmehr anfing, einige Ungeduld über oah's Verzögerung blicken zu lassen, drangen die berhäupter sehr stark in mich, ich möchte ans Ufer

kommen, und versicherten mir zugleich, der Körp
sollte uns augenblicklich ausgeliefert werden, wenn i
selbst zu Terriobu gehen wollte. Als sie sahen, d
ich mich durchaus nicht bereden ließ, ans Land zu ko
men, suchten sie unter dem Vorwande, wir würd
uns so bequemer unterreden können, das Boot zwisch
einige Felsen zu ziehen, wo sie es in ihrer Macht geh
hätten, uns von den übrigen abzuschneiden. Die
listige Plan ließ sich leicht durchsehen, und ich war sch
im Begrif alle Unterhandlung mit ihnen abzubrechen, a
ein Vornehmer zu uns kam, der ein besondrer Freund v
dem Capitain Clerke und den Officieren der Discove
war, und auf diesem Schiffe, als wir das letztemal
Bay verliessen, nach Mauwi hatte gehen wollen. D
ser sagte mir: Terriobu habe ihn geschickt, um uns zu b
nachrichtigen, man habe den Leichnam weiter in das Land
tragen, werde ihn uns aber am folgenden Morgen zustell
Sein Betragen versprach viel Aufrichtigkeit, und als w
ihn befragten, ob er die Wahrheit rede, verschränkte
die beyden Zeigefinger in einander, welches bey den E
wohnern dieser Insel ein Zeichen von Wahrhaftigkeit i
das sie sehr gewissenhaft gebrauchen.

Da ich nun nicht wußte, was hier weiter zu th
wäre, schickte ich Herrn Vancouver an den Capita
Clerke, um ihm Nachricht von allem zu geben, was v
gefallen war, und ihm zugleich sagen zu lassen, ich zweife
sehr ob die Einwohner ihr Wort halten würden, da
anstatt über das Vergangene betrübt zu seyn, vielme
voll Muth und Zuversicht über ihren letzten Vorth
wären, und nur Zeit zu gewinnen suchten, uns dur
eine Hinterlist in ihr Netz zu ziehen. Herr Vancouv
brachte uns den Befehl, wir sollten an Bord zurückke
ren, wenn ich vorher den Einwohnern bekannt gemacht
hätte, daß die Stadt zerstört werden sollte, wofern a
folgenden Morgen der Leichnam nicht gebracht würde.

Als sie merkten, daß wir umkehren wollten, suchten uns durch die beschimpfendsten, verächtlichsten Geber- n zu reizen. Einige von unsern Leuten sagten auch, sie nten verschiedene Einwohner in den Kleidungen unsrer glücklichen Gefährten umhergehen sehen. Unter andern merkte man auch, daß einer von ihren Vornehmen den rschfänger unsers ermordeten Befehlshaber schwenkte, d daß ein Weib die Scheide desselben empor hielt. Al- dings mußte unser Betragen ihnen wohl eine schlechte nung von unserer Tapferkeit geben; denn sie konnten hl wenig Sinn für die Bewegungsgründe der Mensch- keit haben, die unser Betragen bestimmten.

Zufolge des Berichts, den ich dem Capitain Clerke den gegenwärtigen Gesinnungen der Einwohner stattete, wurden die wirksamsten Maßregeln genommen, das Schiff vor einem nächtlichen Ueberfall zu sichern. e Boote wurden an Ketten festgemacht, die Wachen Schiffe verdoppelt, und Wachtboote ausgesetzt, die umher rudern, und die Einwohner abhalten sollten, nn sie etwa die Ankertaue abzuschneiden versuchten. der Nacht sahen wir eine Menge Lichter auf den Ber- , und wurden dadurch zu der Vermuthung veranlaßt, die Einwohner aus Furcht vor unsern Drohungen, e Güter tiefer ins Land schaften. Ich bin aber geneigt glauben, daß sie wegen des, ihrer Erwartung nach, rstehenden Krieges, Opfer gebracht haben; und noch hrscheinlicher ist es, daß man damals die Leichname serer Landsleute verbrannt hat. Als wir in der Folge der Insel Morotai vorbey segelten, sahen wir eben he Feuer, und einige von den Einwohnern sagten uns, n habe sie wegen des Krieges angezündet, der einer chbarten Insel erklärt worden sey. Dieses stimmt h mit unsern Erfahrungen in den Societäts- und eundschafts-Inseln überein, wo die Oberhäup- bey einem bevorstehenden Angriff des Feindes den

Muth des Volkes immer durch nächtliche Feste anzuf
ern und zu beleben suchten.

Wir blieben die ganze Nacht ungestört, und hör
nur Geheul und Klagen vom Ufer her schallen. F
am Morgen kam Koah und bat um Erlaubniß,
etwas von Zeug und ein kleines Ferken zum Gesch
anbieten zu dürfen. Daß er gerade nach mir fragte, l
sich leicht erklären. Wie ich schon gesagt habe, hiel
mich die Einwohner für Capitain Cooks Sohn; und
er sie bey seinen Lebzeiten immer in diesem Irrth
gelassen hatte, dachten sie wahrscheinlich, nun da er t
sey, habe ich die Befehlshaberstelle bekommen. Sob
ich auf das Verdeck trat, fragte ich den Koah nach d
Körper unsers Capitains. Da er mir nur mit nichti
Ausflüchten antwortete, wies ich seine Geschenke zur
und würde ihn mit einigen Aeußerungen von Zorn
Unwillen fortgeschickt haben, wenn nicht Capitain Cle
es auf alle Fälle für besser gehalten hätte, die anscheine
Freundschaft zu erhalten und ihm mit der gewöhnlic
Achtung zu begegnen.

Der verrätherische Koah kam während des Vorm
tags oft mit ein oder dem andern nichts bedeutenden G
schenke zu uns. Da er jederzeit alle Theile des Schiffs
großer Aufmerksamkeit betrachtete, machte ich ihn aufm
sam darauf, daß wir zur Vertheidigung bereit wären.
war äußerst zudringlich mit seinen Bitten, daß Capit
Clerke und ich an das Ufer kommen möchten, und sc
die Verzögerung mit dem Ausliefern der Leichname g
auf die andern Oberhäupter; doch versicherte er uns, a
würde nach unsern Wünschen gehen, wenn wir uns
zu einer mündlichen Unterredung mit dem Terrio
verständen. Allein seine Aufführung war zu verdächt
als daß wir mit Klugheit in seine Bitte hätten willi
können. Auch erfuhren wir nachher wirklich einen U
stand, woraus wir sahen, sein Vorgeben sey falsch gewes

an sagte uns nämlich, der alte König habe sich unmit-
bar nach dem Handgemenge, worin Capitain Cook sein
en verlohr, nach den steilen Gebirgen hinter der Bay,
eine Höhle hinbegeben, in die man nur durch Seile
nmen könne. (Hier ist er, nach der Aussage der
wohner verschiedene Tage geblieben, während wel-
r man ihm seine Nahrung an Stricken heruntergelas-
hat).

Als Koah vom Schiffe zurückkehrte, drängten sich
e Landsleute, die sich vor Tages Anbruch in großen
ufen am Ufer versammelt hatten, mit Lebhaftigkeit
ihn her, als ob sie hören wollten, was er für Nach-
t bringe, und was weiter zu thun sey. Wahrschein-
erwarteten sie die Erfüllung unserer Drohungen, und
enen dabey völlig entschlossen, uns die Spitze zu bieten.
n ganzen Morgen über hörten wir in verschiednen Ge-
den der Küste in die Trompetenschnecke stoßen, und
m große Haufen von Einwohnern über die Hügel
nmen. Kurz, aller Anschein war so beunruhigend, daß
einen Stromanker auswarfen, um, im Fall wir ange-
fen würden, die Seite des Schiffs gegen das Dorf
ten zu können. Auch stellten wir der Nordspitze der
y gegenüber Boote aus, um einen Ueberfall von die-
Seite zu verhüten.

Da die Einwohner ihr Versprechen, die Leichname
Erschlagenen auszuliefern, nicht gehalten hatten, und
ter kriegerische Anstalten machten, hielten wir neue
rathschlagungen, was für Maasregeln wir künftig
reifen sollten. Endlich ward beschlossen, die Aus-
erung des Mastes, nebst den übrigen Anstalten zu
erer Abreise sollte durch nichts gestört, dessen ungeach-
aber die Unterhandlung wegen der Zurückgabe der
hname fortgesetzt werden.

Den größten Theil des Tages brachten wir damit
den Nordermast auf dem Verdeck in eine solche Lage

zu bringen, daß die Zimmerleute daran arbeiten konnte
Hiernächst musten auch die nöthigen Veränderungen
den Bestallungen der Officiere vorgenommen werde
Das Oberkommando der Unternehmung fiel nunme
dem Capitain Clerke zu, der sich an Bord der Resol
tion begab, und Herrn Lieutenant Gore zum Capita
der Discovery ernannte; Herr Harvey ein Steu
mannsgehilfe, der den Capitain Cook auf seinen beyd
leztern Reisen begleitet hatte, erhielt die vacante Lieu
nantsstelle.

Die Einwohner ließen uns den ganzen Tag hindu
ungestört; und als die Nacht einbrach, wurde die B
kasse wieder angekettet, und, wie in der vorhergehend
Wachtboote ausgestellt.

Gegen acht Uhr, als es schon sehr dunkel war, h
ten wir ein Kanot an das Schiff heran rudern. So b
die Wachen auf dem Verdeck es unterscheiden konnt
feuerten sie beyde darauf. Es waren zwey Männer
dem Kahn, die sogleich Tinnt! riefen; denn so spr
man hier zu Lande meinen Namen aus. Sie wä
Freunde, sagten sie, und brächten mir etwas, das d
Capitain Cook zugehöre. Als sie an Bord kamen, w
fen sie sich uns zu Füßen und schienen äusserst erschrock
glücklicher Weise war keiner verwundet, obschon die K
geln beyder Flinten durch das Kanot gegangen war
Der eine von ihnen war ebenderselbe, dessen ich zu
unter dem Namen des Tabu-Mannes erwähnt ha
welcher den Capitain Cook mit den bereits umständli
beschriebenen Feyerlichkeiten beständig begleitete, u
sich, ob er gleich auf seiner Insel ein Mann von Stan
war, dennoch kaum aufhalten ließ, ihm die niedrigst
Dienste eines ganz gemeinen Bedienten zu leisten.
beklagte erst mit vielen Thränen den Verlust des Oron
und sagte dann: er bringe einen Theil seines Körpe
Zugleich reichte er uns ein kleines in Zeug gewickelt

ündel dar, das er unter seinen Arm hielt. Unmöglich
nn ich das Grausen ausdrücken, das uns ergriff, als
r darin ein Stück Menschenfleisch von neun bis zehn
fund an Gewicht erblickten. Dieses, sagte er, sey
les was von dem Körper noch übrig sey; das übrige
be man in Stücken geschnitten und verbrannt; Ter-
obu und die andern Oberhäupter besäßen aber den
opf und alle Knochen, ausgenommen die, welche zum
umpf gehörten. Was wir jetzt sähen, sey dem Ober-
iester Kau zugetheilt worden, um sich dessen bey eini-
n Religions-Feyerlichkeiten zu bedienen; allein er
ickte es uns als einen Beweis seiner Unschuld und
eue.

Dieser Vorfall gab uns eine Gelegenheit nachzufor-
en, ob sie Menschenfleisch verzehrten, und wir vernach-
sigten sie keinesweges. Zuerst suchten wir durch ver-
iedene unbestimmte Fragen, die einem jeden von ihnen
sonders vorgelegt wurden, zu erfahren was man mit
n übrigen Körpern gemacht habe. Sie blieben aber
mer bey derselben Aussage: man habe das Fleisch von
n Knochen gelöst und es verbrannt. Als wir endlich
radezu fragten, ob sie nichts davon gegessen hätten?
eigten sie sogleich einen eben so lebhaften Abscheu bei
sem Gedanken, wie ihn nur ein Europäer hätte fühlen
nnen, und erkundigten sich sehr treuherzig, ob das
ter uns Sitte sey? nachher verlangten sie mit vielem
nst und anscheinender Furcht zu wissen, wann Orono
ederkommen, und wie er sie bey seiner Rückkehr behan-
ln würde? Auch andre thaten nachmals oft diese Frage,
d der Glaube, daß der Capitain wiederkommen werde,
mmt vollkommen mit ihrem Betragen gegen ihn über-
, welches immer bewies, daß sie ihn für ein höheres
esen hielten.

Wir drangen umsonst in unsere freundschaftlichen
äste, bis am Morgen an Bord zu bleiben. Sie sag-

ten, wenn dieser Besuch dem Könige oder den Oberhäu tern zu Ohren käme, könnte er die traurigsten Folg für ihren ganzen Orden haben: um dieses zu verhinder wären sie genöthigt gewesen, in der Finsterniß zu uns kommen, und müsten aus eben der Ursach auch so a Ufer zurückkehren. Sie entdeckten uns auch, daß Oberhäupter damit umgingen, den Tod ihrer Landsle zu rächen, und warnten uns besonders vor dem Koa der unser unversöhnlicher Feind sey, und nebst den üb gen eifrig eine Gelegenheit wünsche, gegen uns zu fecht wozu das Blasen der Trompetenschnecke, welches wir die Morgen vernommen, das Volk aufgefordert habe. F ner erfuhren wir von ihnen, daß bey dem ersten Gefe in Kauraua siebzehn von ihren Landsleuten, und un dieser Anzahl fünf Befehlshaber, gefallen wären. unserm großen Leidwesen waren auch Kanina und Bruder, unsere ganz besonderen Freunde, mit darun Achte hatten wir bey der Sternwarte getödtet, von de drey ebenfalls Männer vom ersten Range waren.

Gegen elf Uhr verließen uns unsre beiden Freun und waren so vorsichtig, daß sie baten, unser Wacht möchte sie bis jenseits der Discovery begleiten, damit nicht wieder auf sie feuere, und ihre Landsleute am U aufschrecke, weil sie dadurch in Gefahr gerathen würd entdeckt zu werden. Wir gewährten ihnen diese Bi und erfuhren zu unserm Vergnügen, daß sie sicher unentdeckt ans Land gekommen wären.

Den Rest dieser Nacht hörten wir, so wie in vorigen, lautes Geheul und Klaggeschrey am Lande, früh am Morgen besuchte uns Koah abermals. Da unwiedersprechlichsten Beweise und die Aeußerungen srer Freunde, der Priester, seine Treulosigkeit bezeug ärgerte es mich in der That, daß es ihm erlaubt sollte dieses Possenspiel weiter fortzusetzen, weil er zu

uben konnte, wir ließen uns wirklich von seiner Schein-
lligkeit betrügen.

Unsere Lage war in der That sehr ungünstig und unbe-
em geworden. Von den Absichten, um derentwillen
r bis jetzt ein so friedliches Betragen fortgesetzt hatten,
ir nicht eine einzige erreicht, und auf unsere Forderun-
i hatte man uns in keiner Rücksicht eine befriedigende
itwort gegeben. Zu einem Vergleich mit den Einwoh-
n war noch gar kein Anschein vorhanden, denn sie
lten sich immer in so großer Menge am Strande auf,
i wollten sie jeden Versuch einer Landung von unsrer
eite zurückschlagen; und dennoch war diese Landung
ausbleiblich nothwendig geworden, da wir es nicht
iger verschieben durften, unsern Wasservorrath zu
gänzen.

Gleichwohl muß ich zu Capitain Clerke's Rechtferti-
ng bemerken, daß ein Angrif wahrscheinlich nicht ohne
efahr gewesen wäre; dies ließ die große Anzahl der Ein-
ohner und die Entschlossenheit vermuthen, womit sie
s nur zu erwarten schienen; und doch würde es uns in
sicht der Fortsetzung unsrer Reise äußerst empfindlich
wesen seyn, wenn wir auch nur einige Leute verloren
tten. Wenn wir hingegen unsere Drohungen erst spät
füllten, hatten wir bey aller Geringschätzung unseres
luths, die ein solches Zögern den Insulanern einflößte,
n Vortheil, daß sie sich zerstreuten. Schon heute gin-
n, als sie uns in unserer Unthätigkeit bleiben sahen,
oße Haufen von ihnen über die Berge zurück, nachdem
vorher auf ihren Schnecken geblasen, und uns auf
e Art heraus gefordert hatten. Diejenigen, welche
rück blieben, waren aber deswegen nicht weniger ver-
egen und unverschämt. Einer von ihnen hatte sogar
e Frechheit, daß er sich dem Schiffe bis auf einen Büch-
nschuß näherte, einige Steine nach uns schleuderte,
id Capitain Cook's Hut über seinen Kopf schwenckte,

indeß seine Landsleute am Ufer über seine Kühnheit jauch
ten, und ihn dazu aufmunterten. Unser Schiffsvol
glühte bey dieser Beschimpfung vor Wuth; und die gan
Mannschaft kam vereinigt auf das Quarterdeck, um
bitten, daß man sie nicht länger zwingen möchte, di
wiederholten Beleidigungen zu dulden. Sie wende
sich insbesondere an mich, damit ich ihnen von Capita
Clerke die Erlaubniß auswirken möchte, bey der ers
vortheilhaften Gelegenheit den Tod ihres Befehlshabe
rächen zu dürfen. Als ich dem Capitain diesen Vorga
meldete, befahl er mir, einige Kanonen auf die Einwo
ner am Ufer feuern zu lassen, und versprach der Man
schaft: wenn sie am folgenden Morgen in ihrer Beschä
tigung am Wasserplatze gestört würde, sollte sie völli
Freyheit haben, die Feinde zu züchtigen.

Es ist sonderbar, daß die Einwohner, noch ehe w
unsere Kanonen richten konnten, vermuthlich aus d
Geschäftigkeit die sie auf dem Schiffe wahrnahmen, uns
Absicht errathen und sich hinter ihre Häuser und Maue
zurückgezogen hatten. Wir mußten also einigermaß
aufs blinde Ungefähr schiessen; indeß that das Feu
dennoch alle gehofte Wirkung; denn kurz nachher ruder
Koah sehr eilig zu uns, und sagte bey seiner Ankunf
daß einige Personen, und unter andern Maiha-maih
ein vornehmes Oberhaupt und ein naher Blutsfreund d
Königs, getödtet worden wären*).

Bald nach Koah's Ankunft, schwammen zwe
Knaben mit langen Spiessen in der Hand, von dem M
rai her, an unser Schiff. Als sie ziemlich nahe ware

---

*) Das Wort Matti hat in der Sprache dieser Inselbewo
ner zweyerley Bedeutungen: getödtet und verwunde
Wir erfuhren nachher, daß dieses Oberhaupt nur eine
leichten Stoß ins Gesicht von einem Stein bekommen hatt
der durch eine Kugel abgeschlagen worden war.

gen sie einen feyerlichen Gesang an, dessen Inhalt sich
f die letzte traurige Begebenheit zu beziehen schien, wie
r aus dem oft wiederholten Worte Orono, und ihrem
ndeuten auf den Platz, wo Capitain Cook erschlagen
rd, schließen mußten. Sie setzten ihren klagenden
esang zwölf oder funfzehn Minuten lang fort, und blie-
z während der Zeit immer im Wasser. Nachher gin-
i sie an Bord der Discovery, gaben ihre Speere ab,
d schwammen dann nach einen kurzen Aufenthalt ans
er zurück. Wer sie geschickt hatte, und was der Gegenstand dieser Feyerlichkeiten gewesen sey, konnten
r nie erfahren.

In der Nacht wurde die gewöhnliche Vorsicht zur Si-
rheit der Schiffe gebraucht. Als es finster ward, kamen
sere beyden Freunde, die uns die vorige Nacht besucht hat-
, wieder. Sie versicherten uns, die Oberhäupter hätten
e feindliche Absichten keinesweges aufgegeben, ob sie
ich diesen Nachmittag durch die Wirkung unseres Ge-
ützes außerordenlich erschreckt worden wären, und
ben uns den Rath, auf unsrer Hut zu seyn.

Am folgenden Morgen gingen die Boote beyder
chiffe ans Land, um Wasser zu füllen: und die Disco-
ry legte sich nahe an den Strand, um sie bey der Ar-
it zu decken. Wir bemerkten bald, daß die Nachricht,
lche uns die Priester gegeben hatten, nicht ungegrün-
t sey; denn die Einwohner schienen entschlossen, uns
f alle Weise zuzusetzen, ohne sich selbst in große Ge-
hr zu begeben.

Auf dieser ganzen Inselgruppe liegen die Dörfer mei-
ntheils nahe an der See, und der umliegende Boden
mit drey Fuß hohen Mauern eingeschlossen. Wir
aubten anfangs, diese sonderten nur die verschiedenen
esitzungen von einander ab; nunmehr entdeckten wir
er, daß sie ihnen als Vertheidigungs-Werke gegen feindli-
he Einfälle dienen, und wahrscheinlich gar keine andere

IMAGE EVALUATION
TEST TARGET (MT-3)

6"

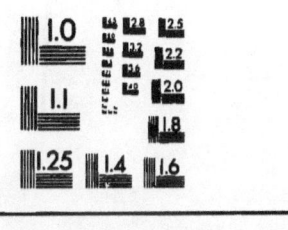

Photographic
Sciences
Corporation

23 WEST MAIN STREET
WEBSTER, N.Y. 14580
(716) 872-4503

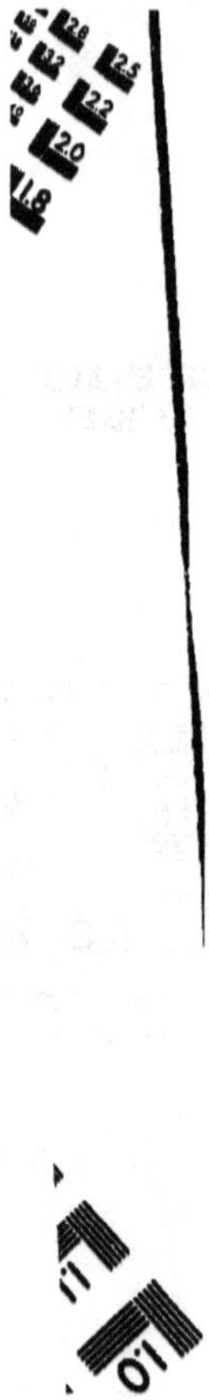
2.8
2.5
2.2
2.0
1.8

Bestimmung haben. Sie bestehen aus lockern Steine und die Einwohner sind sehr gewandt, diese auf d schnellste aus einer Lage in die andere zu bringen, um d Brustwehr so zu verändern, wie es die Richtung d Angriffs erfordert. Am Abhang des Berges, der üb der Bay hervorragt, giebt es kleine Löcher oder Höhl von ansehnlicher Tiefe, deren Eingang ebenfalls dur eine ähnliche Mauer geschützt ist. Hinter diesen Bru wehren hielten sich die Einwohner beständig versted und beunruhigten unsere Leute am Wasserplatze mit Stei werfen, und die wenigen Soldaten, die wir am Lan hatten, waren nicht im Stande, sie durch ihr Musk tenfeuer zurückzutreiben.

Unter diesen Umständen hatten unsere Leute genug thun, um für ihre eigene Sicherheit zu sorgen, so d sie den ganzen Vormittag nur Eine Tonne Wasser füll konnten. Man sah nunmehr wohl ein, es sey unmö lich, diese Arbeit zu verrichten, ehe die Einwohner eine größere Entfernung zurückgetrieben wären, und ward also Befehl gegeben, daß die Kanonen der Disc very sie verjagen sollten. Dies ward auch mit wenig Schüssen bewerkstelligt, und nun landeten unsere Leu ungehindert. Demungeachtet kamen die Einwohn bald wieder zum Vorschein, und fingen ihre gewöhnlich Angriffe von neuem an, so daß man es für nothwend hielt, einige zerstreute Häuser, unweit der Mauer, w sich die Einwohner verborgen hielten, in Brand stecken. Es thut mir weh, es gestehn zu müssen, d unsere Leute bey der Ausführung dieses Befehls sich unnöthiger Grausamkeit und Verwüstung hinreissen li sen. Freylich muß man sowol ihrem Unwillen über die wi derholten Beleidigungen und das verhöhnende Betrag der Insulaner, als der natürlichen Begierde, den T ihres Befehlshabers zu rächen, etwas zu gute halte indeß überzeugte mich doch ihr Betragen vollkomm

ß man, bey solchen Gelegenheiten, nie anders als
it der äußersten Vorsichtigkeit dem gemeinen Matrosen
nd Soldaten, auch nur auf einen Augenblick, den un-
edingten Gebrauch seiner Waffen überlassen dürfe.
Die Strenge der Mannszucht, und die Gewohnheit zu
ehorchen, wodurch ihre Kräfte zweckmäßig genutzt wer-
en, verleiten sie natürlich zu dem Gedanken, daß sie
as Recht haben alles zu thun, wozu man ihnen Macht
rtheilt. Thätiger Ungehorsam ist beynahe das einzige
Verbrechen, für welches sie Strafe zu erwarten haben;
e gewöhnen sich also, dies als den einzigen Maaßstab
on Recht und Unrecht zu betrachten; und ziehen die
ngereimte Folgerung daraus, daß sich alles, was sie
ngestraft thun dürfen, mit Gerechtigkeit und Ehre ver-
age. Auf diese Art können jene Gefühle der Mensch-
chkeit, die von uns allen unzertrennlich sind, und jene
Großmuth gegen wehrlose Feinde, die zu einer andern
eit das Unterscheidungszeichen des tapfern Mannes ist,
rer Gewaltthätigkeit wenig Einhalt thun, wenn der
atürliche Trieb, ihre Stärke und Unabhängigkeit zu
ußern, derselben entgegen wirkt.

Man hatte, wie gesagt, Befehl gegeben, nur einige
rstreute Hütten zu verbrennen, in welcher sich die Ein-
ohner versteckten; wir erstaunten also sehr, als wir das
anze Dorf in Feuer sahen, und ehe noch ein Boot das
fer erreichen konnte, um der Verheerung Einhalt zu
un, standen auch die Wohnungen unserer Freunde der
riester, schon in Flammen. Zu meinem innigsten
Verdruß hielt mich diesen Tag eine Unpäßlichkeit an
Bord zurück. Die Priester waren immer unter meinem
Schutze gewesen; aber unglücklicherweise hatten die Of-
ciere, die heute Dienst thaten, wenig Gelegenheit ge-
abt, den Marai zu besuchen und kannten die Lage des
rts zu wenig. Wäre ich gegenwärtig gewesen, so hätte

ich vielleicht Mittel gefunden, die kleine Brüdersch[a]
der Priester vor dem Verderben zu bewahren.

Als sich die Einwohner aus den Flammen rett[en]
wollten, wurden einige von ihnen erschossen, und zwey
derselben schnitten unsere Leute die Köpfe ab und brach[ten]
sie mit sich an Bord. Einen von diesen Unglücklich[en]
beklagten wir alle. Er war an den Brunnen gekomme[n]
um Wasser zu schöpfen. Einer von den Seesoldat[en]
schoß auf ihn, traf aber nur seinen Flaschenkürbis. D[ie-]
sen warf der Insulaner sogleich von sich, und suchte [zu]
entfliehen. Man verfolgte ihn in eine von den ob[en]
beschriebenen Höhlen, deren Bestimmung wir eben dur[ch]
diesen Vorfall kennen lernten. Keine Löwin hätte ih[re]
Jungen muthiger vertheidigen können, als er sein Leben;
zuletzt fiel er aber, nachdem er zween von unsern Leut[en]
lange Zeit wiederstanden hatte, mit Wunden bedeck[t]
nieder.

Um diese Zeit ward ein ältlicher Mann gefang[en]
genommen, und gebunden, in eben demselben Bo[ot]
worauf sich die Köpfe seiner beyden Landsleute befand[en]
an Bord geschickt. Nie habe ich einen so heftigen Au[s-]
druck des grausenvollesten Schreckens gesehen, als [in]
dem Gesichte dieses Mannes, aber auch nie einen [so]
plötzlichen Uebergang zur gränzenlosesten Freude, a[ls]
man ihn losband und ihm sagte, er könne ungehinde[rt]
gehen. Sein nachheriges Betragen bewies uns sei[ne]
Dankbarkeit, denn er brachte uns oft Geschenke an L[e-]
bensmitteln, und leistete uns verschiedne andere Dienst[e].

Bald nachher, als das Dorf zerstört worden wa[r,]
sahen wir einen Mann, den funfzehn oder zwanzig Kn[a-]
ben mit weissen Tüchern und grünen Zweigen in der Ha[nd]
begleiteten, über den Berg kommen. Ich weiß nich[t,]
wie es zuging, daß diese friedliche Gesandschaft, soba[ld]
sie nahe genug war, von einer Parthey unsrer Leute m[it]
Flintenschüssen empfangen wurde. Dies hielt sie inde[s-]

m nicht auf; vielmehr setzte sie ihren Weg fort, und der ienſthabende Officier eilte zeitig genug herbey, um eine weyte Salve zu verhüten. Als sie näher kamen, sahen ir, daß es unser vortreflicher Freund Kärikia war, r, als wir das Dorf in Brand gesteckt, die Flucht griffen hatte, jetzt aber zurückkehrte, und an Bord der esolution geführt seyn wollte.

Als er ankam, war er sehr ernst- und gedankenvoll. Wir versuchten es, ihm begreiflich zu machen, daß wir thwendig das Dorf hätten in Brand stecken müssen, obey denn seine, und seiner Brüder Wohnungen, ohne sere Absicht mit verzehrt worden wären. Er verwies s unsern Mangel an Freundschaft und Dankbarkeit. Wir erfuhren erst jetzt, welch einen großen Verlust die riester durch uns erlitten hatten; Er sagte uns näm h: im vollen Vertrauen auf mein Versprechen und f die Versicherungen der Männer, die uns die Ueber le des Capitain Cooks abgeliefert, hätten die Prie r ihr Vermögen nicht, wie die übrigen Einwohner, ſer ins Land geschaft, sondern ihre schätzbarsten Güter, st allem, was sie von uns gesammelt gehabt, in ein us nahe bey dem Marai zusammengebracht, wo es ihrem großen Jammer vor ihren Augen ein Raub der mme habe werden müssen.

Als er an Bord gekommen war, hatte er die Köpfe er Landesleute auf dem Verdeck liegen sehen. Dieser blick war für ihn so empörend, daß er ernstlich bat, n möchte sie über Bord werfen, welches denn auf pitain Clerke's Befehl augenblicklich geschah.

Des Abends kehrte die Parthey, welche Wasser öpfte, zurück, ohne weiter beunruhigt worden zu seyn. e folgende Nacht war äußerst traurig, denn am Lande nten das Geschrey und die Klagen lauter als jemals. ser einziger Trost dabey war die Hoffnung, daß wir künftig nie wieder Gelegenheit zu solcher Strenge hab würden.

Es verdient als etwas außerordentliches angeme zu werden, daß, während aller dieser Unruhen, Weiber von der Insel, welche sich an Bord befand nie Verlangen bezeigten uns zu verlassen, ja nicht e mal die geringste Besorgniß für sich selbst oder für i Freunde am Lande blicken ließen. Sie schienen vielm bey dem ganzen Vorgange so gleichgültig, daß eini von ihnen, die auf dem Verdeck waren, als das D in Flammen stand, den Anblick sehr zu bewundern sch nen, und oft wiederholten: das sey Maitai, o recht schön anzusehen.

Den nächsten Morgen kam Koah, wie gewöhnli an die Schiffe; da wir aber nicht mehr nöthig hat uns zurück zu halten, hatte ich völlige Freyheit ihm begegnen, wie es mir gefiel. Als er sich daher, w rend seines gewöhnlichen Gesanges, dem Schiffe herte, und mir ein Schwein und einige Pisangs anb so befahl ich ihm nicht näher zu kommen, und droh ihm, wenn er sich je wieder sehen liesse, ohne die G beine des Capitain Cooks mitzubringen, so solle er s so oft gebrochenes Versprechen mit seinem Leben büß Er schien von diesem Empfange eben nicht gedemüth zu seyn, sondern kehrte ans Ufer zurück, wo er sich einem Haufen seiner Landsleute gesellte, die unsre Arb ter beym Wasserschöpfen mit Steinen warfen.

Diesen Morgen fand man auch den Körper des ju gen Menschen, der sich gestern so tapfer vertheidigt hat am Eingange der Höhle. Einige von unsern Leuten de ten eine Matte über ihn, und sahen kurz nachher, d ihn einige Männer auf den Schultern forttrugen, u auf dem Wege einen Trauer-Gesang dazu anstimmte

Als die Einwohner sahen, daß wir ihre Beleidig gen nicht aus Mangel an Mitteln uns zu rächen so la

ged

duldet hatten, hörten sie endlich auf uns länger zu beun- higen, und am Abend kam ein Oberhaupt mit Na- n Kappo, ein Mann vom höchsten Ansehen, der uns her selten besucht hatte. Er brachte uns Geschenke n Terriobu, und bat in dessen Namen um Frieden. ir nahmen die Geschenke an und schickten ihn mit eben der- ben Antwort zurück, die wir schon vorher gegeben hat- , nämlich, daß man keinen Frieden hoffen könne, bis r die Gebeine des Capitains zurückerhielten. Wir fuhren von diesem Manne, daß das Fleisch von allen ichnamen unserer Landsleute, nebst den Knochen des umpfes, verbrannt worden sey; die Glieder-Knochen r Seesoldaten wären unter die geringere Klasse der ornehmen vertheilt worden, die von dem Capitain Cook ngegen den ersten Oberhäuptern zugefallen, so daß ahu-opeon (*Kahuopeon*), ein großer Erih, den opf; Maiha-maiha das Haar; Terriobu aber Lenden, die Hüften, und die Arme erhalten hätte. ls es dunkel ward, näherten sich verschiedene Einwoh- r mit Wurzeln und andern Pflanzenspeisen, und Kari- a schickte uns zwey an ehnliche Geschenke von Lebens- itteln.

Der 19te verging größtentheils mit Bothschaften, ischen dem Capitain Clerke, und dem Terriobu. appo gab sich viele Mühe es dahin zu bringen, daß ner von unsern Officieren ans Land gehen möchte, und bot sich indeß als Geisel an Bord zu bleiben; man hielt aber nicht für rathsam, ihm diese Forderung zu gewäh- n. Hierauf verließ er uns mit dem Versprechen, er olle am folgenden Tage die Gebeine bringen. Uebri- ns erfuhren die Leute, die am Wasserplatz beschäftigt aren, nicht den geringsten Wiederstand von den Ein- ohnern, die, ungeachtet unseres vorsichtigen Betragens, h wieder ohne das geringste Mißtrauen unter uns ischten.

Den 20sten hatten wir das Vergnügen, bey gut Zeit den Vordermast aufzurichten. Dieses Geschäft w indeß sehr beschwerlich und mit einiger Gefahr verknüp da unsere Stricke so verfault waren, daß sie mehr a einmal dabey zerrissen.

Zwischen zehn und elf Uhr sahen wir eine Men Volks, in einer Art von feyerlichen Ordnung, den Be herunter kommen, welcher sich hinter der Bay erheb ein jeder von ihnen trug ein oder zwei Zuckerröhre auf d Schulter, und Brodfrucht, Aronswurzeln und Pisan in der Hand. Zwey Trommelschläger, die vor ihnen h gingen, steckten bey ihrer Ankunft am Strande ei weiße Fahne auf, und fingen hierauf an ihre Tromme zu schlagen, während daß die übrigen, welche ihnen fol ten, einer nach dem andern heran kamen, ihre Geschen niederlegten, und dann in eben derselben Ordnung zurü gingen. Bald nachher zeigte sich Eappo in seinem la gen befiederten Mantel, und trug mit großer Feyerlichk etwas mit beyden Händen. Er setzte sich auf einen F sen nieder, und machte ein Zeichen, daß man ihm e Boot zusenden möchte.

Da Capitain Clerke vermuthete, daß er die Uebe reste des Capitain Cook brächte, wie es sich hernach au wirklich bestätigte; so fuhr er selbst zu ihm hin, um in seiner Schaluppe in Empfang zu nehmen, und befa mir, ihm in einem andern Boote zu folgen. Als w bey dem Ufer anlegten, kam Eappo in die Schalupp und überreichte dem Capitain die Gebeine, die in ei Menge schönen neuen Zeuges gewickelt und mit eine buntgefleckten Gewande aus schwarzen und weissen Fede bedeckt waren. Nachher begleitete er uns zur Resolutio ließ sich aber nicht bewegen, an Bord zu kommen, wah scheinlich weil er aus einem Gefühl von Schicklichk nicht bey der Oefnung des Bündels gegenwärtig sey wollte. Wir fanden darin beide Hände des Capita

ok, die wir sehr leicht an einem auffallenden Schnitt
annten, der an einer Hand den Daumen vom Vor-
finger trennte; ferner den Hirnschädel, aber von der
ut des Kopfes getrennt, (die Knochen des Gesichts
lten gänzlich); die Haut des Hirnschädels mit kurz
eschnittenen Haaren, und daran hängenden Ohren;
Knochen beyder Arme, an denen noch die Haut der
terarme hing; die Lenden und Bein-Knochen zusam-
verbunden, allein ohne die Füße. Die Gelenkbänder
ren unversehrt, und alle Theile schienen vom Feuer
tten zu haben, die Hände ausgenommen, woran sich
h alles Fleisch befand; die aber an verschiedenen Stel-
tief eingeschnitten, und mit Salz eingerieben waren,
muthlich weil man sie hatte aufbewahren wollen.
n der Schädelhaut fehlte hinten ein Stück, aber der
hädel selbst war ganz unverletzt. Eappo sagte uns, der
ern Kinnlade und der Füße hätten sich verschiedene
erhäupter bemächtigt, Terriobu wolle sich aber alle
ühe geben, sie wieder herbey zu schaffen.

Den folgenden Morgen kam Eappo mit des Königs
ohn, und brachte die übrigen Gebeine des Capitain
ok: die Läufe seiner Flinte, seine Schuhe, und einige
dere Kleinigkeiten, die ihm gehört hatten. Eappo
sich viel Mühe, uns zu überzeugen, daß Terriobu,
aiha-maiha und er selbst den Frieden sehr wünsch-
, und den besten Beweis, der in ihrer Macht stände,
von gegeben hätten. Er setzte hinzu, sie würden sich
wiß weit früher zu diesem Schritte verstanden haben,
nn nicht die andern Oberhäupter, die noch unsere
inde wären, sie daran verhindert hätten. Er beklagte
innniger Wehmuth den Tod der sechs Vornehmen, die
r erschossen hatten, von denen einige unsre wärmsten
eunde gewesen wären. Das Boot hätten uns Pa-
a's Leute entwendet; (vermuthlich hatte er sich dadurch
den Schlag rächen wollen, den er von den unsrigen

empfangen hatte); und Tages darauf habe er es in S
cken schlagen lassen. Die Gewehre der Seesoldaten,
wir auch zurückgefordert hatten, wären unwiederbri
lich verlohren, weil sich das gemeine Volk ihrer bemä
tigt hätte; bloß die Knochen des Befehlshabers wär
als ein Eigenthum des Königs und der Erihs, auf
wahrt worden.

Wir konnten nun nichts weiter thun, als unse
großen, unglücklichen Befehlshaber den letzten Die
erweisen, und schickten deshalb den Eappo mit dem A
trag ab, er sollte dafür sorgen, daß die ganze Bay
dem Tabbu belegt würde. Nachmittags versenk
wir die Gebeine, nachdem wir sie in einen Sarg gel
und das Begräbniß-Formular abgelesen hatten, un
den gewöhnlichen kriegerischen Ehrenbezeugungen,
Meer. Die Welt mag beurtheilen, welche Gefü
wir in diesem Augenblick hatten; diejenigen, die da
...gen gewesen sind, können mir das Zeugniß geb
. ich nicht im Stande bin, sie zu schildern.

Am 22sten sahe man den ganzen Vormittag kein
not in der Bay rudern, da das Tabbu, womit Eap
sie Tags zuvor auf unser Verlangen hatte belegen la
noch nicht aufgehoben war. Endlich kam Eappo
uns. Wir versicherten ihm, daß wir nun vollkom
befriedigt wären. und daß die Erinnerung an alles V
gangene mit dem Orono begraben sey. Nachher b
wir ihn, er möchte das Tabbu aufheben, und den E
wohnern bekannt machen, daß sie uns, wie gewöhn
Lebensmittel bringen sollten. Die Schiffe waren b
mit Kanots umringt; viele Vornehme kamen an B
und bezeigten ihr Leidwesen über das Vorgefallene,
ihre Freude über die Wiederherstellung des Fried
Mehrere von unsern Freunden, die uns nicht besuch
schickten uns große Schweine und andere Lebensm

m Geschenk. Unter andern kam auch der alte verrä-
erische Koah; allein wir weigerten uns, ihn aufzu-
hmen.

Da nun alle Anstalten in See zu gehen gemacht
ren, ertheilte Capitain Clerke sogleich den Befehl,
Anker zu lichten, weil er besorgte, es möchte einen
len Eindruck machen, wenn die Nachricht von unserm
etragen früher nach den Inseln unter dem Winde käme,
wir selbst. Gegen acht Uhr Abends schickten wir die
nwohner alle ans Land zurück, und Eappo nebst dem
undschaftlichen Kärikia nahmen sehr rührend Abschied
n uns. Wir lichteten sogleich die Anker und steuerten
s der Bay, und als wir längs der Küste hinfuhren,
pfingen die Einwohner, welche sich dort in großen
ufen versammelt hatten, unser letztes Lebewohl mit
n Aeußerungen ihrer Zuneigung und Freundschaft.

Fünftes Hauptstück.

Wir verlassen die Karakakua-Bay, u
einen Hafen an der Südostküste von Maun
aufzusuchen. Oestliche Winde und Strömung
treiben die Schiffe westwärts ab. Die In
Tahuraua. Beschreibung der Südwestkü
von Mauwi. Fahrt längs den Küsten v
Ranai, Morotai und Woahu. Beschr
bung der Nordostküste von Woahu. Frucht
ser Versuch, frisches Wasser zu füllen. Ueb
fahrt nach Atuai, und Aufenthalt in We
moa-Bay. Gefährliche Lage unserer Leute a
Wasserplatz. Bürgerliche Unruhen in den Insel
Besuch der uneinigen Oberhäupter. Aufenth
auf der Rheede von Onihiau. Letzter Abschi
von den Sandwichs-Inseln.

Gegen zehn Uhr verliessen wir das Land, und steuert
nachdem wir unsere Boote eingehoben hatten, no
wärts, um einen Hafen aufzusuchen, der, nach
Versicherung der Einwohner, an der Südostseite
Mauwi liegen sollte. Am folgenden Morgen wurd
wir gewahr, daß uns eine hohle See von Nordosten
unter den Wind (nach Westen) getrieben hatte; und
sich zu gleicher Zeit ein frischer Wind aus eben der G
gend erhob, kamen wir immer weiter zurück. Um M
ternacht legten wir um, und steuerten vier Stunden la
südwärts, um uns von dem Lande entfernt zu halt
und erblickten bey Tagesanbruch die kleine wüste In
Tahuraua, welche sieben bis acht Englische Mei
Südwestwärts von Mauwi entfernt ist, uns gegenüb

Nunmehr aber hatten wir alle Hofnung verlohr
uns der Südostseite von Mauwi nähern zu könn

ınd segelten also längs der Südostküste von Tahurauą ịin. Indem wir die westliche Spitze dieser Insel um: ḥifften, damit wir uns der Westseite von Mauwi ịhern möchten, geriethen wir plötzlich in seichtes Was: r, und sahen, daß sich die See, beynahe gerade vor ns, an einigen einzelnen Felsen brach. Wir mußten ns daher anderthalb Seemeilen abwärts wenden, dann ịieder nordwärts steuern, und eine Durchfahrt zwischen Rauwi und der Insel Ranai aufsuchen. Mittags ar die nördliche Breite, unsern Beobachtungen zufolge, 0° 42′, in 203° 22′, östlicher Länge. Diese letztere ard nach der Längenuhr bestimmt, deren Resultate wir it einer großen Anzahl an eben dem Tage beobachteter ntfernungen des Mondes von der Sonne und Sternen rglichen.

Nachmittags hatten wir ruhiges Wetter, und zuwei: n sanfte Lüfte aus Westen, wobey wir Nordnordwest euerten. Bey Sonnenuntergang erblickten wir eine ntiefe, die sich dem Anschein nach in einer beträchtli: ịen Entfernung von der Westküste von Mauwi bis gen die Mitte der Durchfahrt erstreckte. Da nun dem Better nicht zu trauen war, legten wir um, und steuer: n nach Süden. Die Südwestseite dieser Insel, welche ir nunmehr umschifft hatten, ohne uns dem Lande nä: ern zu können, gleicht in der Ferne vollkommen der lordostküste, die wir im Jahr 1778, bey unserer Rück: ḥr von Norden in Augenschein nahmen. Die bergig: n Gegenden sind vermittelst einer niedrigen Landenge rbunden, und daher scheinen es zwey getrennte Inseln ı seyn. Eben diese Täuschung dauert auch an der Süd: estseite fort, wenn man sich der Küste nicht bis auf ḥt Seemeilen nähert. Die Küste öfnet sich hier sehr ef, und bildet eine schöne geräumige Bay, deren west: ḥe Spitze, bey welcher sich die eben erwähnte Untiefe nfängt, durch einen kleinen Hügel kenntlich ist. Süd:

wärts davon findet man eine schöne sandige Bay, un an ihrem Strande stehen einige Hütten, die von viele Kokospalmen beschattet werden.

Während unsrer heutigen Fahrt kamen verschieden Einwohner zu uns, um uns Lebensmittel zu verkaufen Wir erfuhren bald, daß das Gerücht von den letzte unglücklichen Begebenheiten in Owaihi, schon bis z ihnen gelangt wäre. Sie schienen äußerst begierig, di näheren Umstände davon zu erfahren, und wandten sie deshalb an eine Frauensperson, die sich an Bord de Resolution versteckt hatte, um nach Atuai mitgehen z können. Sie fragten ängstlich nach dem Paria un einigen andern Vornehmen, und schienen sehr betroffe über den Tod des Kanina und seines Bruders. E gereichte uns indessen zur Beruhigung, daß die Erzäh lung dieser Person, in welchem Lichte sie auch den Vorgan darstellen mochte, auf das Betragen der Insulaner, d sich vorzüglich höflich und folgsam bezeigten, keinen nach theiligen Einfluß hatte.

Das Wetter blieb die Nacht hindurch veränderlic Den 25sten früh, segelten wir mit einem Ostwinde läng der Südseite von Ranai hin. Gegen Mittag erfolgte Windstillen und widrige Winde, und endlich schifft wir mit leichten östlichen Lüften nach der Westküste vo Morotai. Die Strömung, welche, seitdem wir d Bay von Karakakua verlassen hatten, von Nordost her gekommen war, änderte nunmehr ihren Lauf, un ward Südöstlich. Die Nacht hindurch war der Win abermals veränderlich, allein am Morgen setzte er sich i Osten, und ward so heftig, daß wir unsere Marsseg doppelt einreffen mußten. Um sieben Uhr umschifft wir die Westspitze von Morotai, und erblickten ein zwey Seemeilen jenseits derselben eine kleine Bay, m einem schönen sandigen Strande; doch war gar kein A schein da, daß wir frisches Wasser finden würden. W gingen also weiter nordwärts, um auf die Ostseite von Woahu zu kommen, welche Insel wir bereits im Januar 1778, bey unserm ersten Besuch, gesehen hatten. Um zwey Uhr Nachmittags erblickten wir das Land, am 27sten um zehn Uhr Morgens befanden wir uns nur eine Seemeile vom Ufer, und zwar in der Gegend von der Mitte der nordöstlichen Küste.

Nordwärts hin besteht das Land aus einzelnen Bergen, welche mit ihren zerrissenen schroffen Spitzen sich enkrecht aus dem Meer erheben. Die Abhänge sind mit Waldung bekleidet, und die Thäler scheinen fruchtbar und wohl bebauet. Gegen Süden bemerkten wir eine geräumige Bay, welche Südostwärts durch eine niedrige mit Kokospalmen bewachsene Landspitze eingeschlossen ward, und ihr gegenüber lag, etwa eine Englische Meile vom Strande, ein hoher Felsen mitten im Meere. Südwärts von jener Spitze konnten wir des neblichten Wetters wegen das Land nicht deutlich sehen; doch bemerkten wir, daß es hoch und uneben war. Der Wind blieb noch immer ziemlich stark, so daß wir es für gefährlich hielten, uns an eine Küste die ihm ausgesetzt war, hinan zu wagen. Wir wendeten uns also, ohne die Bay zu untersuchen, nach Norden, und schifften längs der Küste hin. Um Mittag befanden wir uns der Nordspitze der Insel gegenüber, in einer Entfernung von zwey Seemeilen. Das Land ist hier niedrig und eben, und etwa anderthalb Englische Meilen von demselben erstreckt sich ein Rief in die See. Die nördliche Breite war 21° 50′ und die östliche Länge 202° 15′. Zwischen der Nordspitze und einem entfernten Vorgebirge, welches wir in Südwesten sahen, macht das Land eine ziemlich tiefe Einbucht, und scheint eine gute Rheede zu haben. Wir richteten also unsern Lauf längs der Küste hin, und fanden in einer Entfernung von einer Englischen Meile, in zwanzig bis dreyzehn Faden, Grund, und die Tiefe ver-

minderte sich regelmäßig, so wie wir dem Ufer näh
kamen. Der Anblick eines schönen Flusses, der s
durch ein tiefes Thal ergoß, bewog uns, um ein Vier
auf drey Uhr, in dreyzehn Faden Sandgrund vor An
zu gehen. Nachmittags begleitete ich beyde Capita
an das Land. Wir fanden daselbst nur wenige Einw
ner, und zwar größtentheils Weiber, die uns erzählt
die Männer wären nach Morotai gezogen um geg
Taheiterri zu streiten; indessen sey ihr Oberha
Periorani zurückgeblieben, und werde uns gewiß
suchen, sobald er unsere Ankunft erfahre. In unse
Erwartung von dem Flusse wurden wir übrigens s
getäuscht; denn wir fanden, daß das Wasser dessel
noch zweyhundert Schritte oberhalb der Mündung ein
Salzgeschmack hatte, der wahrscheinlich dem sumpfig
Boden, über welchen es zur See fließt, zugeschrieb
werden muß; weiter hinauf fanden wir es indeß vollko
men frisch. Es bildet daselbst einen artigen Fluß,
dessen Ufern ich hinauf ging, bis ich an den Zusamm
fluß zweyer kleinen Bäche kam, die rechts und links a
einem steilen, romantischen Berge strömten. Die U
dieses Flusses, und überhaupt alle nordwestliche Geg
den von Woahu, so weit wir sie sahen, sind gut
bauet, mit vielen Dörfern bedeckt, und gewähren üb
einen vorzüglich reizenden, malerischen Anblick. An d
sem Orte Wasser zu schöpfen, wäre äusserst mühsam g
wesen; ich mußte also noch die Küste unter dem Win
untersuchen, konnte aber wegen eines Korallenriefs, w
ches sich eine halbe Englische Meile in See erstreck
nirgends anlanden. Capitain Clerke beschloß dah
ohne weitern Zeitverlust nach Atuai zu schiffen. Fr
um acht Uhr lichteten wir unsere Anker, und segelten b
Tagesanbruch am 28sten nordwärts. Um Mittag
blickten wir Atuai und richteten unsern Lauf dahi
erreichten auch noch vor Sonnenuntergang das östlic

nde dieser Insel, das sich in eine schöne grüne Ebene
ispitzt. Es war jetzt zu spät, die Rheede an der Süd-
estseite dieser Insel, wo wir im vorigen Jahre vor An-
r gelegen hatten, aufzusuchen; wir kreuzten also die
anze Nacht hindurch umher, und ankerten erst am fol-
enden Morgen (den ersten März) in fünf und zwanzig
aden Tiefe, und legten dann noch den großen Buganker
r in acht und dreißig Faden aus. Indem wir von der
Südostspitze der Insel nach der Rheede hinabsteuerten,
blickten wir in einer beträchtlichen Entfernung vom
nde an mehreren Stellen etwas, das wie Untiefen aus-
h; und zwey Englische Meilen östlich von unserm An-
rplatz, zwey bis drey Meilen weit von der Küste, ge-
ethen wir in fünftehalb Faden Tiefe, da wir gewöhnlich
eben bis acht Faden gehabt hatten.

Kaum hatten wir an unserm ehemaligen Platze den An-
r geworfen, so kamen schon einige Kanots zu uns; allein
ie Einwohner bewillkommten uns nicht mehr so herzlich,
ie das vorigemal, und wir vermißten den Ausdruck der
ufriedenheit auf ihren Gesichtern. Sobald sie an Bord
kommen waren, beklagte sich einer von ihnen, daß wir
ren Weibern eine Krankheit hinterlassen hätten, woran
ehrere Personen, beyderley Geschlechts gestorben wä-
en. Er selbst war mit der venerischen Seuche behaftet,
nd beschrieb uns ganz ausführlich alle verschiedene dabey
orkommende Symptome. Da bey unserer ersten
nkunft auf dieser Insel bey den Einwohnern auch nicht
ie mindeste Spur von dieser Krankheit vorhanden war,
 fürchte ich allerdings, daß wir den Vorwurf, die
rheber dieses unersetzlichen Schadens gewesen zu seyn,
icht von uns ablehnen können.

Unsre Hauptabsicht war nunmehr, die Schiffe so
hnell als möglich mit einem Vorrath von frischem Was-
r zu versehen; ich ward daher Nachmittags bey guter
eit mit zwey Booten voll leerer Tonnen ans Land ge-

schickt. Mit mir zugleich fuhren der Constabel der R
solution, welcher Lebensmittel eintauschen sollte, u
eine Wache von fünf Seesoldaten dahin ab. Wir fa
den eine große Menge Volks am Gestade, und wurd
anfangs mit vieler Freundlichkeit empfangen. Soba
aber die Tonnen gelandet waren, entstanden Unruhe
Ich wußte aus Erfahrung, wie schwer es sey, bey dies
Insulanern eine solche Laune zu unterdrücken, ohne d
Ansehen ihrer Oberhäupter zu Hülfe zu nehmen, u
gerieth also in Verlegenheit, als ich erfuhr, daß die
sich sämmtlich in einer andern Gegend der Insel befänd
Wir empfanden sehr bald den Mangel ihres Beystand
Nur mit der größten Mühe brachte ich es endlich dahi
daß zur Sicherheit und Bequemlichkeit des Handels e
Kreis geschlossen wurde. Kaum hatte ich dies bewi
und Wachen ausgestellt, um den Haufen abzuhalte
als ich gewahr ward, daß ein Kerl das Bayonet v
eines Soldaten Flinte ergriff, und es ihm mit aller G
walt aus den Händen zu reissen suchte. Als ich da
kam, ließ er es zwar los, und zog sich zurück; ab
einen Augenblick nachher kam er mit einem Spieß in ein
und einen Dolch in der andern Hand wieder, und sei
Landsleute hatten Mühe, seiner Begierde, sich mit d
Soldaten zu messen, Einhalt zu thun. Die Veranl
sung zu diesem Zwiste war ein kleiner Stoß mit d
Bayonet, den der Soldat dem Insulaner gegeben hat
um ihn von dem Kreise abzuhalten.

Unsere Lage erforderte jetzt offenbar die größte V
sicht und Behutsamkeit. Ich ertheilte den gemessens
Befehl, daß niemand Feuer geben, oder irgend e
Gewaltthätigkeit verüben sollte, ohne dazu ausdrückli
aufgefordert worden zu seyn. Kaum hatte ich diese V
schrift ertheilt, als man mich nach unserem Wasserpl
hinrief, wo die Einwohner nicht minder geneigt wa
Händel anzufangen. Sie hatten unsern Leuten für j

Tonne Wassers ein großes Beil abgefordert, und da man ihnen dieses nicht zugestehen wollte, suchten sie die Matrosen zu hindern, die Fässer an die Boote zu rollen. Als ich kam, trat sogleich einer von den Einwohnern sehr unverschämt zu mir heran, und wiederholte die Forderung. Ich erwiederte, aus Freundschaft wolle ich ihm ein Beil schenken, aber das Wasser würde ich zuverlässig unentgeldlich wegführen lassen. Zugleich befahl ich den Bootsleuten, in der Arbeit fortzufahren, und rief drey Seesoldaten zu ihrer Bedeckung vom Handelsplatze herbey. Diese Entschlossenheit wirkte soviel, daß die Eingebohrnen es nicht wagten, uns offenbar zu stören; allein sie hörten darum nicht auf, uns zu necken und zu beleidigen. Unter dem Vorwande, uns bey dem Rollen der Fässer behülflich zu seyn, gaben sie ihnen eine falsche Richtung, und brachten sie vom Wege ab. Andere stahlen den Matrosen ihre Hüte weg, zupften sie an ihren Kleidern, oder schlugen ihn ein Bein unter, indeß der ganze Haufe mit einem Gemisch von Kinderey und Bosheit lachte und schrie. Hernach stahlen sie dem Bötticher seinen Eimer, und rissen ihm den Sack mit seinem Werkzeuge weg. Am begierigsten waren sie aber nach den Flinten unserer Soldaten. Alle Augenblicke klagte einer, daß man ihm das Gewehr aus der Hand reissen wolle. Mir begegneten sie zwar größtentheils mit Achtung und Ehrerbietung; allein am Ende mußte ich doch auch mein Theil zu ihrem Raube beytragen. Einer kam ganz vertraulich zu mir; indem er meine Aufmerksamkeit sehr geschickt zu beschäftigen wußte, entriß mir ein anderer meinen Hirschfänger, den ich sorglos in der Hand hielt, und lief schnell davon.

Es würde nichts geholfen haben, wenn wir diese Frechheit mit Gewalt hätten ahnden wollen; alles was wir thun konnten, bestand darinn, daß wir uns vor den Folgen derselben so gut als möglich hüteten, und sie übrigens geduldig ertrugen. Bald darauf beunruhigte mich indessen der Sergeant durch die Nachricht: er habe sic unvermuthet umgekehrt, und hinter mir einen Mann mi einem Dolch in der Hand gesehen, der eben habe zusto ßen wollen. Vielleicht hatte er sich geirrt; allein unser Lage war gewiß ohnedies kritisch und beunruhigend ge nug, da uns die kleinste Unvorsichtigkeit hätte schade können. Unsere Leute waren in drey kleine Haufen ge theilt; der erste schöpfte am Teiche Wasser, der ander rollte die Fässer nach dem Strande, und der dritte be schäftigte sich in einiger Entfernung mit dem Einkauf vo Lebensmitteln. Es fiel mir einmal ein, sie alle zusan menzuziehen, und von ihnen gemeinschaftlich ein Ge schäft nach dem andern betreiben zu lassen: doch, nac reiflicherer Ueberlegung, fand ich es rathsamer, kei Veränderung vorzunehmen; denn bey einem wirklich Angriffe, hätten wir mit vereinten Kräften, auch in d vortheilhaftesten Stellung, nur geringen Widerstan thun können. Hingegen schien es mir nicht unwichti den Einwohnern zu zeigen, daß wir nichts fürchtete und noch oben drein den wesentlichen Vortheil zu erre chen, daß die Einwohner getheilt und viele von ihn mit dem Tauschhandel lebhaft beschäftigt blieben. Wah scheinlich war indeß die Furcht vor unsern Waffen d einzige, was sie von einem Angriffe zurückhielt; un vermuthlich hatte unser eigenes Zutrauen in diesen Vo zug, da wir ihrer ganzen Menge nur fünf Soldat entgegensetzten, ihnen einen hohen Begrif von unser Ueberlegenheit beygebracht. Es war unsre Pflicht, s bey diesem Glauben zu erhalten, und ich muß zum Ruh unserer Leute sagen, daß sie sich nicht zweckmäßiger h ten betragen können, um die Insulaner in ihrer Furc zu bestärken. Was sich für Scherz aufnehmen ließ, e trugen sie mit aller Fassung und Geduld; sobald ma aber im Ernst versuchte, sie bey der Arbeit zu unterbr

n, wiesen sie die Angreifenden mit strafenden Blicken
d Drohungen zurück. Auf die Art gelang es uns,
ne irgend einen wesentlichen Unfall, alle Fässer bis an
n Strand zurückzubringen. Während der Zeit daß
r sie ins Boot schaften, und die Einwohner nun be-
rkten, daß die Gelegenheit zum Plündern bald vor-
er seyn würde, wuchs ihre Kühnheit und Unverschämt-
t mit jedem Augenblick. Bey dieser Gelegenheit gab
r der Sergeant der Seesoldaten einen Vortheil an die
nd, welcher darin bestand, daß ich ihn und seine
annschaft zuerst ins Boot schickte. Dadurch wurden
Flinten, als der Hauptgegenstand auf welchen die
fmerksamkeit und die Begierde der Einwohner gerich-
waren, in Sicherheit gebracht, und die Soldaten
nten uns auch, im Fall eines Angrifs, von dorther
ksamer, als am Strande, vertheidigen.

Alles war bereits in die Boote geschaft, und nur Her-
nderson, (der Konstabel), ein Matrose und ich wa-
noch am Lande. Da das Boot jenseits der Bran-
g lag, durch welche wir hin schwimmen mußten, sag-
ch jenen beyden, sie möchten sich nur auf den Weg
chen, ich würde ihnen dann folgen. Zu meinem Er-
unen, weigerten sich beyde zu gehorchen, und es er-
b sich ein Streit unter uns, wer zuletzt am Strande
iben sollte. Einige übereilte Worte, die ich mir vor-
gegen den Matrosen hatte entfahren lassen, waren
n, wie es scheint, so vorgekommen, als ob ich seinen
uth bezweifelte, und hatten jenen albernen Einfall
ihm veranlaßt. Der alte Constabel hingegen hörte
m, daß von Ehre die Rede sey, als er es schon für
sgemacht annahm, daß auch er dabey nicht gleichgül-
seyn dürfe. Vielleicht hätte dieser lächerliche Streit
h einige Zeit gedauert, wenn die Steine, die schon
unsere Köpfe flogen, ihn nicht geendigt hätten. Un-
e Bootsleute schrieen uns zu, wir möchten eilen, denn

die Eingebohrnen setzten uns schon mit Keulen und Sp
ßen ins Wasser nach. Ich erreichte zuerst das Bo
und weil sich Herr Anderson noch in einiger Entfern
und nicht außer Gefahr befand, befahl ich den Seesol
ten eine Flinte loszuschießen. In der Eilfertigkeit t
sen Befehl zu vollziehen, thaten sie zwey Schüsse; u
als ich in das Boot stieg, sah ich die Einwohner dav
laufen, und nur einen Mann, der neben einem We
auf der Erde saß, zurückbleiben. Er versuchte eini
mal vergebens aufzustehen, denn er war, zu mein
Leidwesen, in der Hüfte verwundet. Bald nachher ke
ten die Insulaner zurück, umringten den Verwundet
und schwenkten mit drohenden, herausfordernden Geb
den ihre Dolche und Spiesse gegen uns; allein noch e
wir das Schiff erreicht hatten, erblickten wir einige P
sonen, die wir für ihre eben angekommene Oberhäup
hielten, und diese trieben den Haufen bald vom Str
de weg.

Während unserer Abwesenheit war Capitain Cler
desto mehr ängstlich um unsere Sicherheit besorgt ge
sen, weil er sich mit einigen Eingebohrnen an Bord u
terhalten, aber den Sinn ihrer Reden gänzlich mis
standen hatte. Sie nannten öfters den Namen unse
verewigten Befehlshabers, und machten dazu lebha
und umständliche Beschreibungen von Tod und Verni
tung; daraus schloß er, daß sie bereits die unglückli
Begebenheit in Owaihi erfahren hätten und jetzt dav
sprechen wollten. Sie hingegen wollten ihm nur v
einem Krieg erzählen, welcher wegen der Ziegen, d
Capitain Cook in Onihiau gelassen hatte, entstand
war, und beschrieben, wie diese schuldlose Thiere, wä
rend des Kampfes um ihren Besitz, niedergemetzelt wo
den wären.

Capitain Clerke bezog diese schrecklichen Beschr
bungen und den Ernst womit die Leute redeten, auf u

n Unfall in Owaihi, und glaubte sogar eine Spur n Rachbegierde an ihnen wahrzunehmen. Er beob⸗ htete uns daher unabläßig mit seinem Seherohr, und ß in dem Augenblick, wie er den Rauch von unsern gefeuerten Gewehren aufsteigen sah, die Boote be⸗ mnen und bewafnen, um sie uns zu Hülfe zu schicken.

Am folgenden Morgen erhielt ich abermals den Be⸗ l, mit den Leuten zum Wasserfüllen ans Land zu ge⸗ ı. Wegen unsrer gestrigen Gefahr, entschloß sich pitain Clerke, uns eine starke Parthey von beyden hiffen, die sich zusammen auf vierzig bewafnete Sol⸗ en belief, zu unserer Bedeckung mitzugeben. Diese rsicht war gleichwohl überflüssig, denn wir fanden ht nur den Strand ganz leer, sondern auch die Ge⸗ d vom Landungsorte bis zum Teiche, mit weissen Fähn⸗ n besteckt, zum Zeichen, daß dieser Platz Tabbu⸗ , das ist, daß ihn die Einwohner nicht betreten dürf⸗ . Wir hielten dies für einen sichern Beweis, daß ei⸗ e Oberhäupter hier gewesen seyn, und, weil sie sich ht hätten aufhalten können, sehr wohlbedächtig und undschaftlich diese Maaßregel zu unserer grösseren Be⸗ mlichkeit und Sicherheit ergriffen haben müsten. ar standen einige Männer, mit Dolchen und Spee⸗ ı bewafnet, zu unserer Rechten jenseits des Flusses, ch beunruhigten sie uns nicht im mindesten. Ihre eiber kamen herüber und setzten sich nahe bey uns am sseitigen Ufer nieder, und gegen Mittag bewogen wir ch einige von den Mannspersonen, Schweine und urzeln für unsere Leute herbeyzubringen und zu berei⸗ ı. Sobald wir den Strand verlassen hatten, kamen an das Seeufer, und einer von ihnen warf einen Stein ch uns; da aber alle übrigen sein Betragen sehr zu sbilligen schienen, ließen wir es ungeahndet hingehen.

Am folgenden Tage ergänzten wir unsern Wasservor rath ebenfalls ohne allen Widerstand. Bey unsere Rückkehr an Bord erfuhren wir, daß einige Oberhäup ter da gewesen wären, die das Betragen ihrer Landsleut entschuldigt, und ihre Zügellosigkeit den Streitigkeite zugeschrieben hätten, welche gegenwärtig zwischen de Vornehmen der Insel herrschten, und derentwegen jetz alle Ordnung und aller Gehorsam gänzlich aufgehobe wäre. Toneoneo der bey unserem ersten Besuch di Oberherrschaft besaß, stritt jetzt mit einem Knaben Na mens Teawi um die Regierung von Atuai. Beyd waren Enkel des Periorani, Königs von Woahu von verschiedenen Vätern, und der Grosvater hatte jene Atuai, und diesem Onihiau zu beherschen gegebe Nun waren die Ziegen, welche wir im vorigen Jahr au Onihiau zurückgelassen hatten, die Veranlassung zu Kriege geworden; denn Toneoneo machte Ansprüch auf dieselben, unter dem Vorwand, die Insel Onihia sey von ihm abhängig. Teawis Freunde hingega behaupteten das Recht des wirklichen Besitzers, und s schickten sich beyde Theile an, ihre Forderungen mit Ge walt geltend zu machen. Nur wenige Tage vor unsere Ankunft war ein Gefecht vorgefallen, worin Toneone den kürzern gezogen hatte. Es war sehr wahrscheinlich daß er durch diese Niederlage noch weit mehr, als blo seine Ansprüche auf die unglücklichen Ziegen einbüße würde; denn Teawis Mutter hatte sich wieder m einem Vornehmen von Atuai verheirathet, und diese glaubte, er müsse die gegenwärtige Gelegenheit nicht ve nachlässigen, um den Toneoneo gänzlich aus der Ins zu vertreiben, und seinem Stiefsohne die Oberherrscha zu verschaffen, zumal, da er sich an der Spitze ein mächtigen Parthey befand. Die Ziegen hatten sich scho bis auf sechs vermehrt, und würden sich wahrscheinlic innerhalb weniger Jahre auf allen diesen Inseln ausge eitet haben, wenn man sie nicht, wie schon gesagt, ährend dieser Streitigkeiten umgebracht hätte.

Am vierten kamen die Mutter und die Schwester des ngen Prinzen, nebst seinem Stiefvater und vielen Vorhmen von dieser Parthey, an Bord der Resolution, und achten dem Capitain Clerke verschiedene schätzbare und ltene Geschenke. Unter den letztern befanden sich einige ngelhaken, welche, wie sie uns versicherten, aus den nochen des Vaters unseres alten Freundes Terriobu, r in einem unglücklichen Angrif auf die Insel Woahu blieben sey, verfertigt waren. Die Schwester des rinzen beschenkte den Capitain mit einem Fliegenwedel, ssen Grif ebenfalls aus einem Menschenknochen bestand, elchen ihr Stiefvater ihr als ein Siegeszeichen verehrt itte. Der junge Teawi war nicht mitgekommen, weil , dem Vernehmen nach, einige gottesdienstliche Geäuche verrichten mußte, welche auf seinen Sieg Bezieing hatten und zwanzig Tage dauern sollten. An den yden folgenden Tagen nahmen wir den gehörigen Wasrvorrath für die Discovery ein, und die Zimmerleute aren an Bord beschäftigt, die Schiffe zu kalfatern und f unsere bevorstehende Fahrt vollends in Stand zu zen. Von den Einwohnern hatten wir weiter nichts besorgen, vielmehr erhielten wir einen reichlichen Vorth an Schweinen und Vegetabilien von ihnen.

Um diese Zeit brachte einer von den Insulanern ein tück Eisen an Brod der Discovery, woraus er sich nen Dolch oder Pahua wollte machen lassen. Die fficiere und Matrosen untersuchten genau, und hielten für einen Bolzen aus einem großen Schiffsbalken; lein welcher Nation es zugehört haben mochte, konnten nicht entscheiden, ob sie gleich aus der blassen Farbe s Metalls und der Gestalt, welche unsern Bolzen nicht nlich war, urtheilten, daß es kein Englisches seyn könnte *). Sie erkundigten sich daher sehr genau, war und woher der Insulaner es bekommen hätte? wenn ihn recht verstanden haben, war es aus einem groß Stück Zimmerholz genommen worden, welches erst se unserm vorigen Besuch im Januar 1778 an ihrer Ins getrieben worden war.

Den siebenten überraschte uns Toneoneo mit eine Besuche. Als er aber hörte, daß die Prinzessin Mutt sich an Bord befände, hielt es schwer ihn zu bewege hinaufzusteigen, nicht sowohl weil er irgend eine Besor niß wegen seiner Sicherheit gehabt hätte, sondern vie mehr aus Abneigung gegen sie. Beyde warfen, be ihrer Zusammenkunft, einander stiere, unfreundlic Blicke zu. Er hielt sich überhaupt nur kurze Zeit au und schien sehr niedergeschlagen; doch nahm es uns Wu der, daß die Frauenzimmer, sowohl bey seiner Ankun als bey seinem Weggehen, vor ihm niederfielen, un daß alle Einwohner an Bord ihm mit der äußersten Eh furcht begegneten. In der That ist es sonderbar, da ein Mann, der eben jetzt gegen Teawis Parthey thätiger Feindschaft begriffen war, und sich zu eine neuen Gefecht rüstete, sich demungeachtet, beynahe oh alle Begleitung, mitten unter seine Feinde und gleichsa in ihre Gewalt begeben konnte. Man kann darau abnehmen, daß die bürgerlichen Unruhen, welche si in allen Südseeinseln so häufig ereignen, ohne große E bitterung und Blutvergiessen abgehen, und daß der abg setzte Regent immer die Würde eines Erih, ja sog Freyheit behält, sich eine künftige Gelegenheit zu Nu zu machen, um sein verlohrnes Ansehen wieder zu erla

*) Auch das Eisen welches wir bey den Einwohnern i Nutka-Sunde fanden, und welches mehrentheils Messern verarbeitet war, hatte augenscheinlich eine v blässere Farbe als das unsrige.

gen. Im folgenden Hauptstück werde ich Gelegenheit nehmen, mich über diesen Punkt mehr auszubreiten, und alle Nachrichten, die wir von dem politischen Zustande dieser Inseln sammeln konnten, vorzutragen.

Am achten, um neun Uhr Morgens, lichteten wir die Anker, und segelten nach Onihiau. Hier gingen wir um drey Uhr Nachmittags beynahe an eben der Stelle, wie im verwichenen Jahr (1778) in zwanzig Faden Tiefe vor Anker, und ließen den zweyten Anker in sechs und zwanzig Faden Tiefe fallen. In der Nacht erhob sich ein so heftiger Ostwind, daß wir am folgenden Morgen eine ganze Kabeltaus-Länge (d. i. hundert Klaftern) von unsrem Ankerplatze weggetrieben waren. Wir zogen das Kabeltau vom großen Buganker etwas an, blieben aber, wegen des anhaltenden heftigen Windes, zwey Tage lang liegen.

Da das Wetter am 12ten ruhiger ward, schickte der Capitain den Lootsen auf die Nordwestseite der Insel, um einen bequemeren Ankerplatz aufzusuchen. Er kam gegen Abend zurück, und hatte dicht unter der Westspitze der Rheede wo wir jetzt lagen, eine schöne Bay mit gutem Ankergrund, in achtzehn Faden reinen Sand, gefunden. Man konnte daselbst näher als eine Englische Meile am Strande vor Anker liegen. Die See brandete sich zwar auf demselben, doch nicht so stark, daß sie das Anlanden verhindern konnte. Die Spitzen, welche diese Bay bildeten, lagen Nord gen Osten, und Süd gen Westen von einander, und in dieser Richtung hatten wir sieben, acht und neun Faden Tiefe. An der Nordseite der Bay lag ein kleines Dorf, und eine Englische Viertelmeile ostwärts, befanden sich vier kleine Brunnen mit gutem Wasser, zu denen ein ebener, zum Fortrollen der Fässer sehr bequemer Weg hinführte. Herr Bligh war übrigens noch weit genug Nordwärts gegangen, um sich zu überzeugen, daß Orihaua ein von Onihiau getrenntes Eiland, und daß zwischen beyden eine Durchfahrt befindlich sey welche wir bis dahin nur vermuthet hatten. Des Nachmittags hoben wir alle Boote ein, und machten uns fertig, am folgenden Morgen unter Segel zu gehen.

Sechstes Hauptstück.

Allgemeine Beschreibung der Sandwichs-Inseln; Anzahl, Namen und Lage derselben Umfang und Eintheilung der Bezirke auf der Insel Owaihi (*Owhyhee*). Beschreibung ihre Küsten und der angränzenden Gegenden. Spuren von Vulkanen. Schneegebirge, und Bestimmung der Höhe desselben. Nachricht von eine Reise ins Innere der Insel. Mauwi (*Mowee*) Tahuraua (*Tahoorowa*). Morotai (*Morotoi*). Ranai (*Ranai*). Woahu (*Woahoo*) Atuai (*Atooi*). Onihiau (*Oneeheow*). Orihaua (*Oreehoua*). Tahura (*Tahoora*). Das Klima, die Winde, Strömungen, Fluthen, Thiere und Pflanzen dieser Inselgruppe. Astronomisch Beobachtungen.

Da wir nunmehr im Begrif sind, von den Sandwichs-Inseln Abschied zu nehmen, wird es vielleicht nicht überflüßig seyn, hier einige Nachricht von ihrer Lage und Naturgeschichte, so wie von den Sitten und Gebräuchen ihrer Bewohner hinzuzufügen. Zwar haben sich schon Männer, die auf weit mehr Fähigkeiten Anspruch machen dürfen, mit diesem Gegenstande beschäftigt; und es ist wohl außer allem Zweifel, daß wenn

Capitain Cook und Herr Anderson noch gelebt hätten, das Publikum von der bekannten Geschicklichkeit und dem Fleisse dieser beyden genauen Beobachter weit vollständigere Nachrichten erhalten haben würde. Allein dem Leser bleibt gegenwärtig weiter nichts übrig, als mit mir unsern gemeinschaftlichen Verlust zu betrauern, welcher ihm die Arbeiten solcher ausgezeichneten Männer raubt, und mir die Pflicht auferlegt, an ihrer Stelle zu erzählen, was ich, nach Maaßgabe meiner Amtsgeschäfte, habe sammlen und beobachten können.

Diese Gruppe besteht aus elf Inseln, welche sich von 18° 54′ bis 22° 15′ nördlicher Breite, und von 199° 36′ bis 205° 6′ östlicher Länge erstrecken. In der Sprache ihrer Bewohner heißen sie: 1. Owaihi. 2. Mauwi. 3. Ranai oder Oranai. 4. Morotinni oder Morokinni. 5. Kahaurau oder Tahuraua. 6. Morotai oder Morokai. 7. Woahu oder Oahu. 8. Atuai Atauai, Tauai oder bisweilen Kauai *). 9. Nihihau oder Onihiau. 10. Orihaua oder Rihaua und 11. Tahura. Alle diese Inseln, ausgenommen Morotinni und Tahura, sind bewohnt. Außer den hiergenannten liegt, wie man uns sagte, westsüdwestwärts von Tahura noch ein niedriges sandiges Eiland, Namens Modupapapa (*Modopapapa*) **), wohin man nur zuweilen überschifft, um Schildkröten und Seevögel zu fangen. So viel ich erfahren konnte, scheinen ihnen außer den genannten keine andere Inseln bekannt zu seyn, und wahr-

*) In denen Inseln, welche gegen Osten liegen, setzt man oft das k an die Stelle des t, als Morokai statt Morotai, u. s. f.

**) Modu bedeutet eine Insel, und papapa flach. Capitain Cook nennt diese Insel Tammatapappa.

scheinlich liegen also keine in der Nähe. Capitain Cook gab ihnen die gemeinschaftliche Benennung der Sandwichs-Inseln, zu Ehren des Grafen Sandwich, unter dessen Administration er die Erdbeschreibung mit so vielen glänzenden und wichtigen Entdeckungen bereichert hat.

Owaihi, die östlichste und bey weitem die größte dieser Inseln, hat beynahe die Gestalt eines gleichseitigen Dreyecks. Die Winkelspitzen stehen gegen Norden, Osten und Süden; die nördliche liegt in 20° 17′ nördlicher Breite und 204° 2′ östlicher Länge, die östliche in 19° 34′ nördlicher Breite und 205° 6′ östlicher Länge und die südlichste in 18° 54′ nördlicher Breite und 204° 15′ östlicher Länge. Ihre größte Länge, die sich beynahe in gerader Richtung von Norden nach Süden erstreckt, beträgt 28½ Seemeilen, die Breite 24, und ihr Umfang 255 Englische geographische oder 293 gewöhnliche Englische Meilen *). Die ganze Insel ist in sechs große Bezirke abgetheilt: Amakua und Ahidu liegen an der Nordostseite; Apuna und Kau gegen Südosten; Akona und Koarra gegen Westen. Die Bezirke Amakua und Ahidu scheidet ein Berg, Namens Mauna Koah, (oder der Berg Koah), welcher sich in drey Gipfeln oder Piks erhebt, die stets mit Schnee bedeckt sind, und auf vierzig Seemeilen weit deutlich gesehen werden können. Nordwärts von diesem Berge besteht die Küste aus steilen, abgerissenen Felsen, von welchen viele herrliche Kaskaden herabstürzen. Wir hatten uns zwar geschmeichelt, hier hinter einer abgestu pften

---

*) Was Herr King hier geographische Englische Meile nennt, ist vermuthlich die nautische Englische Meile, wovon drey auf eine Seemeile folglich 60 auf einen Grad des Aequators gehen. Der gemeinen Englischen Meilen gehen 69½ auf einen solchen Grad. G. F.

nd-Ecke, im 20° 10′ nördlicher Breite und 204° 6′ östlicher Länge, einen Hafen zu finden; allein nachdem wir die Spitze umschifft, und uns dem Lande völlig genähert hatten, entdeckten wir, daß sie, vermittelst eines tiefen Thals, mit einem andern hohen Vorgebirge in Nordwesten, zusammen hängt. Weiter hineinwärts steigt das Land allmählig, und wird von engen dunklen Thälern oder Schluchten durchschnitten, welche wohl bebauet und überall mit Dörfern besäet zu seyn schienen. Das Schneegebirge ist sehr steil, und der Fuß desselben mit Waldung bedeckt.

Die Küste von Ahidu liegt südwärts vom Maua-Koah. Sie ist von mäßiger Höhe und scheint landeinwärts ebener als das Land im Nordwesten, und weniger von Schluchten zerrissen zu seyn. Wir kreuzten beynahe einen ganzen Monat im Angesicht dieser beyden Distrikte umher, und wurden, so oft wir nicht zu weit vom Ufer entfernt waren, allemal von Kanots mit allerley Erfrischungen umgeben. Oftmals ging aber an dieser Seite der Insel eine sehr hohle See, und der Wogenschwung war daselbst sehr beträchtlich. Da wir hier keinen Grund finden konnten, und längs der Küste lauter unsichere Stellen erblickten, so näherten wir uns, das einzige vorhinerwähnte Mal ausgenommen, nie mehr als bis auf zwey oder drey Seemeilen.

Nordostwärts von Apuna, welches die östliche Spitze der Insel bildet, ist die Küste niedrig und eben; landeinwärts aber fast unmerklich steigend, und gänzlich mit Kokospalmen und Brodbäumen bedeckt. Diese Gegend ist, nach unserm Urtheil, die schönste und reichste auf der ganzen Insel; auch erfuhren wir in der Folge, daß der König hier einen Residenzort hat. Am Südwest-Ende haben die Berge gegen das Meer hin einen jähen Absturz, an deren Fuß sich längs dem Strande nur ein schmaler Streifen von niedrigem Lande hinzieht.

Hier kamen wir dem Gestade ziemlich nahe, und fand
die Berge auf ihren Abhängen mit lebhaftem Grün
kleidet, das Land überhaupt aber, allem Anschein na
nur sparsam bewohnt. Indem wir die Ostspitze der I
sel umschifften, erblickten wir einen zw ;yten mit Sch
bedeckten Berg, welcher Mauna Roa oder der gr
ße Berg heißt, und, so lange wir längs der südö
lichen Seite hinsegelten, uns immer sichtbar blieb. Se
Gipfel besteht in einer ebenen Fläche, welche der S
mann ein Tafelland*) zu nennen pflegt, und ist
ständig mit Schnee bedeckt. Einmal erblickten wir
gar die Seiten des Berges, bis ziemlich weit hina
beschneyt; eine Erscheinung, die sich indeß b nnen we
gen Tagen wieder verlor. Zufolge der Beobachtung
des Herrn de la Condamine auf den Cordillere
durch velche er die Höhe der Schneelinie zwischen d
Wendekreisen zu bestimmen gesucht hat, muß dieser Be
wenigstens 16020 Fuß hoch, folglich um 724 Fuß h
her seyn, als der Pik de Teyde in Teneriffa, nach D
Heberdens, oder 3680 Fuß höher, nach des R
ters de Borda Berechnung. Die Piks oder Gipf
des Mauna Koah schienen eine halbe Englische Mei
hoch zu seyn, und da sie gänzlich mit Schnee bedeckt sin
kann ihre ganze Höhe nicht weniger als 18400 Fuß b
tragen. Wahrscheinlicherweise aber sind diese Gebir
noch um ein beträchtliches höher; denn auf Inseln, w
die warme Seeluft wirkt, muß die Schneelinie nothwe
dig in eine größere Höhe hinaufrücken, als in eine A
mosphäre, welche zwar in eben der Breite befindlich i
aber von allen Seiten durch unermeßliche Lagen eines i
merwährenden Schnees abgekühlt wird.

---

*) Eine solche Gestalt hat der Tafelberg am Vorgebi
der guten Hoffnung, wie schon sein Name andeutet. G.

Im Bezirke Kau bildet die Küste ein wildes, ödes ...nd schreckliches Gemälde. Ueberall scheint diese Ge...end durch gewaltsame Naturbegebenheiten eine gänzli...e Verwandlung und Umkehrung erlitten zu haben. ...er Boden ist allenthalben mit ausgebrannten Steinen ...deckt und hin und wieder mit schwarzen Streifen durch...hnitten, welche vermuthlich den ehemaligen Weg der ...ava andeuten, die sich noch vor wenigen Jahrhunder...n vom Mauna-Roa ab nach dem Gestade des Mee...es hin gewälzt haben mag. Die südliche Landspitze hat ...änzlich das Ansehen, als ob sie aus dem Schutt und ...en Trümmern eines Vulkans entstanden wäre. Die ...ort hervorragende Land-Ecke besteht aus schroffen, zer...trümmerten Felsen, welche übereinander gestürzt sind, ...nd sich in scharfe Spitzen endigen. Dieses Anscheins ...er Verwüstung ungeachtet, ist die hiesige Gegend mit Dörfern besäet, und ohne Zweifel volkreicher als die ...rünenden Hügel von Apuna. Dieser Umstand läßt ...ich auch leicht erklären; denn die hiesigen Insulaner be...itzen keine Heerden, und wissen folglich von ihren Wei...den keinen Gebrauch zu machen. Eine Gegend, wel...che entweder zur Fischerey bequem gelegen ist, oder die ...den Anbau der Yamswurzel und des Pisangs begünstigt, ...hat für sie einen ungleich größern Werth. Mitten un...ter diesen Ruinen findet man aber viele Stücken des be...sten Landes, welche sehr sorgfältig bepflanzt werden, und die benachbarte See liefert einen Ueberfluß an vortreffli...chen Fischen; denn mit diesen sowohl, als mit andern Lebensmitteln wurden wir stets reichlich versorgt. Allein an diesem Theil der Küste fanden wir immer nur erst eine Kabeltaus-Länge (hundert Klaftern) vom Ufer, in hundert und sechzig Faden, Grund, ausgenommen in einer kleinen Bucht ostwärts von der Südspitze, wo wir mit funfzig bis acht und funfzig Faden einen feinen Sandgrund antrafen. Ehe wir zu den westlichen Bezirken

übergehen, muß ich noch anmerken, daß die ganze O
seite der Insel, vom nördlichen bis zum südlichen End
auch nicht den kleinsten Hafen oder Schutzort für Schi
darbietet.

Die Südwest-Gegend des Bezirks Akona ist
ebendemselben Zustande, wie der angränzende Bez
Kau; weiter nordwärts aber ist der Boden mit der ä
ßersten Sorgfalt behaut, und die Gegend ausnehme
volkreich. In diesem Theil der Insel liegt die Bay K
rakakua, welche ich bereits beschrieben habe. Läng
der Küste erblickt man nichts als ungeheure Schlacke
massen und Bruchstücken schwarzer versengter Felse
Hinter diesen hebt sich das Land allmählig auf eine Str
cke von drittehalb Englischen Meilen, und scheint v
Zeiten mit lockern ausgebrannten Steinen bedeckt gew
sen zu seyn, welche die Einwohner mit vieler Mühe, o
in einer Tiefe von drey Fuß und drüber, weggeräumt h
ben. Die Fruchtbarkeit des darunter liegenden Er
reichs vergütet ihnen aber diese Mühe reichlich. Ei
fette, mit vulkanischer Asche gedüngte Dammerde, die
ihnen hier zum Anbau süßer Batatten und des Papie
maulbeerbaumes, aus dessen Rinde sie ihre Kleidun
verfertigen. Ihre Felder sind mit Steinmauern umg
ben, und dazwischen liegen Kokoswäldchen zerstreu
Auf den Anhöhen jenseits dieser Gegend pflanzt ma
Brodbäume, die mit üppigem Wuchse prangen.

Der Bezirk Koarra erstreckt sich von der West- zu
Nordspitze der Insel, und die ganze Küste zwischen diese
beiden Spitzen bildet eine weite Bay, Toe-jah-ja
genannt, welche gegen Norden von zwey ausgezeichne
ten Hügeln begränzt wird. In der Vertiefung der Ba
findet man unsichern Korallengrund, der sich bis auf ein
Englische Meile vom Ufer erstreckt; außerhalb desselbe
aber hat man überall guten Ankergrund, in zwanzig Fa
den Tiefe. So weit das Auge reicht, ist die Gegen

er fruchtbar und volkreich, und das Erdreich von eben
r Art, wie im Bezirke Kau; allein frisches Wasser
hier nirgends zu finden.

Diese Beschreibung der Küsten und der zunächst an-
änzenden Gegenden von Owaihi gründet sich auf
eine eigne Beobachtung. Vom Innern des Landes
nn ich weiter nichts erzählen, als was ich von einer
esellschaft erfuhr, die sich Nachmittags den 26sten
anuar aufmachte, um soweit als möglich vorzudringen,
d wenn es anginge, das Schneegebirge zu erreichen.
s mochte vier Uhr seyn, als sie, in Begleitung zweyer
nsulaner, die ihnen zu Wegweisern dienten, das Dorf
rließen und ihren Weg nach Osten, ein wenig südwärts
hmen. Bis auf drey oder vier Englische Meilen von
r Bay fanden sie das Land so, wie ich es schon beschrie-
n habe. Aber weiterhin wurden die Berge steiler,
d über diese gelangten sie zu den weitläuftigen Pflan-
ngen, welche, von den Schiffen her, die Aussicht auf
s Land begränzen. Diese Pflanzungen bestehen aus
r Aronswurzel oder Tarro, der süßen Batatte *), und

*) Beydes, die süßen Batatten (Convolvulus, chrysorrhizus) und die Aronswurzeln Arum esculentum) pflanzt man hier vier Schuh weit auseinander, und häuft um die ersteren die Erde beynahe bis ans Ende des Stengels hinauf. Die Aronspflanzen läßt man bis an die Wurzel unbedeckt, und formt die Erde um sie her zu einem Becken, damit sich das Regenwasser darin aufhalten könne; denn diese Wurzel verlangt einen gewissen Grad von Nässe. In den Societäts- und Freundschaftsinseln pflanzt man die Aronswurzel allemal an niedrigen, feuchten Stellen, welche durch einen nahen Bach überschwemmt werden können, und wir folgerten daraus, daß diese Behandlungsart unumgänglich nothwendig sey. Hier lernten wir aber, daß diese Pflanzen auch auf trockenem Boden vollkommen gedeihen, wenn man nur die ebenerwähnte Vorsicht beobachtet. Darüber waren wir übrigens einverstanden, daß die Aronswurzeln in den Sandwichs-Inseln die besten wären, die wir je gekostet

dem Papiermaulbeerbaum, welche zierlich und regelm
ßig in Reihen stehen. Die Mauern, welche jede Pfla
zung abtheilen, sind von verbrannten Steinen locker z
sammengehäuft, die, wenn man den Acker bereitet u
aufräumt, zu diesem Endzweck gesammelt werden. A
beyden Seiten der Mauer steht eine Reihe dicht gepfla
ten Zuckerrohrs, welches sie gänzlich verbirgt, und d
schönste grüne Hecke bildet, die man sich nur denk
kann.

Die Reisenden übernachteten in der zweyten Hütt
die sie in diesen Pflanzungen fanden, und die nach ihr
Rechnung ungefähr sechs bis sieben Englische Meil
von den Schiffen entlegen war. Sie hatten hier ei
reizende Aussicht; vor ihnen lagen die Schiffe in d
Bay; linker Hand erstreckte sich eine ununterbroche
Reihe von Dörfern und Kokoswäldchen längs dem Se
Gestade; hinter ihnen stand ein unabsehlicher Wald, u
rechts, soweit ihr Auge reichte, war die ganze Gege
von wohlgeordneten und sorgfältig angebaueten Pfla
zungen bedeckt. In der Nähe dieses Orts, von all
andern Wohnungen abgesondert, zeigten ihnen die I
sulaner den Aufenthalt eines Einsiedlers, von dem sie
zählten, er sey ehemals ein grosses Oberhaupt und e
Krieger gewesen, habe sich aber schon seit langer Z
vom Seeufer wegbegeben, und verlasse seine Hütte nic
mehr. Sie warfen sich auch vor ihm nieder, indem
an ihn herangingen und ihm einen Theil der mitgebrac
ten Lebensmittel überreichten. Sein Benehmen w
heiter und ungezwungen. Beym Anblick unserer Leu
schien er kaum einige Verwunderung zu bezeugen, und

---

hätten. Die Pisangs gehören nicht in diese Pflanzunge
sondern wachsen unter den Brodbäumen. Anm. d. U
schrift.

ht man auch in ihn drang, einige von unseren Selten-
iten anzunehmen, schlug er sie dennoch aus und zog sich
ld in seine Hütte zurück. Unsere Reisende beschrieben
n als den ältesten Mann, den sie in ihrem ganzen Leben
sehen hätten, und schätzten sein Alter wenigstens auf
ehr als hundert Jahre.

In der Meynung, der große Berg sey nicht über
hn oder höchstens zwölf Englische Meilen von der See
tfernt, hatten unsere Leute gehoft, ihn am nächsten
Morgen bequem erreichen zu können. Aber wie erstaun-
n sie, als sie jetzt inne wurden, daß die Höhe dessel-
n sie getäuscht, und seine Entfernung kaum merklich
genommen hatte! da sie sich nunmehr anschicken muß-
n, durch eine unbewohnte Gegend zu reisen, sandten
einen von ihren Wegweisern in das Dorf zurück, um
ch mit Lebensmitteln auf den langen Weg zu versorgen.
Während der Zeit, da sie noch auf die Rückkehr dessel-
n warteten, kamen einige von Kau's Bedienten zu
nen hinauf, welche dieser gute alte Mann, sobald er et-
as von dem Vorhaben unsrer Landsleute gehört, ihnen
it einer Tracht von Erfrischungen nachgeschickt hatte.
u gleicher Zeit hatte er, da der Weg durch seine Be-
tzungen ging, seinen Leuten Vollmacht ertheilt, dort
les zu fordern und zu nehmen, was die Unsrigen nur
rlangen möchten.

Unsere Reisenden erstaunten nicht wenig, als sie die
Kälte hier so durchdringend fanden. Freylich konnten
e, weil sie kein Thermometer bey sich führten, den
Grad derselben bloß nach ihrem Gefühl beurtheilen, und
ieser Maaßstab ist, wenn man eben aus einer warmen
Atmosphäre kommt, ziemlich unsicher. Sie froren in-
eß so sehr, daß sie nur wenig, und die Insulaner, ihre
Begleiter, gar nicht schlafen konnten, und einander die
anze Nacht über durch unaufhörliches Husten störten.
Die Höhe, wo sie sich jetzt befanden, war gleichwohl

noch nicht sehr beträchtlich, indem die See nur sechs bis sieben Englische Meilen weit von ihnen lag, und ein Theil des Weges nur sehr gemach Berg an ging. Vielleicht muß man also die ungewöhnliche Kälte dem Ostwinde zuschreiben, der frisch über die Schneegebirge strich.

Früh am 27sten, machten sie sich wieder auf den Weg, und füllten ihre Kürbisflaschen aus einem vortreflichen Brunnen, den sie eine halbe Meile weit von der Hütte fanden. Nachdem sie alle Pflanzungen hinter sich zurückgelassen hatten, kamen sie in einen dichten Wald, durch welchen die Insulaner Fußsteige getreten hatten, um sich wilde Pisangs zu holen, und auf den Vogelfang auszugehen. Hier konnten sie aber nur langsam und nicht ohne Anstrengung fortkommen; denn der Boden war theils sumpfig, theils mit großen Steinen bedeckt, und der Pfad enge, und durch queer über gefallene Bäume versperrt, über welche sie hinweg steigen mußten, da sie ihnen wegen des undurchdringlichen Dickichts zu beyden Seiten nicht ausweichen konnten. In diesen Waldungen bemerkten sie, in geringen Entfernungen von einander, Stangen mit Stückchen weißen Zeuges, welche vermuthlich die Gränzen der verschiedenen Besitzungen bezeichneten, weil man sie sonst nirgends, als in denen Gegenden antraf, wo wilde Pisangs wuchsen. Die hiesigen Bäume gehörten zu eben der Gattung, welche wir in Neuholland Gewürzbäume (*Spicetrees*) nannten, waren hoch und geradstämmig, und hatten zwey bis vier Schuhe im Umfange *).

Unsere Leute waren gegen zehn Englische Meilen im Walde fortgegangen, als sie unvermuthet, zu ihrem größten Verdruß, in einer geringen Entfernung die See

*) Vermuthlich gehören sie zum Linnäischen Geschlechte Melaleuca, welches Rumph Metrosideros nennt. G. F.

or sich liegen sahen. Ihr Pfad hatte sich nehmlich unvermerkt nach Süden gewendet, und sie rechts von dem Berge, der ihr Ziel war, abgeführt. Der Irrthum war ihnen desto empfindlicher, da sie den Berg vom Gipfel der höchsten Bäume nicht erblicken, folglich nicht einmal wissen konnten, in welcher Richtung er lag. Es blieb ihnen also nichts übrig, als sechs oder sieben Englische Meilen weit nach einer leeren Hütte, zurückzugehen, wo sie drey Insulaner und zwey von ihren eignen Landsleuten mit dem kleinen noch übrigen Vorrath von Lebensmittel hinterlassen hatten. Hier brachten sie die zweyte Nacht zu; allein die Luft war so schneidend, und behagte ihren Führern so wenig, daß sie sich am andern Morgen, bis auf einen, davon geschlichen hatten. Aus Mangel an Lebensmitteln mußten sie nunmehr nothwendig in die bebaute Gegend zurückkehren, und auf eben dem Pfade, auf welchem sie in den Wald hineingegangen waren, auch wieder herausgehen. Sobald sie bey den Pflanzungen anlangten, lief eine Menge Insulaner um sie her zusammen. Von diesen kauften sie neuen Vorrath und bewogen zwey von denselben, die Stelle ihrer entwichenen Wegweiser zu vertreten, so daß die Gesellschaft nunmehr aus neun Personen bestand. Man erkundigte sich so genau als möglich nach dem rechten Wege, wanderte sechs bis sieben Englische Meilen am Rande des Waldes hin, und stieg dann wieder durch denselben auf einem Pfade, welcher nach Osten ging. Die drey ersten Meilen kamen sie durch lauter hohe Gewürzbäume, die in schwerem Letten wuchsen. Hinter denselben folgte eine eben so lange Strecke von niedrigen staudigen Bäumen, die mit vielen Gebüschen zu einem Dickicht verwachsen waren, auf einem mit lockern, verbrannten Steinen bedeckten Boden. Hierauf kamen sie in einen zweyten Wald von Gewürzbäumen, in einem ebenfalls fetten, braunen Erdreich, auf welches noch-

mals ein unfruchtbarer Rücken folgte, der eben so bescha
fen war, wie der vorige. Dieser Wechsel kann dem Na
turforscher vielleicht einigen Stof zu interessanten Betrach
tungen geben. Ich konnte über diesen Gegenstand nu
noch soviel erfahren, daß die Rücken, soweit man s
übersehen konnte, mit den Seeufer parallel liefen, un
daß der Mauna-Roa ihren Mittelpunct ausmachte.

Unsere Abentheurer fanden auf ihrem Wege durch di
Wälder viele halb vollendete Kanots, und hie oder do
eine Hütte, aber keine Einwohner. Nachdem sie im zwei
ten Walde etwa drey Englische Meilen zurückgelegt hatte
trafen sie noch zwey Hütten an, wo sie sehr ermüdet Ha
machten; denn nach ihrer Rechnung waren sie an diese
Tage zwanzig Englische Meilen gegangen. Sie kon
ten, seitdem sie die Pflanzungen verlassen hatten, ni
gends eine Quelle finden, und litten schon großen Durs
Vor dem Eintritt der Nacht mußten sie sich also in kle
nere Partheyen trennen, um Wasser aufzusuchen, un
fanden zuletzt im Boden eines halb fertiggezimmerte
Kahns einen kleinen aus Regen zusammengelaufene
Vorrath. Ungeachtet dieses Wasser wie rother Wei
aussah, war es ihnen doch eine willkommene Entdeckun
Die Kälte war diese Nacht noch durchdringender als i
der vorigen. Ob sie sich gleich in Matten und Stücke
von dem einländischen Zeuge gewickelt, auch zwische
den Hütten ein großes Feuer angezündet hatten, konnte
sie doch nur wenig schlafen, und mußten den größte
Theil der Nacht umhergehen. Allerdings mochten s
sich jetzt schon in einer ansehnlichen Höhe befinden, da s
fast beständig Berg an gegangen waren.

Den 29sten, bey Tagesanbruch, machten sie zu
letztenmal einen Versuch das Schneegebirge zu erreichen
doch sank ihnen der Muth, als sie fanden, daß der ge
strige kleine Wasservorrath schon ganz erschöpft war. De
Fußpfand ging nur so weit, als man Kanots gezimme

tte, und sie waren also genöthigt, sich selbst, so gut sie unten, einen zu bahnen, wobey sie von Zeit zu Zeit auf höchsten Bäume stiegen, um das Land umher zu durchhen. Um eilf Uhr erstiegen sie einen Rücken mit verannten Steinen, von dessen Gipfel der Schneeberg, al Anschein nach, wenigstens noch zwölf bis vierzehn Englhe Meilen weit entfernt war. Sie überlegten also, ob noch weiter gehen, oder sich mit dieser näheren Ansicht Mauna-Roa begnügen sollten. Seitdem der Pfad gehört hatte, waren sie nur äußerst mühsam fortgekomn, und die Schwierigkeiten vermehrten sich mit jedem genblick. Fast bey jedem Schritte stolperten sie in den ſten, die den Boden überall durchschnitten, aber mit oos verdeckt waren. Dazwischen war alles mit lockern gebrannten Steinen besäet, die unter ihren Tritten wie herben zerbrachen. Wenn sie solche Steine in die ſte hinabwarfen, verrieth das späte Aufschlagen eine ehnliche Tiefe, und die Erde gab unter ihren Füßen en hohlen Schall von sich. Diese Umstände waren on hinreichend, sie abzuschrecken, aber außerdem fan sie ihre Führer so abgeneigt den Weg fortzusetzen, daß nicht mehr hoffen konnten, sie noch eine Nacht hinch bey sich zu behalten, wenn sie für ihr eigen Theil h wirklich hätten weiter gehen wollen. Sie entschlossich also, den Rückweg nach den Schiffen anzutreten, hdem sie zuvor, vom Gipfel der höchsten Bäume in dortigen Gegend, das Land noch einmal übersehen len würden. Aus dieser Höhe fanden sie, daß sie gedas Meer hin allenthalben mit Waldung umgeben ren, und konnten am Horizont den Himmel nicht vom asser unterscheiden. Zwischen ihnen und der Schneeppe lag noch ein sieben bis acht (Englische) Meilen breiThal, über welches sie sich nur in Gestalt eines mitmäßigen Hügels zu erheben schien. Ihr Nachtlager ten sie in einer Hütte, im zweyten Walde. Noch Vor-

mittags am 30sten, hatten sie den ersten bereits im R
cken, und befanden sich etwa neun Englische Meilen nor
ostwärts von den Schiffen. Sie richteten sogleich ihr
Weg nach denselben hin. In den Pflanzungen, dur
welche sie kamen, sahen sie keinen einzigen Platz unbeba
der nur einiger Benutzung fähig war. Besonders wu
derten sie sich als sie einige Heufelder antrafen, und
hielten auf ihre Nachfrage zur Antwort, man gebrauc
das Heu, um die jungen Aronspflanzen vor den sengend
Sonnenstrahlen zu schützen. Zwischen den Pflanzung
stehen hin und wieder einzelne Hütten, die den Arbeite
gelegentlich zum Obdach dienen; allein die Dörfer erst
cken sich nicht weiter, als vier, oder fünf Englische M
len von der See. Unweit eines solchen Dorfes, welch
etwa vier Meilen von der See entlegen war, fanden
eine Höle, welche vierzig Klaftern in der Länge, drey
der Breite und eben so viel in der Höhe hatte. Sie w
an beyden Enden offen, und an den Seiten gefurcht,
wenn sie mit einem Meissel gearbeitet wäre, und auf ihr
ganzen Oberfläche befand sich, vermuthlich von der W
kung des Feuers, eine Glasur. Dies sind die wesen
lichsten Bemerkungen, die ich, aus der Erzählung un
rer Reisenden, über das Innere von Owaihi habe sam
len können. Ich fahre nun fort, die übrigen Inseln
beschreiben.

An Größe und Lage ist Mauwi die nächste; sie
nämlich nur acht Seemeilen von Owaihi nach Nor
nordwesten entlegen, und hat im Umkreise ein hund
und vierzig Englische geographische Meilen*). Sie b
steht aus zwey runden Halbinseln, die durch eine schma
Landenge mit einander verbunden sind. Die östliche hei
Wamadua, und die westliche, welche um die Hälf

*) Vermuthlich nautische wie schon erinnert. G. F.

einer ist, Owairuku. In beyden sind die Berge aus-
hmend hoch; denn wir konnten sie schon in einer Ent-
rnung von mehr als dreyßig Seemeilen sehen. An der
ordküste, wo die Gegend sehr fruchtbar und blühend
ssieht, findet man, wie in Owaihi, keinen Grund.
ach Südosten zu, hatten wir zwischen Mauwi und den
nachbarten Inseln eine gleichförmige Tiefe von hundert
d funfzig Faden auf Sandgrund. Von der flachen West-
ste erstreckt sich eine Untiefe ziemlich weit gegen Ranai,
deren Südseite eine geräumige Bay, mit einem san-
jen von Kokosbäumen beschatteten Strande, liegt.
ahrscheinlich liesse sich hier am Gestade guter Anker-
und und Schutz gegen die herrschenden Winde, nebst
em bequemen Landungsorte finden. Die Gegend ist
aubernd schön. Die Berge erheben sich fast senkrecht
d sind von mannigfaltiger zackichter Gestalt. Ihre jä-
n Abstürze und die tiefen Klüfte der Thalschluchten zwi-
en ihnen sind ganz mit Bäumen bekleidet, unter denen
Brodbäume die zahlreichsten sind. Die Gipfel der
erge sind ganz nackt, und von röthlich brauner Farbe.
it der Aussage der Insulaner liegt südwärts von der
lspitze ein Hafen, welcher dem von Karakakua vorzuzie-
n seyn soll; auch an der Nordwestseite befindet sich ein
fen, den man Kipu-Kipu nannte.

Tahuraua, ein kleines Eiland, ist, vom Südwest-
de von Mauwi, etwa drey Seemeilen weit entlegen,
gar keine Waldung, und der Boden desselben ist, wie
scheint, völlig unfruchtbar. Zwischen Tahuraua
d Mauwi liegt noch das kleine unbewohnte Eiland
orotinni.

Moroai liegt nur drittehalb Seemeilen weit West-
rdwest von Mauwi. Wir näherten uns nur der Süd-
stseite dieser Insel, und fanden sie sehr niedrig; allein
Hintergrunde hebt sich das Land um ein ansehnliches,
d schien uns in der Entfernung, aus der wir es betrach-

teten, gar keine Waldung zu haben. Das vorzüglichst Produkt dieser Insel sollen Yamswurzeln seyn. Wahr scheinlich giebt es daselbst frisches Wasser; auch bildet di südliche und westliche Küste mehrere Bayen, welche ge gen den Passatwind Schutz versprechen.

Drey Seemeilen weit von Mauwi und Morota liegt Ranai, südwestlich von der Durchfahrt zwische diesen beyden Inseln. Gegen Süden ist das Land hoc und abgestürzt; die übrigen Gegenden versprechen ab mehr, und scheinen viele Einwohner zu haben. Pisan und Brodfrüchte sollen dort selten seyn, Yams, süße Ba tatten und Aronswurzeln hingegen in Menge gezoge werden.

Woahu liegt Nordwestwärts von Morotai, in ei ner Entfernung von sieben Seemeilen. Soweit wir e nach der Nordost- und Nordwest-Seite beurtheilen kön nen (denn die Südseite haben wir nicht gesehen), ist e bey weitem die schönste Insel dieser ganzen Gruppe. Da Grün der Berge, und die Abwechselung von Waldunge mit offenen Gegenden und reich bebauten Thälern, die da ganze Land bedecken, sind ganz unvergleichlich schön. Di Bay, wo wir ankerten, zwischen der Nord- und Westspi der Insel, habe ich bereits beschrieben; es verdient nur noc bemerkt zu werden, daß wir in der Vertiefung der Ba südwärts von unserm Ankerplatze, zwey Englische Meile weit vom Lande, einen unsichern Felsengrund fande Wenn die Ankertaue schlecht beschaffen sind, und der Nor wind, dem die Rheede ausgesetzt ist, stark geht, könn dieser Umstand gefährlich werden; mit guten Ankertaue aber hat man wenig zu befürchten; denn von dem Anke platze an, welcher dem Thal mit dem Flusse gegenüb liegt, bis zur Nordspitze, ist der Grund ein feiner San

Fünf und zwanzig Seemeilen nordwestwärts vo Woahu liegt die Insel Atuai, welche gegen Norde und Nordwest hüglich und ungleich, gegen Süden ab ebener ist. Auf der letztern Seite erheben sich die Anhöhen vom Strande an, gemach, und sind, höher hinauf, mit Waldung bekleidet. Sie bringt eben die Erzeugnisse, wie die übrigen Inseln; aber ihre Einwohner übertreffen alle ihre Nachbaren in der Behandlung ihrer Pflanzungen. Diese waren nämlich, auf der Niederung neben unserer Rheede, mit tiefen Graben ordentlich eingefaßt; ihre Befriedigungen waren nett, fast möchte ich sagen, elegant, und der Weg, welcher hindurch führte, hätte in Rücksicht der Anlage und Ausführung einem Europäischen Ingenieur Ehre gemacht.

Onihiau liegt fünf Seemeilen westwärts von Atuai. Gegen Osten ist die Küste hoch und steigt von der See steil empor; alles übrige ist niedrig, ausgenommen ein runder abgestutzter Hügel an der Südostspitze. Yams, nebst der süßen Wurzel Ti, wachsen daselbst in Menge; allein andere Lebensmittel erhielten wir niemals.

Orihaua und Tahura sind ein Paar kleine Eilande unweit Onihiau. Ersteres besteht aus einem einzigen hohen Hügel, der durch einen Korallenrief mit der Nordspitze von Ohiniau zusammenhängt; letzteres liegt südostwärts und ist unbewohnt.

Das Klima der Sandwichs-Inseln ist fast eben so, wie in denen Westindischen Inseln, die unter eben der breite liegen; doch mag es im Ganzen wohl etwas gemäßigter seyn. Während unseres Aufenthalts in der Bay Karakakua stand das Thermometer am Lande nie höher als 88° und auch dies nur einen Tag; im Durchschnitt war die Höhe desselben um Mittag 83°. In Weymoa-Bay war der mittlere Stand 76° und in offener See 75°. In Jamaica hingegen ist die mittlere Thermometerhöhe um Mittag 86°; und zur See 80°*).

*) Hier wird Fahrenheits Eintheilung verstanden. G. F.

Ob hier, wie in Westindien, zuweilen Stürme und Orkane wüthen, konnten wir nicht erfahren, weil unser Aufenthalt nicht in die stürmischen Monate fiel. Da wir indeß von den Einwohnern hierüber nichts entscheidendes erfuhren, und nirgends eine Spur von Verwüstungen dieser Art zu sehen war, so läßt sich mit Wahrscheinlichkeit folgern, daß diese Inseln, wie die Societäts- und Freundschaftsinseln, von jenen furchtbaren Erscheinungen so ziemlich verschont bleiben. Hingegen regnete es, während der vier Wintermonate, die wir hier zubrachten, zumal in den innern Gebirgsgegenden, stärker, als es in Westindien während der trocknen Jahrszeit gewöhnlich zu geschehen pflegt. Gemeiniglich sammelten sich die Wolken um die Gipfel der Berge, und fielen unter dem Winde in Regen herab. Sobald der Wind sie aber vom Lande abgestoßen hatte, zertheilten sie sich, verschwanden, und es entstanden andere an ihrer Stelle. Dies geschah in Owaihi täglich. Die Berge auf dieser Insel waren mehrentheils in Wolken gehüllt, aus denen, im Innern des Landes, ein Regenguß nach dem andern herunter fiel, indeß am Seeufer das schöne Wetter mit heiterem Himmel stets fortwährte.

Der Wind herrschte mehrentheils aus Ostsüdost bis Nordost. Zuweilen wich er wohl noch ein Paar Striche Nordwärts oder Südwärts davon ab; doch waren dergleichen Abweichungen sehr schwach und von keiner Dauer. Im Hafen Karakakua wechselten die See- und Landwinde jeden Tag und jede Nacht regelmäßig. Die Strömungen scheinen ungewiß, und wir bemerkten sie bald gegen den Wind, bald unter demselben, ohne alle Bestimmtheit. Die Winde haben, allem Anschein nach, eigentlich keinen Einfluß darauf; denn oft lief die Strömung auch dann gegen den Wind, wenn er sehr stark wehete. Ich weiß sie aber auch von keiner andern Ursach herzuleiten. Die Ebbe und Fluth hingegen wechselt alle sechs Stunden gleichförmig. Die Fluth kommt von Osten her: beym Voll- und Neumond steht sie um drey Uhr und fünf und vierzig Minuten am höchsten. Sie steigt aber nur zwey Schuh und sieben Zoll, und ihre Höhe war allemal um vier Zoll größer, wenn der Mond über, als wenn er unter dem Horizonte war.

Von vierfüßigen Thieren giebt es in diesen, wie in allen übrigen Inseln des Südmeeres, nur drey Geschlechter, nämlich Hunde, Schweine und Ratten. Die Hunde sind von einerley Art mit den Otaheitischen, und haben, so wie diese, kurze krumme Beine, einen langgestreckten Rücken und spitze Ohren. Ich bemerkte gar keine Verschiedenheit unter ihnen, ausgenommen, daß bey einigen das Haar lang und rauh, bey andern hingegen schlicht und glatt war. Gewöhnlich sind sie so groß wie ein Dachshund. Die außerordentliche Schläfrigkeit in ihrem ganzen Wesen kann vielleicht mehr der Art wie man sie behandelt, als einer natürlichen Anlage, zugeschrieben werden. Man füttert sie insgemein zugleich mit den Schweinen, mit denen sie in einer Heerde gehen, und ich habe nie gesehen, daß der Hund, wie bey uns in Europa, seinen Herrn begleitet hätte. Im Grunde ist die Gewohnheit, diese Thiere zu essen, das unübersteigliche Hinderniß, welches sie von der menschlichen Gesellschaft ausschließt, und da es auf diesen Inseln weder reißende noch jagdbare Thiere giebt, so möchten die geselligen Tugenden des Hundes, seine Treue und Anhänglichkeit an seinen Herrn, so wie seine Gelehrigkeit und Unterscheidungsfähigkeit, den hiesigen Einwohnern wohl immer unbekannt bleiben. Auf den Sandwichs-Inseln giebt es verhältnißmäßig lange nicht so viel Hunde als in Otaheiti, allein ungleich mehrere Schweine, die zugleich von einer größeren und schwereren Race sind. Wir erhielten daselbst in der That eine erstaunlich große Menge von diesen Thieren. Vier Monate lang kreuzten wir in der Nähe von Owaihi, oder lagen bey dieser Insel vor Anke und während dieser ganzen Zeit bekam die Mannsch beyder Schiffe täglich eine reichliche Portion, so daß u ser Verbrauch auf drey hundert Centner Fleisch berechn ward. Außer dieser Quantität, und bey aller im Ueber fluß so unvermeidlichen Verschwendung und Verderbu eines unglaublichen Vorraths, salzten wir noch sechzig Fä ser, jedes zu fünf Centner, zum Seevorrath, ein. Gleic wohl bekamen wir diesen reichlichen Vorrath fast ganz a lein von der Insel Owaihi, ohne daß wir sie erschöp oder vielmehr nur die mindeste Abnahme des dort vorha denen Ueberflusses wahrgenommen hätten.

Die Vögel dieser Inseln sind so schön, wie wir nur irgendwo auf unserer ganzen Reise angetroffen habe auch sind sie zahlreich, aber nicht mannigfaltig verschiede Viererley Arten scheinen zu den Honigsaugern (*Trochi Linn.*) zugehören. Der erste heißt Huhu, und ist grö ser als ein Dompfaffe, von glänzend schwarzer Farb mit gelbem Hinterleib und Schenkeln. Ein zweyter, de die Einwohner J-iwi nennen, ist überaus schön sch lachroth, mit schwarzen, weiß geränderten Flügeln u einem schwarzen Schwanze. Der dritte, schien entw der ein junger Vogel oder eine Spielart des vorigen seyn, und hatte ein Gemisch von rothen, braunen un gelben Federn. Der vierte, der Akai-earua genan wird, ist ganz grün, mit einer gelben Schattirung*). Fe ner giebt es hier eine Drosselart, mit grauer Brust; eine

*) Die erste hier angeführte Art rechnet Latham unter die Bi nenfresser Merops Linn. und nennt sie den Gelbfleck ye lowtufted, Bee-eater Synops. of brids. I. p. 683. 18. Di übrigen zählt er zu dem Geschlechte der Baumläufer Ce thia Linn. und zwar sind es seine 5te und 4te Art, der roth und der grüne Hakenschnäbler red, and green hook billed Creeper. Syn. I. p. 704. 703. G. F.

kleinen Fliegenschnäpper, und einen Rallen mit kurzen Flügeln und ohne Schwanz (*rallus ecaudatus*). Raben, die aber sehr selten vorkommen, sind hier von dunkelbrauner, fast schwärzlicher Farbe, und haben ein anderes Geschrey als die Europäischen. Außer diesen findet man hier noch zwey kleine Vögel die zu einerley Geschlecht gehören, in großer Menge; der eine davon ist roth, und hält sich gewöhnlich um die Kokospalmen auf, zumal in der Blüthezeit, indem er sich hauptsächlich von Blumen zu nähren scheint; der andere ist grün, und beyde haben lange Zungen, die gegen das Ende mit Fransen besetzt sind. Auch findet man einen Vogel ziemlich häufig, der sich durch seinen gelben Kopf auszeichnet, und den wir, wegen seines Schnabels, einen Parakito oder ein kleines Papageychen, nannten, ob er gleich in ein ganz anderes Geschlecht gehört, und mit dem gelben Dickschnabel (*Loxia flavicans Linn.*) viel Aehnlichkeit hat*). Ferner findet man hier Eulen, zweyerley Regenpfeifer, wovon einer dem Europäischen sehr ähnlich ist; eine große weiße Taube; einen Vogel mit längerem, schwarzem Schwanz, der am Hinterleibe und in den Weichen, unter den Flügeln, ebenfals schwarz ist, und am letztern Orte weit längere Federn hat, als man sie sonst, ausgenommen am Paradiesvogel, antrift; endlich das gemeine Wasserhuhn.

Von Pflanzen findet man hier ungefähr eben die Gattungen wie auf allen andern Südseeinseln. Der hiesigen Aronswurzel geben wir, wie ich bereits erwähnt habe, den Vorzug vor allen die wir zuvor gekostet hatten; ver-

---

*) Latham führt alle diese Vögel an. Die Drossel Sandwich-thrush, II. 39 n. 40. Der Ralle Sandwich-Rail. III. p. 236. n. 14 Der Rabe, Tropic Crow, I. p. 384. n. 18. Die beyden kleinen Vögel als Baumläufer, Crimson and olive-green Creeper. I. p. 739 n. 43. 44. und den Dickschnabel Parrot-billed Grosbeak. II. p. 108. n. 3. G. F.

muthlich rührt ihr Wohlschmack davon her, daß man sie im Trocknen anzubauen pflegt. Die Brodbäume sind hier zwar nicht so häufig, aber noch einmal so fruchtbar, als auf den reichen taheitischen Ebenen. Die Bäume sind ungefähr eben so hoch, wie dort, allein die Zweige schlagen schon tiefer am Stamme aus, und sind von üppigerem Wuchs. Das Zuckerrohr wächst hier ausnehmend hoch; man brachte uns eins aus Atuai welches elf und einen Viertel Zoll im Umfang hatte, und von dem vierzehn Fuß eßbar waren. In Onihian verkaufte man uns mehrere große, braune, den Yams ähnliche Wurzeln, welche sechs bis zehn Pfund wogen. Der Saft, den sie in großer Menge enthalten, schmeckt sehr süß und angenehm, und kann füglich statt des Zuckers gebraucht werden. Die Einwohner geniessen ihn fast täglich mit besonderem Vergnügen und auch unser Schiffsvolk fand ihn schmackhaft und gesund. Zu welcher Pflanzengattung diese Wurzel eigentlich gehören mag, konnten wir nicht bestimmen, da wir die Blätter nie zu sehen bekamen; doch vermutheten unsere Kräuterkenner, daß es die Wurzel eines Farrn seyn möchte.

Nach Caiptain Cooks Gewohnheit gehört hieher noch das Resultat der astronomischen Beobachtungen, durch welche wir während unseres Aufenthalts in der Bay Karakakua die Länge und Breite zu bestimmen suchten.

Die Sternwarte stand in der nördlichen Breite von	19° 28′ —″
in der östlichen Länge von	204° —′ —″
Die Länge betrug nach der Uhr, wenn wir annahmen daß sie ihren Gang seit Greenwich nicht geändert habe;	214° 7′ 15″
Hingegen nach den verschiedenen berechneten Veränderungen, insbesondere nach der letzten, im Hafen Samganudha auf der Insel Unalaschka,	203° 37′ 22″

Die Abweichung der Magnetnadel, nach Beobachtung des Azimuths am Lande, mit vier Compassen : östlich	8° 6′ —″
Die Abweichung mit vier Compassen an Bord der Resolution beobachtet östlich	7° 32′ —″
Inclination des Nordpols der Magnetnadel, am Lande, mit balancirter Nadel : : :	40° 22′ 30″
— am Lande, mit unbalancirter Nadel	40° 41′ 15″
— an Bord, balancirt :	41° 50′ —″
— — unbalancirt :	40° 30′ 45″

Tabelle der Längen und Breiten in den Sandwichs Inseln.

	N. Breite.		Oestl. Länge.
Owaihi; Nordspitze :	20° 17′	:	204° 2′
— Südspitze : :	18° 54′	:	204° 15′
— Ostspitze : :	19° 34′	:	205° 6′
— Karakakua Bay :	19° 28′	:	204° —′
Mauwi; Ostspitze : :	20° 50′	:	204° 4′
— Südspitze :	20° 34′	:	203° 48′
— Westspitze : :	20° 54′	:	203° 24′
Morokinni : :	20° 39′	:	203° 33′
Tahuraua : :	20° 38′	:	203° 27′
Ranai; Südspitze :	20° 46′	:	203° 8′
Morotai; Westspitze :	21° 10′	:	202° 46′
Woahu; der Ankerplatz :	21° 43′	:	202° 9′
Atuai; Weymoabay : :	21° 57′	:	200° 20′
Onihiau; Ankerplatz :	21° 50′	:	199° 45′
Tahura : :	21° 43′	:	199° 36′
Orihaua : :	22° 2′	:	199° 52′

Siebentes Hauptstück.

Fortsetzung der allgemeinen Beschreibung der Sandwichs-Inseln. Die Einwohner, ihr Ursprung, ihre Gestalt. Die schädlichen Wirkungen des Awatranks auf ihre Gesundheit. Ihre Anzahl, ihre Sitten und Gemüthsart. Gründe, zu der Behauptung, daß sie keine Menschenfresser sind. Ihre Kleidung und Zierrathen; Dörfer und Hütten; Nahrung; Geschäfte und Zeitvertreib; Neigung zum Spiel; besondere Fertigkeit im Schwimmen; Künste und Manufakturen. Bildhauerarbeit. Das Kippari, oder die Kunst Zeug zu färben. Matten; Angelhaken; Seile; Salzkothen; Waffen.

Die Einwohner der Sandwichs-Inseln sind ohne Zweifel von eben derselben Race *), wie die Neuseeländer, und die Einwohner der Societäts- Freundschafts- und Marquisen Inseln; einer Race, die, ohne mit andern vermischt zu seyn, alle bekannte Länder zwischen 47° südlicher und 20° nördlicher Breite und zwischen 184° und 260° östlicher Länge besitzt. So außerordentlich diese Thatsache scheint, ist sie dennoch durch die auffallende Aehnlichkeit der Sitten und Gebräuche, so wie der körperlichen Bildung hinlänglich, ja, durch die gänzliche Gleichförmigkeit ihrer Sprache, ganz unwiderleglich erwiesen. Von welchem festen Lande sie zuerst ausge-

*) An einem andern Orte, habe ich bereits erinnert, daß das Wort Race, welches man neulich angefochten hat, im Munde unserer neueren Weltumsegler eigentlich weiter nichts sagen will, als: ein Volk, von eigenthümlichem Charakter und unbekannter Abstammung. So hat es Herr King hier wieder gebraucht. G. F.

wandert sind und sich über einen so ungeheuren Strich erbreitet haben, möchte wohl den Liebhabern solcher Streitfragen eben nicht schwer zu bestimmen scheinen. Man hat schon angemerkt, daß diese Völkerschaft mit inigen indischen Stämmen in den Diebs- und Caroinen-Inseln genau verwandt ist, und ähnliche Spuen von Verwandtschaft lassen sich bis zu den Battes nd den Malayen verfolgen. Der Zeitpunkt, wann e ausgewandert sind, läßt sich schwerlich angeben. Daß nicht in eine nahe an unsre Zeiten gränzende Periode llt, beweist die ungemein große Volksmenge auf diesen nseln, und die durchaus fabelhafte Volkssage von dem rsprung ihrer Einwohner. Von einer andern Seite ber, scheint die Reinheit der Sprache, nebst der Einalt, die in Sitten und Gebräuchen herscht, ihn wieder nicht sehr entfernte Jahrhunderte zurückzuweisen.

Die Einwohner dieser Inseln sind, im Durchschnitt, ber die mitlere Statur, und wohlgebauet. Sie gehen it Anstand, laufen mit Leichtigkeit, und können große rmüdung aushalten. Die Mannspersonen sind indeß, n ganzen genommen, hier minder stark und thätig ie in den Freundschaftsinseln, und das Frauenzimmer heint nicht von so zartem Bau zu seyn, wie das Otaeitische. Ihre Farbe ist ein wenig dunkler als in Otaheiti, nd überhaupt sind sie nicht völlig ein so schönes Volk; deß findet man unter beyden Geschlechtern eine Menge errlicher, offner Gesichter. Das Frauenzimmer insbendere hat schöne Zähne und Augen, und einen Ausruck von Milde und Gefühl, der sie äußerst liebenswürdig acht. Ihr schwarzbraunes Haar ist weder so allgemein hlicht wie bei den Amerikanischen Wilden, noch durchehends kraus, wie bey den Negern in Afrika, sondern an findet es von beyderley Arten, wie in Europa. Eine uffallende Eigenthümlichkeit in den Gesichtszügen, die h durchaus bey diesem weit ausgebreiteten Volke bemerkt, aber so viel ich weiß, von niemanden aufgezeichnet gefun den habe, besteht darin, daß selbst die schönsten Gesich ter vorzüglich weite Nasenlöcher hatten, ohne daß dabei die Nase platt oder breit gewesen wäre. Dieser Zu unterscheidet sie hinreichend von den Europäern, und is vielleicht durch ihre Sitte, bey dem Begrüßen die Na senspitzen gegen einander zu drücken, entstanden *).

Die Erihs sind hier, wie in den andern Inseln de Südmeeres, von vorzüglich schöner körperlichen Bildung Alle, die wir sahen, waren ohne Ausnahme gut gebauet dahingegen die niedrigere Klasse, bey einer kleineren Sta tur und weniger Ebenmaaß, eben den mancherley Ab weichungen in den Gesichtszügen und dem Baue unter worfen ist, welche man auch bey dem Pöbel anderer Na tionen gewahr wird. Man findet hier mehr verwachsen Menschen, als in den andern Inselgruppen des Südmeeres Während daß wir an der Küste von Owaihi umher kreuzten, kamen ein Paar Zwerge an Bord, nämli ein alter Mann, der vollkommen wohl proportionirt, a nur vier Fuß und zwey Zoll hoch war, und ein Weib beynahe von der nämlichen Größe. In der Folge sahe wir auf dieser Insel auch drey Bucklichte, und eine jungen Menschen, der ohne Hände und Füße zur Wel gekommen war. Auch das Schielen ist hier sehr gemein ja man brachte uns auch einen angeblich Blindgebohrne damit wir ihn heilen möchten. Außerdem sind viele vo ihnen mit Geschwüren und Geschwülsten geplagt, welch wir dem unmäßigen Gebrauch des Salzes bey ihre Fleisch- und Fischspeisen zuschrieben. Die Erihs bleibe zwa

*) Schwerlich reicht diese Ursache zur Erklärung des obige Umstandes zu, da die Einwohner der Societäts- un Freundschaftsinseln, diese Sitte nicht kennen, un doch ebenfalls weite Nasenlöcher haben. G. F.

zwar von diesen Uebeln meistentheils verschont; hingegen leiden viele von ihnen noch schrecklicher an den Folgen des Awa-Trinkens. Die heftigsten Symptome, welche der Mißbrauch dieses Getränks nach sich zieht, bestehen in einem weissen Grind über den ganzen Leib, in rothen, entzündeten Augen, einem paralytischen Zittern des ganzen Körpers, ausgemergelten Gliedmaßen, und dem Unvermögen das Haupt aufzurichten. Dem Anschein nach verkürzt zwar dieses giftige Gewächs nicht allemal das Leben; denn, wie vorhin gedacht, waren Terriobu, Kau und einige andere Oberhäupter sehr alte Leute: allein es beschleunigt wenigstens die Annäherung eines elenden und kraftlosen Alters. Zum Glück für die Nation ist der Genuß desselben ein ausschließendes Vorrecht der Vornehmen. Terriobu's Sohn, ein Knabe von zwölf Jahren, pflegte sich zu rühmen, er dürfte auch Awa mittrinken, und zeigte uns mit großem Frohlocken einen kleinen Fleck in seiner Seite, wo die Haut anfing sich abzuschuppen.

Capitain Cook hat mir folgenden sonderbaren Umstand von der Geschichte dieses schädlichen Getränks mitgetheilt. Als er die Societäts-Inseln zum erstenmal besuchte, war es daselbst nur wenig bekannt. Bey seinem zweyten Besuch fand er es in Ulietea (o-Raietea) schon sehr stark im Gebrauch, aber in Otaheiti war es eben noch nicht sehr gewöhnlich. Allein bey unserer letzten Anwesenheit hatte es schon ungläubliche Verwüstungen angerichtet, so, daß Capitain Cook viele von seinen alten Bekannten deshalb kaum wieder erkannte. Auf den Freundschafts-Inseln trinkt man zwar ebenfalls Awa, und es ist bey den dortigen Vornehmen ein ganz gewöhnliches Getränk geworden; man mischt aber so viel Wasser darunter, daß es keinen Schaden thut. Die Vornehmen in Atuai, die sich dieses Tranks ebenfalls nur sehr mäßig bedienen, sind, gerade aus dieser Ursache, ungleich wohlgebildeter, als die Vornehmen auf den benachbarten Inseln. Wenn man sich übrigens nur entschliessen kann, dem Genuß dieser Pflanze zu entsagen, so verschwindet die Wirkung ihres Giftes in kurzer Zeit. Wir hatten selbst Gelegenheit diese Veränderung zu bemerken, indem unsere Freunde, die Priester, Kárikia und der alte Kau, sich auf unser Zureden, des Awa's enthielten, und sich während der kurzen Zeit unseres nachmaligen Aufenthalts zum Erstaunen erholten.

Vielleicht könnte mir jemand den Vorwurf machen, es sey gewagt, die Volksmenge dieser Inseln, deren Inneres wir so wenig kennen, auch nur muthmaßlich bestimmen zu wollen; allein er fällt größtentheils weg, wenn man bedenkt, daß dieses Innere ganz unbewohnt ist, und daß man also nach einer Zählung der Einwohner an den Küsten die gesammte Anzahl bestimmen kann; ferner daß es hier keine große Städte giebt, sondern daß rund um die Küste herum kleine Dörfer, meistens in gleicher Entfernung von einander, zerstreut liegen. Diese Angaben können mich zu einem ungefähren Resultate leiten. Die Bay von Karakakua, in Owaihi, deren Umfang drey Englische Meilen beträgt, hat vier Dörfer, jedes von etwa achtzig Häuser, also zusammengenommen und eins ins andere gerechnet, dreyhundert und zwanzig Häuser. Außer diesen findet man noch eine gewisse Anzahl einzeln stehender Hütten, die ich auf dreyßig rechnen will. Nach einer äußerst mäßigen Angabe, von deren Richtigkeit ich mich oftmals überzeugt habe, gehen sechs Personen auf eine jede Wohnung; folglich enthält die Bay, nach dieser Berechnung, zweytausend einhundert Einwohner. Hiezu kommen noch etwa funfzig Familien oder dreyhundert Personen, die in den Pflanzungen tiefer im Lande beschäftigt sind; überhaupt also zweytausend vierhundert Menschen. Diese Anzahl wende man auf den Umfang der ganzen Insel an, ıd ziehe ein Viertel für die unbewohnten Gegenden ab, erhält man für die ganze Bevölkerung einhundert und nfzigtausend. Nach eben dieser Berechnung enthalten : sämmtlichen Inseln folgende Volksmengen:

Owaihi:	150,000 Menschen
Mauwi:	65,400
Woahu:	60,200
Atuai:	54,000
Morotai:	36,000
Onihiau:	10,000
Ranai:	20,400
Orihaua:	4,000
Zusammen	400,000

Ich bin überzeugt, daß ich bey dieser Berechnung : Summen nicht zu hoch angegeben habe. Die hier fundene Volksmenge von Owaihi, scheint, wenn man mit der von Herrn Doktor Forster bestimmten Bevölkung von Otaheiti vergleicht, in der That sehr geringe seyn *); denn diese Insel verhält sich in Absicht des nfanges ihrer Küsten gegen Owaihi, wie eins zu drey: d dennoch soll die Zahl der Einwohner sich daselbst auf 1,500 belaufen, ja sie müßte, nach seinen eigenen rundsätzen, doppelt so stark seyn. Halten wir aber : hiesige Volksmenge nach unserer Angabe gegen die im urchschnitt genommene Bevölkerung von Europa so rhält sich die letztere, zu der erstern wie zwey zu eins.

Ungeachtet wir durch die plötzliche Heftigkeit dieses olkes einen unersetzlichen Verlust erlitten haben, muß

*) Man sehe J. R. Forsters Bemerkungen. S. 193 u. f. G. F.

man seinem Betragen doch die Gerechtigkeit widerfahren lassen, daß es überhaupt genommen von einem äußerst sanften, theilnehmenden Charakter zeugt, und von der Unbeständigkeit und dem großen Leichtsinn der Otaheitier, so wie von der Zurückhaltung und dem Ernst der Einwohner auf den Freundschaftsinseln, gleichweit entfernt ist. Unter sich scheinen sie in der vollkommensten Einigkeit und Freundschaft zu leben. Die Mütter warteten ihre Kinder mit besondrer Sorgfalt und Zärtlichkeit, und die Männer gingen ihnen oft mit einer Bereitwilligkeit, die ihrem Gefühl zur Ehre gereicht, bey diesen häuslichen Geschäften zur Hand. Dennoch muß ich gestehen, daß das sicherste Kennzeichen von den Fortschritten in der Kultur eines Volks, nehmlich die Achtung für das andere Geschlecht, hier weit geringer und unmerklicher ist, als in den andern Inselgruppen. Nicht genug, daß ihre Weiber das Vorrecht mit den Männern zu essen, entbehren müssen; auch die besten Nahrungsmittel sind ihnen Tabbu, das ist verboten. Sie dürfen niemals Schweinefleisch, Schildkröten, verschiedene Fische, und gewisse Pisangsarten geniessen; ja man erzählte uns daß ein armes Mädchen unbarmherzig geschlagen worden sey, weil sie an Bord unseres Schiffs eine von diesen verbotenen Speisen gekostet hatte. Im häuslichen Leben scheinen sie daher von den Männern ganz abgesondert zu seyn: und ob wir gleich nicht bemerkten, daß man sie geradezu mißhandelte, so sahen wir doch augenscheinlich daß man ihnen wenig Achtung oder Aufmerksamkeit erwies.

Der außerordentlichen Gastfreundschaft und Güte womit man uns empfing, habe ich bereits an mehreren Orten erwähnt; in der That gab der größte Theil unsers Verkehrs mit ihnen, und fast jedes dabey vorfallende Ereigniß uns neue Beweise von derselben. So oft wir ans Land kamen, entstand ein wirklicher Wetteifer, w der erste seyn sollte, uns ein kleines Geschenk zu machen, einige Erfrischungen zu reichen, oder irgend einen andern Beweis von Ehrerbietung zu geben. Die Alten empfingen uns nie anders als mit Freudenthränen; alle ihre Wünsche schienen befriedigt, wenn wir ihnen erlaubten, daß sie uns berühren durften, und sie stellten immer mit der größten Demuth Vergleiche zwischen sich selbst und uns an. Die jungen Mädchen waren nicht weniger gütig und liebreich; sie legten sogar alle Zurückhaltung ab, und überließen sich ihrer Neigung, bis sie Ursach fanden unsere Bekanntschaft zu bereuen, so eifrig wir auch bemüht gewesen waren, allen üblen Folgen derselben vorzubeugen. Um indeß dieses Geschlecht nicht zu verläumden, muß ich noch anmerken, daß diese Frauenzimmer vermuthlich alle in die niedrigen Volksklassen gehörten; ja ich glaube, solange wir hier gewesen sind, haben wir keine einzige Frau von Stande gesehen, die wenigen ausgenommen, deren in unserer Erzählung erwähnt worden ist.

An natürlichen Fähigkeiten geben die hiesigen Insulaner dem übrigen Menschengeschlechte nichts nach. Ihre Fortschritte im Ackerbau, und die Vollkommenheit die sie ihren Manufakturwaaren geben, sind dem Stande worin sie leben, und den Hülfsmitteln, die ihnen die Natur darbietet, vollkommen angemessen. Die eifrige Neugier, womit sie unserm Schmid zusahen, und die mancherley Nothmittel, die sie noch vor unserer Abreise erfunden hatten, dem Eisen, welches sie von uns erhandelten, eine ihren Absichten gemäße Gestalt zu geben, sind redende Beweise von ihrer Gelehrigkeit und ihrem Erfindungsgeiste. Unser unglücklicher Freund Kanina verband mit seiner Neugierde einen Grad von Beurtheilungskraft, den man unter seinem Volke sonst selten antrift, und besaß zugleich die nicht minder seltene Gabe, leicht und schnell zu begreifen. Er erkundigte sich sehr angelegentlich nach unsern Sitten und Gebräuchen; fragte nach unserm Könige, unserer Regierungsform und Volksmenge; wollte wissen, wie wir den Schiffbau trieben, wie wir Häuser baueten, worin die Erzeugnisse unsres Landes beständen; ob wir Krieg führten, mit wem, bey welcher Veranlassung, und auf welche Art es geschehe? wer unser Gott sey? und überhaupt that er noch manche andere Fragen dieser Art, welche mehr Fassungsvermögen zeigten, als man bey einem solchen Manne hätte erwarten sollen. Wir fanden aber auch zwey Wahnsinnige; einen Mann in Owaihi und eine Frau in Onihiau. Aus der besondern Achtung und Ehrfurcht, die man ihnen erwies, erhellte, daß auch hier die im Orient so allgemeine Meynung herrscht, der zufolge man diese Unglücklichen als von der Gottheit begeisterte Personen anzusehen pflegt.

Unter allen Ländern des Südmeeres ist zwar Neuseeland das einzige, von dem wir mit Gewisheit, die sich auf Augenzeugen gründet, behaupten können, daß daselbst die Gewohnheit, die Leichname der erschlagenen Feinde zu essen, im Schwange sey; allein es ist höchst wahrscheinlich, daß sie ehedem auf allen Inseln dieses Meeres geherrscht hat. Auf allen ohne Ausnahme werden noch jetzt Menschenopfer gebracht, welche ganz augenscheinlich ein Ueberbleibsel von diesem abscheulichen Gebrauche sind; und es ist leicht begreiflich, weswegen die Neuseeländer das unmenschliche Mahl, welches vermuthlich der letzte Akt jener schaudervollen Feyerlichkeiten * war, länger beybehalten haben, als die übrigen

*) Sollte es wohl so ausgemacht seyn, wie Herr King hier anzunehmen scheint, daß die Gewohnheit, Menschen zu essen, ursprünglich nur der letzte Akt des Menschenopfers war? sollte wirklich dieses abscheuliche Mahl, welches fast bey allen Völkern der Erde in dem Zeitraum ihrer ersten

verwandten Stämme, die einen milderen und fruchtbareren Erdstrich bewohnen. Herr Anderson gründete seinen Verdacht, daß auch die Bewohner der Sandwichsinseln Menschenfleisch äßen, darauf, daß sie in Person und Gemüthsart nähere Aehnlichkeit mit den Neuseeländern haben, und sich dadurch von den übrigen Insulanern unterscheiden. Der Beweis, worauf er seine Vermuthungen gründet, steht ausführlich im dreißigsten Hauptstück des vorhergehenden Bandes (S. 410.) Ich habe aber von jeher an der Richtigkeit seiner Schlüsse gezweifelt, und vielleicht stehen hier die Gründe warum ich nicht seiner Meynung seyn kann, am rechten Ort. Was die Nachrichten betrift, welche wir über diesen merkwürdigen Gegenstand von den Einwohnern selbst einziehen konnten, so gab sich unstreitig jeder Officier die größte Mühe, durch Nachforschungen aller Art die Sache ins Reine zu bringen, und gleichwohl läugneten sie uns, wenn ich die beyden von Herrn Anderson erwähnten Fälle abrechne, alle ohne Ausnahme, daß ein solcher Gebrauch unter ihnen Statt finde. Herr Anderson hat allerdings das für sich, daß er von der Landessprache mehr als sonst jemand unter uns verstand; allein ich war zugegen, als er den Menschen befragte, der ein kleines Stück gesalzenes Fleisch in ein Stück Zeug gewickelt bey sich trug, und schon damals fiel es mir auf, daß die Zeichen, die der Insulaner machte, weiter gar nichts bedeuteten, als daß es zur Speise bestimmt, und

Rohheit gebräuchlich war, allemal von Religionsbegriffen veranlaßt worden und von ihnen unzertrennlich seyn? Diese Frage ist vielleicht eine der wichtigsten, die den Gang des menschlichen Geistes und die Geschichte des Menschengeschlechts betreffen, da ihre Entscheidung eine so unmittelbare Beziehung auf den Ursprung aller Religion hat. G. F.

wohlschmeckend, oder dem Magen besonders zuträglich sey. Nach Herrn Andersons Tode entdeckten wir einen Umstand, der mich in dieser Meynung sehr bestärkte, nämlich, daß beynahe ein jeder Einwohner dieser Inseln beständig ein kleines Stück rohes, stark gesalzenes Schweinefleisch, welches sie für einen besondern Leckerbissen halten, und wovon sie dann und wann kosten, entweder in seinem Falschenkürbis oder in ein Stück Zeug gewickelt und um den Leib gebunden, bey sich trägt. Ueber die Verwirrung worin der arme Junge, der kaum sechszehn oder achtzehn Jahr alt seyn mochte gerieth, hätte sich niemand gewundert, der den großen Eifer und Ernst bemerkt hätte, womit Herr Anderson bey seinen Fragen in ihn drang *).

---

*) Daß Herr King und Herr Anderson aus einerley Thatsache eine so verschiedene Folgerung ziehen, darf niemanden befremden, weil Herr A. nach den neuesten Regeln der Natersuchnng zu Werke gegangen ist, denen zufolge man in der Erfahrung nur alsdann findet, was man bedarf, wenn man vorher weiß, wornach man suchen soll. Herrn King's Fehler besteht darin, daß er nichts bedurfte, und nicht vorher bestimmt hatte, was er suchen wollte, und darum fand er auch nichts. Herr Anderson im Gegentheil hatte sich einen Bewohner der Sandwichs-Inseln schon vorher so gedacht: „Er ist dem Neuseeländer am nächsten verwandt, „folglich auch ein Menschenfresser.“ Von diesem Begriffe, den er vorher so genau bestimmt hatte, ging er aus, und hatte nun weiter keine Mühe, ihn durch die Erfahrung zu bestätigen. Bis auf den kleinen Irrthum, daß er gesalzenes Schweinefleisch für Menschenfleisch angesehen hat, läßt sich sein Verfahren also nach den strengsten Grundsätzen der neuesten Philosophie rechtfertigen, und sogar der Ernst und der Eifer, welcher den armen Insulaner ganz in Verwirrung brachte, (vermuthlich glaubte er, daß ihn Herr A. eines Diebstahls beschuldigte) verdient eigentlich keinen Vorwurf von Herrn King, denn er war ja die natürliche Folge des vorherbestimmten Begriffs, wobey man den Vortheil hat, eine kaltblütige Untersuchung entbehren zu können. G. F.

Das zweyte Argument, wodurch Herr Anderson darzuthun sucht, daß die Bewohner der Sandwichs-Inseln Menschenfresser sind, läßt sich etwas schwerer widerlegen. Es beruht auf einem mit Hayfischzähnen besetzten Werkzeuge, welches beynahe dieselbe Gestalt hat, wie ein ähnliches, womit die Neuseeländer den Körper ihrer Feinde zerstücken. Ich gestehe selbst, daß die Einwohner wohl außer allem Zweifel mit diesem Messer, wenn man es so nennen will, nie das Fleisch eines Thieres zerlegen. Allein man erinnere sich, daß in den Sandwichs-Inseln noch Menschenopfer Statt finden, und daß man daselbst die Leichname der Erschlagenen verbrennt; wahrscheinlich bedient man sich also des erwähnten Instrumentes bey diesen Feyerlichkeiten. Ich bin überhaupt, und zwar hauptsächlich wegen dieses letzten Umstandes, sehr geneigt zu glauben, daß jener empörende Gebrauch in diesen und allen übrigen Südseeinseln erst ganz neuerlich abgekommen ist. Als man mit Fragen über diesen Punkt sehr in Omai drang, gestand er, daß seine Landsleute in der Wuth der Rachgier, wohl zuweilen das Fleisch ihrer Feinde mit den Zähnen zerrissen, nur läugnete er standhaft, daß sie es jemals äßen. Näher konnte man indeß der Sache selbst wohl nicht kommen, obgleich anderer Seits das Läugnen ein starker Beweis ist, daß jetzt kein Menschenfleisch mehr gegessen wird; denn die Neuseeländer, die noch jetzt ihre Feinde verzehren, tragen zu keiner Zeit das allergeringste Bedenken es gerade heraus zu gestehen *).

*) Da bekanntermaßen auch gesittete Völker, wenn sie in die äußerste Wuth gerathen sind, ihre Feinde mit den Zähnen zerfleischt haben, so kann man dergleichen leidenschaftliche Auftritte um so viel weniger zum Beweis gegen die Insulaner brauchen. Omai hätte de Wits Geschichte wissen sollen! G. F.

Die Bewohner dieser Eilande unterscheiden sich von denen auf den Freundschafts-Inseln dadurch, daß sie fast durchgehends den Bart wachsen lassen. Einige wenige, und unter diesen der alte König, hatten ihn ganz abgeschnitten; andere hatten ihn blos auf der Oberlippe stehen lassen. Das Haupthaar wird hier, wie in andern Südseeinseln, auf mancherley Art aufgeputzt. Außerdem bemerktem wir aber auch eine Mode, welche dieser Inselgruppe eigenthümlich zu seyn scheint. Man schneidet nämlich das Haar zu beyden Seiten dicht am Kopfe weg, bis zu den Ohren, und läßt von der Stirne bis zum Nacken nur einen handbreiten Streifen stehen, der bey dickem krausem Haar so aussah, wie der Kamm eines alten Helms. Andere trugen eine Menge falsches Haar welches in Locken über ihren Rücken herunterhing, und wodurch sie den Einwohnern von Horn-Eiland (von denen man in Le Maire und Schoutens Reisobeschreibung Abbildungen antrift) ähnlich sehen. Noch andere banden es auf dem Scheitel in einen ungeheuren Schopf, der beynahe so groß war wie der ganze Kopf, oder auch in fünf bis sechs kleinere Büschel. Sie beschmieren sich auch das Haar mit einem grauen Lehm den sie mit gepülverten Muschelschalen vermischen und in Klumpen oder Kugeln aufbewahren, die, wenn sie gebraucht werden sollen, zuvor durch Käuen zu einem geschmeidigen Teige gemacht werden. Die Haare werden davon glatt, und bekommen zuletzt eine blaßgelbe Farbe.

Personen beyderley Geschlechts tragen Halsbänder aus kleinen auf Fäden gereiheten Muscheln. Ein anderer Zierrath, welcher wie das Henkelchen einer Tasse gestaltet, gegen zwey Zoll lang, einen halben Zoll dick, und sehr sauber aus Holz, Stein oder Knochen gearbeitet ist, wird an einer von Haaren geflochtenen Schnur getragen, welche bisweilen hundertfach um den Hals geht. Andere bedienen sich statt dieses Schmucks einer kleinen Menschenfigur von Knochen, welche auf eben die Art auf der Brust hängt. Der Fächer oder Fliegenwedel wird ebenfalls sowohl von Männern als Weibern getragen. Die schlechtesten sind Büschel von den Fasern der Kokosnuß, welche an einem glatt gearbeiteten hölzernen Grif befestigt sind. Sonst bedient man sich dazu der Schwanzfedern der Hähne, oder auch der Tropikvögel. Die kostbarsten aber sind solche, deren Griffe oder Stiele von dem Arm- oder Schenkelknochen eines erschlagenen Feindes gemacht sind; diese werden sorgfältig aufbewahrt, und erben vom Vater auf den Sohn als Trophäen von unschätzbarem Werthe.

Die Gewohnheit sich zu tattauiren oder punktiren, haben die hiesigen Einwohner mit allen Inselbewohnern des Südmeeres*) gemein; allein nur in Neuseeland und auf den Sandwichs-Inseln tattauirt man das Gesicht. Der Unterschied zwischen diesen beyden Völkern besteht aber darin, daß die Neuseeländer sich mit zierlichen Schneckenlinien oder Schnörkeln bezeichnen, die hiesigen Insulaner hingegen gerade Linien ziehen, die sich rechtwinklicht durchschneiden. Die Weiber sind an Händen und Armen niedlich punktirt, ja sie lassen sich auch die Zungenspitzen tattauiren. Die Veranlassung oder Bedeutung hiervon konnten wir nicht erfahren; indeß ist es, zufolge sichern Nachrichten, die wir über diesen Gebrauch einzogen, wahrscheinlich, daß dadurch oftmals eine Trauer über den Tod eines Oberhaupts oder über andere unglückliche Ereignisse angedeutet wird; denn man sagte uns mehrmals von diesem oder jenem Punkt oder Zeichen, es sey zum Andenken eines oder des andern

*) Versteht sich, von der hellen Race; von der schwarzen tattauirt sich keiner. G. F.

Oberhauptes gemacht worden. Die untere Volksklasse dieser Insel trägt aber auch sehr oft ein tattauirtes Zeichen, woran man sie als das Eigenthum oder die Leibeigenen der verschiedenen Vornehmen unterscheidet.

Die Kleidung der Mannspersonen besteht gewöhnlich in dem Maro, einem Stück dicken Zeuges, welches zehn bis zwölf Zoll breit ist, zwischen den Schenkeln durchgezogen und um die Hüften gegürtet wird. Dies ist die gewöhnliche Kleidung jedes Standes. Ihre Matten sind oft von der zierlichsten Arbeit, und von allerley Größe, doch mehrentheils etwa fünf Fuß lang, und vier Fuß breit. Man wirft sie über die Schultern und schlägt sie vorn zusammen; doch bedient man sich ihrer selten, ausgenommen im Kriege, wo sie recht eigentlich von Nutzen sind, indem ihr dichtes und schweres Gewebe die Gewalt eines Steinwurfs oder eines andern stumpfen Gewehrs sehr vermindert. Gewöhnlich geht jederman barfuß, außer wenn er über die ausgebrannten Steine zu gehen hat; alsdenn zieht man eine Art von Pantoffeln an, die aus Stricken von zusammengedreheten Kokosfasern geflochten sind. Außer diesem alltäglichen Anzug der hiesigen Einwohner, sieht man auch gewisse Feyerkleider, welche den Oberhäuptern ausschließungsweise gehören; nämlich mit Federn besetzte Mäntel, und eben dergleichen Helme, die, an Schönheit und Pracht, vielleicht den kostbarsten Kleidungsstücken anderer Völker an die Seite gestellt werden können. Diese Seltenheiten sind bereits*) sehr ausführlich und genau beschrieben worden; ich brauche folglich nur noch anzumerken, daß die Länge des Mantels sich nach dem Range desjenigen, der ihn trägt, richtet. Einigen reichte er nur bis an die Hüften, andere schleppten ihn nach sich an der Erde. Die geringe

*) Nämlich im vorhergehenden Bande Seite 400. u. f.

ren Oberhäupter tragen auch einen kurzen Mantel, der aus den langen Schwanzfedern des Hahns, des Tropikvogels und des Fregatvogels besteht, und einen breiten Rand und Kragen von kleinen rothen und gelben Federn hat. Noch andere Mäntel sind gänzlich aus schneeweißen Federn gemacht, und haben eine bunte Einfassung. Der Helm hat einen starken Boden von Korbmacherarbeit, und hält den Stoß aller einländischen Waffen ab, wozu er auch eigentlich bestimmt zu seyn scheint. Diese Federkleidungen sind äußerst selten, kommen bloß Personen vom obersten Range zu, und werden nur von Mannspersonen getragen. Während unseres Aufenthalts in Karakakua-Bay wurden sie nur bey drey Gelegenheiten gebraucht; zuerst bey dem seltsam feyerlichen ersten Besuch, den Terriobu bey den Schiffen ablegte; dann als Capitain Cook erschlagen ward, wo einige Oberhäupter diese Kleidung anhatten: endlich als Eappo uns die Gebeine unseres Befehlshabers auslieferte. Die große Aehnlichkeit zwischen dieser Kleidung, und jenen Mänteln und Helmen, welche die Spanier ehemals trugen, war zu auffallend, um uns nicht zu der Untersuchung zu veranlaßen: ob irgend eine Wahrscheinlichkeit vorhanden sey, daß diese Insulaner sich in diesem Stücke nach den Spaniern gerichtet haben könnten? nachdem wir uns alle ersinnliche Mühe gegeben hatten, hierüber Licht zu erhalten, fanden wir, daß sie schlechterdings keine unmittelbare Bekanntschaft mit irgend einer andern Nation, ja nicht einmal eine Sage von irgend einem ehemaligen Besuch solcher Schiffe, wie die unsrigen, hätten. Demungeachtet scheint mir die bemerkte Uebereinstimmung in den erwähnten Kleidungsstücken hinlänglich zu beweisen, daß sie Europäischen Ursprungs sind, und zwar um so mehr, da sie von allen andern gewöhnlichen Kleidungsarten der sämmtlichen Südseebewohner abgehen. Wir mußten daher auf die Vermuthung gerathen, daß vielleicht irgend ein

Freybeuterisches, oder auch ein Spanisches Schiff in der Nähe dieser Inseln zu Grunde gegangen sey. Wenn man bedenkt, daß die gewöhnliche Fahrt der Spanischen Handelsgallionen von Akapulko nach den Philippinischen-Inseln auf dem Hinwege nur wenige Grade südwärts, so wie bey der Rückkehr nur wenige Nordwärts von den Sandwichs-Inseln vorbey geht, so kann man dieser Vermuthung wenigstens nicht alle Wahrscheinlichkeit absprechen.

Das Frauenzimmer ist gemeiniglich beynahe eben so gekleidet, wie die Mannspersonen. Sie schlagen ein Stück Zeug um die Hüften, welches die Schenkel halb bedeckt; zuweilen aber gingen sie in der Abendkühle in Stücken feinen Zeugs gehüllt, welche sie, wie die Taheitierinnen, nur um die Schultern geworfen hatten. Der Pau, eine andere Tracht, deren sich insbesondere die Mädchen bedienten, besteht in einem Stück des feinsten dünsten Zeuges, welches mehrmal um die Hüften gewickelt wird und bis auf die Waden hinabgeht, so daß es einem kurzen Unterrock sehr ähnlich ist. Das Haar tragen sie im Nacken kurz abgeschnitten und vorn zurückgeschlagen, wie es in Neuseeland und Otaheiti Mode ist, dahingegen in den Freundschafts-Inseln die Frauenzimmer ihr Haar lang wachsen lassen *). Doch sahen wir in Karakakua-Bay auch ein Frauenzimmer mit einem andern, sonderbaren Kopfputz. Das Haar war nämlich hinten in die Höhe geschlagen und über der Stirn nochmals zurückgebunden, so, daß es, gleichsam wie ein kleiner Schirm, das Gesicht beschattete.

---

*) Doch auch, so viel ich mich erinnere, nicht alle, sondern nur die Vornehmeren. S. meine Reisebeschreibung Oktav Ausg. 2ter Th. S. 452. G. F.

Der Halsschmuck besteht hier in Muscheln oder einer Art harten, glänzend rothen Beeren *). Auch trägt das Frauenzimmer Kränze von den getrockneten Blumen des Eibisches, nebst einem andern schönen Putz, den sie Eraie nennen, gewöhnlich um den Hals, zuweilen aber auch im Haar, wie man es auf der Abbildung des Frauenzimmers von den Sandwichs-Inseln sehen kann. Dieser Schmuck ist eine fingersdicke Schnur, (die unsern Chenillen ähnlich ist) und mit ineinander verschränkten, ganz kleinen Federchen so dicht besetzt, daß ihre Oberfläche dem feinsten Sammt gleicht. Insgemein ist der Grund, oder die Hauptfarbe roth, mit abwechselnden gelben, grünen und schwarzen Ringen. Ihre mancherley, zum Theil sonderbaren, Armbänder sind bereits an einem andern Orte beschrieben worden.

In Atuai trugen die Weiber kleine aus Holz oder Knochen sehr sauber gearbeitete Figuren, welche eine Seeschildkröte vorstellten, wie Ringe, am Finger befestigt. Warum gerade dieses Thier einer solchen Auszeichnung gewürdigt wird, muß ich unentschieden lassen. Noch giebt es hier einen Schmuck aus Muschelschaalen, welche auf einem starken Netzwerk in Reihen befestigt sind, und, wenn man sich bewegt, klappern. Männer und Weiber binden diesen Schmuck beym Tanze um den Arm oder um den Knöchel, oder auch unter das Knie. Statt der Muscheln nimmt man zuweilen Hundszähne, und harte, rothe Beeren, welche denen an der gemeinen Stechpalme ähnlich sind **).

*) Vielleicht meint der Verfasser hier die Bohnen des Abrus precatorius Linn. welche jetzt von unsern Damen in den Ohren getragen werden. G. F.

**) Etwa wieder die vorige kleine Bohne des Abrus? G. F.

Endlich muß ich noch eines Zierraths erwähnen, dessen Gestalt die beygefügte Abbildung am besten erläutern kann. Es ist eine Larve, aus einem großen Kürbis, in welche, statt der Augen und Nase, Löcher hineingeschnitten werden. Oben steckt man diese Larve voll grüner belaubter Zweige, welche in einiger Entfernung wie ein zierlicher, wehende Federbusch aussehen. Vorn hängen, am untern Ende, einige schmale Streifen Zeug wie ein Bart herunter. Wir sahen diese Masken nur zweymal, und zwar beydemal an einer Gesellschaft Leute, die in einem Kanot sich lachend unsern Schiffen näherten und Possen trieben. Ob sie nicht etwa auch gebraucht werden, um den Kopf gegen einen Steinwurf zu sichern, wozu sie sich gut schicken würden, oder ob sie bey öffentlichen Spielen dienen, oder endlich, ob sie bloß zu solchen Gaukeleyen bestimmt sind, konnten wir nicht erfahren. (Diese maskirten Ruderer sind, auf der Charte von den Sandwichs-Inseln, als eine nützliche und zweckmäßige Verzierung derselben, abgebildet.)

Ich habe schon bemerkt, daß diese Insulaner, in einiger Rücksicht, mit den Neuseeländern durch Sitten und Gebräuche genauer verwandt zu seyn scheinen, als selbst mit ihren näheren Nachbaren in den Societäts- und Freundschafts Inseln. Diese Verwandschaft fällt darin am meisten auf, daß beyde Stämme in kleinen Ortschaften oder Dörfern beysammen wohnen. Es stehen etwa hundert bis zweyhundert Häuser ziemlich nahe, doch ohne Ordnung, neben einander, und zwischen ihnen hin krümmt und windet sich ein schmaler Pfad. Gegen die See werden diese Häuser insgemein durch eine Mauer von lockern Steinen geschützt, die ihnen gleichsam zur Brustwehr dient. Die Form dieser Wohnungen ist bereits beschrieben worden. Die Größe derselben ist verschieden, und beträgt achtzehn bis fünf und vierzig Fuß in die Länge, und zwölf bis vier und zwanzig Fuß in die Breite. Es giebt auch noch größere, welche funfzig Fuß lang, dreyßig Fuß breit, und an einem Ende ganz offen sind. Diese letzte Art ist, wie man uns sagte, für Fremde oder Reisende bestimmt, die sich nur kurze Zeit aufhielten.

Den Hausrath hat Capitain Cook bereits genau beschrieben. Ich füge nur noch hinzu, daß sich an einem Ende des Hauses die Matten, worauf die Einwohner schlafen, befinden, und daß diese sich, wie die Chineser, eines hölzernen Kopfkissens, oder einer Art von Schlafbänkchen bedienen. Vor den ansehnlicheren Häusern sieht man zuweilen artig umzäunte Höfe, um welche mehrere kleine Häuschen, für die Bedienten, stehen. Auf diesem freyen Platze halten sie gemeiniglich ihre Mahlzeiten und bringen den Tag daselbst zu. An den Abhängen der Berge und zwischen jähen Felsen bemerkten wir auch verschiedene Hölen oder Löcher, welche bewohnt zu seyn schienen. Der Eingang dazu war mit Korbmacherarbeit verschlossen, und in der einzigen Höle, deren Inneres wir untersuchten, fanden wir eine Steinmauer queer durchgezogen; sie scheinen also wohl hauptsächlich zum Zufluchtsort, auf den Fall eines feindlichen Angrifs, zu dienen.

Die Nahrung der geringeren Volksklassen besteht hauptsächlich aus Fischen und Pflanzen, z. B. Yams, süßen Bataten, Aronswurzeln, Pisangs, Zuckerrohr und Brodfrucht. Die Vornehmen haben außerdem noch Schweine- und Hundefleisch, welches sie auf eben die Art, wie auf den Societätsinseln, zubereiten. Ihre zahmen Hüner sind mit den unsrigen von einerley Gattung, allein weder zahlreich, noch sehr geschätzt. Von der Brodfrucht und den Yamswurzeln bemerkt Capitain Cook, daß sie auf diesen Inseln nicht häufig angetroffen und selbst unter den Einwohnern für große Seltenheiten gehalten würden. Allein unser zweiter Besuch belehrte uns eines andern. Vermuthlich hatten die Einwohner bey unserm ersten kurzen Aufenthalt in Weymoa-Bay nicht Zeit, diese Lebensmittel, welche im Innern des Landes gebaut werden, an die Küste zu bringen. Ihre Fische pflegen sie einzusalzen und in Flaschenkürbissen aufzubewahren, und zwar, nicht wie wir anfangs glaubten, um sich gegen den Mangel zu sichern, sondern bloß, weil gesalzene Speisen ihnen die liebsten sind. Die Erihs salzen das Schweinefleisch auf eben die Art, und halten es für Leckerbissen.

Ihre Kochkunst ist genau eben dieselbe, welche man schon aus den Beschreibungen anderer Südseeinseln kennt. Capitain Cook klagt zwar, daß die hiesigen Puddings von Tarro, oder Aronswurzeln zu sauer wären; allein während unseres Aufenthalts in der Bay von Karakakua haben wir oft mit dem größten Appetit davon gegessen, und ich kann versichern, daß ich selbst in den Freundschaftsinseln keine bessere gekostet habe. Sonderbar genug war es bey dem allen, daß die Kunst die Brodfrucht aufzubewahren, und einen sauren Teig oder Mahei daraus zu bereiten, ihnen unbekannt geblieben war. Mit Vergnügen suchten wir ihnen ihre ausgezeichnete Gastfreyheit und Freundschaft durch die Mittheilung dieser nützlichen Zubereitungsart einigermaßen zu vergelten. Bey ihren Mahlzeiten sind sie sehr reinlich, und wir mußten insgesammt gestehen, daß ihre Zubereitung sowohl der Pflanzen- als der Fleischspeisen der unsrigen weit vorzuziehen sey*). Die Vornehmen fangen ihre Mahlzeit immer mit einem Trunk von dem Pfeffersafte an, der hier aus der Wurzel des berauschenden Pfeffers (*Piper methysticum*) auf die gewöhnliche Art bereitet wird. Die

*) Um dieses Lob gehörig zu bestimmen, muß man sich erinnern, daß der Schiffskoch eben nicht der geschickteste, und noch seltener der reinlichste zu seyn pflegt. Auch ließe es sich in Anschlag bringen, daß die Engländer überhaupt keine Pflanzenspeise zu bereiten wissen. G. F.

Frauenzimmer essen allein, und verschiedene Speisen, nämlich Schweinefleisch, Schildkrötenfleisch, und gewisse Sorten der Pisangfrucht sind ihnen, wie schon erwähnt worden ist, Tabbu oder verboten. Schweinefleisch aßen sie wohl heimlich mit uns; aber nie konnten wir sie überreden, von den andern beyden letztgenannten Speisen etwas anzurühren.

Ihre Beschäftigung ist einfach und gestattet wenig Abwechselung. Sie stehen mit der Sonne auf, und legen sich wenige Stunden nach ihrem Untergang, sobald sie der Abendkühle genossen haben, zur Ruhe. Kanots zu zimmern und Matten zu flechten ist die Arbeit der Erihs; das Frauenzimmer verfertigt Zeuge (aus der Rinde des Papiermaulbeerbaums; und den Tautaus oder gemeinen Leuten überläßt man den Landbau und die Fischerey. Die müßigen Stunden widmen sie verschiedenen Zeitvertreiben. Die Jugend beyder Geschlechter liebt den Tanz. Bey gewissen feyerlichen Gelegenheiten giebt es auch Ringer- und Baxerkämpfe, wie in den Freundschaftsinseln; nur scheinen die hiesigen Einwohner in diesen Künsten nicht so weit gekommen zu seyn. In ihren Tänzen hingegen haben sie mehr Aehnlichkeit mit den Neuseeländern, als mit den Taheitiern oder den Bewohnern der Freundschaftsinseln. Ehe der Tanz angeht, singen die sämmtlichen Tänzer allemal einen langsam feyerlichen Gesang, wobey sie die Beine bewegen, und sich, mit Anstand und Leichtigkeit in Stellungen und Gebärden, sanft auf die Brust klopfen, gerade so, wie in den Societätsinseln. Wenn dieses Vorspiel etwa zehn Minuten gedauert hat, wird der Gesang und die Bewegung allmählig schneller, bis die Tänzer es nicht länger aushalten können. In diesem Betracht hat der Tanz vollkommene Aehnlichkeit mit dem neuseeländischen, wo man, so wie hier, demjenigen, als dem besten Tänzer, den lautesten Beyfall zuzurufen pflegt, der die wildesten Bewegungen macht, und es am längsten aushält. Doch muß noch bemerkt werden, daß nur die Frauenzimmer an diesem Tanze Theil haben; denn die Männer tanzen beynahe auf eben die Art, wie die kleineren Tanzpartheyen in den Freundschaftlichen Inseln, deren Tanz man vielleicht mit größerem Rechte einen Gesang nennen kann, der von übereinstimmenden zierlichen Bewegungen des ganzen Körpers begleitet wird. Da die Bax-Gefechte, wobey wir zusahen, völlig eben so waren, wie auf den Freundschaftsinseln, so läßt sich mit einiger Wahrscheinlichkeit vermuthen, daß die hiesigen Einwohner ebenfalls ihre große Feyertänze haben, an welchen eine beträchtliche Anzahl Personen beyderley Geschlechts Antheil nehmen.

Ihre Musik ist nur roh; denn es fehlt ihnen sowohl an Flöten, als Rohrpfeifen, und überhaupt, Trommeln ausgenommen, an allen musikalischen Instrumenten. Ihre Gesänge hingegen, welche sie vielstimmig*)

*) Große Musikverständige haben diesen merkwürdigen Umstand, daß jene Insulaner vielstimmig singen, in Zweifel gezogen, und es ist in der That sehr zu bedauern, daß er nicht mit Gewißheit erwiesen werden kann. Herr Capitain Burney, und Herr Capitain Philips von den Seesoldaten, hatten beyde hinlänglich Musikkenntniß, und behaupteten allerdings, daß sie vielstimmig sängen, das heißt, daß mehrere zugleich in verschiedenen Tönen sängen, wodurch ein angenehmer Wohlklang entstände. Diese beyden Herren haben auch zur Gnüge dargethan, daß die Einwohner der Freundschaftsinseln zuverlässig ihre Musik zuvor durchlernten, ehe sie sich öffentlich hören ließen; daß sie auch Begriffe von dem zur Harmonie erforderlichen Accord verschiedener Töne hätten, und daher unter sich von ihren Compositionen erst eine Probe anstellten, um die fehlerhaften Stimmen zu entfernen, ehe sie es wagten, sich vor Leuten hören zu lassen, die sie für Kunstreicher anerkannten. In ihren ordentlichen Concerten hatte jeder ein Bambusrohr, das nach seiner größern oder kleineren Länge einen verschiedenen Ton angab;

(*in parts*) singen, und mit sanften Bewegungen der Arme, wie in den Freundschaftsinseln, begleiten, machen einen sehr angenehmen Eindruck.

Ee 3

---

dieses stießen sie auf den Boden, und jeder Sänger stimmte zugleich den Ton an, den sein Instrument ihm angegeben hatte. Die Worte womit er es begleitete, machten den Ton bald länger, bald kürzer. Auf diese Art sangen sie in Chören, und brachten, nach der Verschiedenheit ihrer Stimmen, nicht nur Oktaven heraus, sondern oft auch Consonanzen (*concords*) die dem Ohr nicht zuwider waren. Dieser Thatsache durch Vernünfteleyen von Personen, welche bey jenen Vorstellungen nicht zugegen waren, zu widersprechen, möchte wohl ziemlich gewagt seyn; demungeachtet bleibt es von der andern Seite an sich sehr unwahrscheinlich, daß ein rohes Volk so weit in der Tonkunst gekommen seyn sollte, als wir nur durch lange Bemühung, und eine genaue Kenntniß der Theorie, worauf sich alle musikalische Composition gründet, haben gelangen können. Das elende Gekreisch, welches unsere Psalmensänger auf dem Lande hervorbringen, ist eigentlich die niedrigste Art des vielstimmigen Gesanges, und dennoch läßt es sich nicht ohne lange Uebung in dem Grade erlernen, wie man es in einer Dorfkirche hört. Fast scheint daher unglaublich, daß ein halbwildes Volk von selbst (*naturally*) eine Vollkommenheit in der Tonkunst erlangt haben sollte, wovon es sehr zweifelhaft ist, ob die Griechen und Römer bey allen ihren Verfeinerungen in der Musik, sie besessen, und welche die Chinesen, das älteste gesittete Volk der Erde, noch nicht erfunden haben. Hätte Capitain Burney die Consonanzen des Gesangs, wie er sie in jenen Insel hörte, mit Europäischen Noten aufgeschrieben, welches er nach dem Zeugniß seines Vaters (des größten Musikalischen Theoretikers) gar wohl hätte thun können, und wären diese Consonanzen alsdenn so beschaffen gewesen, daß ein Europäisches Ohr sie hätte ertragen können, so sähen wir jetzt die Sache als völlig ausgemacht an. Unter den gegenwärtigen Umständen scheint mir die Entscheidung sehr gewagt, man mag nun annehmen, daß die hiesigen Insulaner den Contrapunkt verstehen, oder nicht. Sub judice lis est. Anmerkung des Verfassers. Der ganze Streit wird sehr unbedeutend, sobald man in Erwägung zieht, daß die Musik der Insulaner im Südmeer sich auf ein Paar ganz einfache Sätze einschränkt. Vielleicht

Zu dem Bemerkenswerthen in dem Charakter dieser Insulaner gehört auch ihre große Neigung zum Spiel. Eines ihrer Spiele hat viel Aehnlichkeit mit unserm Bretspiel; allein, nach der Zahl der Felder zu urtheilen, muß es verwickelter seyn. Das Dambret ist gegen zwey Fuß lang, und in zweyhundert acht und dreißig Felder getheilt, deren vierzehn in einer Reihe sind. Sie bedienen sich dabey schwarzer und weisser Steinchen, die sie von einem Felde in das andere rücken. Ein anderes Spiel besteht darin, daß sie einen Stein unter ein Stück Zeug verstecken, welches einer von der Gesellschaft ausbreitet, aber zugleich so unordentlich faltet, daß die Stelle, wo der Stein liegt, schwer zu unterscheiden ist. Der Gegner schlägt mit einem Stäbchen auf den Theil des Tuchs, wo er den Stein vermuthet; allein weil die Wahrscheinlichkeit des Treffens so gering ist, so wetten die Zuschauer in ungleichem Verhältniß, nämlich mehrere gegen Eins, daß er nicht treffen werde; doch so, daß die Verhältnisse nach Maasgabe der guten Meynung verschieden sind, die man von der Geschicklichkeit der Spieler hat. Außer diesen Spielen vertreiben sie sich oft die Zeit mit Wettrennen zwischen Knaben und Mädchen, wobey wieder

---

kennt man dort zehn verschiedene Lieder. Umfang und Abwechselung würde man darin umsonst suchen; geschweige unsere Coloraturen, Passagen, Cadenzen, und melismatische Tändeleyen. Ob die griechische Musik einstimmig oder vielstimmig gewesen sey, mag unentschieden bleiben; reicher war sie gewiß durch ihre zwölf Tonarten. Thöricht wäre es freylich, wenn man behaupten wollte, die guten Insulaner hätten einen Begrif von der Theorie der Accorde. Allein um praktisch (oder naturalistisch) ein Paar Gesänge vielstimmig ausführen zu können, dazu bedürfen sie wohl nur ein musikalisches Ohr. Der Einwurf, daß die Englischen Chorjungen so ungelehrig sind, beweiset nichts: denn ein unmusikalischeres Volk als das Englische giebt es nicht; bekanntlich hat es auch keine Nationalmusik. G. F.

sehr eifrig gewettet wird. Ich sahe einst einen Menschen in der äußersten Wuth, sich das Haar zerrausen und an die Brust schlagen; weil er bey einem solchen Wettrennen drey Aexte verloren, die er kurz vorher um die Hälfte seines Vermögens von uns erkauft hatte.

Das Schwimmen ist ihnen nicht allein nothwendig, weshalb auch sowohl Männer als Weiber mehr darin geübt sind denn alle übrige Völker, die wir je gesehen haben, sondern es ist auch einer ihrer Lieblings-Zeitvertreibe. Bey dieser Leibesübung fiel uns in Karakakua Bay unter andern ein gefährliches und sonderbares Manöuvre auf, welches näher beschrieben zu werden verdient. Die Brandung an den Küsten dieser Bay erstreckt sich gegen hundert und funfzig Schritte weit vom Ufer, und in diesem Zwischenraum brechen sich die Wogen, die sich wegen der Untiefe aufthürmen, mit ausnehmender Heftigkeit. Gerade bey stürmischem Wetter, oder bey hohler See, wenn die Brandung am stärksten ist, können die Insulaner die Uebung von welcher hier die Rede ist, vornehmen. Ihrer zwanzig oder dreyßig nehmen jeder ein langes schmales Brett, das an beyden Enden abgerundet ist, und stoßen zu gleicher Zeit vom Lande ab. Bey der ersten Welle, die ihnen begegnet, tauchen sie unter, lassen sie über sich hin stürzen, kommen hinter ihr wieder hervor, setzen ihren Weg, so gut sie können, weiter fort, und machen es dann bey der zweyten Woge eben so, wie bey der ersten. Die Schwierigkeit besteht darin, daß man den rechten Augenblick abwarte, wo man untertauchen muß; denn sonst wird man von der Woge ergriffen und mit der größten Heftigkeit zurück geschleudert, wobey denn viele Geschicklichkeit nöthig ist, wenn man nicht an den Felsen zerschellen will. Sobald die Insulaner, durch wiederhohlte Anstrengung, die ruhigere See jenseits der Brandungen erreicht haben, legen sie sich der Länge nach auf ihr Brett, und treten nun die Rückkehr an. Man muß bemerken, daß die Brandung aus mehreren auf einanderfolgenden Wellen besteht, wovon die dritte allemal weit größer als beyde vorhergehende ist, und höher an das Ufer hinanläuft, dahingegen die andern sich schon unterweges brechen. Es kommt also darauf an, daß sich die Schwimmer auf die größte Woge legen, von der sie dann mit unglaublicher Geschwindigkeit gegen das Ufer getrieben werden. Wenn sich jemand aus Versehen einer kleineren Welle anvertraut, welche sich bricht eh' er anlanden kann, oder wenn er nicht Geschick genug besitzt, sein Brett auf dem schwellenden Rücken der Woge in gehöriger Richtung zu erhalten, so bleibt er der Wuth der nächstfolgenden ausgesetzt, und kann ihr nicht anders entgehen, als wenn er wieder untertaucht und sich an die Stelle, von der er ausging, zurückarbeitet. Denen, welchen es gelingt, das Gestade zu erreichen, steht noch die größte Gefahr bevor; denn die Küste ist mit einer Kette von Felsen besetzt, die nur hin und wieder kleine Oefnungen zwischen sich haben. Sie müssen also ihr Brett entweder in eine solche Bucht steuern, oder, wenn sie dieselbe verfehlen, das Brett fahren lassen, ehe sie die Felsen erreichen, dann nochmals untertauchen und zurückschwimmen. Dieses hält man aber für sehr schimpflich, und überdem geht das Brett dabey verloren, welches ich oft in dem Augenblick, wo der Schwimmer es aus den Händen ließ, mit Schrecken habe gegen die Felsen zertrümmern sehen. Die Kühnheit und Geschicklichkeit womit die Einwohner diese beschwerliche und gefährliche Uebung in unserer Gegenwart vornahmen, ist bewundernswerth und kaum glaublich*).

---

*) Etwas ähnliches wird im vorhergehenden Theil S. 428. als ein Otaheitischer Zeitvertreib beschrieben.

Die Kinder haben, ausser den schon erwähnten Spielen, noch ein andres, welches gewöhnlich ist, und ebenfalls keinen geringen Grad von Geschicklichkeit erfordert. Sie nehmen ein kurzes Holz oder einen Stock, durch dessen eines Ende ein Pflock geschlagen ist, der zu beyden Seiten als ein spitziger Zapfen etwa einen Zoll breit hervorragt. Mit der Spitze dieses Pflocks fangen sie einen in die Luft geworfenen Ball auf, welcher aus zusammengedrückten und durch Bindfaden zusammengebundenen grünen Blättern besteht. So wie sie ihn aufgefangen haben, werfen sie ihn vom Zapfen sogleich wieder in die Höhe, drehen das Holz um, und fangen ihn mit der andern Spitze wieder. Auf diese Art fahren sie lange fort, ohne jemals den Ball fallen zu lassen. Mit eben so vieler Geschicklichkeit können sie auch mehrere solche Bälle, nach einander, in die Luft werfen und wieder fangen. Oft sahen wir kleine Kinder, die auf diese Art beständig fünf Bälle im Gange erhielten. Die Jugend in den Freundschaftsinseln pflegte sich auch mit diesem Spiele zu belustigen.

Der Ackerbau wird von allen Bewohnern der Südseeinseln so gleichförmig betrieben, daß mir davon nichts nachzuholen übrig bleibt. Eben das gilt auch von ihrem Schiffbau und ihrer Schiffahrtskunde. Capitain Cook hat bereits die Kanots in Atuai beschrieben, und die auf den benachbarten Inseln sind ihnen völlig ähnlich. Das größte welches uns hier vorkam, war ein Doppelkanot des Königs Terriobu, das siebenzig Fuß in der Länge, viertehalb in der Tiefe und zwölf in der Breite hatte, und an welchem jeder Kahn aus einem einzigen Baume gehöhlt war.

Ich übergehe ferner die bereits umständlich beschriebenen Fortschritte dieser Insulaner in der Bildhauerey, so wie ihre Geschicklichkeit Zeuge zu mahlen und Matten zu flechten. Die merkwürdigsten Stücke unter ihrem Schnitzwerk sind die Schalen, aus denen die Vornehmen ihren Awa trinken. Sie sind vollkommen rund, haben acht bis zehn Zoll im Durchmesser, und sind vortreflich geglättet. Insgemein befinden sich, anstatt eines Fußgestells, drey, zuweilen auch vier geschnitzte menschliche Figuren in verschiedenen Stellungen darunter. Einige von diesen Schalen ruhen auf den Armen der Figuren welche diese über den Kopf geschlagen haben; andere zugleich auf dem Kopf und den Händen, und noch andere auf den Schultern. Die Figuren sollen, wie man mich versichert, nach dem vollkommensten Ebenmaaß sehr sauber und sorgfältig gearbeitet, und sogar die Anstrengung der Muskeln, bey der Unterstützung der Last, gut ausgedrückt seyn.

Das hiesige Zeug wird aus eben dem Stoff und auf eben die Art verfertigt, wie in den Societäts- und Freundschaftsinseln. Diejenige Sorte, welche bemalt wird, ist von einem dichten Gewebe, das heißt, man hat mehrere Blätter oder Lagen von Maulbeerrinde mit einander verbunden. Man schneidet dieses Zeug in zwey bis drey Fuß breite Streifen, und mahlt es dann nach verschiedenen Mustern, und mit einer Nettigkeit, welche viel Empfindungsgeist und Geschmack verräth. Die Genauigkeit, womit sie die schwersten Muster ausführen, ist um soviel bewundernswürdiger, da sie keine Formen haben sondern alles mit einem in die Farbe getauchten Stücke Bambusrohr, aus freyer Hand mahlen, wobey sie, nach Art unserer Mahler, den Arm auf ein anderes Stück Rohr stützen. Zu ihren Farben brauchen sie eben dieselben Beeren und Pflanzen, welche in Otaheiti dazu genommen werden und von denen die vorigen Reisenden bereits Nachricht ertheilt haben. Das Bemahlen wird ganz und gar den Frauenzimmern überlassen. Sie nennen es Kippari, und es ist merkwürdig genug, daß sie unsere Schreibekunst jederzeit eben so nannten. Oft nahmen uns die Mädchen unsere Feder aus der Hand, um uns zu zeigen, daß sie den Gebrauch derselben so gut verstünden wie wir, vergaßen aber auch nicht zu erinnern, daß ihre Federn besser wären. Ein Blatt beschriebenes Papier war ihrer Meynung nach weiter nichts, als ein nach unserer Landesart gestreiftes Stück Zeug und wir konnten ihnen nur mit der äußersten Mühe begreiflich machen, daß unsere Figuren eine Bedeutung hätten, die den ihrigen fehlte. Ihre Matten werden von den Blättern des Pandangs geflochten, und, so wie ihre Zeuge, nach verschiedenen Mustern mit allerley Farben geziert. In einigen ist der Grund blaßgrün und mit rothen Vierecken oder Rauten gefleckt; andre sind strohfarben mit grünen Flecken, noch andere in schönen geraden oder auch in Wellenförmigen rothen und braunen Linien gestreift. Diese Arbeit übertrift, sowohl in Rücksicht der Dauer als der Feinheit und Eleganz, alles Mattenwerk in der ganzen Welt.

Ihre Angelhaken sind von Perlmutterschale, Knochen oder Holz, und haben Spitzen und Widerhaken von Schildkrötenschale oder von kleinen Knochen. Sie sind von mancherley Gestalt und Größe, am gewöhnlichsten aber aber zwey bis drey Zoll lang, in Form eines kleinen Fischchens, an dessen Kopf und Schwanz man ein kleines Büschel Federn bindet, und der auf diese Art zum Köder dient. Die Haken zum Hayfischfang sind ungemein groß, gemeiniglich sechs bis acht Zoll lang, und, in Betracht der Materialien aus denen sie verfertigt werden, in der That bewundernswürdig stark und zierlich. Auch fanden wir sie, bey einigen Versuchen die wir damit anstellten, weit zweckmäßiger als die unsrigen. Die Schnüre, deren sie sich beym Fischen bedienen, aus denen sie auch Netze strickten, und die sie zu andern häuslichen Bedürfnissen anwenden, werden sehr sauber und gleichförmig aus der Rinde des T'Au'te (Ahaute) oder Papiermaulbeerbaumes verfertigt, woraus sie ihren Zeug machen. Sie werden eben so gedrehet, wie bey uns der Bindfaden, und man kann die Schnur so lang machen, als man will. Eine noch dünnere Sorte wird aus der Rinde des Strauchs Arimah verfertigt; allein die feinste von allen wird aus Menschenhaar geflochten, und ist beynahe ausschließungsweise zu Zierrathen bestimmt. Außerdem giebt es auch stärkeres Tauwerk zur Ausrüstung ihrer Kanots, welches aus dem faserigen Gewebe der Kokosnuß verfertigt wird. Wir kauften davon etwas zu unserm Gebrauch, und fanden, daß es die Stelle unserer kleineren Stricke sehr gut ersetzen konnte. Noch verfertigen sie eine andere Art Stricke, welche platt geflochten und ausnehmend stark sind. Dieser Sorte bedienen sie sich hauptsächlich, um die Dachsparren, und andre Sachen fest zusammen zu verbinden, und sie wird daher nicht gedreht, sondern mit den Fingern aus Kokosfasern geflochten.

Die Kürbisse werden hier so ungeheuer groß, daß einige zehn bis zwölf Englische Gallons (40 bis 48 Quartier) enthalten. Um sie zu allerley Absichten im Haushalt geschickter zu machen, giebt man ihnen dadurch verschiedene Formen, daß man ihnen während ihres Wachsthums Binden umlegt. So sind die langen, walzenförmigen am besten zur Bewahrung des Fischergeräths geschickt. Andere sind wie Schüsseln geformt, und man bewahrt dann entweder Salz, oder Pökelfleisch darin auf, oder richtet Puddings und andere Pflanzenspeisen darauf an. Diese beyden Arten sind zugleich mit einem netten, dicht aufpassenden, ebenfalls aus einem Kürbis verfertigten, Deckel versehen. Noch andre sind genau wie Flaschen mit einem langen Halse gebildet, und dienen zu Wasserkrügen. Man zeichnet mit einem heißgemachten Instrumente allerley saubere, zierliche Figuren darauf, so daß sie wie bemahlt aussehen.

Unter den Kenntnissen der hiesigen Insulaner müssen wir das Salzmachen nicht vergessen. Das Salz, womit wir hier während unseres Aufenthalts reichlich versorgt wurden, war sehr gut. Die Salzpfannen, die von Erde gemacht, und mit Thon ausgesetzt werden, haben gewöhnlich sechs bis acht Fuß im Gevierte und sind acht Zoll tief. Man errichtet sie auf einer Steinlage nahe an den Standpunkt der hohen Fluth, leitet das Seewasser in kleinen Gräben bis an die Pfanne, schöpft es hinein, und überläßt dann der Sonne den schnellen Verdünstungsproceß. Bey unserer ersten Anwesenheit erhielten wir auf Atuai und Onihiau ein braunes schmutziges Salz; aber hernach fanden wir es in Karakakua-Bay überaus weiß und von vortreflicher Qualität in großer Menge. Wir verbrauchten nicht nur beym Einsalzen des Schweinefleisches viel davon, sondern füllten auch unsere ledigen Fässer damit, deren sich an Bord der Resolution allein sechszehn (24 Oxhoft) befanden.

Die Waffen der Insulaner bestehen in Spießen, Dolchen, die sie Pahua nennen, Keulen und Schleudern. Die Spieße sind zweyerley, aber beyde aus hartem, festen, dem Mahogany ähnlichen Holze gemacht. Die erste Art ist sechs bis acht Schuh lang, sehr schön geglättet, und läuft von unten an bis sechs Zoll von der Spitze allmählich dicker zu. Von da an ist das Speer scharf zugespitzt, und mit vier oder sechs Reihen Widerhaken versehen. Vielleicht bedient man sich dieser Waffen vorzüglich als Wurfspieße. Die andere Art, die wir gewöhnlich bey den Kriegern von Atuai und Owaihi bemerkten, ist zwölf bis funfzehn Fuß lang, und endigt sich, ohne Widerhaken, in eine ihren Dolchen ähnliche

Spitze. Dieser Dolch, oder Pahua, ist von schwerem, schwarzen, dem Ebenholze ähnlichen Holze gemacht, und einen bis zwey Schuh lang; durch den Griff ist eine Schnur gezogen, damit man ihn an den Arm hängen kann. Die Keulen sind von mancherley Holze grob gearbeitet, und von allerley Größe und Gestalt. Die Schleudern unterscheiden sich nicht von den unsrigen, ausgenommen, daß der Stein nicht in Leder, sondern in ein Stückchen Matte gelegt wird. Auf der hiebengefügten Kupfertapfel, auf welcher die Form und die Arbeit an den Waffen der hiesigen Insulaner zu sehen ist, stellen Fig. 1. und Fig. 2. zweyerley Arten des Sägenförmigen Instrumentes vor, womit die Einwohner, wie im vorhergehenden, Seite 431. geäußert worden ist, vermuthlich bey Menschenopfern, die Leichname der Erschlagenen zerstücken; Fig. 3. ist der unmittelbar zuvor erwähnte Dolch oder Pahua; Fig 4. aber ist ein von geflochtener Arbeit verfertigtes Götzenbild dieser Insulaner.

Achtes Hauptstück.

Fortgesetzte Beschreibung der Sandwichs-inseln. Regierungsform, und Eintheilung des Volks in drey Klassen. Macht des Erih-tabu. Geschlechtsregister der Könige von Owaihi und Mauwi. Gewalt der Oberhäupter. Zustand der niedrigen Klasse. Strafen für Verbrechen. Von der Religion und dem Priester-Orden. Die Götzenbilder. Gesang der Vornehmen, ehe sie Awa trinken. Menschenopfer. Gewohnheit sich die Vorderzähne auszubrechen. Meynungen der Insulaner von einem Zustande nach dem Tode. Ihre Heyrathen. Ein merkwürdiges Beyspiel von Eifersucht. Begräbnißgebräuche.

Die Einwohner dieser Inseln sind offenbar in drey Klassen getheilt. Die erste besteht aus den Erihs oder Oberhäuptern jeden Bezirks, unter denen einer der vornehmste ist, und in Owaihi den Titel: Erih-tabu oder Erih-moi führt. Das erstere Beywort geht auf seine uneingeschränkte Macht, und das letztere bedeutet, daß sich jedermann in seiner Gegenwart niederwerfen (wörtlich: sich schlafen legen) muß. Die zweyte Klasse scheint ein gewisses Eigenthumsrecht zu besitzen, doch ohne daß damit Gewalt verbunden wäre. Die dritte besteht aus den Tautaus oder Knechten, welche weder Rang noch Eigenthum haben.

In welchen Graden diese Klassen einander untergeordnet sind, davon ließe sich keine systematische Nachricht entwerfen, ohne der Wahrheitsliebe etwas zu vergeben, die gleichwohl in diesem Falle schätzbarer seyn muß, als die sinnreichsten Muthmaßungen. Ich begnüge mich also diejenigen Thatsachen aufzuzählen, wovon wir Augenzeugen waren, und theile hier nur solche Nachrichten mit, auf deren Glaubwürdigkeit ich mich verlassen kann. Der Leser selbst wird hernach den Begriff von der hiesigen Regierungsform am besten entwickeln.

Die vorzügliche Macht und den Oberrang des Erihtabu von Owaihi, Terriobu, lernten wir zur Gnüge an der Art kennen, wie man ihn bey seiner ersten Ankunft in der Bay Karakakua empfing; die Einwohner fielen nämlich am Eingang ihrer Häuser vor ihm zur Erde nieder, und allen Kanots war es zwey Tage zuvor untersagt worden, (tabu), die Bay zu verlassen, bis er selbst diese Einschränkung aufhob. Er kehrte damals eben von der Insel Mauwi zurück, um deren Besitz er für seinen Sohn Tiwarro Krieg führte. Dieser hatte die Tochter und einzige Erbin des letzten Königs von Mauwi geheirathet, dessen hinterlassener Bruder, Tahiterri, ihm nun den Besitz der Insel streitig machte. Terriobu ward auf diesem Zuge von vielen seiner Krieger begleitet; doch konnten wir nicht erfahren, ob sie als Freywillige dienten, oder ob dies die Bedingung war, unter welcher sie ihren Rang und ihr Eigenthum besitzen. Der Vorfall mit Kau, der bereits weiter oben, Seite 315. u. f. erwähnt ist, beweiset übrigens offenbar, daß Terriobu von den geringeren Oberhäuptern Abgaben zieht.

Die beyden mächtigsten Oberhäupter dieser Inseln sind: Terriobu und Periorani, jener von Owaihi und dieser von Woahu. Die übrigen kleineren Inseln sind einem von beyden unterworfen. Auf Mauwi und die davon abhängigen Eilande machte gegenwärtig Terriobu für seinen Sohn und bestimmten Nachfolger (Tiwarro) Anspruch. Atuai und Onihau wurden von den Enkeln des Königs Periorani beherrscht. Folgendes Geschlechtsregister der Könige von Owaihi und Mauwi, welches ich während unseres Aufenthaltes in der Bay Karakakua von den dortigen Priestern erhielt, ist zugleich der Inbegriff aller Nachrichten, die ich in Beziehung auf die politische Geschichte dieser Insel habe sammeln können. Es gehet bis auf vier Oberhäupter zurück, die insgesammt Vorfahren der jetztregierenden gewesen sind, und ein hohes Alter erreicht haben sollen. Sie folgen in nachstehender Ordnung aufeinander:

1) Purahu Awaikea, war König in Owaihi und hatte einen einzigen Sohn, Namens Niruagua. Zu derselbigen Zeit regierte Mokoakea in Mauwi und hatte ebenfalls einen einzigen Sohn, Papikaniu.

2) Niruagua hatte drey Söhne, von denen der älteste Kahawi hieß: Papikaniu hingegen, von dem Geschlecht der Könige von Mauwi, hatte nur einen Sohn Kaaurika.

3) Kahawi hatte einen einzigen Sohn Kayeniwi-a-Mumou: Kaaurika der König in Mauwi aber zwey Söhne, Maiha-maiha (oder Mäha-Mäha) und Tahiterri, welcher letztere gegenwärtig von einer Parthey als König von Mauwi anerkannt wird.

4) Kayeniwi-a-Mummou hatte auch zwey Söhne, nämlich Terriobu und Kähua; der König von Mauwi, Maiha-maiha, hatte aber keinen Sohn, sondern hinterließ eine Tochter, Roaho.

5) Terriobu, der jetzige König von Owaihi, erzeugte mit Rora-rora, der Wittwe des verstorbenen Königs von Mauwi, Maiha-maiha, einen Sohn, Namens Tiwarro, und dieser Sohn heirathete seine Halbschwester Roaho, in deren Recht er nun auf Mauwi und die dahin gehörigen Eilande Anspruch macht. Tahiterri, der Bruder des verstorbenen Königs, ergriff die Waffen, und ward von einer

großen Parthey unterstützt, die nicht damit zufrieden war, daß die Besitzungen einer andern Familie zufallen sollten.

Als wir uns zuerst an der Küste von Mauwi befanden, war Terriobu mit seinen Kriegern daselbst zugegen, um die Ansprüche seiner Gemahlin, seines Sohns und seiner Schwiegertochter zu unterstützen, und hatte eben ein glückliches Treffen gegen den Tahiterri geliefert. In der Folge erfuhren wir, daß der Streit verglichen worden sey. Tahiterri behielt nämlich auf Lebzeiten die drey benachbarten Inseln (Moratai, Ranai und Tahura); Tiwarro hingegen ward als Oberhaupt von Mauwi anerkannt, und folgt nach seines Vaters Tode auch in der Oberherrschaft von Owahi, so wie ihm, nach Tahiterris Absterben, auch der Besitz der drey Inseln unweit Mauwi wieder zufällt. Tiwarro ist erst seit kurzem mit seiner Halbschwester vermählt. Sollte er ohne Kinder sterben, so fällt die Oberherrschaft an einen andern Maiha-maiha, dessen wir im vorhergehenden oft erwähnt haben, einen Sohn des Kähua, eines verstorbenen Bruders von Terriobu. Auf den Fall, daß auch dieser keine Erben hinterlassen sollte, wußte man nicht wer nachfolgen würde; denn die beyden jüngern Söhne des Königs Terriobu, wovon er einen ausnehmend zu lieben scheint, haben eine Mutter von geringer Herkunft, und sind dadurch von der Thronfolge ausgeschlossen. Die regierende Königin Rorarora sahen wir nicht, weil Terriobu sie in Mauwi zurückgelassen hatte. Gewöhnlich begleitete ihn Kani Kaberea, die Mutter der beyden jüngern Söhne, die er vorzüglich liebt.

Aus obigem Geschlechtsregister erhellet, daß die Regierung erblich ist; wahrscheinlich findet auch in Ansehung der geringeren Würden und Besitzungen die Erbfolge statt. Von dem Periorani konnten wir weiter nichts erfahren, außer daß auch er ein Erih-tabu ist. Er hatte eben jetzt die Besitzungen des Tahiterri, unter welchem Vorwande erfuhren wir nicht, angegriffen, und seine Enkel regierten in den weiter unter dem Winde gelegenen Inseln.

Die Gewalt der Erihs über die untere Volksclasse ist, wie uns täglich viele Beyspiele bewiesen, sehr unbeschränkt. Das Volk erweiset ihnen blinden Gehorsam, und die Folgen dieser Knechtschaft sind an ihren geschwächten Leibes- und Geisteskräften unverkennbar. Dennoch erfuhr ich wenigstens niemals, daß ein Oberhaupt sich einer Grausamkeit, Ungerechtigkeit, oder auch nur eines muthwilligen Betragens gegen die gemeinen Leute schuldig gemacht hätte, ungeachtet sie gerade zu eben der Zeit gegen einander ihre Macht auf die hochmüthigste und drückendste Art ausübten. Hievon will ich nur ein Paar Beyspiele anführen. Ein Vornehmer vom zweyten Range hatte dem Lootsen sehr viele Höflichkeit erwiesen, als dieser die Bay von Karakakua, am Tage ehe wir darin vor Anker gingen, untersucht hatte. Aus Erkenntlichkeit brachte ich ihn nachmals an Bord, und stellte ihn dem Capitain Cook vor, der ihn zum Mittagsessen einlud. Als wir bey Tische saßen, trat Paria herein, und verrieth, sobald er unsern Gast auf einem so ehrenvollen Platz erblickte, in seinem Gesichte den äußersten Unwillen. Er ergriff ihn sogleich bey den Haaren und wollte ihn aus der Kajüte ziehen, bis Capitain Cook ins Mittel trat, und nach einem langen Wortwechsel es endlich dahin brachte, daß unser Gast aus großer Gunst auf die Erde sitzen durfte, indeß Paria seinen Platz an der Tafel einnahm. Ein andermal, (als Terriobu den ersten Besuch an Bord der Resolution ablegte) fand Maihamaiha, der ihn begleitete, den Paria auf dem Verdeck, und jagte ihn auf die schimpflichste Art aus dem Schiff, wiewohl Paria, wie wir zuverlässig wissen, ein vorzüglich wichtiger Mann war.

In wie fern das Eigenthum der niedrigen Klassen gegen die Habsucht und Unterdrückung der Vornehmen geschützt ist, habe ich nicht erfahren können; allein gegen Diebstahl und gegenseitige Beeinträchtigung scheint es hinlänglich gesichert zu seyn, indem nicht nur ihre Pflanzungen, die in dem ganzen Lande zerstreut liegen, sondern auch ihre Häuser, ihre Schweine, und ihr ganzer Hausrath ohne die geringste Bedenklichkeit unbewacht und unverschlossen bleiben. Der Umstand, daß das Eigenthum in den Ebenen durch Mauern abgesondert wird, wie auch, daß man in den Wäldern, wo die wilden Pisangs wachsen, die Gränzen der verschiedenen Besitzungen mit weissen Fähnchen, wie in Otaheiti durch kleine Büschel von Blättern, bezeichnet, scheint, wo nicht zu beweisen, doch sehr wahrscheinlich zu machen, daß die Vornehmen, wo es auf das Eigenthumsrecht ankömmt, nicht eigenmächtig verfahren können, sondern daß es, im Gegentheil, hinreichend festgesetzt und gesichert ist, um dem gemeinen Mann von dem Anbau des Landes Vortheil zu verschaffen.

Was wir von der unter ihnen gebräuchlichen Gerechtigkeitspflege sammlen konnten, sind unvollkommene, äußerst eingeschränkte Nachrichten. So oft unter dem gemeinen Volk ein Zwist entsteht, komnit die Entscheidung an irgend ein Oberhaupt, entweder an den Herrn des Bezirks, oder an den Herrn der uneinigen Leute. Wenn ein geringerer Vornehmer einen von höherem Range beleidigt, so scheint der Beleidigte nur seinen stärkern oder geringeren Zorn zum Maaßstabe der Strafe zu machen. Ist der Beleidiger so glücklich, der ersten Wuth seines Obern zu entgehen, so findet er gewöhnlich Mittel durch Fürsprache eines dritten, mit der Aufopferung seines ganzen Vermögens, oder eines Theils davon, Verzeihung für sein Verbrechen zu erkaufen.

Die Religion dieses Volks gleicht, in den meisten Hauptzügen, derjenigen, die wir in den Societäts- und

Freundschaftsinseln kennen gelernt haben. Ihre Marais, ihre Whattas, (d. i. ihre Begräbnißorte und Altäre) ihre Götzenbilder, Opfer und gottesdienstliche Gesänge, die sie mit einander gemein haben, beweisen unwidersprechlich, daß ihre Religionsbegriffe aus einer gemeinschaftlichen Quelle geflossen sind. Nur hat dieses Volk längere und häufigere Feyerlichkeiten, als die andern; und obgleich in allen Inselgruppen des Südmeers die Uebung der Religionsvorschriften einer gewissen Anzahl von Menschen besonders anvertraut ist, so fanden wir doch nirgends eine geschlossene Priestergesellschaft, bis wir die Klöster (*cloisters*, oder abgesonderten Wohnungen) in Kakua an der Bay Karakakua entdeckten. Das Oberhaupt oder der Vorsteher dieses Ordens wird Orono genannt, ein Titel, der vermuthlich den Begriff von etwas sehr heiligem bedeutet, da Omiha beynahe bis zur Anbetung verehrt wurde. Wahrscheinlich ist auch das Vorrecht, in den Priesterorden eintreten, oder, wenigstens, die vornehmsten Würden desselben erhalten zu können, nur auf gewisse Familien eingeschränkt. Omiha der jetzige Orono, war der Sohn des alten Kau, und der Oheim des Kärikia, welcher letztere, in Abwesenheit seines Grosvaters, bey allen Religionsgebräuchen die vornehmste Rolle spielte. Wir bemerkten auch, daß Omihas einziges Kind, ein Knabe von fünf Jahren, nie ohne Begleitung einer großen Anzahl von Bedienten, und andern Zeichen von Sorgfalt und Aufmerksamkeit, wovon wir außerdem kein Beyspiel sahen, ausgehen durfte. Hieraus läßt sich vermuthen, daß die Erhaltung seines Lebens in ihren Augen äußerst wichtig seyn müsse, und daß er vielleicht bestimmt war, die hohe Würde seines Vaters zu erben *).

*) Der vertraute Umgang, den Capitain King mit diesen Priestern pflog, und die Gastfreyheit, womit sie sich ununter-

Der Ehrennahme Orono mit allen ihm zustehenden Ehrenbezeugungen, wurde bekanntlich auch dem Capitain Cook ertheilt, und es ist ausgemacht, daß sie *) uns alle für eine über sie erhabene Menschenrace hiel-

brochen, als die Freunde der fremden Reisenden bewährten zieht um ihre Köpfe einen gewissen Heiligen-Schimmer, der in mehr als einem Falle das gute Herz des Beobachters geblendet zu haben scheint. Ein Orden, der sich durch die Ausübung einer grausamen und blutigen Religion in Ansehen erhält; ein Vorsteher desselben, der wie ein Gott angebetet wird; eine Verbindung, die ein von dem Könige und den vornehmsten Häuptern des Volks verschiedenes und unabhängiges Interesse hat, so, daß sie es für gut findet in heimlichem Verständnisse mit den Fremdlingen zu bleiben, während daß ihr Volk in einem offenbaren Krieg mit demselben verwickelt ist; dies sind, dünkt mich, wichtige Züge, die Herr King nicht hätte sollen aus den Augen lassen, so vortheilhaft sie glücklicherweise für das Wohl seiner Reisegefährten wirkten. Armes, unschuldiges Völkchen! wie kamst du, mitten in dem unermeßlichen Südmeer, in die Hände deiner consequenten, absichtsvollen, weitvoraussehenden Hierophanten! Es wäre wohl zu wünschen, daß einsichtsvolle, uneingenommene Beobachter ihre Aufmerksamkeit auf diesen Gegenstand lenkten, um uns überzeugend den Gang der menschlichen Natur, die auch auf ihren Abwegen sich immer so ähnlich bleibt und so wenig willkührliches zeigt, vollständiger als noch geschehen ist, zu entwickeln, und die Frage zu entscheiden, ob nicht überall die Periode des systematischen Aberglaubens erst auf die frühere bürgerliche Vereinigung folgte und diese beeinträchtigte? Der Kubo, oder weltliche Kayser von Japan, hat sich eigenmächtig der Gewalt des Dairi, oder geistlichen Oberhaupts, der einst unumschränkt allein regierte, entzogen, und ist jetzt wieder gewissermaßen sein Herr geworden; allein es läßt sich fragen, ob der Dairi nicht selbst ein unrechtmäßiger Regent war, dessen Vorfahren unter dem Vorwande der Heiligkeit, den früheren Häuptern des Volks die höchste Gewalt entrissen. Wer steht dafür, daß nicht ein Orono, den man anbetet, wie einen Gott, dereinst Terriobu's Nachkommenschaft vom Thron der Sandwichs-Inseln verdrängt? Durch solche Revolutionen muß sich das Menschengeschlecht hindurch (vielleicht empor) arbeiten. G. F.

*) Wer? die Priester und das von ihnen geleitete Volk? oder auch die großen, gegen die Fremden nicht gar zu friedlich gesinnten Oberhäupter? G. F.

ten, und oft zu sagen pflegten, der große Eatua (Gott) wohne in unserm Vaterlande. Von dem kleinen Bilde, dessen ich vorhin, als des Lieblingsgötzen auf dem Marai in Karakakua-Bay, erwähnt habe, und das Kunuraikayi heißt, sagten sie uns, es sey der Gott Terriobu's, der aber auch unter uns wohne. Sowohl auf den Marais, als in und außerhalb ihrer Wohnungen, sieht man eine unzählige Menge solcher kleinen Bilder, denen sie verschiedene Namen geben. Wir bemerkten aber bald, daß sie nicht sehr in Ehren gehalten werden; denn man sprach oft mit Verachtung von ihnen, und bot sie uns um Kleinigkeiten feil. Dabey aber hatten die Insulaner fast allemal irgend eine Lieblingsfigur, an welche sie, so lange die Gunst währte, ihre Gebete richteten. Die Anbetung besteht darin, daß man das Bild mit rothen Gewändern bekleidet, vor ihm die Trommel rührt und Hymnen singt, wobey auch Büschel von rothen Federn zu seinen Füßen gelegt werden, und ein geschlachtetes Ferkel oder ein Hund, auf den in der Nähe errichteten Whatta (Altar), der Fäulniß überlassen wird.

Eine Gesellschaft von unseren Officieren ward einst in einer Bay, südwärts von Karakakua, in ein großes Haus geführt, wo sie die Figur eines schwarzen Menschen fanden, der mit zurückgebogenem Haupte auf seinen Fingern und Zehen ruhete. Die Glieder dieser Figur waren nach einem richtigen Ebenmaaße gebildet, und alles auf das schönste geglättet. Rund um dieses Bild, welches die Eingebohrnen Mai nannten, stunden dreyzehn grobe, unförmliche Figuren, von denen sie sagten, es wären die Eatuas verschiedener verstorbenen Oberhäupter, deren Namen sie zugleich herzählten. Auch standen auf dem Platz eine Menge Whattas (Altäre) mit den Ueberbleibseln der Opfer. Uebrigens sieht man auch in den Wohnungen häufig allerley lächerliche und einige unanständige Götzenbilder, welche dem Priap der Alten ähnlich sind.

Man hat bereits auf den vorhergehenden Reisen in die Südsee angemerkt, daß gewisse Vögel von den Einwohnern der Freundschafts- uud Societäts-Inseln als heilig verehrt werden, und ich habe Ursach zu glauben, daß hier dieselbe Sitte herrscht. Wahrscheinlicherweise ist hier der Rabe ein Gegenstand der Verehrung; denn ich sah einst ein Paar zahme Vögel dieser Art im Dorfe Kakua, von denen man mir sagte, es wären Eatuas. Man wollte sie mir auch um keinen Preis verkaufen, und warnte mich, sie weder zu verletzen noch zu beleidigen.

Unter die Religionsgebräuche gehören auch die Gebete und Opfer, welche die Priester vor der Mahlzeit verrichten. Indeß der Awa gekauet wird, den man allemal vor Anfang der Mahlzeit trinkt, fängt die vornehmste Person in der Gesellschaft einen Gesang an, worin sogleich einer, zwey oder mehrere von den Anwesenden einstimmen, und wobey die übrigen sich bewegen, und nach dem Takt sanft mit den Händen zusammenklopfen. Wenn der Awatrank fertig ist, wird er denen, die nicht mit singen, in Bechern gereicht, die sie dann in der Hand halten, bis die Hymne geendigt ist. Alsdann vereinigen sie ihre Stimme zusammen in einen lauten Gegenruf, und leeren ihre Becher aus. Die Sänger werden dann ebenfalls mit Awa bedient, und trinken ihn unter eben denselben Gebräuchen, und falls jemand von vorzüglich hohem Range zugegen ist, so wird ihm zuletzt ein Becher voll gereicht. Er singt hierauf eine Zeitlang allein, worauf die andern antworten, gießt etwas von dem Getränk auf die Erde, und leert dann den Becher aus. Hiernächst schneidet man von dem zubereiteten Fleisch ein Stück ab, gleichviel von welchem Theil des Thiers, legt es dem Bild des Eatua zu Füßen, singt einen Gesang, und setzt sich zur Mahlzeit nieder. Eine ähnliche Feyerlichkeit ist bey den Oberhäuptern auch dann gebräuchlich, wenn sie außer der Mahlzeit Awa trinken.

Zufolge der eignen Aussage der hiesigen Insulaner sind Menschenopfer bey ihnen häufiger als in allen übrigen von uns besuchten Inseln. Man nimmt nicht nur bey dem Anfang eines Krieges, vor einer Schlacht und bey andern wichtigen Unternehmungen zu diesem schrecklichen Gebrauche seine Zuflucht; sondern auch schon der Tod eines angesehenen Oberhaupts erfordert ein Opfer von einem oder mehreren Tautaus, je nachdem sein Rang es mit sich bringt, und man sagte uns, daß bey dem Tode des Königs Terriobu zehn Menschen zu Opfern bestimmt wären. Wenn irgend etwas die Abscheulichkeit dieser Sitte mildern kann, so ist es die völlige Unwissenheit, in welcher die unglücklichen Opfer über ihr Schicksal gelassen werden, wovon sie auch nicht die entfernteste Ahndung haben. Diejenigen, welche dazu ausersehen sind, fällt man, wo man sie findet, mit Keulen an, und bringt sie erschlagen auf den Platz, wo die Feyerlichkeit vollzogen werden soll*). Man wird sich hierbey an die Schädel der Gefangenen erinnern, die auf dem Gitter um den Marai zu Kakuá hingen, und die noch Ueberreste von den Opfern bey dem Tode eines großen Ober-

*) Das erstemál mögen sich die Unglücklichen freylich wohl nichts übles versehen; allein in einem Lande, wo bey dem Tode eines jeden Vornehmen einige Menschen von der geringeren Klasse geschlachtet werden, muß, dünkt mich, jeder Tautau (Leibeigene) sich von Zeit zu Zeit sagen: heute oder morgen ist die Reihe an Dir! wie elend muß ein Mensch nicht seyn, dessen Leben nicht einen Augenblick sicher ist, sobald sein Herr den letzten Athenzug thut! der kindische Leichtsinn dieser Insulaner, die von einem Tage zum andern leben, ohne sich um das morgende Bedürfniß zu kümmern, ist dabey wohl ihr einziges Glück; ein Glück, welches der geringsten Klasse des Volks im römischen Reich, zu einer Zeit, wo ihr Elend aufs höchste gestiegen war, von einem menschenfreundlichen Lehrer dringend empfohlen ward. G. F.

hauptes waren. Wir sammelten im Dorfe Kauraua noch mehrere Nachrichten über diesen Gegenstand. Auf unsere Frage, zu welchem Gebrauch ein kleines mit einer Steinmauer umgebenes Grundstück bestimmt sey? gab man uns zur Antwort: es sey der Here-iri oder Begräbnißplatz eines Vornehmen; und hier, fuhr der Einwohner fort, von dem wir diese Nachricht erhielten, hier, (indem er auf einen Winkel zeigte) liegen der Tangeta- und die Waheine-tabu, oder der Mann und das Weib, die bey seiner Beerdigung geopfert worden sind.

Hieher gehört auch die Gewohnheit, sich die Vorderzähne auszubrechen. Unter dem gemeinen Volke fanden wir kaum Einen, und unter den Vornehmen nur sehr wenige, die nicht einen oder mehrere Vorderzähne verlohren hatten. Sie gaben uns übrigens zu verstehen, daß diese freywillige Verstümmelung, wie in den Freundschaftsinseln das Abhauen des kleinen Fingers, kein Zeichen der Betrübniß über den Tod verstorbener Freunde seyn solle, sondern ein dem Eatua dargebrachtes Sühnopfer, um eine Gefahr oder ein Unglück abzuwenden.

Ihre Vorstellungen von einem künftigen Zustande blieben uns sehr dunkel. So oft wir sie fragten, wohin die Todten gingen, erhielten wir zur Antwort, daß der Athem, den sie für die Seele oder den unsterblichen Theil halten, zum Eatua gegangen sey. Setzten wir unsere Nachfrage weiter fort, so schienen sie einen besondern Ort zu beschreiben, wohin sie den Aufenthalt der Verstorbenen versetzten; wir konnten aber keinen Begriff von Strafen oder Belohnungen, die ihrer dort warteten, bey ihnen bemerken.

Wir sind noch eine Erklärung des Worts Tabbu schuldig, welche den Lesern bereits im ersten Hauptstück versprochen worden ist. Es wird zu dem Ende am zweckmäßigsten seyn, die Fälle, wo wir es brauchen hörten, nacheinander herzurechnen, und die jedesmalige Wirkung desselben zu bemerken. Als wir uns um die Ursach erkundigten, warum den Tag vor Terriobu's Ankunft alle Gemeinschaft zwischen uns und den Einwohnern aufgehoben sey? antwortete man uns: die Bay sey Tabbu. Eben das fand daselbst auf unser Verlangen an dem Tage statt, an welchem wir die Gebeine unseres unglücklichen Befehlshabers in das Meer versenkten. Beydemal bezeigten die Eingebohrnen den gewissenhaftesten, blindesten Gehorsam; ob er aber aus religiösen Grundsätzen oder aus Unterwürfigkeit gegen die bürgerliche Herrschaft ihrer Vorgesetzten entsprang, konnten wir nicht bestimmen. Auch der Platz um unsere Sternwarten, und der wo unsere Masten lagen, war, vermittelst kleiner um ihn her gesteckter Stäbe, den Einwohnern Tabbu, d. i. verboten; und dieses Verbot ward nicht weniger pünktlich befolgt als das übrige. Allein, obgleich diese Art von Heiligung nur von den Priestern vorgenommen wurde, schienen doch die Männer, wenn sie sich auch nicht an das Verbot kehrten, keine geistliche Strafe zu befürchten; denn auf unsere Einladung wagten sie es in den verbotenen Platz zu treten, und ihr Gehorsam schien also blos von unserer Verweigerung abzuhängen. Die Frauenzimmer hingegen ließen sich auf keine Weise bereden, uns nahe zu kommen, woran aber vermuthlich die Nachbarschaft des Marai schuld war, der ihnen zu aller Zeit und auf allen Inseln des Südmeeres verboten ist. Bereits oben ist angemerkt worden, daß dem weiblichen Geschlechte auch gewisse Speisen jederzeit Tabbu d. i. verboten sind. Ueberdies sahen wir verschiedentlich Personen dieses Geschlechts die sich bey der Mahlzeit die Speisen von einer andern Frau in den Mund stecken ließen, und auch von ihnen sagte man uns: sie wären Tabbu, oder es sey ihnen nicht erlaubt die Speisen selbst zu berühren. Dieses Verbot wird ihnen, so viel wir verstehen konnten jedesmal wenn sie bey einem Begräbniß gewesen sind, oder einen Todten berührt haben, imgleichen bey einigen andern

Gelegenheiten, auferlegt. Ich bemerke noch, daß das Wort Tabbu ohne Unterschied von Personen und Sachen gebraucht wird; so heißt es: die Einwohner sind Tabbu, die Bay ist Tabbu, u. s. w. Außerdem bedeutet das Wort noch geheiligt, erhaben oder geweiht. Der König von Owaihi wird daher Erihtabu genannt; ein zum Opfer bestimmter Mensch, Tangata-tabu; und in eben dieser Rücksicht hieß die Insel Tonga, eine der Freundschaftsinseln, Tonga-tabu, weil der König sich daselbst aufhält.

Ueber die Heurathen kann ich wenig mehr sagen, als daß ein solcher Vertrag unter ihnen üblich ist. Ungeachtet des Umstandes, daß Terriobu, wie schon gesagt, seine Königin Rora-rora in Mauwi zurückgelassen, und in Gesellschaft eines andern Frauenzimmers zu uns kam, die ihm mehrere Kinder gebohren hatte, und die er vorzüglich liebte, läßt sich dennoch nicht bestimmen, ob die Gesetze die Vielweiberey gestatten, oder ob in solchen Fällen nur ein Concubinat Statt findet. Der uns bekannt gewordenen Beyspiele sind zu wenig, um auch nur eine Vermuthung darauf gründen zu können. Außer Kainikabaria, und der Gemahlin des Orono, nebst drey andern Frauen, deren ich noch erwähnen werde, haben wir kein Frauenzimmer von Range kennen gelernt. Soweit ich die häusliche Einrichtung bey der niederen Klasse beobachten konnte, steht jede Wirthschaft unter der Führung eines Mannes und einer Frau, und ihre Kinder stehen ungefähr in demselben Verhältniß der Unterwürfigkeit wie in gesitteten Ländern. Bey dieser Veranlaßung muß ich noch eine Thatsache erzählen, wovon wir Augenzeugen waren und die um soviel merkwürdiger ist, da wir nur dies einzigemal eine Aeußerung von Eifersucht gewahr wurden, welche gleichwohl beweiset, daß von verheuratheten, vornehmeren Frauenzimmern nicht allein eheliche Treue, sondern sogar ein gewisser Grad von Zurückhaltung gefordert wird. Wir bemerkten nämlich bey einem Baxerspiele, daß Omiha*) einigemal aufstand und mit dem Ausdruck des äußersten Mißvergnügens im Gesichte, seiner Frau, wie es schien, den Befehl ertheilte, sich hinweg zu begeben. Entweder glaubte er, daß ihre Schönheit unsere Aufmerksamkeit zu sehr auf sich zöge, oder er hatte eine andere Ursache hierzu; allein es war wenigstens ausgemacht, daß er keinen Grund zur Eifersucht hatte. Sie blieb indes auf ihrem Platz, und mischte sich, als das Schauspiel zu Ende war, unter unsere Gesellschaft, um uns einige kleine Geschenke abzulocken. Wir gaben ihr zu verstehen: wir hätten nichts dergleichen bey uns, wollten ihr aber die Wahl dessen, was ihr am besten gefiele, überlassen, falls sie uns nach unseren Zelten begleitete. Sie willigte ein, und machte sich mit uns auf den Weg; allein kaum hatte Omiha dieses gemerkt, so folgte er ihr voller Wuth, ergriff sie bey den Haaren, und schlug mit den Fäusten grausam auf sie los. Es schmerzte uns doppelt, diesen Anblick ertragen zu müssen, da wir unschuldigerweise Veranlassung dazu gegeben hatten. Man vergaß aber nicht uns zu verstehen zu geben, es sey nicht schicklich, zwischen ein so hohes Ehepaar ins Mittel zu treten. Demungeachtet sahen wir zu unserm Vergnügen, daß einige von den Einwohnern zuletzt den Frieden wiederherstellten; und bereits am folgenden Tage waren die beyden Eheleute wieder im besten Einverständniß miteinander. Das merkwürdigste dabey war übrigens, daß die Dame es sich durchaus verbat, ihrem Manne über sein Betragen Vorwürfe zu machen, wozu wir nicht wenig Lust hatten, und daß sie uns sehr trocken sagte, er habe nur gethan, was er habe thun müssen.

Während der Zeit, daß ich mich in Karakakua-Bay, am Lande, bey der Sternwarte aufhielt, hatte ich zweymal Gelegenheit, von einem großen Theil der hier

---

*) Der Oronoo; s. oben.

zu Lande üblichen Begräbnißgebräuche ein Augenzeuge zu seyn. Eines Tages erhielt ich Nachricht, daß in einem Hause unweit der Sternwarte so eben ein alter Mann aus der Klasse der Oberhäupter gestorben sey. Ich eilte hin, und fand eine Menge Leute versammelt, die alle rund um den Platz oder das Gehöfte vor dem Hause saßen, wo der Verstorbene lag. Ein Mann, der eine mit rothen Federn besetzte Mütze auf dem Kopfe trug, kam aus dem Hause an die Thüre, steckte fast alle Augenblicke den Kopf heraus, und machte ein jämmerliches Geheul, wobey er zugleich sein Gesicht auf alle nur ersinnliche Art verzerrte. Nachdem diese Ceremonie eine kleine Weile gewährt hatte, breitete man eine Matte auf dem Hofe aus. Hierauf kamen zwey Männer nebst dreyzehn Frauen aus dem Hause hervor, und ließen sich in drey Reihen darauf nieder, und zwar so, daß die beyden Mannspersonen nebst drey Weibern in der ersten Reihe saßen. Die Weiber trugen am Halse und an den Händen einen Federschmuck, und über ihre Schultern waren grüne ausgeschnittene Blätter ausgebreitet. In einer Ecke des Hofes, neben einer kleinen Hütte, standen sechs Knaben, welche kleine weiße Fähnchen und die mehr erwähnten Stäbe mit Quasten, oder die Tabbustäbe schwenkten, und uns nicht erlaubten ihnen nahe zu kommen. Ich vermuthete daher, daß der Leichnam in dieser kleinen Hütte läge, erfuhr aber in der Folge, daß er wirklich noch in dem Hause war, vor dessen Thür der Mann mit der rothen Mütze seine Gaukeleyen getrieben hatte. Die Gesellschaft, welche auf der Matte saß, stimmte einen Trauergesang an, der mit langsamen, sanften Bewegungen des Körpers und der Arme begleitet ward. Nachdem auch dieses einige Zeit gedauert hatte, richteten sich alle auf die Knie, und fingen in einer halbsitzenden, halbknieenden Stellung an, den Körper und die Arme äußerst schnell zu bewegen, wozu ihr Gesang immer Takt hielt. Da diese Anstrengung zu heftig war, um lange dauern zu können, machten sie von Zeit zu Zeit wieder ihre langsamen Bewegungen; und nachdem sie dies ungefähr eine Stunde lang fortgesetzt hatten, brachte man mehrere Matten, und breitete sie über den Platz aus. Hierauf kamen vier oder fünf bejahrte Frauen, von denen eine angeblich die Wittwe des verstorbenen Oberhaupts war, langsam aus dem Hause, nahmen Platz vor der ersten Gesellschaft, und fingen bitterlich an zu weinen und zu klagen. Die Frauenzimmer, in den drey Reihen hinter ihnen, stimmten mit ein, indeß die beyden Männer in einer tiefsinnigen, betrübten Stellung ihr Haupt über sie beugten. In diesem Augenblick sah ich mich genöthigt, den Schauplatz zu verlassen, um nach der Sternwarte zu gehen; ich fand aber nach einer halben Stunde alle noch in derselben Stellung, und sie blieben mit geringer Veränderung auch bis spät am Abend darin. Bald nachher verließ ich sie zum zweytenmal, mit dem Vorsatz, früh am Morgen zurückzukehren, um das Ende der Feyerlichkeit mit anzusehen. Als ich aber bey Tages Anbruch hinkam, fand ich, zu meinem größten Verdruß, das Volk zerstreut, und alles ruhig. Den Leichnam hatte man, wie man mir sagte, bey Seite geschaft; doch was noch sonst damit vorgenommen war, konnte ich nicht erfahren. Ich ward in meinen Nachfragen durch die Ankunft dreyer Frauen unterbrochen, die sich bey uns niedersetzten, und ihre Bedienten mit Fliegenwedeln hinter sich treten liessen. Sie fingen ein Gespräch mit uns an, und gaben uns bald zu verstehen, daß unsere Gegenwart sie von der Ausübung einiger nothwendigen Gebräuche abhielte. Ich hatte sie kaum aus dem Gesichte verloren, so hörte ich schon ihre Klagen und ihr Jammergeschrey, und als ich ihnen nach einigen Stunden begegnete, bemerkte ich, daß sie sich den untern Theil des Gesichts ganz schwarz bemahlt hatten.

Ein andermal sah ich Begräbnißceremonien wegen einer Person von der gemeinen Klasse. Ich hörte aus einer elenden Hütte eine klägliche weibliche Stimme erschallen, und als ich hinein zu sehen wagte, erblickt' ich eine alte Frau mit ihrer Tochter, die über dem entseelten Leichnam eines alten Mannes weinten. Gleich zuerst bedeckten sie den Leichnam mit einem Gewande, legten sich hierauf neben ihn, zogen das Tuch auch über sich, und fingen mit kläglicher Stimme einen Trauer-Gesang an, worin die Worte Awehmeduah! Aweh Tane! (Ach mein Vater! Ach mein Gatte!) oft vorkamen. Eine jüngere Tochter, die zu gleicher Zeit mit schwarzem Zeuge bedeckt, in einem Winkel des Hauses auf der Erde lag, wiederholte dieselben Worte. Ich wandte mich von dieser Trauerscene weg, und sah eine Menge Nachbaren vor der Hausthüre versammelt, die den Klagen in tiefer Stille zuhörten. Um diese Gelegenheit ja nicht zu verfehlen, und sicher zu erfahren, was man mit dem Leichnam vornehmen würde, überzeugte ich mich, ehe ich zu Bette ging, daß er noch nicht fortgeschaft sey, und befahl der Schildwache, vor dem Hause auf und abzugehen, und sobald sie merkte, daß man Anstalt mache, ihn fortzubringen, mich sogleich davon zu benachrichtigen. Meine Leute hatten aber nicht scharf genug Acht gegeben, denn am Morgen war der Leichnam nicht mehr da. Ich fragte, wo er hingekommen sey, und man zeigte auf die See. Entweder wollte man dadurch zu verstehen geben, er sey ins Wasser versenkt, oder über die Bay nach einem Begräbnißplatz in einer andern Gegend gebracht worden. Die Vornehmen werden in den Marais oder Herieris, und die Menschen, die zu gleicher Zeit geopfert werden, daneben beerdigt. Der Marai, wo man den Erih begrub, der sich in der Höle gegen unsere Leute so tapfer vertheidigt hatte, ward um und um mit rothem Zeuge behangen.

www.ingramcontent.com/pod-product-compliance
Lightning Source LLC
Chambersburg PA
CBHW021424300426
44114CB00010B/634
* 9 7 8 3 7 4 3 3 9 5 9 3 0 *